Wissenschaftliche Beiträge
aus dem Tectum Verlag

Reihe Musikwissenschaft

Wissenschaftliche Beiträge
aus dem Tectum Verlag

Reihe Musikwissenschaft
Band 11

Corinna Schreieck

Fülle – Leere

Artifizielle Messkompositionen nach 1950
zwischen Tradition und Innovation

Tectum Verlag

Corinna Schreieck
Leere – Fülle
Artifizielle Messkompositionen nach 1950 zwischen Tradition und Innovation
Wissenschaftliche Beiträge aus dem Tectum Verlag,
Reihe: Musikwissenschaft; Bd. 11

Zugleich: Dissertation an der Staatlichen Hochschule für Musik
und Darstellende Kunst Mannheim, 2016

© Tectum – ein Verlag in der Nomos Verlagsgesellschaft, Baden-Baden 2017
ISBN 978-3-8288-3935-9
eISBN 978-3-8288-6826-7
ePub 978-3-8288-6827-4

Umschlaggestaltung: Tectum Verlag, unter Verwendung zweier Innenansichten
von St. Peter, Köln, fotografiert von Chris Franken (www.chrisfranken.de)

Druck und Bindung: CPI buchbuecher.de, Birkach
Printed in Germany
Alle Rechte vorbehalten

Besuchen Sie uns im Internet
www.tectum-verlag.de

Bibliografische Informationen der Deutschen Nationalbibliothek
Die Deutsche Nationalbibliothek verzeichnet diese Publikation
in der Deutschen Nationalbibliografie; detaillierte bibliografische
Angaben sind im Internet über http://dnb.ddb.de abrufbar.

*Für Jörg Martin
und Constantin*

VORWORT

„Wer Ohren hat zu hören, der höre."
(Mt 11,15)

Diesen Satz aus dem Neuen Testament kann man auch als notwendige Voraussetzung für das Erfassen der artifiziellen Messkompositionen der zweiten Hälfte des 20. Jahrhunderts ansehen, fordern sie doch dem Hörer meist mehr Eigenengagement zum Verständnis ab als Werke früherer Jahrhunderte. Für mich als Musikerin in Theorie und Praxis ist er zum Schlüsselsatz geworden, der mich in allen meinen musikalischen Tätigkeiten begleitet und leitet.

Bereits seit meiner Kindheit habe ich mich durch Organisten- und Chorleiterdienste in katholischen und evangelischen Gemeinden aktiv mit Kirchenmusik in Liturgie und Konzert auseinandergesetzt. Mehr und mehr entdeckte ich vor und während meines Studiums auch die Liebe zu Musiktheorie/Gehörbildung und Musikwissenschaft. Aus der Erkenntnis heraus, dass sich Musik nur gut aufführen und erfahren lässt, wenn man auch die historisch-theoretischen Hintergründe nicht nur sich selbst, sondern auch den ausführenden Chorsängern und interessierten Hörern zugänglich macht, entwickelte ich während meiner Studienzeit zusammen mit meinem späteren Ehemann Jörg Martin Schreieck-Hans und Pater Werner Holter SJ eine über mehr als ein Jahrzehnt geführte Vortragsreihe über kirchenmusikalische und andere Werke für die Erwachsenenbildung. Diese hatte sich zum Ziel gesetzt, Werk und Komponist von allen relevanten Seiten zu beleuchten: Dem interessierten Laien wurden die Wechselwirkungen zwischen Musikanalyse, Komponistenbiographie und kompositorischem Umfeld, gesellschaftlicher Situation und inhaltlicher Aussage des Werks aufgezeigt. Dies ermöglichte eine vertiefte Werkkenntnis und ein verstehendes Hörerlebnis.

Aus dieser Beschäftigung gingen nicht nur einige zum Teil interdisziplinäre wissenschaftliche Veröffentlichungen hervor, es wurde auch schnell deutlich, dass wissenschaftliche Literatur zu „geistlichen" Werken des 20. Jahrhunderts mit nur wenigen Ausnahmen nicht vorhanden ist oder an der Oberfläche bleibt. So entstand die Idee zur vorliegenden Arbeit.

Entsprechend meiner Überzeugung, dass Musikpraxis und Wissenschaft eine enge Verbindung eingehen sollten, führte ich das in dieser Arbeit behandelte Werk *The Armed Man: A Mass for Peace* von Karl Jenkins mehrfach mit dem evangelischen MatthäusChor in Mannheim auf, einmal sogar in Zusammenarbeit mit der muslimischen Gemeinde und Sufi-Musikern. So entstand durch die Musik eine echte Begegnung der Kulturen und Religionen, wie sie keiner der Beteiligten vorher für möglich gehalten hätte.

Danken möchte ich Pater Werner Holter SJ für den Mut, die oben beschriebene Reihe mit uns durchzuführen, und unserem hochinteressierten Publikum aus dem Heinrich-Pesch-Haus in Ludwigshafen, dessen Sachkenntnis und interessante Fragestellungen immer wieder zu neuen Themen Anlass gaben. Ausdrücklich danken möchte ich

Dieter Salbert, der mir zahlreiche Quellen zu seinem Werk zur Verfügung stellte, und seiner Frau Alrun Zahoransky, die auch nach seinem Tod noch offen war für meine Fragen, sowie Herrn Hartmut Jörg vom Zentrum für Kunst und Medientechnologie (ZKM) Karlsruhe, der Universitäts- und Landesbibliothek Darmstadt und den Verlagen Boosey & Hawkes und Schott für die Bereitstellung von Noten und Quellenmaterial. Meinem Doktorvater Prof. Dr. Hermann Jung danke ich für seine gleichermaßen wissenschaftlich wie menschlich hervorragende Betreuung. Für die Durchsicht des Textes bin ich meiner Schwiegermutter Heidi Hans sehr dankbar. Herzlicher Dank geht an meine Mutter Gerlinde Thelen unter anderem für viele Stunden Enkelbetreuung. Mein besonderer Dank gilt meinem Mann Jörg Martin Schreieck-Hans für unzählige fachbezogene Gespräche und seine Geduld.

Dezember 2015   Corinna Schreieck

Inhaltsverzeichnis

I. **Einleitung** 1
  1. **Werkauswahl – Begründung und Methode** 1
  2. **Gattungsproblematik** 4
  3. **Forschungslage** 6
  4. **Die Entwicklung der Messkomposition von Beethoven bis zum Zweiten Weltkrieg** 10
    4.1. Das 19. Jahrhundert 10
    4.2. Die erste Hälfte des 20. Jahrhunderts 13

II. **Olivier Messiaen –** *Messe de la Pentecôte*
  Theologiae gloriae als Lobpreis des Heiligen Geistes 19
  1. **Biographische Aspekte** 20
  2. **Exkurs: Messiaens Kompositionsstil** 22
  3. **Entstehung der** *Messe de la Pentecôte* 25
  4. **Analyse der** *Messe de la Pentecôte* 26
    4.1. *I. Entrée (Les langues de feu)* 29
    4.2. *II. Offertoire (Les choses visibles et invisibles)* .. 33
    4.3. *III. Consécration (Le don de la sagesse)* 41
    4.4. *IV. Communion (Les oiseaux et les sources)* 44
    4.5. *V. Sortie (Le vent de l'esprit)* 47
  5. **Rezeption der** *Messe de la Pentecôte* 51
  6. **Ergebnisse** 51

III. **Hermann Heiß –** *Missa 1964*
  Die erste elektronische Messvertonung zwischen Liturgie und Skandal 55
  1. **Biographische Aspekte** 56
  2. **Entstehung der** *Missa 1964* 58
  3. **Analyse der** *Missa 1964* 61
    3.1. *Inkantation* 64
    3.2. *Kyrie* 64
    3.3. *Gloria* 65
    3.4. *Credo* 67
    3.5. *Komplexion* 70
    3.6. *Agnus Dei* 71
    3.7. *Sanktus* 72

	4.	Rezeption der *Missa 1964*	74
	5.	Ergebnisse	76

IV. **Leonard Bernstein – *MASS. A Theatre Piece for Singers, Players and Dancers***
   Der Verlust des Glaubens und die Atonalität auf der „Musical"-Bühne 77
   1. **Biographische Aspekte** 78
   2. **Exkurs: Bernsteins Kompositionsstil** 79
   3. **Entstehung von *MASS. A Theatre Piece for Singers, Players and Dancers*** 81
   4. **Analyse von *MASS. A Theatre Piece for Singers, Players and Dancers*** 84
      - 4.1. I. *Devotions before Mass* 86
      - 4.2. II. *First Introit (Rondo)* 95
      - 4.3. III. *Second Introit* 99
      - 4.4. IV. *Confession* 102
      - 4.5. V. *Meditation No. 1 (orchestra)* 107
      - 4.6. VI. *Gloria* 109
      - 4.7. VII. *Meditation No. 2 (orchestra)* 114
      - 4.8. VIII. *Epistle: „The World of the Lord"* 116
      - 4.9. IX. *Gospel-Sermon: „God Said"* 118
      - 4.10. X. *Credo* 123
      - 4.11. XI. *Meditation No. 3 (De profundis, part 1)* 131
      - 4.12. XII. *Offertory (De profundis, part 2)* 133
      - 4.13. XIII. *The Lord's Prayer* 135
      - 4.14. XIV. *Sanctus* 137
      - 4.15. XV. *Agnus Dei* 141
      - 4.16. XVI. *Fraction: „Things Get Broken"* 147
      - 4.17. XVII. *Pax: Communion („Secret Songs")* 154
   5. **Rezeption von *MASS. A Theatre Piece for Singers, Players and Dancers*** 158
   6. **Ergebnisse** 160

V. **Dieter Salbert – *Theatralische Messe***
   Tanz, Kunst, Predigt: eine sozialkritische Gotteserfahrungs-Messe 165
   1. **Biographische Aspekte** 166
   2. **Entstehung der *Theatralischen Messe*** 167
   3. **Analyse der *Theatralischen Messe*** 169
      - 3.1. I. *Introduktion* 170
      - 3.2. II. *Kyrie* 172

3.3.	*III. Tanz „Yvypora"*.	175
3.4.	*IV. Gloria*	177
3.5.	*V. Credo*	180
3.6.	*VI. Gemeindelied.*	183
3.7.	*VII. Predigt.*	184
3.8.	*VIII. Sanctus-Szene.*	185
3.9.	*IX. Orgel-Solo.*	187
3.10.	*X. Agnus Dei*	188

4. Rezeption der *Theatralischen Messe* 191
5. Ergebnisse 192

VI. Arvo Pärt – *Berliner Messe*
Musica sacra voll kompositorischer Struktur und strenger Reduktion 195

1. Biographische Aspekte. 196
2. Exkurs: Pärts Tintinnabuli-Stil 197
3. Entstehung der *Berliner Messe* 200
4. Analyse der *Berliner Messe*. 201

4.1.	*Kyrie.*	202
4.2.	*Gloria*	207
4.3.	*Alleluiaverse*	211
4.4.	*Credo*	217
4.5.	*Sanctus*	220
4.6.	*Agnus Dei*	222

5. Rezeption der *Berliner Messe* 224
6. Ergebnisse 225

VII. Karl Jenkins – *The Armed Man: A Mass For Peace*
Oder: Die Instrumentalisierung der Religionen zum Krieg 227

1. Biographische Aspekte. 228
2. Entstehung von *The Armed Man: A Mass For Peace*. 229
3. Analyse von *The Armed Man: A Mass For Peace* 230

3.1.	*The Armed Man*	232
3.2.	*Call to Prayers (Adhaan)*	235
3.3.	*Kyrie.*	236
3.4.	*Save Me from Bloody Men*	238
3.5.	*Sanctus*	239
3.6.	*Hymn before Action*	241
3.7.	*Charge!.*	242
3.8.	*Angry Flames.*	245
3.9.	*Torches.*	247
3.10.	*Agnus Dei*	249

  3.11. *Now the Guns Have Stopped* 250
  3.12. *Benedictus* 251
  3.13. *Better Is Peace* 253
 4. Rezeption von *The Armed Man: A Mass For Peace* 257
 5. Ergebnisse 259

VIII. Dieter Schnebel – *Die Messkompositionen*
   Von der Entmythologisierung zum Potenzial der Vergangenheit .. 261
 1. Biographische Aspekte 262
 2. Exkurs: Schnebels Kompositionsstil 264
 3. Entmythologisierung und Säkularisierung:
   Für Stimmen (… missa est) 265
  3.1. *dt 31,6* 267
  3.2. *amn* 269
  3.3. *!(madrasha II)* 271
  3.4. *Choralvorspiele 1/2* 273
 4. Das Potenzial der Vergangenheit:
   Missa oder *Dahlemer Messe* 276
  4.1. *Kyrie* 280
  4.2. *Gloria* 283
  4.3. *Credo* 287
  4.4. *Sanctus* 294
  4.5. *Agnus Dei* 299
 5. Kurzform und Extrakt: *Missa brevis* 303
  5.1. Kurzanalyse 305
 6. Rezeption der Messkompositionen Dieter Schnebels 308
 7. Ergebnisse 310

IX. Conclusio 315

X. Literaturverzeichnis 323

I. Einleitung

1. Werkauswahl – Begründung und Methode

Die vorliegende Untersuchung zu artifiziellen Messkompositionen in der zweiten Hälfte des 20. Jahrhunderts hat zum Ziel, einige in jeweils unterschiedlicher Art herausragende Beispiele der Gattung „Messe" mittels eingehender Analysen monographisch ausführlich darzustellen. Auffällig an den ausgewählten Werken ist, dass sie sich jeweils in besonderer Weise der Gattung nähern, ihre Komponenten ausweiten oder gar auflösen. So soll das breite Spektrum der Messkomposition im genannten Zeitraum exemplarisch aufgezeigt werden.[1]

Was bedeutet nun die Bezeichnung „Messe"? Oder anders gefragt: Was kann sie bedeuten? Bis zu welchem Punkt der Loslösung des Tradierten ist es möglich, sich auf dasselbe zu beziehen? Kann man zum Ende des Jahrhunderts hin noch liturgisch geeignete Messen komponieren und zugleich kompositorisch überzeugen?

Die hier untersuchten Werke haben als gemeinsame Grundlage einen wie auch immer gearteten Bezug zur vertonten lateinischen Missa. Sie spannen einen – für die zweite Hälfte des 20. Jahrhunderts – fast naturgemäß weiten Bogen von liturgisch verwendbaren Vertonungen bis hin zu Werken, die fast keinen direkten Bezug zur Messvertonung im ursprünglichen Sinn mehr zu haben scheinen und den liturgischen Text nur fragmentarisch oder gar nicht verwenden. Häufig werden andere Texte unterschiedlicher Provenienz ergänzt, gegenübergestellt oder ersetzen den Messtext. Auch reine Instrumentalkompositionen sind möglich. So bleibt als minimalste Gemeinsamkeit lediglich die Bezeichnung „Messe" im Titel.

Die untersuchte Auswahl zeigt einen Querschnitt durch mögliche Varianten im genannten Zeitraum, wobei versucht wurde, eine breite Streuung in verschiedener Hinsicht vorzunehmen. Sie erfolgte auf Grundlage einer oder mehrerer der folgenden Kriterien:

a) Titelgebung „Messe" oder vergleichbarer Titel oder ausdrückliche Äußerung des Komponisten, das Werk sei eine solche, als einzige notwendige Bedingung[2]
b) Bedeutung des Komponisten in der zweiten Hälfte des 20. Jahrhunderts[3]

---

1 Die Arbeit zeigt eine Auswahl an Messen, die natürlich ergänzt werden kann und muss, um einen vollgültigen Überblick über die „Gattung" im genannten Zeitraum zu bekommen.
2 Alle weiteren Bedingungen sind hinreichend, nicht notwendig.
3 Untersucht werden Kompositionen von Komponisten ersten, zweiten oder dritten Ranges. Die „Bedeutung" eines Komponisten kann dabei an verschiedenen Kriterien festgemacht werden, beispielsweise an seiner epochalen Bedeutung aus wissenschaftlicher Sicht, seinen quantitativen Aufführungs- oder CD-Verkaufszahlen, seiner einmaligen Art, eine Messe zu vertonen, und anderem. Zu berücksichtigen ist auch, dass die Anzahl artifizieller Messkompositionen im untersuchten Zeitraum nicht sehr hoch ist.

c) Besonderheit des Personalstils und/oder der musikalischen Ausarbeitung; strukturelle Neuerungen
d) Relevanz der theologischen, soziologischen oder philosophischen Aussage des Werkes
e) besondere religiöse Affinität des Komponisten
f) Bezüge zur Gattungstradition oder Verneinung derselben (und damit Erhalt der Gattung oder Auflösungstendenzen)
g) Bezüge zu anderen Gattungen[4]

Folgende Werke werden in jeweils in sich monographisch lesbaren Kapiteln in chronologischer Folge untersucht:

Komponist	Werktitel	Entstehungsjahr
Olivier Messiaen	*Messe de la Pentecôte*	1951
Hermann Heiß	*Missa 1964*	1964
Leonard Bernstein	*MASS. A Theater Piece for Singers, Players and Dancers*	1969 bis 1971
Dieter Salbert	*Theatralische Messe*	1976/1977
Arvo Pärt	*Berliner Messe*	1990
Karl Jenkins	*The Armed Man: A Mass for Peace*	1999/2000
Dieter Schnebel	*Für Stimmen (… missa est)*	
	Teil I: *dt. 36,6*	1958
	Teil II: *amn*	1958/1966, revidiert 1967
	Teil III: *! (madrasha II)*	1958/1967, revidiert 1968
	Teil IV: *Choralvorspiele I/II*	1966 und 1968/1969
	Missa oder *Dahlemer Messe*	1984 bis 1987
	Missa brevis	2000

Aus dieser Aufzählung geht hervor, dass mindestens ein Werk aus jedem Jahrzehnt untersucht wird. Besonders interessant ist, dass unterschiedliche Messkompositionen des Komponisten-Theologen Dieter Schnebel aus einem über vier Jahrzehnte umfassenden Zeitraum analysiert werden. Da die Darstellung der Werke Schnebels in einem in sich geschlossenen Kapitel erfolgen soll, wird dieses – außerhalb der chronologischen Werkschau – am Ende des Analyseteils dargestellt.

Die ausgewählten Werke stammen aus verschiedener Provenienz, allerdings mit einem Schwerpunkt im mitteleuropäischen und deutschsprachigen Raum. Dies ist aber auch zugleich der geographische Raum, der einen Brennpunkt bezüglich der Auseinander-

---

4 Die Auswahl hätte auch anders begründet werden können. So gliedert Paul Thissen in seiner Arbeit über Requiemvertonungen im 20. Jahrhundert seine Untersuchung zunächst in liturgische und nicht-liturgische Requien. Letztere unterteilt er in rein instrumentale sowie vokale und vokal-instrumentale Requien. Die vokal-instrumentalen Werke werden nochmals untergliedert in Requien mit Varianten des rein liturgischen Textes, Requien, die zumindest Partikel des Requiemtextes mit außerliturgischen Texten kombinieren und solchen, die ausschließlich außerliturgische Texte verwenden. Vgl. Thissen 2009 und 2011 (zur Gliederung der nichtliturgischen Requien bes. S. 14). Thissen möchte jedoch mit seiner Veröffentlichung ein Kompendium der Requiemkompositionen bereitstellen, was für die Messkompositionen im 20. Jahrhundert aufgrund der Forschungslage noch ein Desiderat ist.

setzung mit dieser Gattung in dieser Zeit darstellt.[5] Aus Deutschland stammen Hermann Heiß, Dieter Salbert und Dieter Schnebel, osteuropäische Wurzeln hat Arvo Pärt, in den USA ist Leonard Bernstein beheimatet. Frankreich ist mit Olivier Messiaen vertreten, aus Großbritannien kommt Karl Jenkins. Auch der religiöse Background der Komponisten ist weit gestreut, reicht aber innerhalb dieser Ausrichtung von „sehr religiös" bis „weitestgehend säkularisiert". Heiß,[6] Schnebel und Salbert haben evangelisches, Messiaen katholisches Bekenntnis. Pärt stammt aus der Ostkirche, schreibt sein Werk aber für den Katholikentag in Berlin. Jenkins hat anglikanische, Bernstein hingegen jüdische Wurzeln.[7]

Des Weiteren wurde darauf geachtet, Werke unterschiedlicher und einige für die Entwicklungen in der zweiten Hälfte des 20. Jahrhunderts typischen Stilbereiche auszuwählen: Dieter Schnebel repräsentiert mit verschiedenen Kompositionstechniken die Avantgarde, Olivier Messiaen neben avantgardistischen Strömungen auch die französische Orgeltradition. Die erste elektronische Messvertonung stammt von Hermann Heiß. Der sogenannten Neuen Einfachheit ist Arvo Pärts Komposition zuzuordnen. Polystilistische Werke, auch mit popularmusikalischen Anklängen verschiedener Ausprägung, legen Bernstein, Salbert und Jenkins vor. Bernstein und Salbert schreiben dabei eine Art Musiktheater, Bernstein mit Musicalanklängen, Salbert mit Tanz und Bildprojektionen. Jenkins hingegen knüpft mit *„L'homme armé"* zusätzlich an das Mittelalter und die mit diesem Lied im 15. und 16. Jahrhundert aktuelle Tradition an. So entsteht ein breites Spektrum, wenngleich es unmöglich erscheint, alle vorhandenen Strömungen explizit darzustellen. Hier sei auf die *Geschichte der Kirchenmusik* verwiesen, die in Ansätzen und zum Teil nur in summarischer Aufzählung versucht, einen Überblick zu geben.[8]

Ganz bewusst wurden Werke ausgelassen, die eine große Bedeutung in der Gattungstradition haben. Hier sind insbesondere Igor Strawinskys *Mass* (1944–1948) und Paul Hindemiths *Messe* (1964) zu nennen. Einerseits sind beide Werke in ihrer Stilistik eher der ersten Jahrhunderthälfte zuzuordnen, andererseits wurden sie in verschiedenen Veröffentlichungen bereits mehrfach intensiv gewürdigt.[9] Bewusst nicht untersucht wurden außerdem Kompositionen, die sich nur mit jeweils einem Einzelsatz des Ordinariums beschäftigen,[10] und Requien. Nicht behandelt wurde auch sogenannte liturgische Gebrauchsmusik, allerdings nicht, weil es sich grundsätzlich um minderwertige Kompositionen handeln würde. Wie in allen Bereichen gibt es auch hier qualitätvolle wie auch verzichtbare Werke, die meisten jedoch haben aufgrund ihrer Gebundenheit an aufführungspraktische und liturgische Kriterien eine grundsätzlich andere Ausrichtung als die hier dargestellten.[11]

---

5   Zumindest sieht es nach derzeitiger Forschungslage so aus. Wissenschaftliche Literatur zu Messen anderer Länder steht in den meisten Fällen noch am Anfang.
6   Heiß schreibt allerdings für die katholische Liturgie.
7   Innerhalb mancher Werke gibt es zudem Verweise auf Religionen außerhalb des jüdisch-christlichen Kulturkreises, vgl. z. B. Jenkins.
8   Hochstein/Krummacher 2013 und 2014, darin bes. Krieg 2013 und Schwenk 2014.
9   Zu Hindemith vgl.: Rössler 1985 sowie Vogt 1982, S. 333–348. Zu Strawinsky vgl.: Bahr 2013, S. 278–281, Lindlar 1991, Lübbes Strawinsky Lexikon sowie Rienäcker 2005.
10 Wie etwa Krzysztof Pendereckis *Credo*.
11 Vgl. beispielsweise die lesenswerten Ausführungen von Robert Liebrand (2003) zu liturgischen Kompositionen, ihren gottesdienstlichen und kirchenrechtlichen Voraussetzungen sowie den funk-

2. Gattungsproblematik

Über die Definition der Gattung „Messe" lässt sich, zumal ab dem 20. Jahrhundert, trefflich streiten. Die Messe, auch wenn man den Begriff auf den religiösen Zusammenhang beschränkt, kann unterschiedliche Bedeutungen haben. Sie geht auf das lateinische Wort „missa", die Entlassung der Gläubigen, zurück und wird später zur Bezeichnung für die gesamte Messfeier, die mit der Formel „Ite missa est" – „So seid ihr nun gesendet" oder „Gehet, es ist die Entlassung" – endet.[12] In karolingischer Zeit entstanden nach und nach festgelegte Texte für die Liturgie, die ab dem Mittelalter in der lateinischsprachigen römisch-fränkischen Messe auf Basis des Gregorianischen Chorals in Ordinarium und Proprium eingeteilt wurden.[13]

Der Begriff „Messe", wie er heute landläufig im Sinne einer musikalischen Komposition für die liturgische Feier verstanden wird, meint meist eine Vertonung der Texte der Ordinariumsteile. Dass dies auch anders sein kann, hat die Entwicklung der Messe im Verlauf der Jahrhunderte gezeigt, in der zeitweise fast nur Propriumstexte vertont wurden und lange Zeit auch keine zyklischen Ordinariums-Vertonungen vorlagen.

Zwar hat sich die Gattung in ihrer jeweils zeitgebundenen Ausgestaltung im Laufe der Jahrhunderte immer wieder gewandelt, doch blieben zumindest bis zum 19. Jahrhundert die definierenden Komponenten „Text"[14] und „Funktion" in der Regel unangetastet.[15] Die römisch-katholische Kirche als Institution verlangte spätestens ab dem Tridentiner Konzil die vollständige Vertonung und Verständlichkeit des Ordinariumstextes. Ebenso forderte sie die Verwendbarkeit der Komposition im Ablauf einer Liturgiefeier, wobei die rein musikalische Ausgestaltung im Laufe der Jahrhunderte durchaus differieren konnte und sich auch lange nach dem Zeitgeschmack richtete. Über die Grundsätze bezüglich Text und Liturgie setzten sich viele Komponisten, sieht man von liturgischer Gebrauchsmusik ab, immer mehr hinweg und schufen Werke, deren gattungsbildende Komponenten verloren gingen.[16] Die Textvorgabe wurde nicht mehr erfüllt, was zugleich die liturgische Funktion unmöglich machte.[17] Dennoch schufen sie „Messvertonungen" und haben diese Werke auch als solche bezeichnet.

Es wäre bei manchen Werken sicher auch möglich gewesen, denselben völlig andere Titel zu geben, wie z. B. „Kontemplation", „Gedanken", „Natur", „Freiheit" oder „Liebe". Man hätte es nicht weiter festmachen können. Aber der dem Hörer vorgegebene Bezugspunkt hätte sich verschoben. Sofia Gubaidulina entfernte beispielsweise aus dem Ende

---

tionalen Erfordernissen, denen sich der Komponist von sogenannter kirchlicher Gebrauchsmusik stellen muss sowie die Diskussion des Spannungs-/Problemfeldes Liturgie und „neue" Musik von Paul Thissen (2009, S. 32–34).

12 Vgl. zu den Ausführungen über die Gattungsproblematik im Wesentlichen: MGG Messe.
13 Andere Messtraditionen wie die slawische oder griechisch-byzantinische werden nicht berücksichtigt, ebenso eine detaillierte Darstellung der Entwicklung im Einzelnen. Hier sei auf die gängigen Lexika verwiesen.
14 Ob Ordinarium oder Proprium ist hier zweitrangig.
15 Vgl. Thissen 2011, S. 16–17. Thissen beschreibt das gleiche Phänomen für das Requiem.
16 Die Veränderung der Gattungsbezüge bei verschiedenen Gattungen kann durchaus als wichtiger Wandel im 20. Jahrhundert gesehen werden. Gerd Rienäcker (2005, S. 106) formulierte das folgendermaßen: „Verändert hat sich das Spektrum der Gattungen und ihrer Lesarten, verändert das Spektrum verbindlicher Traditionen."
17 Dies ist bei der Entwicklung der Requiemvertonungen ähnlich. Vgl. Thissen 2011, S. 17.

der Partitur (nicht aus dem Titel) der 1972 entstandenen *Musik für Cembalo und Schlaginstrumente aus der Sammlung Mark Pekarski* den Satz „*Ite, missa est*", der ursprünglich nach dem Verklingen des letzten Tons gesprochen werden sollte.[18] Auch wenn sie dies, wie Reich annimmt, getan hat, um „die von ihr mit religiöser Bedeutung aufgeladenen Klänge von sich aus ihre Wirkung entfalten"[19] zu lassen, lässt sie so dem eventuell atheistisch geprägten Zuhörer den Raum, eine völlig andere Interpretation vornehmen zu können. Dass dies bei Gubaidulinas Musik zu rein kontemplativer Beliebigkeit führen könnte, bestreitet Reich aufgrund von Anspruch und Stilhöhe der Komponistin aber zu Recht.[20]

Nun stellt sich die Frage, ob allein die Titelgebung und die damit einhergehenden möglichen konnotativen Anklänge noch als Gattungsbegriff funktionieren können, stehen doch meist die Individualität des Komponisten, des Kunstwerks selbst und die an das Publikum gerichtete inhaltliche Aussage im Vordergrund.[21] Bezüglich des Requiems stellt Thissen einen „Säkularisierungsprozess" des Begriffes „Requiem" fest, der mit einer völligen Loslösung von religiösen Konnotationen einhergeht. Es bleibt nur noch der Bezug zum Tod als säkularem Ereignis.[22] Eine solche Profanisierung ist für den Begriff „Messe" nicht zu verzeichnen. Gleichwohl gibt es säkulare Einflüsse, die zu einer fast grenzenlosen Auflösung der Gattungskomponenten führen. Die Offenheit in alle Richtungen (Text, Form, Instrumente, Stil, Aufführungsort usw.) hat interessanterweise nicht das Verschwinden artifizieller Auseinandersetzung mit der Thematik zur Folge und das, obwohl der Messe nicht so deutlich wie dem Requiem ein allgemein menschliches Thema – Tod und Trauer – innewohnt. Als letzter Gattungsbezug bleibt der Begriff „Messe" als Schablone für die möglichen Konnotationen des Komponisten und der Zuhörer. Sie erzwingt eine Auseinandersetzung mit dem Vergangenen, der Tradition (Gottesdienst, Kirche als Institution, Religion, Ablehnung, Aufbruch usw.), sonst würde der gegebene Begriff nicht mit Inhalt gefüllt – und wenn es nur Ablehnung sei. Eines darf man nicht vergessen: Jemand, der sich Werke aus der zweiten Jahrhunderthälfte mit Bezugnahme zur Messe anhört, tut dies sehr bewusst, weil er sich dadurch angesprochen fühlt (egal, ob positiv, negativ oder neutral). Und umgekehrt: Würde man sich diesen Werken aussetzen, ohne irgendeinen Bezug zur „Messe" zu haben, würde eine wichtige Bezugs- und Bedeutungskomponente, die der Komponist bewusst gewählt hat, beim Hörer unerschlossen bleiben. Die Gattung bleibt somit in äußerster Reduktion „etwas Mitzudenkendes",[23] der Begriff „Messe" wird Hülle, die sich in ihrer Bedeutung durch Komponist und Zuhörer füllt.

---

18 Vgl. Kurtz 2001, S. 147 sowie Reich 2005, S. 351.
19 Reich 2005, S. 351.
20 Ebd. Dies hat nichts mit kommerzieller sogenannter Meditativer Musik zu tun.
21 Vgl. hierzu auch Thissen 2011, S. 17, der diese Frage bezüglich des Requiems stellt.
22 Ebd.
23 Vgl. Thissen 2011, S. 19, der dies aufgrund des Grades der Profanisierung für das Requiem ausschließt.

3. Forschungslage

Eine Gesamtschau zur Gattungsgeschichte in der zweiten Hälfte des 20. Jahrhunderts liegt bislang noch nicht vor und ist ein Desiderat der Forschung. Aufsätze oder wenige monographische Veröffentlichungen geben Einblick in bestimmte Einzelwerke, meist ohne diese in einen größeren Zusammenhang zu stellen oder gar einen Überblick zu geben. Auf die wichtigsten wird in der vorliegenden Untersuchung an der jeweiligen Stelle hingewiesen.[24]

Die Artikel zur Gattung „Messe" in den gängigen Musiklexika *Musik in Geschichte und Gegenwart* (MGG) und *The New Grove Dictionary of Music and Musicians* bleiben, speziell was den Rahmen der letzten 60 Jahre angeht, sehr vage und geben lediglich einige Hinweise zu Werken, kirchenmusikalischen Verlautbarungen oder Literatur. Dies reicht nicht einmal für einen ersten Überblick, da die Darstellungen über das 20. Jahrhundert, speziell die Zeit nach dem Zweiten Weltkrieg, zudem noch besonders kurz sind. In beiden Lexika wird von den untersuchten Werken lediglich Bernstein erwähnt. Die Feststellung, „since the 1970s much significant music based on Christian spirituality has been written (in Europe, for instance, by Messiaen, Penderecki and Pärt, in Britain by John Tavener, Jonathan Harvey and James MacMillan) but not settings of the texts of the Mass",[25] hat zwar grundsätzlich ihre Berechtigung, ist aber bezüglich Arvo Pärt falsch, hat er doch die *Berliner Messe* für den Katholikentag 1990 als liturgische Messe geschrieben.

Das dreibändige Lexikon *Die Messe in der Musik*[26] von Peter und Verena Schellert ist eine lexikalische Auflistung von über 600 Messkompositionen aus allen Epochen. Es kann und soll nur einen ersten Hinweis auf eine Komposition mit mindestens Teilen des Messtextes inklusive Quellen und Literaturhinweisen geben. Auch eine gezielte Suche nach Mess-Bezeichnungen bezüglich Jahreszyklen (z. B. Osterfestkreis) oder „Personen" (z. B. Heiliger Geist) ist möglich. Naturgemäß kann dieses Lexikon nur als Übersicht dienen und bietet keine musikgeschichtlichen Einordnungen. Aufgrund der von den Autoren angegebenen Kriterien werden von den untersuchten Werken Pärt, Salbert, Bernstein und Schnebel (nur *Dahlemer Messe*) genannt. Messiaen wird als Komponist seiner unveröffentlichten Messe aus dem Jahr 1933 erwähnt. Die *Pfingstmesse* muss aufgrund ihrer Textlosigkeit aus dem Raster fallen, ebenso wie Schnebels *...missa est.* Jenkins und Schnebels *Missa brevis* sind später entstanden. Die Messe von Heiß müsste ergänzt werden.

Karl Gustav Fellerers *Geschichte der katholischen Kirchenmusik*[27] kann aufgrund ihres Erscheinens im Jahr 1976 und der im Titel genannten Thematik das untersuchte Themenfeld nur streifen, auch wenn die Ausführungen zum Zweiten Vatikanischen Konzil von 1962 bis 1965 ausführlich und lesenswert sind.

Ebenfalls nur eine erste lexikalische Orientierung können der *Harenberg Chormusikführer*[28] und das zweibändige *Lexikon der Kirchenmusik*[29] in ihrer jeweiligen Ausrichtung

---

24 Dies deckt sich mit der Forschungslage zum Requiem vor der Veröffentlichung der zweibändigen Abhandlung von Thissen in den Jahren 2009 und 2011. Vgl. ebd.
25 New Grove Mass, S. 84.
26 Schellert/Schellert 1999.
27 Fellerer 1976.
28 Harenberg Chormusikführer.
29 Lexikon der Kirchenmusik.

bieten. Während der *Chormusikführer* logischerweise nur Werke mit Chorbeteiligung aufführt, diese aber zum Teil schon mit analytischen Details beschrieben werden,[30] findet man im *Lexikon der Kirchenmusik* Werkerwähnungen allenfalls im Artikel über den einzelnen Komponisten.[31]

Musik und Religion von Helga de la Motte-Haber stellt Entwicklungen und Werke dar, die zwar mit Religion zu tun, sich aber von der ursprünglich liturgischen Aufgabe entfernt haben. Der Blickwinkel ist die „transzendentale Bestimmung"[32] von Musik, nicht die Gattung. In den Kapiteln „Grenzüberschreitung als Sinngebung in der Musik des 20. Jahrhunderts"[33] und „Sakrale Sehnsüchte. Über den unstillbaren ontologischen Durst' in der Musik der Gegenwart"[34] finden z. B. Komponisten wie John Cage, Messiaen, Pärt, Karlheinz Stockhausen, Giacinto Scelsi, Morton Feldman und Luigi Nono Erwähnung – alle nicht im Zusammenhang mit einer Gattung, sondern mit einer „religiösen Idee" des Kunstwerks.

Messe und Motette, Band neun des *Handbuchs der musikalischen Gattungen*,[35] beschäftigt sich im letzten Kapitel mit dem 20. Jahrhundert unter den Aspekten „Amtskirchliche Voraussetzungen", „Meßvertonung im Stilpluralismus", „Muster und Schablone. Die Motette im 20. Jahrhundert" und „Requiem: Appell im Wandel". Thomas Hochradner zeigt den Bedeutungsschwund liturgisch anspruchsvoller Meßkompositionen auf, der der Tatsache der Erneuerungsbewegungen und „tätigen Teilnahme" der Gläubigen geschuldet sei und eine „aus der Liturgie gelöste geistliche Musik" hervorbrachte.[36] Er nennt einige interessante liturgische Werke, die auch zu speziellen Anlässen komponiert wurden, verweist auf Messen „größerer Komponisten", die in einem solchen Kompendium nicht fehlen dürfen (Zoltán Kodály, Leoš Janáček, Paul Hindemith, Igor Stravinsky) und summarisch kurz auf Komponisten anderer Länder.[37] Bei der gelegentlichen Bewertung der Werke differenziert er schlüssig zwischen den Anforderungen einer qualitätvollen „Gebrauchsmusik" und denen einer konzertanten Auseinandersetzung mit der Thematik und macht deutlich, dass sich letztere von der Gattung entfernen müssen.[38] Als Beispiele konzertanter Lösungen „unter den ohnedies seltenen Meßvertonungen"[39]

---

30 Erwähnt werden Pärts *Berliner Messe*, Messiaen als Komponist (nicht jedoch die instrumentale *Pfingstmesse*) sowie in Kurzanalysen Bernsteins *MASS*, Schnebels *...missa est* (ohne Choralvorspiele) und *Dahlemer Messe*. Als Komponisten unerwähnt bleiben Heiß, Salbert und Jenkins (seine *Mass for Peace* erschien erst später).

31 Gar nicht erwähnt werden Heiß, Salbert und Jenkins, was bei letzterem verwundert, da seine *Mass for Peace* in der kirchenmusikalischen Szene stark rezipiert wird. Eine sehr ausführliche Würdigung erfährt Messiaen (kurze Nennung der *Pfingstmesse*), eine kürzere mit Erwähnung von *MASS* erfährt Bernstein ebenso wie Pärt (ohne Nennung der *Berliner Messe*). Eine noch kürzere Beschreibung gibt es zu Schnebel, seine Messen werden allerdings kurz genannt (ohne *Missa brevis*).

32 de-la-Motte-Haber 19951, Klappentext.

33 de-la-Motte-Haber 19952.

34 Wilson 1995.

35 Hochradner 1998.

36 Vgl. ebd., S. 342.

37 Bezüglich Frankreichs erwähnt er Messiaen lediglich in einer Fußnote mit dem Hinweis auf seine unveröffentlichte Messe. Die *Pfingstmesse* wird nicht genannt. Dies ist dann wohl für eine Erwähnung zu weit von der Gattungstradition entfernt. Vgl. ebd., S. 349.

38 Vgl. ebd., S. 344–347.

39 Ebd., S. 350.

beschreibt er jeweils halbseitig Schnebels *Missa*,[40] Pärts *Berliner Messe* und Bernsteins *MASS*.

Das neueste Kompendium über Kirchenmusik mit all ihren Ausprägungen liegt mit der *Geschichte der Kirchenmusik* in vier Bänden vor, deren vierter Band den Titel *Die zweite Hälfte des 20. Jahrhunderts und die Herausforderungen der Gegenwart*[41] trägt. Das für die vorliegende Arbeit bedeutendste Kapitel stammt von Fredrik Schwenk über „Musikalische Satztechniken seit 1945".[42] Aufgrund der Vielfältigkeit des Repertoires und der daraus resultierenden nicht mehr zu bewältigenden Einordnung in Gattungsgrenzen, wählt Schwenk eine Darstellungsform nach Stilbereichen. Er diskutiert die noch fehlende Terminologie und die nicht mehr mögliche einseitige Zuordnung einzelner Komponisten zu bestimmten Bereichen, Gattungen oder Strömungen. Ganz bewusst entscheidet er sich dafür, sowohl die sich in Auflösung befindlichen traditionellen Gattungen zu berücksichtigen als auch völlig freie kompositorische Auseinandersetzungen mit geistlicher Thematik. Dadurch deckt er ein sehr breites Spektrum ab.[43] Unter folgenden Unterkapiteln subsumiert er dann zum Teil in sehr kurzen Abrissen oder nur summarisch aufgezählt Werke und Komponisten:

- „Im Gefolge nationaler Schulen und Traditionen"[44]
- „Personalstile, Neuformierung in der Demontage"[45]
- „Musique concrète, Serialismus"
- „Aleatorik, Zufall, Zitat, Collage, Polystilistik"[46]
- „Elektroakustische und Computermusik, Algorithmische Komposition"[47]
- „Fluxus, Neodadaismus, Musik über Musik"[48]

---

40 Schnebels *Für Stimmen* erwähnt Hochradner im Unterkapitel über Motetten als Beispiel für die Dekomposition von Sprache; vgl. ebd., S. 361–362. Auch die Darstellung dieses Werks als Motette kann durchaus schlüssig gelingen und zeigt die Ambivalenz der Gattungszuordnung.
41 Hochstein/Krummacher 2014, darin bes. Schwenk 2014.
42 Weitere Kapitel widmen sich den liturgischen und kirchenmusikalischen Erneuerungsströmungen in der evangelischen und katholischen Kirche (Agenden, Zweites Vatikanisches Konzil), Kirchenlied und Gesangbuchgestaltung, porträtieren einige wichtige Komponisten (Messiaen, Siegfried Reda, Schnebel, Sofia Gubajdulina, Penderecki, Pärt), behandeln die Musik der Ostkirchen, Spiritual und Gospel, Musik der jungen Kirchen und die Populäre Kirchenmusik.
43 Vgl. Schwenk, S. 54.
44 Kurzer Abriss über Kompositionen zwischen Akademismus und Moderne (z. B. Hermann Schroeder, Carl Orff, Ernst Pepping) und umfangreiche Auflistungen zu Kompositionen aus verschiedenen Ländern.
45 Abriss über die spezielle Entwicklung in Polen; Einordnung einiger stilistisch herausragender Werke, die jedoch abseits der Avantgarde stehen, z. B. Hindemith, Britten, Henze, Ligeti oder Messiaen. Trotz der Würdigung Messiaens als Komponist vieler Werke mit christlichem Hintergrund, nennt Schwenk gerade die *Pfingstmesse* nicht und schreibt sogar, es fehlen in seinem Werk „die klassischen Gattungen wie Messe, Requiem und Kantate" (S. 60). Aber gibt es diese klassischen Gattungen überhaupt noch?
46 Erwähnung findet beispielsweise Cages Halberstädter Orgelprojekt, das über Jahrhunderte erklingen soll. Vgl. ebd., S. 62.
47 Erwähnung findet etwa Michael Chinons elektroakustisches *Requiem* von 1973. Vgl. ebd., S. 64.
48 Erwähnung Mauricio Kagels mit einigen Werken und Schnebels u. a. mit *…missa est* und der *Dahlemer Messe*. Vgl. ebd., S. 64. Die Zuordnung der *Dahlemer Messe* erscheint weder passend zu

- „Postserialismus, Minimalismus"[49]
- „Erweiterte Kompositionstechniken"[50]
- „Exotismus, Meditation, Spektralismus"[51]
- „Sonderwege"[52]

Was sich liest wie die Beschreibung der möglichen Kompositionsstile in der zweiten Jahrhunderthälfte, ist genau das: ein Abbild der Techniken, die Komponisten ohne Rücksicht auf Traditionen für ihre Werke mit geistlichem Bezug gewählt haben. Es gibt – zumindest nicht mehr unbedingt – Stil- und Gattungsgrenzen. Es ist, um es mit Theodor Fontane zu sagen, „ein weites Feld", das noch auf seine Erarbeitung im Einzelnen wartet. Immerhin versucht Schwenk einen ersten Überblick. Ein solcher erfordert immer einen gewissen „wissenschaftlichen Mut" und kann naturgemäß weder vollständig noch umfassend in seiner Darstellung sein, immer lässt er gleichermaßen Raum für weitere Arbeiten und Kritik.

Beispielsweise nennt der Autor unter „Musique concrète, Serialismus" nur ein einziges Werk mit konkret geistlichem Bezug. Auch in anderen Unterkapiteln werden manchmal nur zwei Werke aufgelistet, allerdings auch, weil es unter diesem Stilaspekt nur sehr wenige gibt. Dennoch stellt sich damit diese Klassifizierung wiederum selbst ein Stück weit in Frage. Auch fragt man sich bei mancher Untergruppe, warum diese nun gerade einem bestimmten Bereich zugeordnet wurde und nicht einem anderen. Fraglich ist auch, warum ein Werk wie Bernsteins *MASS* gar nicht erwähnt wird, obwohl es epochal ist.

Der Konflikt, der sich dem Komponisten auftut, stellt sich letztlich hier in besonders deutlicher Weise auch dem Wissenschaftler: Die Werke passen nicht mehr in die Kategorien früherer Zeit und lassen sich oft nur monographisch überzeugend darstellen – als Einzelwerk. Diese Darstellung wählt Schwenk dann auch in der Folge dieser Übersicht am Beispiel dreier verschiedener Requiem-Vertonungen von Benjamin Britten, György Ligeti und Bernd Alois Zimmermann.

Noch ausführlicher behandelt und beschreibt Thissen die liturgischen und nichtliturgischen Kompositionen der Totenmesse in seiner zweibändigen Abhandlung *Das Requiem im 20. Jahrhundert*. Hierdurch bietet sich zum Teil eine gute Vergleichsmöglichkeit zu Vertonungen des Messordinariums – wie auch immer es ausgestaltet sei.

Fluxus, Dadaismus noch Musik über Musik, die Bezeichnung von *…missa est* als „Vokalstücke für Frauenchor" ist hingegen schlichtweg falsch.

49 Erwähnung finden die typischen amerikanischen Minimalisten sowie John Adams. Vgl. ebd., S. 65.

50 Genannt werden Penderecki, Luciano Berio und Aribert Reimann. Neben vielen weiteren recht unbekannten Komponisten, subsumiert der Autor einige Komponisten aus dem russisch-osteuropäischen Bereich in dieser „Kategorie", z.B. Galina Ustwolskaja, Alfred Schnittke, Petr Eben. Vgl. ebd., S. 65–67.

51 Genannt werden in einer sehr langen Auflistung von Komponisten verschiedenster Provenienz wie Pärt, Egon Wellesz, Peter Michael Hamel, Siegfried Matthus und Wolfgang Rihm mit verschiedenen Werken. Vgl. ebd., S. 67–69. Die Einordnung in diese „Kategorie" bleibt fragwürdig.

52 Unter dieser Überschrift subsumiert der Autor alles, was noch nicht eingeordnet werden konnte, z.B. Wilhelm Killmayer als Sonderweg neben der Avantgarde, die Gruppe englischer Komponisten mit „Schönklang" wie John Rutter und Jenkins – an dieser Stelle wird als einziges Mal in der Fachliteratur überhaupt *The Armed Man: A Mass For Peace* erwähnt (!) –; Komponisten mit folkloristischem Einfluss, z.B. Ariel Ramírez und Komponisten der neueren Generation mit verschiedensten Werken. Vgl. ebd., S. 70–72.

Aus der Darstellung der Forschungslage wird deutlich, dass die getroffene Kategorisierung entscheidend für eine Werkeinordnung ist. Eine wie auch immer geartetete Beschränkung führt zu völlig anderen Darstellungen. Zu hinterfragen bleibt, welche Darstellung und welche Auswahlkriterien der Musik der zweiten Hälfte des 20. Jahrhunderts für die jeweiligen Werke angemessen erscheinen.

4. Die Entwicklung der Messkomposition von Beethoven bis zum Zweiten Weltkrieg

Auch wenn viele Traditionslinien seit der Frühzeit der Messe auf Kompositionen aus der zweiten Hälfte des 20. Jahrhundert wirken – sei es, dass sie verarbeitet, sei es, dass sie negiert wurden –, ein wichtiger Kristallisationspunkt in der Gattungsgeschichte ist Beethovens *Missa solemnis*. So beginnt der Rückblick in der Gattungsgeschichte bewusst nicht erst mit dem Anfang des 20. Jahrhunderts, sondern – zumindest in einer kurzen Rückschau – mit Beethovens Jahrhundertwerk und einigen Entwicklungswegen im 19. Jahrhundert.

4.1. Das 19. Jahrhundert

Geprägt durch die Folgen der Französischen Revolution und die damit verbundenen politischen, wirtschaftlichen, sozialen und kulturellen Umbrüche, veränderten sich nicht nur die gesellschaftlichen Bedingungen, sondern auch die Beziehung von Kirche und Staat. Die vormals enge Verbindung wurde aufgelöst. Damit änderte sich auch die gesellschaftliche Stellung des Musikers, speziell des Kirchenmusikers. Säkularisierung und allgemeine Liberalsierung hatten aber auch eine Gegenbewegung mit der Erstarkung restaurativer, auch konfessioneller Bewegungen zur Folge.[53] Franz Xaver Bischof drückt es so aus: „Der politischen Bewegung der Restauration korrespondierte die geistesgeschichtliche Wende der Romantik als überkonfessionelle Reaktionsbewegung zum Rationalismus der Aufklärung. Die Romantik brachte eine neue Hinwendung zu Tradition, Geschichte, und organisch Gewordenem, verbunden damit auch Christentum und Transzendenz."[54]

Genau in dieser Phase des Umbruchs komponierte Ludwig van Beethoven in den Jahren 1819 bis 1823 in Wien seine *Missa solemnis in D*.[55] An ihr zeigen sich bereits Tendenzen, die zwar nicht aus dem Nichts kommen, aber in diesem Werk in einer Dichte vorliegen, die bedeutend und bezeichnend sind für die Entwicklung im gesamten 19. Jahrhundert und darüber hinaus.

Beethoven komponierte das Werk aus eigenem Antrieb und ohne Auftrag, jedoch für den Anlass der Inthronisation des mit ihm befreundeten Erzherzogs Rudolf als

---

53 Es sei bezüglich detaillierter politischer und kirchenpolitischer Entwicklungen verwiesen auf die ausführliche Darstellung in Bischof 2013.
54 Ebd., S. 11.
55 Vgl. dazu von Fischer 1994.

Bischof von Olmütz, also eigentlich auch für die Liturgie. Da es nicht rechtzeitig für den feierlichen Gottesdienst fertig war, wurde es später in St. Petersburg im Konzertsaal uraufgeführt und als „Oratorium" angekündigt.[56] Sogar der Komponist selbst hat sich an der Gattungsdiskussion beteiligt, indem er die Komposition in Briefen an Johann Wolfgang von Goethe und Friedrich Zelter als große Messe, welche auch als Oratorium aufgeführt werden könne,[57] bezeichnet hat.

Bereits in zeitgenössischer Rezeption entzündete sich die Diskussion um Liturgie und Konzertsaal,[58] die sich letztlich bis in die Gegenwart zieht. Das Werk ist zudem lang und von der Besetzung her besonders groß dimensioniert. Mehr noch als dadurch wurden die Zuhörer durch verschiedene satztechnische und stilistische Besonderheiten irritiert.[59] Hierzu zählt beispielsweise der Einsatz der Soloviatine im *Benedictus*, die „die Präsenz des Erlösers"[60] symbolisierend, äußerst sphärische Klänge evoziert und von der üblichen Kompositionstradition abweicht. Besonders die dramatischen instrumentalen „Kriegsszenen" im *Agnus Dei* verwirrten die Rezipienten, setzten aber Beethovens Ansinnen, das in der Überschrift des *Agnus Dei* „Mit der Bitte um inneren und äußeren Frieden" deutlich zum Ausdruck kommt, mit besonderer und ungewohnter Deutlichkeit förmlich in Szene. Auch das ist nicht ohne „Vorläufer" (z. B. Josephs Haydns *Missa in tempore belli*), aber in der Bezugsetzung der religiösen und politischen Dimension überdeutlich, ungewöhnlich und wegweisend. Und dennoch spürt man auch die andere Ebene, die sich in Überschriften wie „Mit Andacht" über *Kyrie* und *Sanctus* und in Beethovens Absicht zeigt, den Hörer in seinem Innersten berühren zu wollen: „bey den Singenden als bey den Zuhörenden, Religiöse Gefühle zu erwecken und dauernd zu machen",[61] ist Beethovens erklärtes Ziel. So verbinden sich in seinem Werk, aufklärerische, romantische, politische und christliche Denkmodelle, die vorgegebene Gattungs- und Denkgrenzen aufsprengen und den Zuhörern Reibungspunkte bieten. Die Messkomposition wird zum Bekenntniswerk.

Wie Beethoven auf der sinfonischen Kirchenmusikpraxis und -tradition der Wiener Klassik aufbauend, schrieb auch Franz Schubert mit der *Missa solemnis in As* (zwischen 1819 und 1822 entstanden) und der *Missa solemnis in Es* (1828 entstanden) Werke, die Besonderheiten aufweisen.[62] Nur wenige seien hier genannt: Die harmonische Anlage der *As-Dur-Messe* ergibt einen Kreis von Terzschritten, der nur beim *Sanctus* unterbrochen ist. Diese Anordnung wiederum spiegelt als Zentrum der Messe das „Et incarnatus est", die Menschwerdung Jesu im *Credo*.[63] In beiden Messen fallen ungewöhnliche

---

56 Ob diese andere Gattungsbezeichnung dem Umstand geschuldet war, dass man im russisch-orthodoxen Umfeld die lateinische Missa nicht unbedingt als bekannt voraussetzen konnte, ist letztlich nebensächlich.
57 Brief an Johann Wolfgang von Goethe vom 8. Februar 1823 und Brief an Karl Friedrich Zelter vom 8. Februar 1823, in: Sieghard Brandenburg (Hg.): Ludwig van Beethoven. Briefwechsel. Gesamtausgabe, Bd. 5: 1823–1824, München 1996: G. Henle, S. 36 und 39.
58 Vgl. von Fischer 1994, S. 236.
59 Einige zeitgenössische Reaktionen finden sich in: ebd.
60 Ebd., S. 245.
61 Brief an Johann Andreas Streicher vom 16.9.1824, in: Beethoven Briefwechsel, Bd. 5, S. 364.
62 Zu Schuberts Messen vgl. Jahrmärker 1997.
63 Vgl. ebd., S. 374.

formale Lösungen auf.[64] Des Weiteren lässt Schubert immer wieder bestimmte Textstellen aus. Besonders auffallend ist hierbei, dass er die Worte zum Bekenntnis an die katholische Kirche „Et in unam sanctam catholicam et apostolicam ecclesiam" immer weglässt. Teilweise führt die Forschung dies auf einen laxen Umgang mit der Textvorlage zurück, teilweise aber auch auf eine zwiespältige Haltung Schuberts zur Amtskirche.[65] Ein Trend zur Individualisierung in Werkstruktur und Aussage nimmt seinen Anfang.

Mit den Schlagworten Kunstreligion, Religiöse Musik,[66] Wiederentdeckung des Alten in verschiedener Ausprägung (z. B. Anton Friedrich Justus Thibauts *Über Reinheit der Tonkunst*, Felix Mendelssohn-Bartholdys Wiederaufführung der *Matthäuspassion* von Johann Sebastian Bach, die wissenschaftliche Aufarbeitung der gregorianischen Quellen in Solesmes[67]) und Cäcilianismus[68] sind nur die wichtigsten Strömungen genannt, die wesentlichen Einfluss auf die Entwicklung der Messkomposition hatten. Auch die neue Blüte des Oratoriums und der Motette (Mendelssohn und andere)[69] und die Entstehung einer bürgerlichen Musikkultur, auch an der Kirche, hinterließen Spuren.

So ergab sich spätestens im 19. Jahrhundert, wie Thissen feststellt, aus der musikgeschichtlichen Situation „aufgrund der Forderung nach Autonomie [der Musik als Kunstwerk] auf der einen und der Forderung nach dienender Funktion [der liturgischen Musik] auf der anderen Seite zwischen dem Entwicklungsstand der allgemeinen Musik und dem der liturgischen Musik eine Schere,"[70] die sich auch im 20. Jahrhundert noch weiter aufgetan hat. Infolgedessen, so Thissen weiter, entstand ein Repertoire mit großer stilistischer Bandbreite, „von cäcilianischer Retrospektive über tradierte Kontrapunktik und konservativen Klassizismus bis zu zeitgemäßer moderner oder gar progressiver Kompositionstechnik, [... mit] Besetzungen zwischen A-cappella-Musik und großem Orchester. Werke von höchstem Kunstanspruch gehören ebenso dazu wie solche, die diesen Anspruch erst gar nicht erheben, weil sie sich als liturgische Gebrauchsmusik verstehen."[71]

Einige bedeutende Werke zur Gattung Messe schrieben im 19. Jahrhundert Robert Schumann, Franz Liszt, Anton Bruckner und Joseph Gabriel Rheinberger. Weitere Werke entstanden im Rahmen der cäcilianistischen Strömung (z. B. Franz Xaver Witt, Peter Griesbacher, Vinzenz Goller) sowie in länderspezifischen Ausprägungen beispielsweise von Gioachino Rossini und Giacomo Puccini oder Luigi Cherubini und Charles Gounod.[72]

Eine besondere Rolle nimmt die Vertonung des Requiems ein. Bereits im 19. Jahrhundert beschreiten Komponisten bei dieser Gattung neue Wege: Es gibt Kompositionen ausschließlich für den Konzertsaal, solche mit Textveränderungen, Kompilationen, die Verwendung völlig freier Texte. Prinzipiell lässt sich oftmals ein freierer Umgang mit

---

64 Vgl. ebd.
65 Vgl. Hochstein 2013, S. 193.
66 Ausführlicher dargestellt in Krummacher 2013.
67 Ausführlicher dargestellt in Kläckner 2013.
68 Ausführlicher dargestellt in Kirsch 2013 und Hochstein 20131.
69 Ausführlicher dargestellt in Schmierer 2013.
70 Thissen 1999, S. 162.
71 Hochstein 20131.
72 Eine ausführliche Darstellung einzelner Kompositionen und Strömungen findet sich in Hochstein 20133.

der Gattung bis hin zur gänzlich individuellen Aussage feststellen. Ohne im Detail darauf einzugehen, seien beispielhaft die Requiemkompositionen von Hector Berlioz, Johannes Brahms und Giuseppe Verdi erwähnt, sowie auf mehrere Vertonungen des säkularen Gedichtes „Requiem" von Friedrich Hebbel verwiesen.[73] Diese Entwicklung wird dann deutlich später auch für die Gattung Messe relevant. Noch aber bleibt die Messvertonung deutlich traditionsgebundener als das Requiem.

Liszt, in Persona freischaffender Künstler und Geistlicher, fasste diese Entwicklungen im 19. Jahrhunderts treffend zusammen und nannte Wege in die Zukunft:

> *„Diese zutiefst religiöse, starke und wirksame Musik, die wir in Ermangelung eines anderen Namens Menschheitsmusik (musique humanitaire) nennen wollen, wird Theater und Kirche in gewaltigen Ausmaßen vereinigen. Sie wird zugleich dramatisch und weihevoll sein, prachtvoll und einfach, pathetisch und ernst, feurig und wild, stürmisch und ruhig, heiter und zart".*[74]

4.2. Die erste Hälfte des 20. Jahrhunderts

Die Messkomposition nimmt in der ersten Hälfte des 20. Jahrhunderts an Bedeutung innerhalb der musikgeschichtlichen Entwicklung deutlich ab. Vergleicht man diesen Bedeutungsschwund mit den zeitgleichen epochalen Neuerungen in der Musikgeschichte (z. B. Atonalität, Dodekaphonie, Mikrotonalität, Serialismus), stehen sich diese beiden Entwicklungslinien quasi diametral gegenüber.

Die Schere zwischen „Kunstmusik" und „liturgischer Musik", die sich im 19. Jahrhundert bereits öffnete, wird nun zum Problem. Sie generiert zwei Wege, die sich gegenseitig fast völlig ausschließen und bis ins letzte Jahrzehnt des 20. Jahrhunderts wirken – und darüber hinaus: Auf der einen Seite schreiben ambitionierte Komponisten kaum mehr Messen. Wenn doch, werden sie besonders in ihrer Art und bleiben singulär. Als solche gelten gemeinhin nur die Messen von Janáček, Strawinsky und Hindemith.[75] Janáčeks *Glagolitische Messe – Glagolska Mše* (1926) trägt ihre Besonderheit bereits im Namen. Vertont wird das Ordinarium in kirchenslawischer Sprache.[76] Sie ist für den Konzertgebrauch und ein professionelles Ensemble gedacht und zeigt den Personalstil des Komponisten, in dem er bewusst dem Ausdruck den Vorzug gegenüber der Textdeklamation gibt.[77]

Strawinskys *Mass* (1944–1948) für gemischten Chor und Bläser hingegen ist ein Beispiel für deklamatorisch-syllabische Vertonung des Textes schlechthin. Sie wirkt nahezu archaisch in ihren Anspielungen an Satztechniken des 16. bis 18. Jahrhunderts. Direkte Textausdeutungen bleiben singulär. Viel mehr erinnert das kollektive Skandieren verschie-

---

73 Ausführlicher dargestellt in Weber 2013.
74 Detlef Altenburg (Hg.): Franz Liszt. Sämtliche Schriften, Bd. 1, S. 59; zit. nach Altenburg 2013, S. 199.
75 Vgl. Hochradner 1998, S. 344.
76 Weitere kirchenslawische Vertonungen existieren von Bohuslav Foerster und Karel Douša. Vgl. ebd., S. 348.
77 Vgl. ebd.

dener Textstellen an das rituelle Sprechen der Gemeinde im Gottesdienst.[78] Strawinskys typische Harmonik hat er vor allem den Bläsern vorbehalten und spielt mit unvermittelt auftretenden, dissonanten Einwürfen. Trotz des spezifisch „kühlen Klangs" des Werkes ist es im Gottesdienst verwendbar und auch so gedacht: „very cold music, absolutely cold, that will appeal directly to the spirit."[79]

Hindemiths *Messe* aus dem Jahr 1963 ist ein Musterbeispiel für die modernisierte Übernahme alter Satztechniken. Vom Gregorianischen Choral über den Hoquetus bis zur Kontrapunktik der Vokalpolyphonie verbindet Hindemith seinen Personalstil mit traditionellen Kompositionstechniken zu einem Werk mit höchstem künstlerischem Anspruch. Von seiner Ausgestaltung und der Besetzung für gemischten Chor A-cappella eigentlich für die Liturgie geeignet, scheitert deren Ausführung im Gottesdienst an der Schwierigkeit des Werks und ist so seltenen Konzertdarbietungen vorbehalten. Obwohl das Werk erst in der zweiten Hälfte des 20. Jahrhunderts entstand, kann man es von seiner kompositorischen Struktur eher der ersten Jahrhunderthälfte zuordnen.

Gründe für die Abwendung vieler „großer" Komponisten von der Gattung mögen die allgemeine Säkularisierung und zu enge kirchliche Vorschriften bezüglich der Komposition sein. Es gehört jedenfalls nicht mehr zum klassischen Werkkanon, eine Messe zu schreiben. Diese Tradition wirkte bis ins 19. Jahrhundert noch mehr oder weniger fort, nicht mehr im 20. Jahrhundert.

Demgegenüber steht eine Vielzahl an neuen Messvertonungen von Komponisten und Kirchenmusikern, die für den liturgischen Gebrauch bestimmt sind und im Gottesdienst durchaus häufig aufgeführt werden. Sie sind praxis- und liturgienah, orientieren sich an kirchlichen Vorgaben und sind oft kompositorisch fundiert gearbeitet. Es sind jedoch meist Werke, deren Wirkkreis den gottesdienstlichen Rahmen und die entsprechende Zuhörerschaft nicht verlassen.

Unter den Komponisten treten auf katholischer Seite beispielsweise Peter Griesbacher (*Missa Stella Maris*, spätromantisch-modern, gedruckt 1910), Joseph Haas (*Speyerer Domfest-Messe* für einstimmigen Volksgesang und Orgel, 1931) oder Vinzenz Goller (*Klosterneuburger Betsingmesse*, 1936, Kompilation von Messteilen mit Kirchenliedern) hervor.[80] Erwähnenswert sind außerdem die durch ihr Musiktheorielehrbuch bekannten Heinrich Lemacher und Hermann Schroeder. Auf evangelischer Seite ist Kurt Thomas zu nennen, der mit seiner 1925 entstandenen *Messe in a op. 1* eine Initialzündung zur Schaffung einer neuen A-cappella-Kultur mit Rückbezug zu alten Stilen gab.[81] Weitere Messvertonungen von Rang sind Hugo Distlers *Eine deutsche Choralmesse* aus dem Jahr 1932 (eine „Messe" über Kirchenlieder) sowie drei Messen von Ernst Pepping aus den 1920er- und 1930er-Jahren (*Deutsche Choralmesse, Kleine Messe für drei Stimmen, Messe „Kyrie, Gott Vater in Ewigkeit"*).[82]

Weitere Messkompositionen entstehen außerhalb Deutschlands,[83] z. B. Kodalys *Missa brevis* aus dem Jahr 1947. Es liegen Messkompositionen des Dänen Knut Jeppesen, des

---

78 Vgl. Bahr 2013, bes. S. 279.
79 White 1979, S. 447.
80 Vgl. Hochradner 1998, S. 334–337.
81 Vgl. Bahr 2013, S. 266.
82 Eine noch weitergehende Auflistung findet sich bei Hochradner 1998, S. 344.
83 Angaben hier ohne konfessionelle Zuordnung.

Engländers Ralph Vaughan Williams, des Schweizers Frank Martin, des Niederländers Hendrik Andriessen, des Franzosen Francis Poulenc und des Österreichers Josef Lechthaler vor, um nur einige zu nennen. Natürlich schreiben die Komponisten in ihrem jeweiligen Personalstil, erreichen aber meist keine zukunftsweisende Stellung. Die Messen sind nicht unbedingt für die Liturgie vorgesehen. Auch der lateinische Text wird nur bisweilen vertont, zumal im evangelischen Umfeld. Wichtiger sind hier Motette, Choralpassion und Kantate.[84]

Diese grundsätzliche Entwicklung wurde bereits aus den Strömungen des 19. Jahrhunderts genährt. Dazu kamen Verlautbarungen verschiedener Päpste und eine erweiterte Erneuerungsbewegung in der evangelischen Kirche, die einen traditionsbezogenen Stil unterstützten und versuchten, in die Moderne zu führen.

Zu nennen ist auf katholischer Seite zunächst das im Jahr 1903 veröffentlichte *Motu proprio* von Papst Pius X. Sein besonderer persönlicher Bezug zur Musik gab den Ausschlag, eine Art kirchenmusikalisches Gesetzbuch zu schaffen. Er sah die Kirchenmusik als „wesentlichen Bestandteil der feierlichen Liturgie"[85] an und wandte sich bewusst gegen die opernhafte Kirchenmusik, die sogar „Szenenapplaus" in der Kirche hervorgerufen hatte. Aussagekern ist, dass die Kirchenmusik auch die Eigenschaften der Liturgie haben müsse: „Heiligkeit (Ausschluss alles Weltlichen), Güte der Form (Eigenschaften der wahren Kunst), Allgemeinheit (niemals darf gottesdienstliche Musik als abstoßend empfunden werden)."[86] Die Gregorianik und die klassische Vokalpolyphonie gelten als Ideal. Die Volkssprache bleibt verboten. Der liturgische Text ist bindend. Neue Musik ist zugelassen, wenn ihr nichts Weltliches oder Opernhaftes anhaftet. Instrumente sind zum Teil gestattet, nicht aber solche, die Unterhaltungsmusik assoziieren könnten.

In der evangelischen Theologie ist die Zeit nach dem Ersten Weltkrieg eine des Umbruchs.[87] Verschiedene, auch gegenläufige Strömungen, kamen auf. Nur zwei seien genannt: Karl Barth bestimmte „die kirchliche Verkündigung als entschiedenes Gegenwort zur Welt [...], um deren Heiles willen",[88] setzte also einen Gegensatz zwischen Kirche und Welt/Kunst („dialektische Theologie"). Paul Tillich hingegen sieht Religion und Kultur als aufeinander bezogen und miteinander verwoben. Sein Kernsatz lautet: „Religion ist die Substanz der Kultur und Kultur die Form der Religion."[89] Verschiedene „Bewegungen" beeinflussten darüber hinaus die Entstehung der kirchenmusikalischen Erneuerungsbewegung der 1930er-Jahre, z. B. die Sing- und Jugendbewegung, verschiedene liturgische Bewegungen (z. B. der Berneuchener Kreis) und die Orgelbewegung. Die Postulate der Erneuerungsbewegung sind die Orientierung an der Instrumental- und Vokalmusik des 16. bis 18. Jahrhunderts mit kirchentonaler Harmonik und A-cappella-Ideal, die Bevorzugung von Cantus-firmus-Musik, die Aufwertung „alter" Gattungen und des reformatorischen Liedgutes, eine rhythmisch-motorische Anlage, die an die Barockzeit erinnert. Verständlichkeit stand an oberster Stelle. Dies alles wird komposi-

---

84 Zu Distler, Pepping usw. vgl. Krieg 2013, S. 312–315 sowie Bahr 2013, S. 266–274.
85 Meyer/Pacik 1981, S. 25; zit. nach Brettschneider/Krummacher 2013, S. 219. Die Ausführungen zum *Motu proprio* beziehen sich auf S. 219–223.
86 Brettschneider/Krummacher 2013, S. 221.
87 Vgl. zu den Ausführungen über die evangelische Erneuerungsbewegung Brettschneider/Krummacher 2013, S. 223–230 sowie Hiemke 2013.
88 Ebd., S. 225.
89 Zit. nach ebd., S. 227. Dort ohne direkte Quellenangabe.

torisch in ein modernes, zeitgemäßes Gewand transferiert. Rationalität, Funktionalität und Schlichtheit waren Eckpunkte der gemäßigt modernen kirchenmusikalischen Bewegung, die sich auch immer wieder den Vorwurf des „blutleeren Historismus" anhören musste.[90]

Obwohl sie nicht mehr in die erste Hälfte des 20. Jahrhunderts gehören, sei noch auf die wichtigen Verlautbarungen des Zweiten Vatikanischen Konzils zur Kirchenmusik verwiesen. In einer Vorstufe zu den Konzilstexten wurde die Thematik mit folgenden Eckpunkten – auch die Messkomposition – betreffend ausgearbeitet und fast nicht mehr verändert:[91] So steht im *Ersten Liturgieschema* vom 11. August 1961[92] zur Bedeutung der Kirchenmusik:

„Die musikalische Überlieferung der heiligen Kirche stellt einen wertvollen Schatz dar, am meisten ausgezeichnet unter den übrigen Ausdrucksformen der Kunst, weil die Kirchenmusik einen notwendigen Teil der feierlichen Liturgie bildet und die heilige Handlung direkt begleitet. […] Wenn auch die engen Beziehungen feststehen, so werden doch in den Musikarten keine Grenzen gezogen, weil die Kirche alle Ausdrucksformen wahrer Kunst, die die erforderlichen Eigenschaften besitzen, für den Gottesdienst gutheißt und zulässt. So erklingen in den Gotteshäusern gregorianische Melodien, mehrstimmige Gesänge, Werke zeitgenössischer Kirchenmusik und religiöser Volksgesang."[93]

Trotz aller Wertschätzung der Musik gegenüber wird die dienende Funktion der Musik gegenüber der Liturgie deutlich hervorgehoben. Gegenüber der zeitgenössischen Musik besteht eine große, vielleicht unerwartete Offenheit. Man legt jedoch auch (!) nahe, die verschiedenen Fähigkeiten der musikalischen Gruppierungen zu beachten:

„Den Werken der Neuen Kirchenmusik soll der Zugang zu den Gotteshäusern offenstehen, sofern sie mit der Würde, dem Ernst und der Heiligkeit der Liturgie übereinstimmen. Ausgezeichnete Tonkünstler aber sollen angespornt werden, nicht nur Vertonungen niederzuschreiben, die von größeren Sängerchören gesungen werden können, sondern vor allem auch Vertonungen zu schaffen, die auch kleineren Chören angepasst sind und die tätige Teilnahme der ganzen Gemeinschaft der Gläubigen fördern."[94]

Die an dieser Stelle eingeforderte „tätige Teilnahme" aller Gläubigen führte nach dem Konzil dazu, dass man Neukompositionen häufig nur noch am schwächsten Glied „Gemeindegesang" ausrichtete und damit zu einer Senkung des kompositorischen Niveaus. Man vergaß, dass auch das Zuhören aktiv sein kann. Zu den möglichen Instrumenten findet man folgende Anmerkung:

---

90 Ebd., S. 238.
91 Vgl. Jaschinski 2014, bes. S. 18.
92 Die nun folgenden Zitate aus Kapitel VII des *Ersten Liturgieschemas* sind zit. nach Jaschinski 2014, S. 20–22. Es handelt sich um Übersetzungen der lateinischen Originaltexte durch Jaschinski. Die angegebenen Nummern beziehen sich auf den sogenannten Artikel.
93 Präambel, in: ebd., S. 20.
94 Artikel 110: Neue Kirchenmusik, in: ebd., S. 21.

> „Neue technische Erfindungen der Klangerzeugung oder Klangübertragung weist die Kirche bei liturgischen Feiern nicht ab, sofern jedoch gesichert ist, dass diese Instrumente nicht nur auf rein mechanischem oder automatischem Weg, sondern durch die direkte und persönliche Betätigung des Künstlers gespielt werden."[95]

Elektronische Musik wäre demnach nicht aufführbar.

Bedenken muss man, dass kirchliche Äußerungen in zwei Richtungen wirkten: Einerseits beschäftigten sich die Komponisten und Kirchenmusiker, die speziell für den liturgischen Gebrauch komponierten, sehr eingehend mit den Vorgaben der Kirchen. Eine Fülle von Werken entstand, von denen viele ihre Berechtigung im Gottesdienst haben, viele auch zu Recht vergessen sind.

Andererseits fühlten sich viele Komponisten großen Ranges abgeschreckt durch die vielen Einschränkungen, denen sie sich für eine liturgisch verwendbare Komposition unterwerfen sollten oder sie interessierten sich schlichtweg gar nicht mehr dafür. Persönlicher Ausdruck, Individualstil und außermusikalische Aspekte waren wichtiger. Dies fand man nur noch selten in einer Messvertonung. Man wandte sich anderen Gattungen zu.

---

95 Artikel 113: Orgel und Musikinstrumente, in: ebd., S. 22.

II.

Olivier Messiaen

Messe de la Pentecôte

**Theologiae gloriae als Lobpreis
des Heiligen Geistes**

> *„In der Tat ist die Musik ein ständiger Dialog zwischen Raum und Zeit, zwischen Klang und Farbe, Dialog, der in eine Einswerdung mündet: Die Zeit ist ein Raum, der Klang eine Farbe, der Raum ein Komplex einander überlagernder Zeiten, Tonkomplexe existieren gleichzeitig wie Farbkomplexe. Der Musiker, der denkt, sieht, hört, spricht, kann sich mittels dieser fundamentalen Erkenntnis in einem gewissen Maße dem Jenseits nähern. Und wie St. Thomas sagt: Die Musik bringt uns zu Gott durch ‚Mangel an Wahrheit', bis zu dem Tag, an dem Er selbst uns erhellen wird mit ‚Übermaß an Wahrheit'. Das ist vielleicht der bedeutende und richtungsweisende Sinn der Musik."*[96]

Das Werk des französischen Komponisten Olivier Messiaen gilt als wesentlich für die Entwicklung der Musik der zweiten Hälfte des 20. Jahrhunderts. Er war wichtiger Impulsgeber, ist aber dennoch keiner bestimmten Schule zuzuordnen. Als Lehrer hat er enormen Einfluss auf die Entwicklung junger Komponisten genommen, die viele Jahre in seine Klasse am Pariser Conservatoire strebten. Sein Werk ist geprägt von zahlreichen kompositorischen Besonderheiten und Entlehnungen aus verschiedensten Bereichen. Singulär steht es vor allem durch die semantische Bindung an christliche Glaubensaussagen.[97] Diese sind der gemeinsame Grund, auf dem seine Kompositionen aufbauen und aus dem sie schöpfen: „Was man sagen kann, ist, dass ich glaube, und dass ich theologisch gearbeitet habe, die Gegebenheiten und Geheimnisse des Glaubens in meine Musik einzubringen."[98] Dies wird auch in Messiaens *Messe de la Pentecôte* für Orgel solo deutlich, die als reines Instrumentalwerk nur durch Titel und Motti als Messkomposition erscheint.

1. Biographische Aspekte[99]

Olivier Messiaen wurde am 10. Dezember 1908 in Avignon als Sohn des Shakespeare-Übersetzers Pierre Messiaen und der Dichterin Cécile Sauvage geboren. Er wuchs in einer literarischen Umgebung auf, die grundlegend für sein schöpferisches Tun als Komponist werden sollte:

> *„Ich habe schon immer einen Sinn gehabt für das Wunderbare. Meine ganze frühe Kindheit verlief zwischen den Gedichten meiner Mutter und den Dramen Shakespeares, die diese Vorliebe nur vergrößerten. Ihre eigentliche Weide aber hat sie gefunden in den wahren Märchen der Wahrheiten des katholischen Glaubens."*[100]

Die Zeit des Ersten Weltkriegs verbrachte er mit Mutter und Bruder in Grenoble. Dort erarbeitete er sich autodidaktisch viele Klavierauszüge von Opern und entdeckte seine

---

96 Olivier Messiaen: Vorwort zum Programmheft Paris (1978), in: Rößler 1984, S. 10.
97 Selbst Dieter Schnebel als Theologe und Musiker hat keine so stringente Bindung seines Gesamtwerks an christliche Glaubensinhalte.
98 Hastetter 2008, Cover Rückseite.
99 Vgl. zur Biographie MGG Messiaen.
100 Olivier Messiaen, in: Antoine Goléa, *Rencontres avec Olivier Messiaen*, Paris 1960: Julliard, S. 34; zit. nach Hohlfeld-Ufer 1978, S. 9.

Liebe zur Natur. Schließlich erhielt er als Zehnjähriger in Nantes ein halbes Jahr lang Harmonielehreunterricht von Jehan de Gibon, der ihm zum Abschied Claude Debussys *Pelléas et Mélisande* und damit die erste Begegnung mit dem für Messiaen neben Igor Strawinsky so prägenden Komponisten schenkte. Mit zwölf Jahren wurde er Schüler am berühmten Pariser Conservatoire und erhielt umfassenden musikalischen Unterricht. Besonders formend waren Jean und Noel Gallon in Harmonielehre. Durch Marcel Dupré und Maurice Emmanuel begegnete er exotischen und griechischen Modi. Dupré förderte gezielt sein Improvisationstalent. Durch Paul Dukas entwickelte er einen Sinn für künstlerische Redlichkeit. Bis 1930 blieb er am Conservatoire, erhielt in vielen Fächern den Premier Prix, nicht aber den begehrten Rompreis. Daneben bildete er sich umfassend literarisch und theologisch.

Bereits 1931 wurde er jüngster Titularorganist an St. Trinité in Paris, wo er 61 Jahre seinen Organistendienst versah. 1932 heiratete er die Geigerin und Komponistin Claire Delbos, 1936 kam Sohn Pascal zur Welt. In dieser Zeit wurde er Lehrer für Partiturspiel an der Ecole Normale de Musique sowie für Orgelimprovisation an der Schola Cantorum. Nach und nach kannte man ihn als Komponist auch über Frankreich hinaus. Im Zweiten Weltkrieg geriet er als Soldat in deutsche Gefangenschaft und schrieb im Gefangenenlager Görlitz seine berühmten *Quatours pour la fin du Temps*. Ab 1941 war er Lehrer für Harmonielehre am Conservatoire und unterrichtete privat Analyse und Komposition. Durch seine ungewöhnliche Unterrichtsweise lockte er zahlreiche, später berühmt gewordene Schüler wie Pierre Boulez oder Karlheinz Stockhausen an. Am Conservatoire erhielt er gegen den Widerstand konservativer Kollegen eine eigene speziell eingerichtete Analyseklasse, aber erst 1966 eine Kompositionsklasse. Den Konservativen war er durch verschiedene Neuerungen, den Fortschrittlichen durch seine tonalen Bezüge suspekt und gelangte immer wieder in die Kritik. Er bewahrte sich aber seinen eigenen Stil und ließ sich von keiner Schule vereinnahmen. Dennoch gelangen ihm wichtige Impulse für die Weiterentwicklung der Neuen Musik, beispielsweise durch seine von ihm selbst als relativ unwichtig eingestufte Klavieretüde *Mode de valeurs et d'intensités* sowie durch seine Kunstfertigkeit als Lehrer, die Stärken seiner Schüler zu fördern, auch wenn diese ganz andere Vorstellungen als er selbst hatten.

Weltweit erhielt er immer mehr Anerkennung, wurde in viele Länder eingeladen und erhielt zahlreiche Kompositionsaufträge. Beruflich erfolgreich musste er privat viel Leid ertragen, da seine Frau an einem Nervenleiden erkrankte und viele Jahre in einem Sanatorium verbringen musste. Nach ihrem Tod ehelichte er seine ehemalige Schülerin und hervorragende Pianistin Yvonne Loriod. Für sie hatte er zahlreiche Werke mit Liebesthematik komponiert, beispielsweise die in Tanglewood durch Leonard Bernstein uraufgeführte *Turangalîla-Symphonie*. Fasziniert von den Vogelrufen notierte und erforschte er diese auf verschiedenen Kontinenten und fand sogar unter Ornithologen Anerkennung. Schon in recht hohem Alter nahm er schließlich den Auftrag zu einer Opernkomposition über *Saint Francois d'Assise* an, die nach achtjähriger Kompositionszeit 1983 an der Pariser Oper uraufgeführt wurde und die die Summa seines Werkes darstellt. Theoretisch hat er dieses in seinem umfassenden siebenbändigen *Traité de rythme, de couleur, et d'ornithologie*, welches nach seinem Tod durch Yvonne Loriod fertiggestellt wurde, dargelegt.

Die Elemente seines Schaffens sind heterogen, seine innere Ausrichtung auf seinen Glauben gerichtet. Dennoch ist er nicht, wie viele seiner Komponistenkollegen in der zweiten Hälfte des 20. Jahrhunderts, „engagiert" für politische oder soziale Umwälzungen.[101] Seine Zielrichtung ist die Transzendenz.

2. Exkurs: Messiaens Kompositionsstil[102]

Messiaens Kompositionsstil ist, wie die meisten Stile im 20. Jahrhundert, ein ausgesprochener Individualstil. Dieser weist jedoch sehr viele Schnittstellen mit wichtigen Stilen der Neuen Musik auf und hat sie in einigen Entwicklungslinien deutlich beeinflusst. Als prominentestes Beispiel ist die Aufführung von *Mode de valeurs et d'intensités* bei den Darmstädter Ferienkursen von 1951 als Initialzündung zur Entstehung der Seriellen Musik zu nennen. Die oft strenge Durchorganisation der musikalischen Parameter verbindet Messiaen mit musikalischen Einflüssen aus der Antike, der Natur und außereuropäischen Elementen und schafft so eine Art Balance zwischen Strenge und Freiheit, zwischen „Hinhören" und „Konstruieren". Die Entwicklung eigener Modi in Verbindung mit bestimmten Klangfarben-Akkorden geben seiner Musiksprache zusätzlich einen eigenen Reiz und lassen eine mystisch-emotionale Klangsprache entstehen, die oft nicht durchorganisiert klingt, obwohl sie es ist. Eine der wichtigsten Komponenten ist die Verweisfunktion seiner Musik auf einen meist religiösen Bedeutungsgehalt, der im tiefen Glauben des Komponisten wurzelt. Im Folgenden werden die einzelnen charakteristischen Elemente von Messiaens Musiksprache in Kürze dargestellt.

In seiner *Technique de mon langage musical* spricht Messiaen im Kapitel I vom „Reiz der Unmöglichkeiten", der, angewandt auf Modalität und Rhythmik, eine besonders schillernde, den Gehörsinn reizende Musik ermöglichen soll und viel mehr Möglichkeiten bietet als die mitteleuropäische Tradition alleine.[103] Bezüglich Harmonik und Melodik wählte Messiaen sieben Modi als Grundlage für seine Kompositionen, die zwar auf dem chromatischen Zwölftonsystem basieren, jedoch dieses in ausgewählter Form verwenden. Jeder „Modes à transpositions limitées" (Modus mit begrenzter Transpositionsmöglichkeit) ist so gestaltet, dass er in intervallisch gleichartige Teilstücke gegliedert und nur in begrenzter Zahl transponierbar ist. Jede „normale" Dur- oder Molltonleiter ist zwölffach transponierbar, bis die Ursprungsleiter wieder erreicht ist.[104] Messiaens Modi sind so gestaltet, dass dies nur zwei- bis sechsmal möglich ist, antiproportional zur Anzahl der Teilstücke. Modus 2 ist der von Messiaen am häufigsten verwendete. Er kann nur dreimal transponiert werden. Halb- und Ganztonschritte alternieren.[105] Der „Reiz der Unmöglichkeiten" zeigt sich hier in der nicht „vollzähligen" Transponierbarkeit. Die Modi dienen Messiaen aber nicht nur zur melodischen Gestaltung, sondern sind auch Mate-

---

101 Vgl. Hirsbrunner 1999, S. 79.
102 Die Darstellungen der wichtigsten Punkte zum Personalstil beziehen sich auf Ernst 1980; Forster 1976, S. 16–37; MGG Messiaen, Sp. 64–75; schließlich Messiaen 19661. Diese Darstellung ist in keiner Weise vollständig, da dies den Rahmen dieser Arbeit sprengen würde.
103 Vgl. Messiaen 19661, S. 10.
104 Enharmonische Verwechslung wird vorausgesetzt.
105 Eine vollständige Darstellung der Modi Messiaens findet sich zum Beispiel in: MGG Messiaen, Sp. 69–70.

rial für Akkordbildungen, die in vielerlei Hinsicht möglich sind (vom Durakkord bis zum dissonanten Zusammenklang). Außerdem tritt häufig auch das Phänomen der Polymodalität auf. In späteren Werken konstruiert Messiaen zudem weitere spezielle Akkorde (z. B. den „Akkord der Resonanz", den „Akkord der Dominante"),[106] die er aber nicht funktionsharmonisch, sondern als Farbwert verstanden haben möchte. Er bildet sogar eine subjektive Zuordnung der Modi und Akkorde zu bestimmten Farbbereichen aus: „Wenn ich Musik höre, sehe ich dabei entsprechende Farben."[107] Formal entwickelt sich sein Stil immer mehr zu einer Art „komplexer Mosaikform."[108]

Einen noch breiteren Raum in Messiaens *Technique de mon langage musical* nimmt die Darstellung des Bereichs Rhythmus ein. Hier steht Messiaen, ebenso wie bezüglich der Verwendung bestimmter Modi, in der Tradition der französischen Musik, deren Spektrum er jedoch erheblich erweitert. Seine Vorliebe für den Gregorianischen Choral mit seiner freischwebenden Rhythmik und für griechische und indische Rhythmusmodelle führen zu einer Vermeidung des in Europa sonst üblichen Akzentstufentakts mit dualer metrischer Gliederung. Dies erreicht er durch die Anwendung „additiver quantitiver Tondauernstrukturen".[109] Aufbauend auf der Verwendung griechischer Versfüße[110] und indischer Deci-Tālas,[111] entwickelt er zahlreiche Methoden, um den Rhythmus weiter zu verändern. Hieraus resultieren Techniken wie Hinzufügung und Wegnahme von Werten (genau oder ungenau), freie Diminution und Augmentation, spiegelsymmetrische Anordnung („Rythmes non-rétrogradables" – nichtumkehrbare Rhythmen), rhythmische Kanons, polyrhythmische Schichtungen und systematische Permutation einer Tondauernfolge mit Hilfe komplexer Zahlenreihen.[112] Hinzu kommt, dass sich Abschnitte mit sehr langsamen Werten mit sehr ereignisreichen Abschnitten in oft schillernder Weise abwechseln. Auch bezüglich dieses Parameters bleibt für Messiaen die Bedeutungsebene wichtig:

„Die Zeit macht uns durch den Gegensatz die Ewigkeit verständlich. Die Zeit sollte der Freund aller Musiker sein. […] Was wäre nützlicher für einen Musiker, als eine Verbindung zwischen Bewegung und Veränderung zu schaffen und die Tätigkeit des Gedächtnisses zu begreifen, durch die die Gegenwart nichts anderes ist als beständige Verwandlung der Zukunft in Vergangenheit?"[113]

---

106 Eine Akkordtabelle findet sich in: ebd., Sp. 71–72.
107 Olivier Messiaen, zitiert nach Rößler 1984, S. 44. Vgl. auch eine ausführlichere Darstellung der Zuordnung von Farben zu Messiaens Klängen und Modi bei Keym 2004.
108 Vgl. MGG Messiaen, Sp. 72.
109 Vgl. ebd., Sp. 73.
110 Angeregt wurde er ursprünglich hierzu von seinem Lehrer Maurice Emmanuel.
111 Diese entnahm er der Veröffentlichung des indischen Musiktheoretikers Sargadeva. Aus den indischen Namen der Rhythmen schloss Messiaen sogar auf einen bestimmten Bedeutungsgehalt des jeweiligen Rhythmus. Er verwendet die Rhythmen nie in historisch korrekter Weise, sondern immer nur verarbeitend. Vgl. Ernst 1980, S. 63.
112 Vgl. Messiaen 19661, S. 13–28.
113 Olivier Messiaen, zitiert nach Rößler 1984, S. 41.

So ergeben sich auch diverse Beziehungen zwischen Tondauern und Modi:

> *„Die beiden parameterübergreifenden Kategorien Farbe und Zeit sind die Grundprinzipien, die diese Musik in ihrer satztechnischen Struktur, ihrer starken klangsinnlichen Wirkung und ihrem religiösen Bedeutungsgehalt bestimmen."*[114]

Eine besondere Affinität hat Olivier Messiaen zu den Vogelgesängen, die seiner Meinung nach auf ihre eigene Weise Gott mit ihrem Gesang loben. Im Lauf seines Lebens hat er unzählige Vogelgesänge notiert, zum Teil auch auf Tonband aufgenommen und seit den 1950er-Jahren verstärkt in seinen Kompositionen eingesetzt. Für Messiaen gibt es zwei grundsätzliche Arten, den Vogelgesang in der Musik zu verwenden: Die eine ist die lügenhafte, bei der in einem Musikstück Vogelgesänge zusammen vertont werden, die aufgrund der Tatsache, dass die Vögel aus verschiedenen Kontinenten kommen, so real in der Natur nicht vorkommen können oder in anderer Weise verändert werden. Die andere ist die wahre Art, bei der Vogelgesänge so kompiliert werden, dass sie z. B. einem echten Tagesablauf entsprechen.[115] Sogar bis in den Bereich der Klangfarben und der Akkordik versucht Messiaen den Vogelgesängen in seinen Partituren gerecht zu werden. Die sowohl rhythmische als auch tonale Komplexität der Gesänge der Vögel kommt Messiaens Individualstil entgegen und trägt zur Lebendigkeit seiner Musik bei.

In alle rein musikalische Bereiche dringt die gehaltliche Grundidee seines Schaffens ein: die Verkündigung seines christlichen Glaubens. Dies zeigt sich in zahlreichen im Lauf seines kompositorischen Wirkens entwickelten musikalischen Symbolen wie z. B. in der Zahlensymbolik, der Verarbeitung melodischer Wendungen des Gregorianischen Chorals, der Zuordnung bestimmter Skalen oder Themen zu bestimmtem Gehalt. Messiaens Musik steht für die „Evokation der Herrlichkeit Gottes und die Antizipation des Transzendenten, des Unsicht- und Unsagbaren, das den Gläubigen nach dem Tod erwartet."[116] Er preist die irdische Schöpfung gleichermaßen wie die zukünftige himmlische Welt, die er dem Hörer mittels seiner Musik sinnlich erfahrbar werden lassen möchte.

Die geistliche Musik teilt er entgegen den kirchlichen Vorstellungen in drei Bereiche ein, die quasi alle Musik umfasst. Als einzige wirklich rein liturgische Musik nennt Messiaen den Gregorianischen Choral, der allein „zugleich die Reinheit, die Freude, die nötige Leichtigkeit für das Sichaufschwingen der Seele hin zur Wahrheit"[117] besitzt. Religiöse Musik ist für Messiaen „alle Musik, die sich in Ehrerbietung dem Göttlichen, dem Heiligen, dem Unaussprechlichen nähert".[118] Er rechnet dazu auch nichtchristliche Kunst, „die das Mysterium des Göttlichen auszudrücken versucht".[119] Messiaen differenziert für sich jedoch, dass er trotz der Achtung aller anderen Religionen wegen der Inkarnation Christi Christ sei. Als höchste musikalische Ausdrucksform des Heiligen gilt Messiaen „der Farbenklang und das Geblendetsein", die sich etwa im Sehen von Farben während des Hörens manifestieren. Eine Bezeichnung Messiaens dafür ist „Kirchenfenster-Musik".

---

114 MGG Messiaen, Sp. 73.
115 Vgl. Rößler 1984, S. 34.
116 MGG Messiaen, Sp. 73.
117 Olivier Messiaen in einem Vortrag in Notre Dame de Paris im Jahr 1977, bei dem er sich zu seiner Dreiteilung der geistlichen Musik äußerte, zit. nach Kars 1998, S. 15.
118 Olivier Messiaen, zit. nach ebd.
119 Olivier Messiaen, zit. nach ebd.

Hierin bezieht er sich beispielsweise auf Thomas von Aquin: „Gott blendet uns durch ein Übermaß an Wahrheit" sowie auch auf die Offenbarung des Johannes: „In Deiner Musik werden wir die Musik sehen; in Deinem Licht werden wir das Licht hören."[120]

Mit dieser eindeutig christlichen Botschaft steht er vielen zeitgenössischen Komponistenkollegen fern, auch wenn er etliche Techniken des 20. Jahrhunderts in seiner Musik anwendet. So sagte er selbst: „Aber ich bin frei geblieben und gehöre keiner Schule an".[121] Er deutet diese Freiheit aber sogleich als himmlische.

3. Entstehung der *Messe de la Pentecôte*

> „Œuvre écrite en 1950. Mais improvisée à l'orgue longtemps avant. [...] Puis j'ai renoncé à toute improvisation."[122]

Nach elf Jahren, in denen Messiaen kein Werk für Orgel geschrieben hatte, plante er Ende 1949 wieder ein Orgelwerk zu komponieren. In seinem Tagebuch finden sich Notizen zur Vertonung eines Textes für Sopran und Orgel. Diese Ideen entwickelte er weiter zu einem *Livre d'études rythmique* für Orgel solo. Zur gleichen Zeit machte er sich einen Vermerk, dass er alte Entwürfe und Improvisationen nochmals durchgehen wollte. Schließlich entwickelten sich aus Gedanken zu einem Werk Ideen zu zwei getrennten Werken: Zur *Messe de la Pentecôte* und zum *Livre d'orgue*. So ist es leichter zu verstehen, warum die *Messe de la Pentecôte* – von der Messiaen sagte, sie basiere auf zwanzig Jahren Improvisation – Passagen mit genau berechneten Rhythmen enthält, die alles andere als improvisiert wirken.[123]

Hinzu kommt, dass Messiaens Lehrer Marcel Dupré seine Schüler auf griechische Versmaße improvisieren ließ.[124] Hierdurch waren Messiaen rhythmisch komplexe Strukturen auch in der Improvisation sehr geläufig. Unmittelbar vor diesen Ideen hatte er die berühmte Klavieretüde *Mode de valeurs et d'intensités* konzipiert, bei der zum ersten Mal alle Parameter der Musik reihenmäßig organisiert wurden und so den Anstoß zur Seriellen Musik gaben. Dieses Denken zeigt sich in der Messe beispielsweise dadurch, dass rhythmische, melodische und harmonische Ereignisse unabhängig voneinander ablaufen. Aber auch Vogelrufe, mit denen er sich schon einige Jahre lang immer wieder beschäftigte, finden Verwendung.

Mit der Komposition der *Messe de la Pentecôte* begann Messiaen 1950 in Tanglewood und vollendete sie im gleichen Jahr in Paris. Die Uraufführung fand an Pfingsten 1951, dem 13. Mai, im Rahmen eines Gottesdienstes in St. Trinité statt.[125] In der Mai-Ausgabe

---

120 Olivier Messiaen, zit. nach ebd., S. 16.
121 Olivier Messiaen, zit. nach Rößler 1984, S. 47.
122 Messiaen 1997, S. 83. Die deutsche Übersetzung lautet: „Das Werk ist 1950 entstanden. Bereits lange Zeit vorher wurde es improvisiert. Seitdem habe ich abgelassen von jeder Improvisation." – Für die Übersetzungen aus dem Französischen, auch die folgenden, dankt die Autorin Sandra Sinsch.
123 Hill/Simeone 2007, S. 206.
124 Vgl. Hirsbrunner 1999, S. 32.
125 Vgl. ebd., S. 230.

des Pfarrblattes stellte Messiaen seine Musik kurz der Gemeinde vor und betitelte sein Werk zunächst noch als *Messe du Saint Esprit*.[126]

Neben dem *O sacrum convivium* für gemischten Chor A-cappella von 1937 und einem verschollenen Messordinarium[127] ist die *Messe de la Pentecôte* eines der wenigen speziell der Liturgie zugedachten Werke Messiaens. Messiaen selbst schrieb über sie: „Sans être ma meillure œuvre, c'est sans doute la plus conforme à ma vraie nature, et aussi la seule vraiment écrite pour mon orgue de la Trinité [...]."[128]

4. Analyse der *Messe de la Pentecôte*

Die *Messe de la Pentecôte* ist in vielerlei Hinsicht als singulär anzusehen. Sieht man vom kompositorischen Individualstil Messiaens einmal ab, fällt zunächst auf, dass es sich um keine Ordinariums-, sondern um eine Propriumsmesse handelt. Es werden also nicht die in jedem Gottesdienst feststehenden liturgischen Teile vertont – wie seit der *Messe de Notre Dame* von Guillaume de Machaut überwiegend üblich und erwartet –, sondern fünf Sätze zu Eingang, Offertorium, Wandlung, Kommunion und Auszug:[129]

I. Entrée (Les langues de feu)[130]
II. Offertoire (Les choses visibles et invisibles)
III. Consécration (Le don de la sagesse)
IV. Communion (Les oiseaux et les sources)
V. Sortie (Le vent de l´esprit)

Dadurch steht das Werk in der Tradition der ersten mehrstimmigen Messvertonungen von Propriumsteilen aus der Karolingerzeit (Tropus und Sequenz). Einschränkend muss jedoch festgehalten werden, dass *Consécration* und *Sortie* nicht im engen Sinn zum Proprium gehören und Messiaen auch nicht alle Propriumsteile vertont.

Der Umfang der Stücke entspricht ungefähr dem Zeitrahmen einer Stillen Messe,[131] die einzelnen Teile entsprechen in ihrer Dauer etwa dem jeweiligen liturgischen Rahmen:

---

126 Vgl. Hill/Simeone 2007, S. 207.
127 Eine im Jahr 1933 komponierte Messe mit fünf Ordinariumsteilen für acht Sopranstimmen und vier Violinen ist verschollen. Vgl. Messiaen 19661, S. 70. In einem Gespräch mit Thomas Daniel Schlee hat Messiaen diese erste Messkomposition als misslungen bezeichnet. Vgl. Schlee 2002, S. 731.
128 Messiaen 1997, S. 83. Die deutsche Übersetzung lautet: „Ohne mein bestes Werk zu sein, ist es ohne Zweifel das am meisten konforme zu meiner wahren Natur und auch das einzige, das wirklich für meine Orgel an der Trinité geschrieben wurde."
129 Zum Proprium gehören Introitus, Graduale mit Sequenz oder Halleluja, Offertorium, Communio. Wandlung und Auszug gehören nicht zum Proprium. Messiaen nimmt sie dennoch in seine Komposition auf.
130 Die deutsche Übersetzung der Titel lautet: I. Eingang (Die feurigen Zungen); II. Offertorium (Die sichtbaren und unsichtbaren Dinge); III. Wandlung (Die Gabe der Weisheit); IV. Kommunion (Die Vögel und die Quellen) und V. Auszug (Der Sturmwind des Geistes).
131 Als „Stillmesse" bezeichnet man eine vorkonziliare Messform, bei der im deutschen Sprachraum der Priester die Messe allein feierte, nur der Ministrant gab die entsprechenden liturgischen Ant-

„*Sie wissen, daß ich früher jeden Sonntag 4 Messen gespielt habe, das Hochamt um 10.00, mit klassischer Gregorianik, um 11.00 mit klassischer Orgel-Musik, wie Bach, und um 12.00 durfte ich meine Musik spielen, da habe ich auch meine Pfingstmesse gespielt. Es war immer eine Still-Messe, und ich spielte die ganze Zeit.*"[132]

Dieser Tätigkeit maß Messiaen besondere Bedeutung bei, die weit über ein Begleiten einer liturgischen Handlung hinausgeht:

„*Ich bin als Organist dazu verpflichtet, am Gottesdienst teilzunehmen. In diesem Moment bin ich eng mit dem verbunden, was sich am Altar ereignet, beinahe wie ein Priester [...] Während der Messe nehme ich teil an dem Mysterium, das sich in der Segnung von Brot und Wein entfaltet, also an der Transsubstantiation. Das Heiligste Sakrament ist hier gegenwärtig, während ich improvisiere, und ich weiß, daß das, was ich unter diesen Umständen zuwege bringe, besser ist als im Konzert.*"[133]

Auch die Tatsache, dass Messiaen eine reine Orgelmesse ohne Singstimmen (allerdings mit sehr differenzierten Registrierungsangaben!)[134] und damit auch zwangsläufig ohne Text komponiert, ist eine Besonderheit.[135] Jedem Satz hat er jedoch eine eigene Überschrift gegeben, mit dem er jedem Messteil eine Art Motto voranstellt, das er kompositorisch ausgestaltet.[136] Hierdurch kommentiert er bestimmte Aspekte und Symbole von Pfingsten, dem Fest des Heiligen Geistes, den Messiaen auch häufig als „L'Esprit de joie" (Geist der Freude) bezeichnet hat:[137]

„*Diese Zitate sind von größter Bedeutung; ich würde sogar sagen, wenn das nicht so wäre, dann könnte ich zusammenpacken, dann würde ich keine Musik mehr machen. Diese Zitate gehören ganz ursprünglich zu den Orgelstücken und zu den*

---

worten, ohne tätige Teilhabe der Gläubigen. Im romanischen Sprachraum sprach der Priester den lateinischen Ritus laut, wurde aber wegen der Sprache meist nicht verstanden. In vielen Fällen spielte die Orgel, zuweilen sang die Gemeinde Lieder oder betete den Rosenkranz. Vgl. hierzu den Artikel *Stillmesse* in Berger 1969, S. 420–421.

132 Gespräch mit Olivier Messiaen am 16. Dezember 1983 in Paris, in: Rößler 1984, S. 147.
133 Olivier Messiaen, zitiert nach Kars 1998, S. 14.
134 Vgl. hierzu die Angaben in der Partitur. Auf detaillierte Registrierungsangaben wird in diesem Kapitel aus Platzgründen verzichtet. Lediglich Registrierungen mit besonderer Bedeutung finden Erwähnung.
135 Eine reine Instrumentalmesse ist auch die *Messe für großes Orchester* von Jörg Widmann aus dem Jahr 2005. Sie ist ausschließlich instrumental für Orchester gesetzt. Allerdings sollen die Texte von den Musikern beim Spielen mitgedacht werden. Es gibt sogar Stellen, an denen Chor und Orgel in einen Dialog treten, obwohl es weder Chor noch Orgel gibt; diese Funktion wird von Instrumentalisten übernommen. Widmann vertont Kyrie, Gloria und Teile des Credo und ergänzt diese mit freien Einschüben. Vgl. Widmann 2005.
136 Vgl. Messiaen 2008. Die Einführungstexte stammen von Messiaen und sind als Hinweise für das Programmheft gedacht. Der original französische Text wurde bereits mehrfach abgedruckt, u. a. in ebd.
137 Vgl. Hastetter 20082, bes. S. 17.

meisten Werken religiösen Inhalts, die ich geschrieben habe. Im allgemeinen habe ich ein bestimmtes Thema gedanklich umkreist […] und ich habe versucht in der Bibel, bei den Kirchenvätern oder in anderen geistlichen Texten, vor allem jedoch in der Heiligen Schrift, all das zu finden, was mit dem von mir gewählten Thema zu tun hat, was ich dann versucht habe, in Musik umzusetzen: nicht nur in Noten, nicht nur in Klänge und Rhythmen, sondern auch in Klangfarben, in Farben."[138]

Des Weiteren sind zum Werkverständnis auch die kurzen Werkeinführungen sowie die umfangreiche Analyse der Messe im *Traité*[139] durch Messiaen selbst sehr aufschlussreich. Hierbei gibt er sowohl gehaltliche als auch analytische Hinweise. Die analytischen allerdings überwiegen deutlich und zielen mit Sicherheit auch auf Kompositionsschüler, nützen aber nicht immer dem Gesamtwerkverständnis, vermeiden mit Sicherheit aber mögliche Fehlinterpretationen. Die gehaltlichen Hinweise sind meist in einer sehr blumigen Sprache[140] gehalten, welche Raum für eigene Gedanken und Interpretationen zulässt. Es gelingt Messiaen in seinem Werk so, unterschiedliche musikalische Elemente wie Vogelrufe, indische und griechische Rhythmen, den Klang eines tibetanischen Muschelhorns,[141] serielle Kompositionstechniken und Akkordfarben in traditioneller Notation für Orgel zu einer musikalischen Folge zu verbinden. Durch motivische Beziehungen der einzelnen Sätze und gehaltliche Setzungen stellt er ein Kaleidoskop der Wirkungsweisen und Symbole des Heiligen Geistes dar. Messiaen greift dabei jahrelange Improvisations- und Kompositionserfahrung auf, schafft aber zugleich ein Werk, das bereits kompositorische Verfahren der Folgewerke aufweist.[142] Bezüglich seines Orgelschaffens leitet die *Pfingstmesse* eine neue kompositorische Phase ein.[143]

Über den Formaufbau, die kompositorische Ausgestaltung der jeweiligen Messteile und einige Besonderheiten möge die folgende Analyse in Stichworten Auskunft geben. Der Einzelsatzanalyse ist immer Messiaens kurze Einführung vorangestellt.

---

138 Öffentliche Diskussion mit Olivier Messiaen am 7. Dezember 1968 im Bach-Saal der Johanneskirche während des ersten Düsseldorfer Messiaen-Festes zu seinem 60. Geburtstag, in: Rößler 1984, S. 28.
139 Messiaen 1997.
140 Hierfür wurde Messiaen häufiger kritisiert.
141 Messiaen 1997, S. 83.
142 Vgl. Böhmig 2008, S. 77.
143 Vgl. Ernst 1980, S. 147.

4.1. I. Entrée (Les langues de feu)

„Und es setzten sich auf jeden von ihnen feurige Zungen."[144]

„Vier Klangfarben, stets nebeneinander gestellt: Gedackt 16' und Terz, Prinzipal und Quinte, Clairon 4' im Pedal. Das Stück benutzt fast alle griechischen Versfüße, nicht nur die gebräuchlichsten: (Jambus, Daktylus, Spondeus), sondern auch Fünfer-(Päone) und Siebener-Rhythmen (Epitriten) und sowie die zusammengesetzten Versfüße (Choriambus, Dochmius). Diese Versfüße sind durch das Procrustes-Bett[145] gegangen, indem ihre Dauer mit Hilfe von mehr oder weniger langen Längen und mehr oder weniger kurzen Kürzen vermehrt oder verringert wird – darüber hinaus werden sie mitunter als irrationale Werte behandelt."[146]

Das Stück ist während des Einzugs des Priesters und der Gläubigen während des ersten Teils der Messe bis zu Lesung und Evangelium zu spielen.[147] Durch die Überschriften nimmt Messiaen Bezug zum Pfingstwunder und zum Evangelium, bei dem der Heilige Geist in Feuerzungen auf die Apostel herabkommt, die dadurch die Fähigkeit erhalten, in fremden Sprachen zu sprechen. Das Bild der „Feuerzungen" bietet sich natürlich für eine lautmalerische musikalische Darstellung an. So kann man gleichermaßen die „Zacken" der Flammen in den ersten Akkordwechseln im Manual hören, die durch den damit verbundenen Klangfarbenwechsel mittels ausdifferenzierter Registrierung und Spaltklangeffekten[148] noch verstärkt wird. Er arbeitet mit vier verschiedenen Klangfarben. Drei verwendet er im Manual, eine im klanglich dominierenden Pedal im 4'-Register.

Der erste Abschnitt ist geprägt von einer auch klanglich dominierenden Fünftonfolge unterschiedlicher Rhythmisierung im Pedal:

Fünf Pedaltöne als Rhythmisierungsgrundlage

---

144 Apg 2,3. Motto und Überschrift hat Messiaen jeweils über die einzelnen Sätze des Werks geschrieben.
145 Der der griechischen Sage entnommene Riese Prokrustes soll Wanderern Betten zum Übernachten angeboten haben, die aber nicht zu ihnen passten. War der Wanderer groß, bekam er ein kleines Bett und Prokrustes hackte ihm die Füße ab. War der Wanderer klein, erhielt er ein großes Bett und wurde gestreckt. Das sprichwörtliche Prokrustes-Bett steht hier also für ein Schema, in das der Rhythmus gezwungen wurde.
146 Messiaen 2008, S. 195.
147 Vgl. Messiaen 1997, S. 84.
148 Unter „Spaltklang" versteht man bei der Orgel eine Registrierung, die bewusst eine Vermischung sehr unterschiedlichen Register anstrebt, z. B. sehr hohe und sehr tiefe Register. Vgl. Böhmig 2008, S. 82.

Diese Tonfolge ist für Messiaen eine Art „air d'enfance"[149] (Atem aus der Kinderzeit), da er die gleiche Tonfolge bereits als Neunjähriger für Kompositionen zu Gedichten seiner Mutter verwendet hatte. Hier zeigt sich also konkret die Verbindung des Wunderbaren in der Poesie mit den „wahren Märchen der Wahrheiten des katholischen Glaubens".[150]

Im mittleren Abschnitt erhält das Pedal eine neue Tonfolge (angelehnt an Modest Mussorgsky und mongolische Folklore),[151] die wiederum rhythmisch variiert und zum Teil nur in Ausschnitten verwendet wird:

Elf Pedaltöne als Rhythmisierungsgrundlage, Takt 19–28

Erst gegen Ende wird die erste Tonfolge wieder aufgegriffen, dann aber durch eine Augmentierung besonders hervorgehoben.

Auch in den Manualen arbeitet Messiaen mit nur wenigen Motiven, die abschnittsweise wiederkehren. Zunächst ist hier der bereits oben erwähnte mehrfach auftretende Quartenklang der „feurigen Zungen" zu nennen. Im B-Teil verwendet Messiaen neue Motive: Er wechselt zwischen einer fallenden Akkordkette, die aus Schichtungen pentatonischer Strukturen weißer und schwarzer Tasten besteht und einer ansteigenden Kette von Sextakkorden, die er einem Thema Golauds aus Debussys *Pelléas et Mélisande* entnommen hat. Im C-Teil verwendet er zuerst Quintakkorde „à la Bartók", danach „enchaînement occasionnel" in beiden Bewegungsrichtungen, Spaltklänge, die besonders farbenreich wirken.[152] All diese Motive erinnern an das Wehen des Windes des Heiligen Geistes.

Im letzten Abschnitt werden die meisten Motive nochmals auf engem Raum kombiniert, ehe das Stück mit verlängerten Werten des anfänglichen Pedalmotivs ausklingt.

---

149 Messiaen 1997, S. 84.
150 Olivier Messiaen, in: Goléa, Rencontres, S. 34; zit. nach Hohlfeld-Ufer 1978, S. 9.
151 Ebd.
152 Ebd., S. 85.

Kurzanlayse der einzelnen Formabschnitte von **I. Entrée (Les langues de feu)**
Dauer des Satzes: 2:54 Minuten[153]

Abschnitt[154]	Takt	Manual	Pedal	Formale Hinweise/ Ergänzungen	Besonderheiten
A	1–13	Quartenakkorde wechselweise rechte Hand/ linke Hand, Akkorde beibehalten	rhythmisiertes Fünf-Ton-Modell, immer nach Manual einsetzend	Folge Manual-Pedal tritt insgesamt viermal in variierter Form auf: Takt 1–4, 5–7, 8–12, 12–14 (im Pedal Takt 17)	Formteile A und B durch Pedal motivisch überlappend; rhythmisch gesamter Satz in griechischen Versfüßen, zum Teil in irrationalen Werten
B	15–23 (im Pedal ab 19!)	abwechselnd: a) pentatonisch fallende Akkordkette mit Schichtung weißer und schwarzer Tasten b) rechte Hand: Golaud-Thema, Sextakkordkette aufsteigend; linke Hand: Quart	ab Takt 20 B-Tonfolge im Pedal, teilweise nur Abschnitte; häufig im „Dialog" mit Manual	Manualmotivik tritt je dreimal auf, immer im Wechsel a)-b)	
C	24–29	Bartók-Quintakkorde, danach „enchaînement occasionnel"	Pedal-Solo in Takt 15 (aus B-Tonfolge), exponierte, jeweils dreiache Tonwiederholung, wieder „dialogische" Anlage		
A'	30–39, (im Manual ab 33!)	Takt 32: b)-Motivik, a)-Motivik aus B-Teil, erst danach Quartakkorde aus A-Teil	am Ende stark augmentierte A-Tonfolge		Formteile wieder überlappend: Manualmotivik setzt später ein; B-Motivik im Manual, hierdurch Art „Reprise" und Verdichtung

---

153 Die Angaben zur Aufführungsdauer der einzelnen Messteile beziehen sich auf Messiaen 1995.
154 Diese Abschnittseinteilung ist identisch mit der von Hohlfeld-Ufer 1978, S. 27–36. Messiaen 1997, gibt lediglich den Hinweis, dass die Form im Pedal durch die verwendeten Tonreihen A–B–A' verläuft (S. 84), was auch schlüssig ist. Dennoch ergibt sich durch die Manualstruktur ein Formablauf A–B–C–A', der als logisch angesehen werden kann und sich quasi über den Pedalverlauf legt.

Wie Karin Ernst bereits festgestellt hat, ist dieser Satz durch zahlreiche Manual- und Klangfarbenwechsel gekennzeichnet, genaugenommen sind es elf. Primzahlen liebte Messiaen in besonderer Weise und hat sie auch häufiger zahlensymbolisch eingesetzt. So wagt Ernst auch die Deutung, dass es elf Apostel gewesen seien, die das Pfingstereignis miterlebt hätten.[155] Dies stimmt jedoch nicht, da bereits vorher Matthias als Ersatz für den Verräter Judas als Apostel gewählt worden war.[156] Als ein Symbol für die Unteilbarkeit (Primzahl) der göttlichen Dreieinigkeit könnten die elf Manualwechsel jedoch stehen.

Messiaen verwendet in diesem ersten Teil der Komposition durchgängig griechische Versfüße,[157] die er frei aneinander fügt. Diese hat er durch sogenannte „irrationale Werte" verschleiert, das heißt: Er verwendet z. B. Triolen, Quintolen oder Septolen, teilweise sogar noch mit Überbindungen innerhalb dieser Unterteilungen. Dadurch ist es nicht mehr möglich, einen metrischen Grundschlag zu empfinden.

Besonders interessant erscheint in diesem Zusammenhang, dass Messiaen gerade in dem Abschnitt, der sich mit „feurigen Zungen" beschäftigt, ursprünglich sprachliche Gestaltungsmittel wie griechische Versfüße als Kompositionsmittel verwendet. Dabei fällt auf, dass er vorher festgelegte Strukturen „irrational" verändert, einer rationalen Struktur quasi freie, zufällige Elemente beifügt. Antoine Goléa hat dies folgendermaßen gedeutet:

> *„Man darf nicht vergessen, daß Pfingsten das Fest des Heiligen Geistes ist, das bedeutet: das Fest der Geburt des Verständnisses im menschlichen Verstand. Die Einsicht, die logische und rationale Schau der Dinge, die mathematische Interpretation der Welt hatten, auch noch zur Zeit Jesu, ihre Quelle im Geist der Griechen. Aber der Heilige Geist, der den Aposteln gegeben wurde, damit sie überall das Gesetz und die Lehre Christi predigten, enthielt seinen Teil an Eingebung, Vernunftwidrigkeit und überirdischer Schau, deshalb die griechischen Rhythmen, behandelt in irrationalen Werten, in diesem ersten Teil der Pfingstmesse."*[158]

Eine weitere ergänzende Deutungsmöglichkeit wäre, dass die „unsichtbaren Dinge", die „irrationalen Werte" des Heiligen Geistes in die festen Strukturen der „sichtbaren Dinge" des menschlichen Verstandes „einbrechen"[159] und diesen verändern, erheben, erweitern.

---

155 Vgl. Ernst 1980, S. 229.
156 Vgl. Apg. 2,15–26.
157 Vgl. Kemmelmeyer 1974, Bd. 1, S. 124–125 sowie Bd. 2, o.S. (Tabellenteil). Messiaen selbst hat eine ausführliche Darstellung der griechischen Versmaße in seine Analyse der *Messe de la Pentecôte* im *Traité* eingefügt. Hier wird deutlich, dass er die griechischen Versmaße durchgängig in den rhythmischen Verlauf des ersten Kompositionsteils integriert hat. Vgl. Messiaen 1997, S. 86–88.
158 Goléa, Rencontres, S. 200; zit. nach Hohlfeld-Ufer 1978, S. 28.
159 Vgl. Böhmig 2008, S. 83.

4.2. II. Offertoire (Les choses visibles et invisibles)

„Alles, was sichtbar und unsichtbar ist."[160]

„Das Unsichtbare ist die Domäne des Heiligen Geistes: ‚der Geist der Wahrheit, den die Welt nicht aufnehmen kann, weil sie ihn nicht sieht und nicht kennt.' (Evangelium nach Johannes). Die sichtbaren und die unsichtbaren Dinge! Es steckt doch alles in diesen Wörtern! Bekannte und unbekannte Dimensionen: vom möglichen Durchmesser des Universums bis zu dem des Protons – bekannte und unbekannte Zeitdauern: vom Alter der Galaxien bis zur Schwingung, die sich mit dem Proton verbindet – die geistige Welt und die materiale Welt, Gnade und Sünde, Engel und Menschen – die Mächte des Lichtes und der Finsternis – die Schwingungen der Atmosphäre, der liturgische Gesang, der Gesang der Vögel, die Melodie der Wassertropfen und das schwarze Knurren des apokalyptischen Untiers – schließlich alles, was klar und greifbar, und alles, was dunkel, geheimnisvoll und übernatürlich ist, alles, was Wissenschaft und Verstand übersteigt, alles, was wir nicht entdecken können, alles, was wir niemals begreifen werden ... Das Stück gliedert sich in sieben Sektionen und eine Coda: 1) Drei Deçi-Tâlas oder Hindu-Rhythmen: Tritîya, Caturthaka, Nihçankalîla – sie werden als rhythmische Personen behandelt: die erste bewegt sich nicht, die zweite wird größer, die dritte kleiner. 2) Melodisches und monodisches Thema. 3) Umstellungen von fünf chromatischen Dauern: 30 Umstellungen übereinander gestellt 3 zu 3, unterstrichen durch drei ‚Modi mit begrenzter Transponierbarkeit', unterbrochen durch das unterirdische Bellen des apokalyptischen Untieres. 4) Überlagerung des melodischen Themas mit einem anderen, das Neumen des gregorianischen Chorals verwendet. 5) Entwicklung der Musik des dritten Abschnitts. 6) Das melodische Thema in der Vergrößerung. Es wird legato im Pedal gespielt mit Flöte 4', verdoppelt mit Flöte 4', Terz und Flöte 1' als ‚Staccato wie Wassertropfen'. Das Pedal formt den Wassertropfen in den Klang einer Glocke um, indem es ihm ein Echo beifügt, einen Heiligenschein, eine Verlängerung. Die Zäsuren in der Melodie werden gefüllt mit Vogelgesang (Amsel, Rotkehlchen, Gartengrasmücke). Alle Harmonien stehen im ‚3. Modus mit beschränkter Transponierbarkeit'. 7) Fortsetzung der Musik des ersten Abschnitts: die rhythmischen Personen treten weiter auf. Coda: Kleine Reminiszenzen fassen die wichtigsten Momente des Stückes und seiner Farben zusammen."[161]

Quasi kaleidoskopartig finden in sieben Abschnitten plus Coda jeweils einzelne der sichtbaren und unsichtbaren Dinge, des Greifbaren und Ungreifbaren in verschiedenen Motiven und Kompositionsstrukturen ihren musikalischen Ausdruck. Sichtbar – oder besser deutlich hörbar – sind z. B. Wassertropfen, Vogelstimmen oder das Brüllen des apokalyptischen Untiers. Andere Strukturen und ihre Bedeutung erschließen sich erst nach eingehender Analyse. Auffallend ist die siebenteilige Grundanlage, bei der sicherlich eine zahlensymbolische Bedeutung zugrundeliegt, zumal die sieben eine Primzahl ist, denen

---

160 Nicänisches Glaubensbekenntnis.
161 Messiaen 2008, S. 196–197.

Messiaen grundsätzlich besonders zugeneigt ist und eine Verbindung von Weltlichem und Göttlichem darstellt.[162] Zentral ist das Offertorium jedoch in weiterer Hinsicht: Es ist nicht nur der mit Abstand längste Teil der Vertonung, sondern aus Sicht Messiaens auch zentral in seiner Bedeutung. Er bezieht sich auf eine wichtige Aussage des Nicänisch-Konstantinopolitanischen Glaubensbekenntnisses[163] bezüglich des Schöpfers der sichtbaren und unsichtbaren Dinge. Messiaen selbst beschreibt die Gründe zur Auswahl genau dieser Textstelle mit der Tatsache, dass es ein wunderbarer und verkannter Text mit mysteriösem Charakter sei, an dem viele Gläubige und auch Komponisten unachtsam vorübergingen. Des Weiteren benennt er das Unsichtbare als das Reich des Heiligen Geistes und zitiert den Heiligen Johannes: „Der Geist der Wahrheit, den die Welt nicht bekommen kann, weil sie ihn nicht sehen und nicht kennen" und konstatiert dazu: „Ce texte me convenait et convenait à ma musique."[164]

Messiaen arbeitet im *Offertoire* mit drei Haupt-Motivbereichen: mit Hindu-Rhythmen, mit einer einstimmigen Melodie und mit Umstellungen von fünf chromatischen Dauern. Hierzu werden weitere Elemente wie Vogelrufe und Wassertropfen ergänzt. Zu Beginn stellt der Komponist die drei Hindu-Rhythmen Tritîya, Caturthaka und Nihçankalîla vor:

Drei Hindu-Rhythmen, Offertoire, Takt 1–3

Den Rhythmen Tritîya (Takt 1) und Caturthaka (Takt 2) ordnet er eine Registrierung zu, die manualiter mit dunklen 8'- und 16'-Register, im Pedal hingegen mit hellem 4'-Register arbeitet. Nur manualiter und auf dem mit 16'- und 2'-Register gleichzeitig zu spielenden Schwellwerk werden beim Nihçankalîla (Takt 3) wiederum helle und dunkle Register-

---

162 Siglind Bruhn und Paul Thissen beziehen Messiaens Vorliebe für Primzahlen einerseits auf die sich daraus ergebenden asymmetrischen musikalischen Verläufe, andererseits auf die Bedeutung des Unteilbaren des dreieinigen Gottes. Vgl. Bruhn 2008, S. 49–56 sowie Thissen 1996. Darüber hinaus gibt es natürlich zahlreiche christliche Bedeutungen und Bezüge zur Zahl sieben.
163 Messiaen gibt als Quelle des Textes das „Symbole de Nicée" an. Dies ist jedoch ungenau, da es sich nicht um das Nicänische, sondern das Nicänisch-Konstantinopolitanische Glaubensbekenntnis handelt, das beim Konzil von Konstantinopel im Jahr 381 auf der Grundlage des Nicänischen Glaubensbekenntnisses aus dem Jahr 325 aufbauend beschlossen wurde. Dies wird beispielsweise am Zitat „Der allmächtige Vater, der Himmel und Erde erschaffen hat" in Messiaen 1997, S. 89 deutlich, das im Nicänischen Credo nicht enthalten ist.
164 Messiaen 2008, S. 89. Die deutsche Übersetzung lautet: „Dieser Text passt zu mir und meiner Musik."

farben gegenübergestellt. Diese könnten durchaus die von Messiaen im Vorwort genannten Mächte des Lichtes und der Finsternis symbolisieren.

Die drei Rhythmen (auffallend ist die sicherlich symbolisch auf die Trinität zu beziehende Zahl drei) verarbeitet Messiaen als „personnages rythmiques", das heißt, konkret für diese Stelle, dass der Ryhthmus Caturthaka bei jedem Auftreten jeweils um ein 32-stel erweitert und Nihçankalîla jeweils um den gleichen Wert verringert wird. Tritîya bleibt hingegen unverändert, die zugehörigen Töne ebenso. Messiaen erläutert das Phänomen wie folgt:

> „Stellen wir uns ein Theater vor: Drei Personen sind auf der Bühne – die erste agiert, sie führt das Spiel – die zweite wird durch die erste zum Agieren getrieben – die dritte wohnt dem Konflikt bei, ohne einzugreifen, sie schaut zu und rührt sich nicht. In gleicher Weise gibt es drei rhythmische Gruppen: die erste vergrößert sich, das ist die angreifende Person – die zweite verkleinert sich, das ist die angegriffene Person – die dritte verändert sich niemals, das ist die unbewegliche Person."[165]

Hier zeigt sich wiederum Messiaens Liebe zum Theater. Warum aber verwendet er überhaupt Hindu-Rhyhtmen gerade in einer Art Meditation über die sichtbaren und unsichtbaren Dinge? Antonie Goléa beantwortete die Frage durchaus schlüssig:

> „Geistig gesehen ist der Gebrauch der Hindu-Rhythmen und ihrer Veränderungen gerechtfertigt durch die fundamentale Vorstellung der Hindu-Philosophie über die Einheit der sichtbaren und unsichtbaren Welt, über die unaufhörliche Bewegung, deren Schauplatz die sichtbaren und unsichtbaren Teile dieser Welt sind, über ihre fortwährenden Überlagerungen, durch die ihre Dauer und Gestalt sich unaufhörlich verändern."[166]

Neben der Entwicklung der Einzelrhythmen stellt Messiaen die drei Hindu-Rhythmen in ihrer Abfolge um und erreicht so zunächst neun plus eine Interversion. Diese Umstellungen finden in *Section VII* ihre logische Fortsetzung. Es entsteht insgesamt eine Struktur von drei mal drei plus eins plus drei mal drei Rhythmen – ein Spiel mit der bedeutungsvollen Zahl der Trinität und der Primzahl eins, die für den dreieinigen Gott steht.[167]

In *Section II* exponiert Messiaen zunächst ein einstimmiges melodisches Thema, das zum Teil an arabische Melodiewendungen beziehungsweise an eine Tonfolge aus Maurice Ravels *Tombeau de Couperin* angelehnt ist.[168]

---

165 Olivier Messiaen, zitiert nach Hohlfeld-Ufer 1978, S. 40.
166 Golea, Rencontres, S. 201–202; zit. nach Hohlfeld-Ufer 1978, S. 39.
167 Zu weiterführenden zahlensymbolischen Bezügen zum *Offertoire* vgl. Thissen 1996, S. 124–129.
168 Vgl. Messiaen 1997, S. 92–93.

Einstimmiges melodisches Thema, Offertoire, Takt 11

Auffallend ist auch die besonders häufige Verwendung des Tritonus, eines Lieblingsintervalls Messiaens. Teile der Melodie greift er in *Consécration* und in *Sortie* wieder auf und schafft dadurch satzübergreifende Zusammenhänge. Eine Art mehrstimmige Überleitung, die an einen aufbrausenden Wind erinnert und damit symbolisch an den Heiligen Geist (d), führt zum nächsten Formteil. Noch zweimal innerhalb des *Offertoire* arbeitet Messiaen mit dieser Thematik: in *Section IV* und *VI*. In *Section IV* wird das melodische Thema von einer aus gregorianischen Neumen abgeleiteten Melodielinie – bestehend aus allen zwölf Tönen – kontrapunktiert. Dabei lehnt Messiaen die melodische Grundstruktur an die bestimmter Neumen an.[169] In *Section VI* erfährt das Thema eine bedeutende Erweiterung: Das melodische Thema wird augmentiert und zur musikalischen Darstellung von Wassertropfen verwendet. Dafür werden im Pedal durchgängig Achtel gespielt, parallel dazu in der rechten Hand das Thema als Sechzehntel im Staccato: „Das Pedal verwandelt den Wassertropfen in einen Glockenton, indem es ihm einen Nachhall hinzufügt, einen Strahlenkranz, eine Verlängerung."[170] So erfährt das Thema einen Wandel hin zur Natur, was der Komponist durch die Verwendung von ergänzenden Vogelrufen (Amsel, Rotkehlchen oder Grasmücke) unterstreicht. Durch Wassertropfen und Vogelstimmen schafft Messiaen eine Verbindung zur *Communion*.

In *Section III* arbeitet Messiaen mit „interversions sur 5 durées chromatiques", also mit „Umkehrungen von 5 chromatischen Dauern". Der Begriff „chromatisch" hat in diesem Fall nichts mit lückenlos aneinander anschließenden Tonhöhen zu tun, sondern wird übertragen auf den Begriff der Dauern: Der Komponist verwendet eine Folge von einem bis fünf Sechzehnteln an Dauernwerten, die er in verschiedenen Umkehrungen (interversions) quasi reihenartig miteinander kombiniert. Zu Beginn des Abschnitts ordnet er folgende Dauern (in Sechzehnteln) den jeweiligen Systemen zu, wobei die rechte Hand immer dreistimmig, die linke Hand zweistimmig und das Pedal durchweg einstimmig geführt wird:[171]

	1. Auftreten	2. Auftreten	3. Auftreten
rechte Hand	1 2 3 4 5	1 2 3 5 4	1 2 3 5 3
linke Hand	5 4 1 2 3	5 4 1 3 2	5 4 2 1 3
Pedal	3 5 1 2 4	3 5 1 4 2	3 5 2 1 4

---

169 Z. B. an Clivis, Porrectus, Climacus. Vgl. Messiaen 1997, S. 97.
170 Olivier Messiaen im Einführungstext zu einer Aufnahme der *Messe de la Pentecôte* (Audio-LP, Schwann Studio 1970); zit. nach Hohlfeld-Ufer 1978, S. 48.
171 Eine vollständige Auflistung der Interversionen mit Angabe der drei verwendeten Modi findet sich bei Kemmelmeyer 1974, S. 130 sowie Messiaen 1997, S. 95.

Messiaen war fasziniert vom rein mathematischen Phänomen, dass mit Hinzufügen einer einzigen Möglichkeit die Möglichkeiten der Interversionen um ein Vielfaches steigen. So ist auch dieser Abschnitt durch Zahlen strukturiert, die wiederum durch die trinitarische Zahl drei geprägt sind: Es gibt drei mal zehn rhythmische Interversionen, sechs melodische Linien und drei verschiedene Modi. Das Pedal wiederholt – logischerweise rhythmisch verändert – eine Fünftonfolge; der rechten und linken Hand sind auf- und absteigende Verläufe zugeordnet. Die dreimal zehn Interversionen sind in zwei Abschnitte geteilt: Interversion eins bis vier sowie fünf bis zehn. Dazwischen und danach wird je zweimal im Manual das große C fortissimo im 16'-Register gespielt, also noch eine Oktave tiefer klingend als notiert: das Brüllen des apokalyptischen Untiers, das durch die Tiefe der Schwingungen fast real wirkt und die Mächte der Finsternis heraufbeschwört.[172]

Diese Grundanlage wird in Section V weiterentwickelt und gesteigert. Zunächst findet in der rechten Hand eine Erweiterung des Ambitus um immer einen weiteren Ton nach oben und unten statt, dem eine Verdichtung durch Elimination einzelner Töne folgt. Dadurch entsteht eine immer engere Wellenbewegung der Oberstimme. Auch die anderen Stimmen folgen der Verdichtung. Die rechte Hand erhält dreistimmige Akkorde und verfestigt sich gegen Ende des Abschnitts auf nur zwei verschiedene Akkorde. Das Pedal wird mit der Zeit auf zwei Töne reduziert. Die mit der motivischen Verdichtung einhergehende dynamische Steigerung und Zunahme der Register gipfelt wieder im „Brüllen des apokalyptischen Untiers".

In der *Coda* lässt Messiaen nochmals kleine Erinnerungsmotive aus dem *Offertoire* erklingen:[173] verschiedene Vogelrufe, den ersten Takt der einstimmigen Melodie und das Brüllen des apokalyptischen Untiers. Mit einem hohlklingenden Schlussakkord („sonorité caverneuse") beendet Messiaen den zweiten Messteil.

---

172 Den Bezug dieser Darstellung des apokalyptischen Untiers zu „Abgrundsdarstellungen" in Messiaens Musik und deren religiösem Bedeutungshintergrund hat Aloyse Michaely ausführlich hergestellt. Diese Abgrundsdarstellungen gehen zurück auf biblische Quellen, auf die Kirchenväter und verschiedene neuzeitliche Schriftsteller. Sie dienen sowohl als Bild der Sünde und des weltlichen Lebens, des Teufels, des menschlichen Elends und der Gottesferne, aber auch als Tiefe der Erkenntnis Gottes. In der *Messe de la Pentecôte* dient dies nach Michaely als Darstellung des Teufels. Vgl. Michaely 1982, bes. S. 18–19.
173 Vgl. Messiaen 1997, S. 103.

Kurzanalyse der einzelnen Formabschnitte von **II. Offertoire *(Les choses visibles et invisibles)***
Dauer des Satzes: 10:43 Minuten

Abschnitt[174]	Takt	Manual	Pedal	Musikalisches Material	Besonderheiten/Details
Section I (A)	1–10	Nihçankalîla (N) nur im Manual; Tritîya (T) und Caturthaka (C) Pedal und Manual	klanglich dominierendes Pedal: 4′	drei Hindu-Rhythmen: Tritîya (unverändert), Caturthaka (Zunahme), Nihçankalîla (Abnahme) als „personnages rythmique", Harmonisierungen unverändert	taktweise Abfolge der Rhythmen (Interversionen): T–C–N T–N–C C–N–C C
Section II (B und d)	11–24	nur Manual	tacet	einstimmige Melodie, Tritonus vorherrschend;[175] Takt 21–24: „Wind" (nur Manual, formal „d")	
Section III (C und e)	25–47	rechte Hand: dreistimmig (3. Modus, 1. Transposition); linke Hand: zweistimmig (4. Modus, 1. Transposition), immer auf- und absteigende Melodieverläufe	einstimmig (2. Modus, 1. Transposition) als Orgelpunktgruppe;[176] wieder 4 + 6 häufig	Permutation von fünf chromatischen Dauern,[177] 30 Interversionen	tiefe Lage; dazwischen „Brüllen des apokalyptischen Untiers" (Takt 33–34, 46–47, formal e); Kampf gegen Finsternis und Mächte der Finsternis
Section IV (B′ und d)	48–60	Reprise der Melodie aus II (nur rechte Hand); linke Hand aus Gregorianischem Choral abgeleitete zwölftönige Melodie		in linker Hand nur einzelne Neumen abgeleitet,[178] Takt 57–60: „Wind" (d)	nur Manual!

---

174 Die römischen Ziffern stammen von Messiaen (1997, S. 89–103), die Buchstaben von Hohlfeld-Ufer (1978, S. 37–60). An letzteren sind die formal-thematischen Beziehungen deutlicher zu erkennen als an Messiaens Ziffern.
175 Vgl. Hohlfeld-Ufer 1978, S. 56.
176 Vgl. ebd., S. 57.
177 Vgl. Messiaen 1997, S. 95.
178 Vgl. ebd. S. 97.

Ab-schnitt[174]	Takt	Manual	Pedal	Musikalisches Material	Besonderheiten/ Details
Section V (C', e und f)	61–101	linke Hand: wörtliche Wiederholung von C; rechte Hand: anfangs wie C, ab Takt 62 Oberstimme 3. Modus, 4. Transposition; Mittelstimme 2. Transposition; Unterstimme 8. Transposition	Wörtliche Wiederholung von C	Reprise III plus Entwicklung, zwölf Interversionen (in C nur sechs); Tonraumerweiterung bis g''' und D; ab Takt 85 Verdichtung: ein Ton oben und unten wird jeweils weggelassen; Permutation fünf chromatischer Dauern	Brüllen (Takt 67–68, 99–100); dynamische Steigerung von *f* bis ***fff***
Section VI (B'')	102–114			B-Melodie: Umwandlung in „Wassertropfen", ergänzt durch Vogelrufe	Akkordbegleitung in linker Hand
Section VII (A')	115–123			Fortsetzung der Permutationen der Hindu-Rhythmen aus I (weitere Zu- bzw. Abnahme)	taktweise Abfolge der Rhythmen (Interversionen): C–T–N N–C–T N–T–C
Coda	124–132			Takt 124 vgl. Takt 11 (Melodie); Takt 125 f. und 129: „Brüllen"; Takt 127–128: Vogelrufe, vgl. Takt 103; Takt 130: Vogelruf, vgl. Takt 111; Takt 131 vgl. Takt 101; Takt 132: Schlussakkord, „ausgehöhlter Klang"	Reminiszenzen an vorherige Motive

Messiaen stellt in diesem zentralen Satz der Messe die sichtbaren und unsichtbaren Dinge nebeneinander. Er beschreibt musikalisch die Mächte der Finsternis und des Lichtes. In welcher Art manifestieren sich diese Gegensätze? Auffallend ist, dass in allen geradzahligen Abschnitten das Melodische dominiert und mit Elementen der Natur (Vögel, Wind, Wasser) und gregorianischen Neumen ergänzt wird. In allen ungeradzahligen Sektionen verarbeitet der Komponist die ausgewählten Motive streng durchorganisiert, Rhythmus und Harmonik dominieren: Hindu-Rhythmen werden rhythmisch verkürzt, verlängert oder beibehalten (*Section I* und *VII*) und bilden formal einen Rahmen, fünf chromatische Dauern werden seriell permutiert (*Section III* und *V*). Aber auch in diese streng strukturierten Abschnitte bricht zuweilen das andere ein: das Brüllen des apokalyptischen Untiers oder wühlende 16'-Registrierungen.

Stellen die für den Hörer klar fassbaren und der Natur entnommenen Elemente das Sichtbare dar oder ist es das Unsichtbare, das fernab menschlicher Einflussmöglichkeiten ist? Sind die zwar klar durchstrukturierten Abschnitte dem Sichtbaren, mit dem menschlichen Verstand somit fassbaren Dingen zugeordnet oder eher dem Unsichtbaren, da die Struktur nicht ohne eingehende Analyse hörend mitvollzogen werden kann?

Reimund Böhmig wagt die Deutung, dass die klaren verstandesmäßig nachvollziehbaren Strukturen dem Sichtbaren zuzuordnen sind, Elemente der Natur dem Unsichtbaren, Himmlischen, Irrationalen, da außerhalb der menschlichen Einflusssphäre.[179] Denkt man dies weiter, kann man dem Sichtbaren das Geordnete, die Strenge zuordnen, dem Unsichtbaren das Natürliche, die Freiheit und das Unsichtbare als die Sphäre des Heiligen Geistes bezeichnen.

Für diese Deutung sprächen auch Bemerkungen Messiaens zu seiner Jahre später entstandenen *Chronochromie* (Skandalwerk mit heftigen Reaktionen des Publikums), die er anlässlich einer Aufführung in München Anfang der 1960er-Jahre vor dem Konzert hielt:[180]

> *„Der letzte Grund für die Empörung [des Publikums bei den Aufführungen] – und keinesfalls der unwesentlichste – sind die Freiheit und der Gegensatz zwischen Strenge und Freiheit. Meine Permutationen der Dauern sind streng, mein Vogelgesang ist völlig frei. Strenge ist unerbittlich, doch die Freiheit ebenfalls. Beides miteinander zu vermischen, schockiert alle Zuhörer gleich welcher Überzeugung."*

Auch im *Offertoire* vermischen sich Gegensätze nicht zuletzt auch als ungewöhnliche Registrierung mit 2' und 16' als Symbol für Licht und Finsternis gleichzeitig in einem Klang, die man durchaus mit Messiaen als „theologische Registrierung" bezeichnen kann.[181]

Klare Gegensätze, wie auch immer man sie deuten möge, strukturieren diesen wichtigsten Teil der Messkomposition. Diese werden auch in der *Coda* aufrechterhalten. Kurze Reminiszenzen lassen nochmals wichtige Motive erklingen. Der Satz endet mit einem „höhlenartig klingenden Akkord". Messiaen selbst beschreibt den letzten Akkord folgendermaßen: „Pour finir, un étrange accord sur bourdon 8 avec trémolo, très haut, très loin, pianissimo diminuendo. Pleure-t-il ? Sourit-il ? Pose-t-il un dernier point d'interrogation?"[182] – und lässt damit bewusst einiges offen, unsichtbar.

---

179 Vgl. Böhmig 2008, S. 80–81.
180 Olivier Messiaen, zitiert nach Hill/Simeone 2007, S. 258.
181 Vgl. Hohlfeld-Ufer 1978, S. 46.
182 Messiaen 1997, S. 103. Die deutsche Übersetzung lautet: „Zum Schluss ein merkwürdiger Akkord auf Bourdun 8' mit Tremolo, sehr hoch, sehr entfernt, pianissimo decrescendo. Weint er? Lacht er? Setzt er ein letztes Fragezeichen?"

4.3. III. Consécration (Le don de la sagesse)

„Der Heilige Geist wird euch an all das erinnern, was ich euch gesagt habe."[183]

„Weisheit, Geisteskraft, Rat, Stärke, Wissenschaft, Frömmigkeit, Furcht: das sind die sieben Gaben des Heiligen Geistes. Der Heilige Geist macht uns den geheimen Sinn der Worte Christi verständlich und lässt uns die Geheimnisse durchdringen, die er uns gelehrt hat: das ist das Geschenk der Weisheit!"[184]

Zwei alternierende Refrains rahmen verschiedene Perioden eines melodischen und monodischen Themas ein. Das melodische Thema benutzt Neumen des gregorianischen Chorals, deren Anordnung etwa der des zweiten *Halleluja* folgt, das man in der Pfingstmesse singt.

Der erste Refrain verwendet den Hindu-Rhythmus Simhavikrama (Stärke des Löwen). Der zweite benutzt den Hindu-Rhythmus Miçra varna (Mischung der Farben). Die beiden Refrains werden im Pedal mit Trompete 4' gespielt. Beide Refrains sind „Klangkomplexe". Jeder Ton hat seinen Akkord und seine Klangfarbe. Bei den Akkorden kommen vor: der „Akkord der Dominante" und der „Resonanzakkord". Folgende Klangfarben gibt es: Gedackt 8' und 16' – Quintate 16' und Terz – Gedackt 16', Gambe, Flöte 2'. All diese Akkorde und Klangfarben formen jeden Ton der Trompete 4' im Pedal um, indem sie eine „Melodie der Resonanzen" und eine „Melodie der Klangfarben" erzeugen.[185]

Während der Wandlung, zu der kein musikalischer Propriumsteil liturgisch vorgesehen ist, erklingt eine Meditation über die Transsubstantiation. Dies ist der Wandel von Brot und Wein in den Leib und das Blut Christi, der nach katholischer Dogmatik real vollzogen wird. Mit Leib und Blut Christi kommt nach Messiaen auch die Gabe der Weisheit des Heiligen Geistes zu den Gläubigen und damit das „Verständnis" für die Geheimnisse des Glaubens.[186]

Musikalisch manifestiert sich dies in wiederum drei verschiedenen musikalischen Abschnitten. Das monodische Hauptthema (A) wird rondoartig gerahmt von zwei vom Komponisten als Refrain 1 (B) und Refrain 2 (C) bezeichneten musikalisch durchorganisierten Abschnitten auf der Grundlage von Hindu-Rhythmen:

B – A – C – A – B – A – C – A – B+C – A – (C).[187]

Zentral ist das monodische Hauptthema A, das nicht wirklich hörbar, jedoch analytisch nachvollziehbar an das zweite Pfingst-Halleluja angelehnt ist und somit nach Messiaen zur einzig wahren liturgischen Musik zu rechnen ist. Er erläutert dies selbst in seinem *Traité* und ordnet melodische Verläufe den ursprünglichen Neumen zu.[188] Auffallend ist die als eine Art „Initium" genutzte aufsteigende Sexte, des Weiteren die öfter auftreten-

---

183 Joh 14,26.
184 Messiaen 2008, S. 198–199.
185 Messiaen 2008, S. 198–199.
186 Vgl. Messiaen 1997, S. 104.
187 Vgl. Hohlfeld-Ufer 1978, S. 64.
188 Vgl. Messiaen 1997, S. 108.

den Tritoni, großen Septimen und übermäßigen Oktaven, die auch in anderen Messteilen für die gregorianischen Abschnitte verwendet werden und so eine motivische Binnenbeziehung zwischen den Sätzen herstellen.[189] Auch eine Verbindung zu bestimmten Vogelgesängen liegt nahe, zumal, wie im Abschnitt über das *Offertoire* bereits erläutert, Naturklänge und Choralgesang für die Freiheit des Heiligen Geistes zu stehen scheinen. Bleibt die Sexte als motivisches Anfangsintervall in allen fünf A-Abschnitten mehr oder weniger präsent, unterzieht Messiaen die Melodie einem stetigen Wandel. Erstes und zweites Auftreten sind an den Choral angelehnt. Die folgenden Abschnitte sind hingegen frei erfunden und erfahren in der vierten Periode ihre größte Ausdehnung.[190]

Unverändert werden hingegen die Teile B und C wiederholt. Beide Abschnitte haben als Grundlage der Pedalmelodie einen Hindu-Rhyhtmus:

Pedalmelodie in Abschnitt B: Simhavikrama (Löwenkraft), Consécration, Takt 1–2[191]

Pedalmelodie in Abschnitt C: Miçra varna (Farbmischung), Consécration, Takt 6

Man erkennt leicht, dass die ersten vier Töne des Abschnitts C im Pedal gleich sind wie beim Beginn von Abschnitt B. Auch andere strukturelle Aspekte sind in diesen Abschnitten ähnlich aufgebaut: Beide sind bezüglich der Akkordzuweisungen sowie der dynamischen Struktur nahezu komplett seriell durchstrukturiert. Ebenso ist die Registrierung beider Teile gleich: Das 4'-Pedal dominiert klanglich über das Manual mit Spaltklangregistrierung, ähnlich wie im ersten Messteil. Messiaen hebt die Verwendung zweier verschiedener, ihm wichtiger Akkorde für jeden Abschnitt hervor. Im Teil B ist dies der von Messiaen sogenannte „Akkord der Dominante" (alle Töne der Durtonleiter gleichzeitig), im Teil C der „Akkord mit konzentrierter Resonanz" – das heißt, die Akkordtöne werden mit eigenen Obertönen angeschlagen: „Jeder Ton hat seinen Akkord und seine Klangfarbe."[192]

---

189 Eine motivische Binnenbeziehung besteht beispielsweise zwischen den Kompositionsteilen II, IV und VI.
190 Vgl. ebd., S. 109.
191 Dieser Rhythmus ist nach Messiaen eine Kombination des griechischen Versmaßes 4. Epitrit und dem Hindu-Rhythmus Vijaya. Vgl. ebd., S. 104. Die Melodiefolge ist eine Transformation aus Takt 17 des *Offertoire*. Vgl. ebd., S. 105.
192 Olivier Messiaen, zitiert nach Ernst 1980, S. 65.

Kurzanalyse der einzelnen Formabschnitte von **III. Consécration (Le don de la sagesse)**
Dauer des Satzes: 3:24 Minuten

Abschnitt[193]	Takt	Manual	Pedal	Musikalisches Material	Besonderheiten/ Details
Refrain 1 (B)	1–2	ständiger Manual- und damit Klangfarbenwechsel	Hindu-Rhythmus Simhavikrama; **f**, 4'; klanglich dominant	Akkord auf der Dominante (!); kleine, nicht vollständige dynamische Reihe: **p-mf-pp**	serielle Zuordnung von Akkorden, Dynamik, Klangfarben
Thema Periode 1 (A)	3–5		tacet	monodisches Thema an zweites Pfingst-*Halleluja* angelehnt („nach Art des …"); formal: a, a, b (Takt 3 + 4 sind identisch)	Thema immer einstimmig, immer gleiche Registrierung; Sext aufwärts zu Beginn von a als Art „Initium" (nicht original, nur „nach Art des …")
Refrain 2 (C)	6	Ständiger Manual- und damit Klangfarbenwechsel	Hindu-Rhythmus Micravarna; **f**, 4'; klanglich dominant	Akkord der Resonanz (!); kleine, nicht vollständige dynamische Reihe: **p-mf-pp-f**	
Thema Periode 2 (A)	7		tacet	Weiterführung monodisches Thema, an zweites Pfingst-*Halleluja* angelehnt; formal c, a'	
Refrain 1 (B)	8–9				identisch mit Takt 1–2
Thema Periode 3 (A)	10–13		tacet	monodisches Thema, frei erfunden	
Refrain 2 (C)	14				identisch mit Takt 6
Thema Periode 4 (A)	15–16		tacet	monodisches Thema, frei erfunden	
Refrain 1 und 2 (B+C)	17–20				Kombination aus Refrain 1 und 2, nur zwei Schlussakkorde von Refrain 2 fehlen
Thema Periode 5 (A)	21		tacet	monodisches Thema, frei erfunden; Variation von a enthalten	
((C))	22				zwei Schlussakkorde von Refrain 2

---

193 Die Bezeichnungen Thema, Refrain 1 und Refrain 2 stammen von Messiaen (vgl. 1997, S. 104), die Buchstaben von Hohlfeld-Ufer 1978, S. 64.

Messiaen schrieb den Rhythmen aufgrund der indischen Namen einen bestimmten Bedeutungsgehalt zu, obwohl dies aus musikethnologischer Sicht sicherlich fragwürdig ist.[194] Dies passt aber zu seinen Vorstellungen von den Kräften der Natur sowie seinem musikalischen Farbenspiel, das an die Farben der Kathedralfenster erinnert.

Die *Consécration* besticht durch ihre klare Formstruktur. Immer wieder kehrt der freie, an den Heiligen Geist gemahnende Gesang in der Art des Gregorianischen Chorals in anderer Form wieder. Die beiden anderen Abschnitte, die man aufgrund der Analyse des *Offertoire* dem menschlichen Verstand zuordnen kann, verändern sich nicht, sind quasi festgefügt. Die Wandlung findet zunächst innerhalb des Themas statt. Erst ganz am Ende werden auch B- und C-Teil aus der ganz starren Struktur herausgelöst. Die Teile B und C werden direkt kombiniert, wobei die letzen beiden Töne des C-Teils abgespalten und durch einen Halleluja-Einschub unterbrochen werden, um dann schließlich den Messteil zu beschließen. Dies könnte man als das Hereinbrechen des Heiligen Geistes in den menschlichen Verstand deuten, der diesem die Gabe der Weisheit beschert, die Transsubstantiation zu verstehen, die im *Offertoire* vorbereitet wurde.[195]

4.4. IV. Communion (Les oiseaux et les sources)

„*Quellen des Wassers, segnet den Herrn, Vögel des Himmels, segnet den Herrn.*"[196]

„*Es ist üblich, nach der Kommunion den Gesang der drei Jünglinge, Daniels Gefährten, vorzulesen. Die drei Jünglinge wurden in einen glühenden Ofen geworfen: sie gehen ruhig inmitten der Flammen, ohne von ihnen bedrängt zu werden, und stimmen einen Gesang an, mit dem sie die gesamte Schöpfung einladen – Engel, Gestirne, atmosphärische Phänomene, Wesen, die die Erde bewohnen –, sich mit ihnen zum Lobe des Herren zu verbinden. Ein Vers richtet sich an das Wasser, ein anderer an die Vögel.*

Man hört den Kuckuck, dann die Nachtigall. Erster Ort: Solo der Amsel, das durchdringende Tropfen des Wassers überlagernd. Die Wassertropfen fallen nicht alle aus der gleichen Höhe, also: melodische Bewegung; sie fallen nicht alle in denselben Abständen, also: Gleichmäßigkeit oder Ungleichmäßigkeit des Rhythmus. Wiederholter Ruf des Kuckucks und der Nachtigall. Zweiter Ort: harmonisches Thema, das den zweiten ‚Modus mit beschränkter Transponierbarkeit', den ‚Resonanzakkord' und den ‚Akkord der Dominante' verwendet. Man beachte, dass die vorletzten Silben manchmal um die Hälfte verkürzt, manchmal durch Hinzufügung eines Punktes verlängert werden, was die Schlüsse beschleunigt oder verzögert. In der Coda: auf einem Akkord mit Gedackt 8' (der das Onde Martenot und seine körperlose Klangfarbe imitiert) das höchste Register der Orgel: Flöte 1' – und das tiefste: Subbass 32'.*"[197]

---

194 Vgl. ebd., S. 63.
195 Dies ist eine mögliche Deutung. Dieter Buwen und Reimund Böhmig bieten weitere Möglichkeiten an. Vgl. Böhmig 2008, S. 85 sowie Buwen 2001, S. 355.
196 Dan 3,77.
197 Messiaen 2008, S. 199–200.

Das von Messiaen aus dem Gesang der Jünglinge,[198] einem Lobgesang über die Größe und Schöpfung Gottes, ausgewählte Motto bezieht sich auf das Wasser und die Vögel. Damit spricht Messiaen thematische Bereiche an, die ihn nicht nur in besonderer Weise faszinierten, sondern bereits in der Messkomposition thematisiert waren. In diesem Messabschnitt jedoch werden sie zentral.

Erneut strukturiert Messiaen diesen Messteil in sieben Abschnitte mit allen Bezugsmöglichkeiten der Zahlensymbolik[199] und verschiedenen Tempi. Er beginnt mit einer einstimmigen Vogelmelodie als „appel d'un oiseau idéal, héraut printanier qui ouvre le paysage",[200] deren irrationale Rhythmen er besonders hervorhebt. Auch im nächsten Abschnitt mit harmonisch geprägter Thematik[201] erklingt wieder Vogelgesang, konkret zweimal der Kuckucksruf. Der dritte Abschnitt ist wieder einstimmig und als Gesang der Nachtigall bezeichnet.

Erst im vierten Abschnitt, von Messiaen als wichtigster dieses Messteils bezeichnet,[202] treten Wassertropfen und Vogelgesänge zugleich auf. Wassertropfen kreiert Messiaen als Staccatolinie (*pp*) in der linken Hand mit entsprechender Registrierung mit „Fernwirkung". Dabei gestaltet er den Rhythmus so, dass er wie zufällig herabfallende Wassertropfen wirkt, also möglichst naturnah. Die Wassertropfen fallen zuweilen fast gleichzeitig nach unten, zuweilen auch versetzt und in größerem zeitlichen Abstand oder aus unterschiedlichen Höhen. Auch beim Vogelgesang komponiert Messiaen hier möglichst naturnah mit Verzierungen, freudigem Gepfeife, Rollen oder Zwitschern. Mit dem *g-cis*-Motiv der Amsel nimmt Messiaen das Oberstimmenmotiv des harmonischen Themas von Abschnitt V vorweg, in dem Abschnitt II wörtlich wiederholt wird, ergänzt durch die Wiederholung des Nachtigallrufs (vgl. Takt 9).

Abschnitt VI unterteilt Messiaen in drei Perioden. In Periode a) erklingt in der Oberstimme eine akkordisch begleitete E-Dur-Melodie mit sehr vielen Tritoni und Sexten, Messiaens Lieblingsintervallen. In Periode b) dominieren Akkorde mit Seufzermelodik. Eine Konzentration und Veränderung der ursprünglichen Strukturen bis hin zu einer extremen Steigerung des Ambitus durch Tonabstand und Registrierung findet in Periode c) statt. Verschiedene Motive der vorangegangenen Abschnitte erklingen nochmals als eine Art Zusammenfassung im letzten Formabschnitt: Nachtigallenrufe, Stille, Akkordverbindungen, aufsteigende Akkordbrechungen, die an Wassertropfen erinnern und ein abschließender körperloser „Raumklang" im dreifachen Pianissimo.

Die *Communion* ist klanglich besonders hell und freundlich, was auf die Registrierung, vor allem aber auf die sehr sparsame Verwendung des Pedals zurückzuführen ist. Es gibt keine Kämpfe mit den Mächten der Finsternis. Der Lobpreis Gottes und seiner Schöpfung findet musikalisch breiten Raum und begleitet den Gläubigen zur Kommunion.

---

198 Dieses Gebet wurde vorkonziliar in der sogenannten „Nachmesse" gesprochen oder gesungen, eigentlich also nach dem Segen. Eventuell war es eine ortsübliche Veränderung des Messkanons, dieses Dankgebet bereits direkt nach der Kommunion zu sprechen.
199 Vgl. hierzu auch die Ausführungen zum *Offertoire*.
200 Messiaen 1997, S. 109. Die deutsche Übersetzung lautet: „Der Ruf des idealen Vogels, Herold des Frühlings, der die Landschaft öffnet."
201 Eine genaue Akkordanalyse hat Messiaen selbst vorgenommen. Vgl. ebd., S. 109–110.
202 Vgl. ebd., S. 111.

Wie in den vorangegangenen Abschnitten bereits herausgearbeitet, steht auch die Schöpfung für die unsichtbaren, wunderbaren Dinge, die der Heilige Geist den Menschen eröffnet. Mit dem Bezug zwischen dem Heiligen Geist und dem Element Wasser und den Geschöpfen der Vögel greift Messiaen eine sehr alte Tradition auf. Bereits zur Taufe Jesu steigt der Heilige Geist in Form einer Taube herab[203] und wird in vielen nachfolgenden christlichen Schriften aufgegriffen. Der Schritt von einem speziellen Vogel zu den Vögeln des Himmels ist leicht nachvollziehbar. Aber auch das Wasser wird bereits von Jesus beziehungsweise vom Evangelisten Johannes in Bezug zum Heiligen Geist gesetzt: „Aus seinem Inneren werden Ströme von lebendigem Wasser fließen. Damit meinte er den Geist, den alle empfangen sollten, die an ihn glauben; denn der Geist war noch nicht gegeben, weil Jesus noch nicht verherrlicht war."[204] Auch diese Symbolik findet bei verschiedenen mittelalterlichen Kirchenlehrern eine entsprechende Fortsetzung.

Setzt man diese Symbolik in Bezug zum Verlauf der Messkomposition, geht der Gläubige während des Kommuniongangs zur Quelle des Lebens schlechthin, in dem er in der Hostie Leib und Blut Christi empfängt und in sich aufnimmt, wofür Messiaen auch klanglich „Raum" zu schaffen scheint.[205]

*Kurzanalyse der einzelnen Formabschnitte von **IV. Communion** (Les oiseaux et les sources)*
Dauer des Satzes: 5:55 Minuten

Abschnitt	Takt	Manual	Pedal	Musikalisches Material	Besonderheiten/ Details
I	1–3		tacet	Vogelmotivik mit irrationalen Rhythmen	einstimmig, große dynamische Bandbreite
II	4–8		nur in Takt 7–8, sonst tacet	harmonisches Thema	dazu zweimal Kuckucksruf
III	9–13	verschiedene Manuale und Klangfarben	tacet	Vogelmotivik	einstimmig, Nachtigall
IV	14–27	rechte Hand: Vögel; linke Hand: Wassertropfen	tacet	Vögel (zunächst allgemein, dann als Amsel und Kuckuck, zwei verschiedene Klangfarben) und Wassertropfen (Staccato und auf geschlossenem Schwellwerk – ferner Klang)	Takt 27: Kleinterz-Kuckuck, Amsel mit Tritonus *g-cis* (als Vorwegnahme des harmonischen Themas in Abschnitt V)

---

203 Vgl. Mt 3,16.
204 Joh 7,38.39.
205 Drei Sentenzen von Rainer Maria Rilke, John Keats und Paul Éluard am Ende von Messiaens eigener Analyse im *Traité* (1997, S. 113) bringen keine klare Deutung, lassen vielmehr Raum für eigene Gedanken.

Ab-schnitt	Takt	Manual	Pedal	Musikalisches Material	Besonderheiten/ Details
V	28–33		nur in Takt 31–32, sonst tacet	Wiederholung von Abschnitt II und Takt 9 aus Abschnitt III (Formteile werden kombiniert)	selten Pedal; grundsätzlich mit 16'- und 32'-Registrierung
VI	34–46	a) linke Hand: Akkorde; rechte Hand: Melodie mit vielen übermäßigen Quarten und großen Sexten; b) akkordisch geprägt; c) Erweiterung des Klangraums in Höhe und Tiefe	nur in Takt 38 und 45–46, sonst tacet		beginnt mit einer Generalpause: Takt 34; drei Perioden: a) Takt 34–38; b) Takt 39–42; c) Takt 43–46
VII	47–51		nur in Takt 51, sonst tacet	verschiedene Motive aus vorherigen Abschnitten: Nachtigall-Ruf (Takt 47, vgl. Takt 9 und 33); Stille (Takt 48, vgl. Takt 34); Akkordkette (Takt 49, vgl. Takt 43); „Raumklang" (Takt 51, vgl. Takt 46)	Registrierung von 32' bis 1', dadurch sehr weiter Ambitus, großer Klangraum

4.5. V. Sortie (Le vent de l'esprit)

„Ein gewaltiger Wind erfüllte das ganze Haus."[206]

„Ein Windstoß, außerordentlich, rau, plötzlich, ein Sturmwind, der die unwiderstehliche Macht des geistigen Lebens und die Wucht der Kraft aus der Höhe darstellt. Der gesamte erste Teil des Stücks ist die unmittelbare physische Vergegenwärtigung dieses Sturmwindes. Der Mittelteil verbindet die lebendigste Sache, die freieste, die es gibt – den Gesang der Lerche –, mit einer rhythmischen Kombination von äußerster Strenge. Die rhythmische Kombination stellt übereinander: alle chromatischen Dauern von einem Wert von 23 Sechzehnteln bis hin zu einem Wert von einem Sechzehntel einerseits und alle chromatischen Dauern von einem Wert von 4 Sechzehnteln bis zu einem Wert von 25 Sechzehnteln andererseits. Eine progressive Beschleunigung und eine sukzessive Verlangsamung laufen also parallel ab. Diese zwei Sachverhalte sind vom Film her bekannt und werden als ‚Zeitraffer' bzw. ‚Zeitlupe' bezeichnet. Es gibt noch zwei weitere Arten der Zeit: die eine läuft immer schneller ab, die andere läuft langsamer ab, beide entfernen sich voneinander. Der Gesang der Lerche ist das Symbol des Halleluja, der Freude des Heiligen Geistes. Es ist eine Vokalise unter weitem Himmel, die den Phasen

---

206 Apg 2,2.

> des Vogelfluges folgt. Sie scheint ständig zu schwanken zwischen den zwei Ostinati, dem unteren und dem oberen, deren eines den Boden, das andere die Decke bildet: Zwischen diesen beiden Extremen zeichnet sie Arabesken, die immer wieder die Decke berühren, und die sich dann um Boden neigen, um wieder in die Höhe zu springen. Coda: Eine kurze Toccata überlagert die Reminiszenz der ‚sichtbaren und unsichtbaren Dinge' im Fortissimo des Pedals."[207]

Auch das diesem letzten Messteil voranstehende Motto nimmt Bezug zu einem der Symbole für den Heiligen Geist: dem Wind,[208] der natürlich auch in der Apostelgeschichte eine bedeutende Rolle spielt. Wie auch in *Communion* greift Messiaen einen Aspekt wieder auf, der bereits vorher angeklungen ist, verleiht ihm aber zentrale Bedeutung. Er setzt den Wind in einen breiten Bezugsrahmen mit Verweis auf die Schöpfungsgeschichte, bei der Gott dem Menschen das Leben einhauchte. Zudem bezeichnet er den Geist als Hauch der Liebe,[209] aus der der Mensch das Leben schöpft.[210]

Im ersten Abschnitt hört man die physische Repräsentanz des Windstoßes, eine Art antiphonisches Aufbrausen des Windes, dessen Anfangsmotiv dem zweiten Pedalmotiv aus dem *Entrée* entnommen ist.[211] Damit wird auch die Feuerzungensymbolik nochmals aufgegriffen. Toccatenartig gestaltet Messiaen immer wieder heftige Windböen und variiert diese mittels unterschiedlicher Registrierung, Rhythmik, Dynamik, Dichte und Tonhöhen. Besonders hervorzuheben ist ein Akkord im dritten Modus, erste Transposition, der auf dem großen C aufbaut, mehrmals variiert wiederholt wird und die Messe beendet. Mehrfach verwendet Messiaen musikalisches Material aus dem Melodieabschnitt (Abschnitt II) des *Offertoire*, den Symbolen für das Unsichtbare.[212]

Im sogenannten „Mittelteil" kombiniert der Komponist den Gesang der Lerche im Obermanual mit zwei entgegensetzt verlaufenden arithmetischen Dauerfolgen im Untermanual und Pedal. Messiaen zeichnet nach eigenen Angaben den Gesang und die Flugphasen der Lerche relativ naturnah nach, wie er es selbst bei seinen Besuchen in Fuligny erlebt hat.[213] Durch die Kopplung von Hauptwerk, Schwellwerk und Positiv entsteht ein besonders lebendiges Klangspektrum in sehr hoher Lage. Der Gesang der Lerche endet auf einer anhaltenden Tonrepetition auf g''' und erscheint als eine Art „Aufsteigen in himmlische Gefilde". Messiaen vergleicht den Vogel daher direkt mit den Engeln[214] und sagt ferner: „[…] l'oiseau vole de plus en plus haut: devenu totalement invisible, il s'enferme dans la lumière, et l'ultime véhémence du chant se fond dans une seule note, répétée très loin, dans un délore de soleil et de ciel!"[215] Die Konnotation zur Auferstehung und

---

207 Messiaen 2008, S. 200–201.
208 Vgl. Joh 3,8.
209 Hastetter (2008², S. 18) weist das Aufgreifen einiger Töne des Liebesthemas aus der *Turangalila-Symphonie* in der *Pfingstmesse* nach.
210 Vgl. Messiaen 1997, S. 114.
211 Vgl. Takt 21 *Entrée* mit den ersten vier Sechzehnteln aus Takt 1 *Sortie*.
212 Vgl. Takt 16–17 *Offertoire* mit Takt 17 *Sortie*.
213 Vgl. Messiaen 1997, S. 118–119.
214 Vgl. ebd., S. 118.
215 Ebd., S. 119. Die deutsche Übersetzung lautet: „Der Vogel steigt immer höher bis er unsichtbar ist, schließt sich in Licht ein, und eine letzte Eindringlichkeit des Gesang findet sich in einer einzigen Note, von sehr weit repetiert, in einem Delirium der Sonne und des Himmels."

Himmelfahrt scheint greifbar, passend zur Mittlerfunktion des Heiligen Geistes von Gott zu den Menschen.

Im Pedal stehen chromatisch jeweils um ein Sechzehntel zunehmende Dauernfolgen (Addition) den chromatisch abnehmenden (Substraktion) der linken Hand gegenüber. Im Pedal verläuft die Melodie fallend, die Akkordkette der linken Hand aufsteigend. Beschleunigung und Verlangsamung, entgegengesetzte Zeitstrukturen, verlaufen zeitgleich. Eine ähnliche Kompositionsstruktur hatte Messiaen bereits im *Offertoire* verwendet („personnage rythmique").

Im „intermède plus solennel" (einem sehr feierlichen Zwischenspiel)[216] ahmt Messiaen mittels vier verschiedener Pedaltöne „Tibetische Hörner" nach, denen Mönche in Lamaklöstern tiefe, schauerliche Klänge entlocken. Der Komponist kombiniert dazu wieder Resonanzakkorde.[217] Auch an dieser Stelle ist Messiaens Achtung vor der Transzendenz anderer Religionen zu spüren. Eine musikalische Windböe leitet in den letzten Abschnitt über, in dem Messiaen wiederum Tonfolgen aus dem Melodieabschnitt (Abschnitt II) des *Offertoire* und damit der Symbolik des Unsichtbaren zitiert. Das Ganze mündet in einen großartigen Schlussakkord, basierend auf dem großen C. Dies stand im *Offertoire* noch für das „Brüllen des apokalyptischen Untiers" und damit für die Mächte der Finsternis. Hier erfährt es eine Art hymnische Umdeutung im darauf aufbauenden Schlussakkord im vierfachen Fortissimo. Messiaen benutzt die „ganze Kraft der Orgel": „Un tonnerre de sons: on dirait que l'orgue éclate!"[218]

Im letzten Messteil steht der Wind als Geist-Symbol musikalisch im Vordergrund und ist auch ohne weitere Analyse direkt als Sturmwind hörbar. Zugleich erklingen auch die Feuerzungen aus dem *Entrée* und die Thematik des Sichtbaren und Unsichtbaren aus dem *Offertoire* durch Zitate erneut. Der letzte Messteil ist somit ohne die vorangegangen Teile letztlich nicht verstehbar.

---

216 Messiaen 1997, S. 122.
217 Vgl. ebd.
218 Ebd., S. 124. Die deutsche Übersetzung lautet: „Ein Donner der Klänge: Man könnte sagen, dass die Orgel zerspringt."

Kurzanalyse der einzelnen Formabschnitte von V. Sortie (Le vent de l'esprit)
Dauer des Satzes: 3:28 Minuten

Abschnitt	Takt	Manual	Pedal	Musikalisches Material	Besonderheiten/ Details
I	1–17	Takt 1–4: antiphonische „Windböen" in Oktavparallelen	der Ton C wird wieder aufgegriffen (vgl. das „Brüllen des apokalyptischen Untiers" im *Offertoire*)	Aufbau eines Akkords in drittem Modus, erste Transposition (Takt 5–7)	Takt 1: vgl. *Entrée* Takt 21; Takt 8–10: zwölftönig; Takt 17: vgl. *Offertoire* Takt 17–18
II	18–40	rechte Hand: „Lerche", sehr hoch (c"-g'''); linke Hand: chromatisch abnehmende Dauern: 23 bis 1 Sechzehntel; aufsteigende Akkordik	chromatisch zunehmende Dauern: 4 bis 25 Sechzehntel; fallende Melodik	linke Hand: vierter Modus; Pedal: fünfter Modus, dritte Transposition	„Mittelstück": freier Lerchengesang, kombiniert mit zwei chromatischen Dauernfolgen; zugleich Verlangsamung und Beschleunigung; Takt 40: Ein-Ton-Repetition in rechter Hand
III	41–42	Resonanzakkord; Oktavparallelen zwischen Ober- und Unterstimme	vier Töne (tibetisches Horn)	Resonanzakkorde und Pedal; aufbrausende Böe (Chromatik, aufsteigende 32-tel), nur Manual, *fff* (Überleitung zu Abschnitt IV)	„Zwischenspiel"
IV	43–53	Takt 43–45: jeweils siebentöniges Ostinato in Sechzehnteln in rechter und linker Hand (Tonzitat aus dem *Offertoire*, Takt 17); Takt 50: rhapsodischer Stil nach Tournemiere	Takt 43–49: augmentiertes Tonzitat aus dem *Offertoire* Takt 16	Schlusssteigerung mit „Wind" und Akkord im dritten Modus, erste Transposition mit C im Pedal (*fff*)	mehrfach Bezug zu „Unsichtbarem" aus dem *Offertoire*

Als „besten Moment des ganzen Stückes" bezeichnet Messiaen die Kombination des freien, für das Wirken des Heiligen Geistes stehenden Freudengesangs der Lerche (als Ersatz für das traditionelle Taubensymbol) mit den quasi seriell ablaufenden chromatischen Dauernstrukturen. Obwohl serielle Abläufe wohl für das „Sichtbare", mit dem menschlichen Verstand Greifbare stehen, verweist Messiaen durch das gleichzeitig Gegenläufige von Beschleunigung und Verlangsamung auch auf die Aufhebung der Zeit: die Ewigkeit. Zwei Sentenzen unterstreichen die Vieldeutigkeit dieses Abschnitts: „Auch die Zeit ist ein Geschöpf." und „Die Zeit ist nicht ein Rahmen, sondern ein Schauspieler im Drama des Universums."[219] Der Gesang der Lerche verweist durch das Aufsteigen der

---

[219] Ebd., S. 116. Die zweite Sentenz zitiert Messiaen selbst nach Paul Couderc.

Melodie und Verharren auf dem höchsten Ton nicht nur auf die Freiheit, die der Geist verleiht, sondern erinnert indirekt an Auferstehung und Himmelfahrt Christ und den Mittler zwischen himmlischer und menschlicher Sphäre: den Heiligen Geist. Die Mächte der Finsternis scheinen besiegt, umgewandelt in das Lob der Schöpfung im Schlussakkord.

5. Rezeption der *Messe de la Pentecôte*

Die *Messe de la Pentecôte* von Messiaen hat den Weg in Gottesdienste und Konzerte, häufig in Kirchen, gefunden. Dies ist nicht verwunderlich, da er zu einem der wichtigsten Komponisten in der zweiten Hälfte des 20. Jahrhunderts gerechnet wird. Zahlreiche Veröffentlichungen zum Werk, aber auch speziell zur Orgelmusik Messiaens und zum Teil sogar explizit zur *Pfingstmesse*, belegen dieses lebhafte Interesse.[220]

Der Erfolg des Messiaenschen Werks liegt neben seiner strukturellen Ausgereiftheit sicher auch an der Tatsache, dass dieses nicht als atonal, sondern eher als freitonal und in Teilaspekten der Tradition verbunden einzustufen ist. Dadurch erreicht er breitere Hörerschichten, erfährt aber auch gerade darum Kritik von Seiten der Avantgarde, die ihm wiederum für manch strukturelle Kompositionsanlage höchsten Respekt zollt. Seine oftmals pathetisch wirkenden Einführungstexte haben ihr Übriges zur Kritik beigetragen. Interessanterweise entsprach seine Musik allerdings nicht immer den Vorstellungen einer gottesdienstlichen Musik, zumal auch seine weltlichen Werke den gleichen Stil aufweisen.

6. Ergebnisse

Messiaens *Pfingstmesse* ist ein Lobpreis auf den Heiligen Geist und sein Wirken. In Ausübung seines Dienstes als Organist an St. Trinité und als Auskristallisationen seiner Improvisationen zur Liturgie entstand ein Werk, nahe an der Liturgie, gedacht zur Begleitung der Gläubigen im Gottesdienst, zugleich aber auch in einer konzertanten Aufführung möglich. Diese Weite der Aufführungsmöglichkeiten liegt in Messiaens Sicht begründet, dass alle Musik transzendent sei, nicht nur die rein liturgische. Es verbindet ihn beispielsweise mit Pärt, dessen *Berliner Messe* eine ebensolche Breite der Aufführungsmöglichkeiten zulässt. Andere Werke schließen hingegen die jeweils liturgische oder konzertante Aufführungsmöglichkeit durch ihre Konzeption aus.

Als reine Orgelmesse zur Stillen Messe ohne Text und Gesang (!) – im Unterschied zu der als Orgel(solo)messe bezeichneten Komposition mit Chor und solistisch oder obligat geführter Orgel – ist die *Pfingstmesse* ein singuläres Werk. Es lässt eine Zuordnung zur Gattung Messe lediglich durch Titel, Überschriften und Motti zu.[221] Mehrfache, teils sehr ausführliche Äußerungen des Komponisten weisen das Stück als Messkompo-

---

220 Vgl. den Abschnitt zu Messiaen im *Literaturverzeichnis*.
221 Dies ist auch zu unterscheiden zu Johann Sebastian Bachs *Clavierübung*, Teil III, die – zunächst von Albert Schweitzer und danach landläufig – als „Orgelmesse" bezeichnet wurde. Dies geschah nachträglich und lag nicht in der Absicht des Komponisten.

sition der besonderen Art aus. Auch eine klare Zuweisung zu Pfingsten und zum Heiligen Geist geht daraus eindeutig hervor. Er lässt die bekanntesten Symbole und Themen für den Heiligen Geist in Musik erklingen: die Feuerzungen, die Vögel (ursprünglich die Taube, durch Messiaen abgewandelt), Wasser/Quellen, die Weisheit als eine der sieben Gaben des Heiligen Geistes, den Wind als Symbol desselben, dazu die Begegnung der sichtbaren und unsichtbaren Dinge. Diese Thematik ist den jeweiligen Messteilen zugeordnet, so dass sich eine Entwicklung ergibt, die der Gläubige im Verlauf der Messe mitmacht: Im *Entrée* kommen Feuerzungen herab, im *Offertoire* stehen sich sichtbare und unsichtbare Dinge als Darstellungen zweier gegensätzlicher Bereiche gegenüber (Verstand und Glaube?), die Mächte der Finsternis und des Lichts treten in eine Art Kampf miteinander. Nochmal stellt Messiaen in der *Consécration* menschlichen Verstand und freies Wirken des Geistes gegenüber, dessen Weisheit dem Menschen zum Verstehen verhelfen soll. Kann damit eine Wandlung einhergehen? Dies scheint in der *Communio* vollzogen, der Gläubige ist bereit, den Geist im Symbol von Vögeln und Wasser aufzunehmen. Erst im *Sortie* kann der Wind des Geistes frei wehen, alles Vorherige zusammenfassend und zu einem Lobgesang auf den Heiligen Geist steigernd.

Messiaen gelingt es, Symbole des Heiligen Geistes, der Improvisation verwandt, hörbar zu machen: zuckende Feuerzungen (I, V), Vogelstimmen (II, IV, V), Wasser (II, IV) und Wind (II, V) sind durch reines Hören leicht erkennbar. Zu diesem Bereich sind auch Anlehnungen an Melodiewendungen des Gregorianischen Chorals (II, IV, V) zu nennen. Eine weitere kompositorische Schicht erschließt sich erst durch genaue Analyse. Griechische (I, II) und indische (II, III) Rhythmusmodelle verändert er mittels „irrationaler Werte" oder sogenannter „personnages rythmique". Mit den „Permutationen chromatischer Dauern" (II, V) verwendet er serielle Strukturen, die auf Zeit und Ewigkeit verweisen. Ebenso spielt die christliche Zahlensymbolik in Verbindung mit Messiaens eigener Vorliebe zu Primzahlen mit Hinweischarakter auf die Trinität in der Zahl drei, die Verbindung des Menschlichen mit dem Göttlichen in der Zahl sieben, aber auch der Hinweis auf Christus und die Auferstehung in der Zahl fünf eine nicht geringe Rolle. Nicht weniger kunstvoll setzt er für seinen Individualstil typische Klang- und Akkordstrukturen ein, schafft damit auch ein Beziehungsgeflecht zwischen den Sätzen wie durch das Wiederaufgreifen verschiedener Motive. Karl-Jürgen Kemmelmeyer schreibt dazu: „Und das ist Absicht und Sinn solcher Sätze, denn wer erkennt schon rational oder über bloße sinnliche Wahrnehmung das Geheimnis des Glaubens oder das Geheimnis der Dreifaltigkeit?"[222]

Der Darstellung der sichtbaren und unsichtbaren Dinge, des Kampfes der Mächte der Finsternis und des Lichtes räumt er dabei den breitesten Raum ein und rückt das *Offertoire* in den Mittelpunkt des Werks. Von hier aus ist auch das grundsätzliche Verstehen desselben möglich: Das Sichtbare ist durch den menschlichen Verstand erfassbar, die zuweilen komplizierten musikalischen Strukturen, die Strenge. Das Unsichtbare hingegen ist das Feld des Heiligen Geistes, das dem Menschen zunächst nicht zugängliche Naturhafte, die Freiheit schlechthin. In der Musik Messiaens ragt das Göttliche immer in die Sphäre des Menschlichen hinein und verändert diese:

---

222 Kemmelmeyer 1989, S. 17.

> *„Doch muß man das Wort Freiheit in seiner weitesten Bedeutung fassen. Die Freiheit, von der ich spreche, hat nichts zu tun mit Fantasie, Unordnung, Revolte oder Gleichgültigkeit. Es handelt sich um eine konstruktive Freiheit, die durch Selbstbeherrschung, Ehrfurcht vor den anderen, Staunen vor dem Geschaffenen, Meditation des Geheimnisses und Suche nach der Wahrheit erlangt wird. Diese wunderbare Freiheit ist wie ein Vorgeschmack der himmlischen Freiheit. Christus hat sie seinen Jüngern versprochen als er sagte: ‚Wenn ihr bleibet in meinen Worten, werdet ihr die Wahrheit erkennen, und die Wahrheit wird euch freimachen.' (Joh. 8).“*[223]

Obwohl Messiaen eine Messe mit christlich-katholischer Bedeutung komponiert, darf man nicht vergessen, dass er musikalische Elemente verschiedenster Provenienzen (griechisch, indisch, buddhistisch) verwendet und ihnen explizit transzendente Wirkung zuspricht. Hinzu kommen naturhafte Elemente, die dem Werk eine noch universellere Ausrichtung geben. Trotz dieser immanenten Überkonfessionalität bekennt er sich mit dem Werk zu seinem christlichen Glauben und ermöglicht keine darüber hinausgehende sozialkritische, antifaschistische oder revolutionäre Deutung. Er stellt eine „Theologiae gloriae" dar, den Lobpreis Gottes und der Schöpfung, mit dem er versucht, die Herzen der Menschen zu erreichen: „Mein Werk wendet sich an alle, die glauben – und auch an alle anderen."[224]

---

223 Olivier Messiaen, zitiert nach Rößler 1984, S. 48.
224 Olivier Messiaen, zitiert nach ebd., S. 52.

III.

Hermann Heiß

Missa 1964

**Die erste elektronische Messvertonung
zwischen Liturgie und Skandal**

Eine besondere Gattung der Messkomposition ist die mit elektronischen Mitteln vertonte. Die wohl erste dieser Art stammt von dem in Darmstadt lebenden und arbeitenden Komponisten Hermann Heiß (1897–1966) und wurde 1964 komponiert und uraufgeführt. Einige wenige weitere elektronische Messkompositionen folgten.[225] Hermann Heiß gilt als einer der Pioniere der elektronischen Musik nach dem Zweiten Weltkrieg, wurde jedoch bald von Komponisten wie Herbert Eimert oder Karlheinz Stockhausen an Bekanntheit übertroffen. Dennoch hat er der elektronischen Musik wichtige Impulse gegeben.

1. Biographische Aspekte[226]

Heiß wurde 1897 in Darmstadt als Sohn des Zeichenlehrers Wilhelm Heiß und seiner Ehefrau Wilhelmine Frauenfelder geboren.[227] Er studierte nach Kriegsteilnahme und Gefangenschaft ab 1921 in Frankfurt Komposition bei Bernhard Sekles und Klavier bei Willy Renner, später bei Alfred Hoehn. 1925 lebte er einige Monate als Schüler und Mitarbeiter von Josef Matthias Hauer in Wien. Dieser widmete ihm sogar seine Schrift *Zwölftontechnik. Die Lehre von den Tropen*, die Heiß später für seine Kompositionen modifizierte. Von 1928 bis 1932 arbeitete er als Musiklehrer in einem Landerziehungsheim; in dieser Zeit entstanden zahlreiche Kompositionen für Laienensembles. 1933 ging er als freischaffender Musiker nach Berlin, wo er im Kreis der Schönberg-Schüler und -Interpreten verkehrte, unter anderem mit der Pianistin Else C. Kraus, mit der ihn ein reger und bezüglich seiner Arbeit als Komponist interessanter Briefwechsel bis an sein Lebensende verband. Im Lauf der Zeit passte er sich den Interessen der vorherrschenden Ideologie an, wohl auch aus finanziellen Gründen. So komponierte er einige Propagandawerke im Auftrag des Reichsluftfahrtministeriums. 1941 nahm er die Stelle als Theorie- und Kompositionslehrer an der Heeresmusikschule in Frankfurt/Main an, wurde jedoch wegen Verweigerung des Luftschutzdienstes bereits ein Jahr später wieder entlassen. Für den Süddeutschen Musikverlag in Heidelberg komponierte er zahlreiche Haus-, Sing- und Spielmusiken. Bei seiner Ausbombung im Herbst 1944 verlor er fast alle Manuskripte und schriftlichen Aufzeichnungen. In den letzten Kriegsmonaten unterrichtete er an der aus Wien evakuierten Musikschule. Danach kehrte er wieder dauerhaft nach Darmstadt zurück. Ab 1946 war er jährlich Dozent bei den *Kranichsteiner Ferienkursen für Neue Musik* und vermittelte der jungen Komponistengeneration die nicht mehr ganz neuen, aber dennoch fast unbekannten Strömungen der ersten Jahr-

---

225 Z. B. Pierre Henry: *Messe de Liverpool* (1967), Denis Dufour: *Messe à l'usage des vieillards* (1987), Michel Chion: *Perpetuum Kyrie* (1997) – vgl. Hochradner 1998, S. 350 – desweiteren Bohuslav Schaeffer: *Missa Elettronica* für Knabenchor und Tonband (1975) – vgl. Schwenk 2014, S. 59 – sowie Jacques Hetu: *Missa pro trecentissimo anno* (1985) – vgl. Zentrum für Kunst und Medientechnologie Karlsruhe, Archiv. An dieser Stelle sei Herrn Hartmut Jörg vom Zentrum für Kunst und Medientechnologie Karlsruhe gedankt, der der Autorin sehr viel Material zu Hermann Heiß zur Verfügung stellte.

226 Vgl. zur Biographie MGG Heiß, KdG Heiß sowie die umfangreiche Materialsammlung in Henck 2009.

227 Den Geburtsnamen seiner Mutter verwendete Heiß später als Pseudonym, unter dem er Gedichte und Libretti veröffentlichte.

hunderthälfte. In den ersten Jahren gehörten seine Werke zu den am meisten aufgeführten.[228] Er steht somit am Beginn der Darmstädter Ferienkurse als Vertreter des Faches Komposition, geriet aber in späteren Jahren immer wieder in die Kritik, da er beispielsweise die Serialität für die elektronische Musik ablehnte und eine von Arnold Schönberg abweichende Sicht der Zwölftonmusik vertrat.[229] So kam es unter anderem zu einem künstlerischen Konflikt zwischen Stockhausen und Heiß. Ab dem Jahr 1948 arbeitete er als Lehrer für Komposition und Tonsatz an der Städtischen Akademie für Tonkunst in Darmstadt und leitete dort ab 1953 eine Meisterklasse für Komposition. 1948 wurde er mit dem Georg-Büchner-Preis ausgezeichnet, 1957 erhielt er die Goethe-Plakette des Landes Hessen und 1958 die Johann-Heinrich-Merck-Ehrung der Stadt Darmstadt. Er verstarb am 6. Dezember 1966 in Darmstadt.

Sein kompositorisches Schaffen ist nicht nur umfangreich, sondern auch äußerst vielseitig; es beinhaltet Opern, Solowerke, Ballette, Schul- und Gebrauchsmusiken sowie Gruppen-Improvisationen. Stilistisch fließen verschiedene Strömungen der Musik des 20. Jahrhunderts in seine Kompositionen ein. Vor allem wurde er durch die Jugendmusikbewegung sowie die Zwölftontechnik von Josef Matthias Hauer beeinflusst, die er zu seiner eigenen „Tonbewegungslehre", die Melodik, Rhythmik und Harmonik verband, weiterentwickelte.

Ab 1949 beschäftigte sich Heiß mehr und mehr mit elektronischer Musik – sicherlich auch unmittelbar angeregt durch erste Vorträge Robert Beyers ab 1950 bei den Ferienkursen – und schuf über fünfzig Werke dieser Art. 1953 entstanden erste elektronische Kompositionen im Studio des WDR in Köln. 1955 wurde er zum Leiter des im Kranichsteiner Musikinstitut eingerichteten Studios für elektronische Komposition. 1957 schließlich richtete er mit Unterstützung der Stadt Darmstadt und eines großen Energiekonzerns das *Studio für elektronische Komposition Hermann Heiß* im Nebengebäude der städtischen Akademie für Tonkunst – eines der ersten privaten Studios – ein. Bestandteile des Studios waren beispielsweise ein Rausch- und ein Sinusgenerator, zwei Albisfilter und eines der ersten Tonbandgeräte, welches das Zusammenmischen mehrerer Tonspuren ermöglichte. Dieses letztgenannte und einige weitere Geräte hat Heiß selbst umgearbeitet oder gebaut, wie z. B. einen Ringmodulator und eine Hallspirale. Mit einem Oszilloskopen machte er Experimente zur Umsetzung von Musik in Bildmaterial und umgekehrt.[230] Allerdings reichte Heiß mit seinen ihm zur Verfügung stehenden finanziellen und daraus resultierenden technisch-künstlerischen Möglichkeiten nicht an die der großen Sender heran. Carla Henius resümiert dazu:

> „Auch wenn Heiß sich mit diesen Giganten nicht messen konnte, sei doch daran erinnert, daß er einer der Ersten war, der dieses neue Medium für sich entdeckte und kompositorisch wie experimentell zu nutzen wußte. [...] Aber der ganz auf sich allein gestellte Komponist blieb ein Einzelgänger."[231]

---

228 Vgl. Kranichsteiner Musikinstitut 1952.
229 Vgl. Borio/Danuser 1997, S. 181–183.
230 Vgl. ZKM Heiß.
231 Henius 1996, S. 46.

2. Entstehung der *Missa 1964*

Die *Missa 1964* stellt das elektronische und geistliche Hauptwerk[232] von Hermann Heiß dar und ist zugleich die erste Messvertonung mit elektronischen Mitteln. Sie entstand im Auftrag von Monsignore Otto Mauer (1907–1973) aus Wien, der – gleichermaßen engagierter Priester und Kunstmäzen – durch seinen Einsatz für die zeitgenössische Kunst internationale Anerkennung gefunden hat, der vor allem seine Aktivitäten galten, beispielsweise als Gründer der Galerie nebst St. Stephan. Er engagierte sich aber auch für neue Strömungen in der Musik. Ende 1963 schrieb Heiß an Else C. Kraus:

„aber was neues, was ganz welturneues: der monsignore mauer aus wien, der mich seit 2 jahren immer mit elektronischer musik holt, hat beim konzil in rom durchgesetzt, daß elektronische als kathedralenfähig anerkannt wird. nun will er unbedingt, daß ich eine elektronische Messe komponiere… ich wollte ja schon immer elektronisch in kirchen machen. allerdings nur wegen der akustik und der äquivalenz mit orgelkonzerten, bei denen man die akustische Quelle nicht orten kann, also der klang von unbestimmt herkommt. aber eine elektronische messe – die urerste in der kirchengeschichte und an sich, das nötige alter habe ich ja […] monsignore sagt, es müsse einer nicht unbedingt katholik sein, um eine messe zu komponieren. ich frage mich: kann ich es als nichtkatholik?"[233]

Bedenkt man, dass Stockhausen in der Planungsphase zum *Gesang der Jünglinge* etwa in den Jahren 1953/54 ursprünglich eine Messe für elektronische Klänge und Stimmen schreiben und im Kölner Dom aufführen wollte, dies aber vom Generalvikar mit der Begründung, dass Lautsprecher im Gottesdienst nichts zu suchen hätten, abgelehnt wurde,[234] so kann man den Einsatz Monsignore Mauers für diese Art Musik im Gottesdienst nicht hoch genug einschätzen. Es fand eine Differenzierung in der Sichtweise der Kirche bezüglich „Lautsprechermusik" statt, was auch im offiziellen Auftragsschreiben für die Messe deutlich wird:

„Msgr. Mauer bat mich, Ihnen mitzuteilen, dass sich bei ihm die Überzeugung vertieft hat, dass diese unser Zeitalter mit grösster [sic!] Wahrhaftigkeit dokumentierende Kunstgattung nun auch reif ist, diesen Ausdruck unseres 20. Jahrhunderts innerhalb der Kirche zu Wort zu bringen. Wie Sie ja wissen, bestehen innerhalb der katholischen Kirche keinerlei Einwände elektronische Musik innerhalb der Kirche erklingen zu lassen. Einzig und allein die Wiedergabe reproduzierter Musik (also z. B. eine Messe von Mozart auf Tonband) ist im kirchlichen Raum verboten. Hingegen ist die elektronische Musik ein wirklicher Schöpfungsakt des

---

232 Andere elektronische Werke von Heiß haben häufig nur eine Dauer von sechs bis zwölf Minuten. Ein weiteres umfänglicheres, zumindest vom Titel her geistlich anmutendes Werk, sein *Requiem* für Sopran, Alt, Streichquintett oder Orgel aus dem Jahr 1947 nach Texten von Friedrich Rückert und ihm selbst, verwendet weder den Requiemtext noch ist es in der Musiksprache zukunftsweisend.
233 Brief an Else C. Kraus und Alice Schuster vom 15.11.1963; zit. nach Reichenbach 1975, S. 42.
234 Vgl. Kurtz 1988, S. 117–118.

> *Menschen und als solcher ein selbständiges Kunstwerk und damit als schöpferisches Unikat im kirchlichen Raum erlaubt.*
> *Monsignore bat mich, bei Ihnen anzufragen, ob Sie bereit wären, eine Messe mit elektronischen Klangmitteln zu komponieren, die dann bei dem X. internationalen österreichischen Kunstgespräch am 5. Juli 1964 in Kloster Neuburg als Welturaufführung erklingen soll."*[235]

Die in den zitierten Briefen erwähnte Differenzierung lässt sich allerdings weder in den Konzilsdokumenten noch in weiteren offiziellen römischen oder teilkirchlichen Schreiben explizit verifizieren, was nicht heißt, dass es diese Differenzierung nicht gab. Vermutlich ist dieser Teilaspekt einfach nicht in offizielle Dokumente aufgenommen, sondern von den Bearbeitungsgremien in der Erarbeitungsphase mitbedacht worden. Man kann jedoch in den für jedermann zugänglichen Dokumenten[236] durchaus eine Entwicklung bezüglich sogenannter „moderner" Musik und „automatischer Instrumente" erkennen.

Befassten sich die Dokumente zur Kirchenmusik seitens der katholischen Kirche in der ersten Hälfte des 20. Jahrhunderts gar nicht mit moderner Musik, wurde sie ab dem Jahr 1958 neben dem gregorianischen Gesang, der „kirchlichen Polyphonie", der Orgelmusik, dem religiösen Volksgesang und der religiösen Musik in jeweils eigenen Abschnitten behandelt.[237] Definiert wird sie folgendermaßen:

> *„Die ‚moderne Kirchenmusik' ist jene mehrstimmige Musik – Musikinstrumente nicht ausgeschlossen –, die in neuerer Zeit dem Fortschritt der Tonkunst entsprechend komponiert wurde. Sie muß jedoch, da sie unmittelbar für den liturgischen Gebrauch bestimmt ist, Frömmigkeit und religiösen Sinn aufweisen und ist unter dieser Bedingung für den Dienst in der Liturgie zugelassen."*[238]

Allerdings werden in dieser Veröffentlichung klare Einschränkungen bekannt gegeben:

> *„Schließlich werden in der heiligen Liturgie nur jene Musikinstrumente zugelassen, die durch persönliche Betätigung eines Künstlers, nicht auf mechanischem oder automatischem Wege gespielt werden."*[239]

Und an anderer Stelle heißt es:

> *„Die Verwendung ‚automatischer Instrumente' und Apparate – wie automatische Orgel, Grammophon, Radio, Diktaphon oder Magnetophon und andere dieser Art – ist bei liturgischen Handlungen und frommen Übungen, mögen sie innerhalb oder außerhalb der Kirche stattfinden, absolut verboten [...]."*[240]

---

235 Heiß Brief Ruths.
236 Vgl. Meyer/Pacik 1981.
237 Vgl. Ritenkongregation, Instruktion über die Kirchenmusik und die heilige Liturgie im Geiste der Enzykliken Papst Pius' XII. „Musicae sacrae disciplina" und „Mediator Die" (3.9.1958) in: Meyer/Pacik 1981, S. 80–124.
238 Zit. nach ebd., S. 83.
239 Zit. nach ebd., S. 105.
240 Zit. nach ebd., S. 108.

Im Jahr 1964 – also zur Zeit der Uraufführung der ersten elektronischen Messe – wird zumindest implizit erlaubt, dass auch elektronische Musik im Gottesdienst eingesetzt werden darf:

> „Andere Instrumente aber dürfen nach Ermessen und mit Zustimmung der für die einzelnen Gebiete zuständigen Autorität zur Liturgie zugelassen werden, sofern sie sich für den heiligen Gebrauch eignen oder für ihn geeignet gemacht werden können, der Würde des Gotteshauses angemessen sind und die Erbauung der Gläubigen wirklich fördern."[241]

Genauere Aussagen hierzu oder zu verwandten Fragestellungen findet man in der postkonziliaren Zeit in einigen teilkirchlichen Dokumenten:[242]

- In Wien galt als Richtlinie im Jahr 1969, dass „Elektrophone und Instrumente mit ähnlicher Klangerzeugung als Ersatz der Pfeifenorgel [...] nur nach Genehmigung durch die Diözesankommission für Kirchenmusik als Provisorien verwendet werden"[243] dürfen. Außerdem war der „Ersatz der Musik in der Liturgie durch Tonband oder Schallplatte [...] nicht gestattet".[244]
- In der Diözese Gurk-Klagenfurt galten nur kurze Zeit später gelockerte Gesetze: „Bei bestimmten gottesdienstlichen Feiern (wie z. B. Wortgottesdienst, Abendandachten, Meditationen) sollen auch die modernen technischen Errungenschaften (Schallplatten, audio-visuelle Mittel u. ä.) Verwendung finden können."[245]
- In der Schweiz erlaubte man im Jahr 1977 die Verwendung von Tonaufnahmen im Gottesdienst, legte den Verantwortlichen aber nahe, dies mit Vorsicht zu tun und folgende Grundregel zu beachten: „Jeder musikalische Vollzug soll normalerweise Versammlungsteilnehmern [...] anvertraut werden. [...] Ein auf Band aufgenommenes Stück, selbst wenn es von hoher Qualität ist, kann das wirkliche Singen oder Spielen von Versammlungsteilnehmern nicht ersetzen."[246]

Selbst wenn durch bestimmte kirchliche Gesetze die Aufführung der *Missa 1964* im Gottesdienst durchaus erlaubt war, zeigen doch die Reaktionen vor allem von Kirchenmusikern auf die Ursendung dieser Messvertonung, dass diese Einsichten noch lange nicht in die Köpfe der Menschen vorgedrungen waren.[247]

---

241 Gemeint sind solche Dokumente, die nur für ein bestimmtes Land oder eine Diözese gelten, den römischen Dokumenten allerdings übergeordnet sind, sollten sie diesen widersprechen! Vgl. Zweites Vatikanisches Konzil: Liturgiekonstitution, Art. 120: AAS 56 (1964), S. 130; zit. nach ebd., S. 174.
242 Vgl. Meyer/Pacik 1981, S. 17–18.
243 Diözesansynode Wien 1969–1971: Verabschiedete Vorlage: Die Kirchenmusik (1969), in: ebd., S. 280.
244 Zit. nach ebd., S. 281.
245 Diözesansynode Gurk-Klagenfurt 1971–1972: Verabschiedete Vorlage: Kirchenmusik (12.5.1972), in: ebd., S. 313.
246 Liturgische Kommission der Schweizer Bischofskonferenz: Erklärung: Audio-visuelle Mittel im Gottesdienst (15.10.1977), in: ebd., S. 340–341.
247 Vgl. das Kapitel zur Rezeption der *Missa 1964*, S. 86–88.

Auch die Aufführung der *Missa 1964* war mit großen organisatorischen und finanziellen Schwierigkeiten verbunden. Neben der Urlaubsphase des Chores, die zu Teilaufführungen und hohem Zeitdruck bei den Proben führte, musste sich Heiß selbst um Gagen und Reisekosten kümmern, die er nur zögerlich oder gar nicht erhielt. Aufgrund der kurzen Probezeit sind gelegentlich auch Differenzen zwischen Partiturnotation und Aufnahme hörbar.

Die erste Teiluraufführung mit den Teilen *Inkantation*, *Kyrie*, *Gloria* und *Komplexation* fand am 7. Juli 1964 in Wien statt,[248] die zweite Teiluraufführung mit den restlichen Teilen am 21. November 1964 ebenda. Zum 40-jährigen Gründungsjubiläum des Österreichischen Rundfunks erfolgte am 8. Dezember 1964 die Ursendung der vollständigen *Missa 1964* durch Radio Wien.

3. Analyse der *Missa 1964*

Heiß vertonte alle Ordinariumsteile,[249] wobei auffällt, dass sowohl in der Partitur als auch in der Aufnahme die ursprüngliche Reihenfolge von Sanctus und Agnus Dei vertauscht wurden, die Komposition also mit dem Sanctus endet. Interessanterweise ging dies wohl auf eine Empfehlung der Abteilung Kirchenfunk des Österreichischen Rundfunks zurück, der das Werk realisieren sollte, was in einem Brief von Heiß an Herrn Karlberger deutlich wird:

> „die Auslassung des benedictus und die abfolge ‚agnus dei – sanctus' haben Sie und herr höttinger bei einer besprechung in Ihrem raum am 8.7.64 empfohlen. hier in deutschland wird das öfters moniert und ich erlaube mir daher, immer Ihre authentizität dem entgegenzuhalten, denn in österreich hat es darüber offenbar bislang noch keine diskussion gegeben."[250]

Die Gründe für diese Umstellung werden leider nicht genannt. Zwei Teile ergänzt der Komponist, zur Einleitung die rein instrumentale *Inkantation*, zur Ergänzung des Credo die sogenannte *Komplexion*, so dass sich die Reihenfolge *Inkantation* (2:28 Minuten), *Kyrie* (6:27 Minuten), *Gloria* (13:21 Minuten), *Credo* (19:17 Minuten), *Komplexion* (2:11 Minuten), *Agnus Dei* (5:01 Minuten) und *Sanctus* (5:40 Minuten) sowie eine Gesamtaufführungsdauer von 54:46 Minuten ergibt.

Für alle Teile, außer der *Inkantation*, realisierte Heiß nicht nur die Tonbänder, sondern notierte auch eine Partitur,[251] meist auf Millimeterpapier mit genauen zeitlichgraphischen Einheiten und Metronomangabe, die die Dauer eines Kästchens angibt. Er ergänzte dazu die Notation für den bis zu sechzehnfach geteilten Chor sowie Alt- und

---

248 Besetzung: Anita Kristel, Sopran und Georg Maran, Tenor (beide vom Landestheater Darmstadt), Chor des Österreichischen Rundfunks unter Gottfried Preinfalk, Gesamtleitung Hermann Heiß.
249 Ein von Wolf-Eberhard von Lewinski erwähntes *Halleluja* lässt sich nicht belegen und gehört auch nicht zum Ordinariumstext. Vgl. Lewinski 1964, S. 174.
250 Heiß Brief Karlberger.
251 Heiß Missa Partitur.

Tenor-Solo, die den Sängern das Verfolgen der rein elektronischen Teile recht gut ermöglichte. Im *Sanctus* erklingen die Solostimmen zusätzlich noch vom Tonband.²⁵²

Die Notation für die Singstimmen variiert zwischen exakter konventioneller Schreibweise mit genauer Tonhöhen-, Intervall-, Takt-, Rhythmus- und Dynamikangabe, halbexakter Notation – z. B. mit Angabe des genauen Rhythmus sowie der geforderten Intervallstruktur, aber mit freier Tonwahl – bis hin zu Sing- oder Sprechton mit angegebenen Höhenbereichen – z. B. hoch, mittel, tief. Im gesamten Werk ist der teil-improvisatorische Anteil relativ hoch. Diese Chorimprovisationen gehen auf konkrete Versuche zurück, die Heiß in seinem Vortrag *Die zentripedale Zeitgestaltung in der elektronischen Musik* in Gent 1964 beschrieb:

> *„Ich habe vor 10 Jahren mit Kompositionsschülern vokale Chorimprovisationen versucht, bis zur Zehnstimmigkeit, die uns die Erfahrung einbrachten, daß sich hier, wo tonale Beziehungen nicht gesucht und, wenn sie entstehen, wieder aufgelöst werden, etwas Neues einstellt, das eben nicht linear – tonal – funktional abläuft, sondern sich einfach als in sich bewegter, aleatorisch sich modifizierender Klangfarbenkomplex darbietet.*
> *Diese Möglichkeit habe ich in meiner MISSA für elektronisches Tonband und Singstimmen ausgenutzt und dem Chor und den Soli improvisatorische Aufgaben in der Weise gestellt, daß lediglich die ungefähren Tonhöhen und die Zeitdauern angegeben werden und temperierte Intervalle linear und vertikal zu vermeiden sind, um diffusen Klang zu erzielen.“*²⁵³

Und weiter der Komponist zu seinem Werk:

> *„Ich darf nachträglich sagen, daß nicht nur die Singstimmen in intuitivem Ausdeuten der grafischen Notation ihre Aufgabe erfüllen, sondern daß auch die elektronische Klangmusik improvisatorisch-aleatorisch produziert wurde – daß also von beiden Seiten das Moment des Stochastischen eingebracht wird [...] Die nicht tonal gebundene Klanglagerung der elektronischen Musik und die ebenso freie Lagerung der Singstimmen konjugieren in eine übergeordnete fließende, sich aleatorisch immer wieder erneuernde Ganzheit.“*²⁵⁴

Bezogen auf den Solo-Tenor im *Gloria 2* gibt er noch folgende Aufführungshinweise:

> *„Der Singstimme sind hier ungefähre Tonhöhen und Dauer angegeben mit dem Hinweis, Tonwiederholungen zu vermeiden, Tonhöhen gegen den elektronischen Klang zu suchen, die Tonstärke in die Klänge einzubetten und niemals den Text zu interpretieren.“*²⁵⁵

---

252 Hierdurch wird das Werk auch vergleichbar mit Techniken in Stockhausens *Gesang der Jünglinge*.
253 Hermann Heiß, zit. nach Reichenbach 1975, S. 70. Heiß bezieht sich hier auf den Beginn des *Kyrie*.
254 Hermann Heiß, zit. nach ebd., S. 70–71.
255 Hermann Heiß, zit. nach ebd., S. 70.

Der Text soll also niemals ausgedeutet werden, wodurch sich Heiß auch von traditionellen Vertonungsmöglichkeiten einzelner Wörter distanziert (z. B. absteigende Tonfolge bei „*descendit*"). Die Sprachgestaltung ist zudem häufig so, dass die Worte nur gelegentlich verstehbar, oft in fast unzusammenhängende Silben aufgeteilt oder in Phoneme untergliedert sind[256] und im Extremfall nur Vokalisen gesungen werden, die aus dem Text extrahiert werden, so am Ende des *Agnus Dei*.[257]

Der Ordinariumstext wird, mit Ausnahme weniger Stellen, vollständig vertont. Etwa am Ende des *Credo* bzw. am Anfang der *Komplexion* fehlt die Textstelle „*Et in Spiritum Sanctum, Dominum vivificantem qui ex patre filioque procedit*". In der *Komplexion*[258] wird der letzte Teil des Credo-Textes in gesprochener Form ergänzt, allerdings kann man das „*Qui*", welches sich auf den Heiligen Geist bezieht, durch die vorherige Textauslassung so nicht verstehen. Alle Textauslassungen wirken unbeabsichtigt. Es scheint, als sei Heiß nicht ganz fertig geworden mit der elektronischen Vertonung des textreichen Credo und habe die Variante mit der Komplexion gewählt, um die im katholischen Ritus geforderte Textvollständigkeit zu erfüllen. Dies bestätigt auch ein Brief, den Heiß an Gottfried Preinfalk, den Leiter des Österreichischen Rundfunks, bezüglich der zweiten Teilaufführung geschrieben hatte:

„Hier beigefügt die seite für den sprecher. dieser text soll zur „komplexion" gesprochen werden, die auf band an das credo anschließt. nun hatte ich bei der aufführung [sic!] im sommer die komplexion zur abrundung an das gloria angehängt, und zwar hatten wir sie in den chorschluß eingeblendet. sie soll natürlich bei der sendung nicht zweimal kommen [...]."[259]

Dass sich Heiß auch als Protestant sehr wohl darüber im Klaren war, dass der gesamte Ordinariumstext für eine Aufführung im Gottesdienst vollständig sein muss, zeigt ein Brief von ihm an Monsignore Mauer vom 12. Juni 1964:

„[...] zur missa: es sind komponiert

    KYRIE
    GLORIA
    CREDO   gesamtdauer: 38 minuten

wenn das werk liturgisch eingesetzt werden soll, müßten die anderen teile in der traditionellen weise, also grgorianisch [sic!], gebracht werden.
für die elektronische realisation war einfach nicht mehr möglich. ich wollte noch sanctus, benedictus, agnus dei, a capella [sic!] für den chor setzen. davon mußte ich aber abstand nehmen, als ich hörte, daß der chor vom 16.6. bis 2.7. in ferien geht. da können wir froh sein, wenn er die drei hauptteile einstudieren kann..."[260]

---

256 Mit Phonemen arbeitet beispielsweise auch Dieter Schnebel in *für stimmen ... missa est* (1956–1968).
257 Traditionell hingegen ist die dreiteilige Anlage des *Kyrie* (Kyrie I – Christe – Kyrie II).
258 Komplexion ist ein veralteter Begriff für Zusammenfassung.
259 Heiß Brief Preinfalk.
260 Heiß Brief Mauer.

Über den Formaufbau, die kompositorische Ausgestaltung der jeweiligen Ordinariumsteile und einige Besonderheiten möge die folgende Analyse in Stichworten Auskunft geben. Der differenzierte Formablauf wird akustisch durch die verschiedene Besetzung oder unterschiedliche Art der Deklamation verdeutlicht, woraus sich in der tabellarischen Darstellung die Verknüpfung „Gliederung/Besetzung" erklärt. Wenn nichts anderes angegeben wird, findet das Tonband dabei immer Verwendung.

3.1. Inkantation

Die *Inkantation*,[261] was so viel wie Beschwörung, Verzauberung oder Einsingen (von lateinisch: incantare) bedeutet, beginnt mit Einzeltönen, die einen starken Anfangsimpuls mit Nachhall aufweisen und so die Assoziation von Glockengeläut zulassen.' Das sich anschließende Rauschen erinnert an den Nachhall einer Kirche, könnte aber auch ganz andere Assoziationen der Hörer hervorrufen, wie z. B. Unendlichkeit, die Weite des Alls oder die Allmacht Gottes. Dies bleibt aber Spekulation; in jedem Fall gibt der erste Teil den Hörern die Möglichkeit zur Kontemplation und Einstimmung in den folgenden Gottesdienst.

3.2. Kyrie

Heiß vertont das *Kyrie* in der traditionellen dreiteiligen Formanlage, die der Text vorgibt.

Kurzanalyse der einzelnen Formabschnitte des **Kyrie**
Dauer des Satzes: 6:27 Minuten

Abschnitt	Dauer	Gliederung/ Besetzung	Chor	Solostimmen	Tonband
Kyrie I	2:58	Solo-Tenor		ein Ton *a*	Einzeltöne verhallend
		instrumental[262]			Einzeltöne verhallend
		Chor	„in Tonhöhen sprechen": hoch–mittel–tief		Einzeltöne verhallend
		instrumental			Einzeltöne verhallend
		Chor	ein Ton *d*		Einzeltöne verhallend

---

261 Dauer der *Inkantation*: 2:28 Minuten.
262 „Instrumental" bedeutet, dass lediglich das Tonband in diesem Abschnitt Verwendung findet.

Ab-schnitt	Dauer	Gliederung/ Besetzung	Chor	Solostimmen	Tonband
Christe	1:48	Solo-Alt		ein Ton *g*	weich sirrend
		instrumental			weich sirrend
		Chor	stimmlos gesprochen; dann stimmhaft geflüstert		tacet
Kyrie II	1:41	kurzes instrumentales Intro			enges Klangband
		Chorsoli und Solo-Tenor; etwas später Chor einsetzend	Chorsoli: exakte Ton- und Rhythmusnotation, Chor gesprochen: hoch–mittel–tief; exakte Rhythmusnotation	exakte Ton- und Rhythmusnotation	enges Klangband
		instrumental			in sirrende Einzeltöne übergehend

Das zweikanalige Tonband wird in den drei Abschnitten mit jeweils unterschiedlicher Tonerzeugung verwendet. *Kyrie* I und II zeichnen sich durch sehr differenzierte dynamische Angaben aus, im *Christe* fehlen diese. Der Text wird teilweise in fast unzusammenhängende Silben, teils sogar in Phoneme aufgeteilt. Tonhöhe und Rhythmus wechseln zwischen exakter und freier Notation. Heiß schafft durch Besetzungs- und Klangfarbenwechsel klare formale Strukturen, die der dreiteiligen Textanlage entsprechen. Ein klagender Charakter, wie er für die meisten Kyrie-Kompositionen gewählt wird, ist nicht festzustellen.

3.3. *Gloria*

Das *Gloria* wurde von Heiß selbst in die Abschnitte *Gloria 1* bis *Gloria 6* aufgeteilt. Das *Gloria 1* ist reine Tonbandmusik und ist dementsprechend auch nicht in der Partitur notiert. Von Lewinski beschrieb den ersten Abschnitt folgendermaßen: „Im Gloria beginnt ein 75-Sekunden-elektronischer-Klang, aus dessen Material dann improvisatorisch-aleatorisch Formulierungen für die Varianten gewonnen sind."[263] Die folgenden Abschnitte lassen sich folgenden Textbereichen zuordnen:

Gloria 2 „*Gloria in excelsis*[264] *Deo. Et in terra pax hominibus bonae voluntatis.*"
Gloria 3 „*Laudamus te. Benedicimus te. Adoramus te. Glorificamus te. Gratias agimus tibi propter magnam gloriam tuam.*"
Gloria 4 „*Domine Deus, Rex caelestis, Dues Pater omnipotens. Domine Fili unigenite, Jesu Christe. Domine Deus, Agnus Dei, Filius Patris. Qui tollis peccata mundi, miserere nobis.*"

---

263 von Lewinski 1964, S. 174.
264 Heiß schreibt versehentlich „*excelsior*", vgl. Heiß Missa Partitur, S. 5.

Gloria 5 „Qui tollis peccata mundi, suscipe deprecationem nostram. Qui sedes ad dexteram Patris, miserere nobis. Quoniam tu solus Sanctus."
Gloria 6 „Tu solus Dominus. Tu solus Altissimus, Jesu Christe. Cum Sancto Spiritu, in gloria Dei Patris. Amen."

Kurzanalyse der einzelnen Formabschnitte des **Gloria**
Dauer des Satzes: 13:22 Minuten

Abschnitt	Dauer	Gliederung/ Besetzung	Chor	Solostimmen	Tonband	Besonderheiten
Gloria 1	1:00	instrumental			zu einem Klangband verbundene, verhallende Einzeltöne	
Gloria 2	2:18	Solo-Tenor		ungefähre Tonhöhen: hoch–mittel–tief	Klangband	„Tonhöhen frei, aber immer gegen den elektronischen Klang"
Gloria 3	2:20	Chor	exakte Notation; Seligpreisungen in Silben verteilt; *p*; jeder Stimme ist ein Ton zugeordnet: Sopran: *h*, Alt: *es*, Tenor: *a*, Bass: *c*		Einzeltöne mit Pausen; exakt notiert!	Chor wendet Brevis-Technik an; erinnert an Hoquetus-Technik
		Chor	Notenbild an Vokalpolyphonie erinnernd; mit Imitationen; exakte Notation; *mf*		Klangband; „Klangfarben (ungegliedert)"	kurze instrumentale Überleitung zum Abschnitt ab *„Gratias"*
Gloria 4	3:42	Solo-Alt		ungefähre Tonhöhen: hoch–mittel–tief; gesungen und gesprochen	Klangband, sirrend	Abschnitt mit Tonband ausklingend; vgl. *Gloria 1*
Gloria 5	2:00	Chor	Notenbild an Vokalpolyphonie erinnernd; abschnittsweise „Bicinien", ab *„miserere"* Hoquetus-Technik; exakte Notation		mehrere an- und abschwellende Tonbandcluster; verbinden jeweils Chorabschnitte; dazwischen tacet	Schluss *„Quoniam tu solus sanctus"* von allen energisch gesprochen
Gloria 6	1:59	Chor; Solostimmen	lange Noten; teilweise einstimmig	kurze Notenwerte; polyphon	tacet	differenzierte Dynamik

Besonders bemerkenswert ist beim *Gloria* der Bezug zu alten Kompositionstechniken, beispielsweise im *Gloria 3* die Chorkomposition in Stil der Vokalpolyphonie, die von der Kirche lange Zeit als einzig gültige Kirchenmusik neben dem Gregorianischen Choral angesehen wurde. Ebenso knüpft Heiß an weitere Kompositionstraditionen an, indem er die verschiedenen Seligpreisungen gleichzeitig in den verschiedenen Chorstimmen singen lässt, eine Technik, die z. B. in der Klassik weit verbreitet war, um die Aufführungszeiten der langen Ordinariumsteile möglichst kurz zu halten bei gleichzeitiger Textvollständigkeit (Brevis-Technik). Außerdem erinnert das mit Pausen durchsetzte Notenbild an die mittelalterliche Hoquetus-Technik, bei der in die Pausen der einen Stimme die jeweils andere spielen musste. Warum Heiß gerade an diesen Stellen die jeweiligen Techniken einsetzt, bleibt allerdings unbeantwortet. Die Aufgliederung in sechs Gloria-Abschnitte, die in den meisten Fällen auch mit kompositorisch unterschiedlicher Struktur korrespondiert, erinnert an die Kantatenmesse der Klassik, in der die einzelnen Abschnitte auch mit unterschiedlicher Besetzung und Kompositionsart vertont wurden. Auffallend ist, dass das Tonband im letzten Abschnitt schweigt, wenngleich Chor und Solostimmen zum ersten Mal gemeinsam singen.

3.4. *Credo*

Auch den längsten Ordinariumsteil hat Heiß in drei Großabschnitte (*Credo 1* bis *Credo 3*), die letzten beiden Großabschnitte mittels Groß- und Kleinbuchstaben nochmals in zahlreiche Unterabschnitte unterteilt. Die folgenden Abschnitte lassen sich folgenden Textbereichen zuordnen:

Credo 1
„Credo in unum Deum"
Credo 2
    A   „Patrem omnipotentem factorem caeli et terrae, visibilium omnium et invisibilium."
    B   „Et in unum Dominum Jesum Christum. Filium Dei unigenitum."
    C   „Et ex Patre natum ante omnia saecula. Deum de Deo, lumen de lumine, Deum verum de Deo vero."
    D   „Genitum non factum, consubstantialem Patri:"
    E   „per quem omia facta sunt."
    F   „Qui propter nos homines et propter nostram salutem descendit de coelis. Et incarnatus est de Spiritu Sancto ex Maria Virgine et homo factus est."
    G   „crucifixus etiam pro nobis:sub Pontio Pilato passus, et sepultus est."
    H   „Et resurrexit tertia die secundum Scripturas. Et ascendit in caelum: sedet ad dexteram Patris."
Credo 3
    a   „Et iterum venturus est cum gloria."
    b   „judicare vivos et mortuos:"
    c   „(cujus regnis non erit finis) Et iterum venturus est cum gloria judicare vivos et mortuos: (Wiederholung: cujus regni non erit finis)"

Der noch fehlende Credo-Text folgt in der sich dem *Credo* anschließenden *Komplexion*.

Kurzanalyse der einzelnen Formabschnitte des **Credo**
Dauer des Satzes: 19:16 Minuten

Abschnitt	Dauer	Gliederung/ Besetzung	Chor	Solostimmen	Tonband	Besonderheiten
Credo 1	3:46	Chor, Solostimmen	exakte Notation; polyphon; Ende des Abschnitts homophon (Textbezug)	exakte Notation; polyphon; beide Solostimmen nur große Septimen: Sopran: *es-d*; Tenor: *ges-f*	Einzelimpulse verklingend	Beginn nur Tonband; Ende nur Chor
Credo 2	9:40					
A		Chor	abwechselnd Sing- und Sprechton; ungefähre Tonhöhen: hoch–mittel–mittel–tief		metrisch gleichbleibende Impulse, dazu verhallende Einzelimpulse	
B		Solostimmen		ungefähre Tonhöhen: hoch–mittel– mittel–tief	metrisch gleichbleibende Impulse, dazu verhallende Einzelimpulse	
C		Sprecher, Chor, Solostimmen	jeweils gleich-bleibende, aber beliebige Tonhöhe; **ff**	jeweils gleichbleibende, aber beliebige Tonhöhe; **ff**	Sägezahn-Notation	Sprecher „*Et ex Patre natum ante omnia saecula*" zu Beginn des Abschnitts fehlt in Aufnahme; dynamischer Höhepunkt
D		Chor, Solostimmen	in drei verschiedenen Lagen singen; teilweise Glissandi; „so leise wie möglich"; Silben auseinandergezogen	in sieben verschiedenen Lagen singend; **pp**; Silben auseinander-gezogen	„Klangfarben (ungegliedert, diffus)"	
E		Chor, Solostimmen	wie vorher, nur **ff**	wie vorher, nur **ff**	neu einsetzend, anfangs solo; tiefe, verhallende Klänge	
F		Solostimmen		Alt singt ersten Satz (Textumstellung, aber vollständig), gleichzeitig singt Tenor zweiten Satz	nur einzelne Tonbandtöne in verschiedenen Lagen	klanglich hervorgehobener Abschnitt: Singstimmen öfter A-cappella; Einzeltöne- und Silben bei „*Inkarnation*"; Partiturseite fehlt!

Ab-schnitt	Dauer	Gliede-rung/ Besetzung	Chor	Solostim-men	Tonband	Besonderheiten
G		Chor	Sopran und Alt im Sprechton (*f*); dann Tenor und Bass im Sprech-ton (*mf*); ab „*et sepultus*" alle im Sington (*pp*)		drei Bereiche: a) an- und abschwellend, b) leises Klang-band, c) Komplex-an-hebung	Gegensatz dramatisch-dissonant bei „*crucifixus*"; „*et sepultus*" leise
H		Chor, Solo-stimmen	setzt später sprechend in exater Rhythmus-notation ein	zunächst Alt, dann Tenor, beide im „O-Schlüssel: beliebige Tonhöhe der geforderten Intervalle"; exakte Notation im 4/8-Takt	sirrend, leise	„*caelum*" – Hochton
Credo 3	5:52					
a		Chor	exakte Notation; polyphone Struk-tur; zeitweise A-cappella		verhallende, im-mer wieder neu angeschlagene Sägezahn-klänge; dann Einzeltöne in schneller Folge; in auslaufenden Klang Chor einsetzend	beginnend mit Tonband
b		Chor, Solo-stimmen	zunächst Sprechton; ohne Tonband Silben getrennt; danach exakte Notation	zunächst Sprechton; ohne Ton-band Silben getrennt; da-nach exakte Notation	Tonband später einsetzend	
c		Chor, Solo-stimmen	homophon; exak-te Notation	polyphon; exakte Nota-tion	angeschlagene Einzeltöne; verklingend	Tonband be-ginnt; hand-gezeichneter Männerkopf in Partitur, S. 38

Auch im *Credo* strukturiert Heiß seine Komposition durch Besetzungs- und Klangfarben-wechsel, die bestimmten Textabschnitten entsprechen. Interessant ist, dass er sich an der Textstelle „*in unum Deum*" an eine alte Vertonungstradition anlehnt, nämlich die der homophonen (gelegentlich auch einstimmigen, was Heiß nicht übernimmt). Dies bezieht sich auf den „einen Gott". Herausgehoben wird dieser kurze Abschnitt auch durch den chorischen A-cappella-Gesang. Eine besondere Kontrastwirkung entsteht durch die äußerst gegensätzliche dynamische Gestaltung der Abschnitte C, D und E im *Credo 2*. Wie in vielen Messvertonungen wird auch in diesem Credo die Besonderheit der Menschwerdung Jesu durch solistischen A-cappella-Gesang des Tenors besonders hervorgehoben. Auch das „*caelum*" erhält wie in früheren Messen einen Hochton als Symbol für die „Höhe" des Himmels. In einigen Abschnitten des *Credo* findet man wiederum eine Brevis-Verschränkung des Textes, die jedoch nicht so ausgeprägt wie im *Gloria* ist.

Zur Verwendung des Tonbandes im *Credo* bemerkt von Lewinski:

„Das Credo basiert zuerst auf einer rhythmischen Impulsstrecke, die ursprünglich das Stück durchgehend stützen sollte, später aber abgewandelt wurde, da der Effekt der Taktschwerpunkte Heiß zu vordergründig erschien, ja stilfremd in diesem Werk. Jetzt gibt es einen 1-Hertz-Impuls, in den Hallraum geschickt, also mit schwächeren Impuls-Eindrücken ergänzt, nurmehr in einer klanglichen Verfremdung und für eine halbe Minute."[265]

Allerdings beginnt das *Credo* nicht mit einer rhythmischen Impulsstrecke, wie man implizit aus von Lewinskis Bemerkung schließen könnte; zudem ist die von ihm angegebene Dauer nicht identisch mit der deutlich längeren realen in Partitur und Aufnahme.

An den mit *Credo* überschriebenen Kompositionsteil schließt sich als letzter vom Text her gesehen echter Credo-Abschnitt die sogenannte *Komplexion* an.

3.5. Komplexion

Der noch ausstehende Text des *Credo* wird an dieser Stelle ergänzt: „*Qui cum Patre et Filio simul adoratur et con glorificatur: qui locutus est per Prophetas. Et unam sanctam catholicam et apostolicam Ecclesiam. Confiteor unum baptisma in remissionem peccatorum. Et exspecto resurrectionem mortuorum. Et vitam venturi saeculi. Amen.*" Auffallend ist, dass die Textstelle „*Et in Spiritum Sanctum, Dominum vivificantem qui ex patre filioque procedit*" fehlt und somit die Anschlusstextstelle der *Komplexion* nicht richtig zu verstehen ist, da das „*Qui*" sich auf den Heiligen Geist bezieht. Vermutlich hat Heiß den Abschnitt einfach vergessen.

Die *Komplexion*[266] beginnt zunächst mit dem Tonband. Dazu gibt es folgende Partituranweisung: „Einsatz etwa 1 Minute nach Beginn der Komplexion. Schlicht sprechen und langsam, in gleichbleibendem Tonfall."[267] Der Text wird also in der Hauptsache nur gesprochen. Lediglich das „*Amen*" wird vom Tenor „in beliebiger, gleichbleibender Tonhöhe" gesungen.

Warum Heiß diese Vertonungsart des letzten Credo-Teils gewählt hat, bleibt unklar, die Vermutung, dass er eventuell nicht genug Zeit hatte, das *Credo* voll auszukomponieren, liegt jedoch relativ nahe.

---

265 von Lewinski 1964, S. 174.
266 Dauer *Komplexion*: 2:11 Minuten.
267 Heiß Missa Partitur, S. 38.

3.6. Agnus Dei

Da das *Agnus Dei* in dieser Messe mit dem *Sanctus* vertauscht wurde, wird auch die Analyse in dieser Reihenfolge vorgenommen.

Das *Agnus Dei* unterteilt Heiß in vier Abschnitte, die er mit folgenden Großbuchstaben benennt.

A „*Agnus Dei, qui tollis peccata mundi*"
B „*miserere nobis*" („*Agnus Dei*" wiederholt)
C „*Agnus Dei, qui tollis peccata mundi, miserere nobis*"
D „*Agnus Dei, qui tollis peccata mundi, dona nobis pacem*"

Traditionell würde man das *Agnus Dei* aufgrund der Textanlage eher in drei musikalische Abschnitte unterteilen. Heiß hat sich wohl dagegen entschieden und das erste „*miserere*" dadurch nochmals besonders hervorgehoben.

Beim *Agnus Dei* findet die am meisten ausdifferenzierte Besetzung statt (bis zu 8- bzw. 16-fach geteiltem Chor). Zudem werden viele Sprech- und Singarten miteinander kombiniert. Besonders auffallend ist das Flüstern und das Singen im Glissando, welches – entgegen der grundsätzlichen Aussage von Heiß, dass niemals der Text interpretiert werden sollte – durchaus den klagenden Charakter des Agnus-Dei-Textes alleine schon durch die Kompositionsart (ohne interpretieren zu wollen) unterstreicht. Zusätzlich werden im C- und D-Teil weitere Solostimmen vom Band zugespielt.[268] Dabei klingt die Solostimme im C-Teil vom Band fahler und zurückgenommener als die real dazu gesungenen Solostimmen. Im D-Teil findet eine weitere Reduzierung dergestalt statt, dass die Tonband-Soli nicht mal mehr Silben, sondern lediglich den Vokalextrakt aus dem Text „*Agnus Dei, qui tollis peccata mundi, miserere nobis*" singen: „*A-U-E-I, I-O-I-E-A-U-I-I-E-E-E-O-I.*"

Kurzanalyse der einzelnen Formabschnitte des **Agnus Dei**
Dauer des Satzes: 5:00 Minuten

Abschnitt	Dauer	Gliederung/ Besetzung	Chor	Solostimmen	Tonband	Besonderheiten
A	0:49	Chor, Solostimmen	sempre piano; jede Stimme unterteilt (achtfach); einzelne Silben versetzt gesprochen	sempre piano; einzelne Silben versetzt gesprochen	anfangs auf- und abbewegender Tonbandklang; nach Stimmeinsatz in hohen und tiefen Lagen	beginnend mit Tonband; schnelles Tempo

---

268 Die Zuspielung von Solostimmen bleibt singulär im Werk.

Ab-schnitt	Dauer	Gliederung/ Besetzung	Chor	Solostimmen	Tonband	Besonderheiten
B	0:56	Chor, Solostimmen	achtfach geteilt; Sprechton (geflüstert) abwechselnd mit Sington (mit Glissandi); bis zu **ppp**	Glissandi; Einzelsilben	kurze Einblendungen	Tempoverlangsamung; erstes *„miserere"* akzentuiert gesprochen
C	1:29	Chor-Solostimmen, Alt-Solo, Singstimme vom Tonband	Chor-Soli; Glissandi und getrennte Silben	nur Alt (gleichzeitig mit Stimme vom Tonband einsetzend)	längere Einblendungen	Singstimme vom Tonband (zweimal *„Agnus dei"*)!
D	1:46	Chor-Soli, Solostimmen, Singstimme vom Tonband	Chor-Soli (16-fach geteilt), in jeweils vier Tonhöhenbereichen auf nur einem Ton singend (*„Dona"*); Chor später einsetzend	Sopran und Tenor Glissandi wie vorher, dazu vom Band Sopran und Tenor Glissandi, aber nur Vokale!	rauschend wie Wind; punktuelle Töne; häufig wechselnde Bereiche	Singstimmen vom Band nur mit Vokalen

3.7. *Sanktus*[269]

Das *Sanctus* unterteilt Heiß in vier Abschnitte, die er mit folgenden Großbuchstaben benennt:

A „Sanctus, sanctus, Deus"
B „Sanctus, Dominus Deus Sabaoth"
C „Pleni sunt caeli et terra, gloria tua"
D „Hosanna in excelsis"

Das „*Benedictus, qui venit in nomine Domini*" fehlt, wohl auch in diesem Fall ein Versehen. Da die Partiturseiten 48 bis 50 nicht vorhanden sind, ist die Einteilung bis Buchstabe D eine Annahme, die sich aus der Textstruktur logisch ableiten ließ. Eine andere mögliche Unterteilung direkt vor dem Einsatz der achtfach geteilten Frauenstimmen wäre zwar musikalisch logisch, da an dieser Stelle aber die Partiturseiten wieder vorliegen, muss diese Möglichkeit ausgeschlossen werden, da sie in der Partitur nicht vorgegeben ist.

---

269 Die Überschrift „Sanktus" schreibt Heiß merkwürdigerweise immer mit „k", obwohl er im Text für den Chor das Wort mit einem „c" verwendet. Das „Sanctus" wird in der lateinischen Schreibweise beibehalten.

*Kurzanalyse der einzelnen Formabschnitte des **Sanctus***
Dauer des Satzes: 5:37 Minuten

Ab-schnitt	Dau-er	Gliede-rung/ Besetzung	Chor	Solostimmen	Tonband	Besonderheiten
A	1:22	Chor, Solo-stimmen	achtstimmig; homophone Blöcke; *cresc.* von **p** zu **ff**	anfangs häufig kurz unterbrochene Tongebung mit Trillern; danach homophone Blöcke mit Chor zusammen	vor A: Gewebe aus Wellen mit farbigem Rauschen; zwi-schen Gesang: Gewebe von Sinustönen	Tonband solo – mit Stimmen – Tonband solo – mit Stimmen – Tonband Solo – mit Stimmen
B	0:44	Chor	exakte Notati-on; polyphon		im Hintergrund	fast jeder Ton hat eigenes dynami-sches Zeichen
C	1:13	Solostim-men		große Teile A-cappella; polyphon	nur gelegent-lich Tonband	Text mehrfach, erinnert an Hoquetus-Tech-nik (rhythmisch komplementär)
D	2:17	Chor-Soli, Solostim-men	Chor-Soli (zunächst nur Sopran und Alt vierfach geteilt, danach alle Stimmen zwei-fach geteilt, nur noch Vokale!); dazwischen Tonband-Überleitung	mit Glissandi	Tonband zu Beginn: rauschend, ein-zelne verhallte Töne; zweimal Tonband-Über-leitung	am Schluss im Chor nur noch Vokale von „*Hosanna in excelsis*"; am Ende alle verhallend

Im letzten Werkabschnitt werden nochmals viele der bereits vorgestellten Kompositions-techniken verwendet und teilweise bis an ihre Grenzen geführt (etwa die Dynamik). Allerdings kommen die Singstimmen vom Tonband nicht mehr zum Einsatz. Die Tonbandklänge selbst sind in diesem Satz sehr variativ verwendet. In der Singtechnik werden zusätzlich auch noch Triller verarbeitet.

4. Rezeption der *Missa 1964*

Die Reaktionen auf die Ursendung waren – vor allem von Kirchenmusikerseite – fast durchweg negativ; bei einer Konzertaufführung wäre es sicherlich zu einem Skandal gekommen. Aber selbst die durch die erzwungene Schriftform abgemilderten Reaktionen sprechen noch immer eine sehr deutliche Sprache. In der Zeitschrift für katholische Kirchenmusik *Singende Kirche*, einem wichtigen Informationsblatt zur Kirchenmusik in Österreich, wurden einige Meinungen zusammenfassend abgedruckt. Zunächst die Ausführungen der Kirchenmusikerin Germaid Taschlers:

> „Im Dezember vorigen Jahres konnte man im Radio eine ‚Messe für Soli, Chor und elektronische Klangmittel' hören. Da es mir aus physischen Gründen nicht möglich war, länger als 20 Minuten zuzuhören, ist mir damals entgangen, daß die Aufführung dieses Werkes im Auftrag der Galerie St. Stephan stattfand […]. Ich finde es einfach skandalös, dieses Konglomerat aus Klangfetzen, abgerissenen Silben, unappetitlichen Geräuschen und sinnlosem Geheul als ‚Messe' zu bezeichnen."[270]

Benedikt Reinisch, Chorherr von Klosterneuburg, von wo die Rundfunkübertragung gesendet wurde, äußerte sich folgendermaßen:

> „Der Rundfunk hat sich durch einleitende Worte elegant aus der Affaire gezogen. Wörtlich: ‚Die nun folgende Übertragung soll auch unseren Hörern Gelegenheit geben zu einem sicherlich ernsten, wenn auch abseits von allen Normen stehenden Experimente Stellung zu beziehen.' Das heißt doch sicherlich ernst und abnormal. Eine Meinung, der wir uns gerne anschließen."[271]

Der Komponist und Musikpädagoge am Konservatorium der Stadt Wien, Rüdiger Seitz, fand nachstehende Worte:

> „Diese [Komponisten] verfahren nach einem oftmals erprobten Rezept: man nehme zu gleichen Teilen mangelnde Sachkenntnis und entwicklungsgeschichtliche Instinktlosigkeit, überbrühe die beiden mit einem Aufguß der Spitzmarke ‚modern', überziehe das Ganze mit einer Glasur fadenscheiniger Geistigkeit und serviere es lauwarm in einer pseudophilosophischen Sauce schwimmend. Anschließend würdige man die Leistung, die man für die zeitgenössische Kunst erbracht habe."[272]

Diese unverblümte Darstellung völliger Verständnislosigkeit und dem Beharren auf alten Vorstellungen konnte man aber nicht nur bei Kirchenmusikern begegnen, sondern auch bei namhaften Musikwissenschaftlern wie z. B. Friedrich Blume. Elektronische Musik jeglicher Couleur wurde von ihm und häufig auch vom Publikum nicht nur mit sachlich

---

270 Mauer et al. 1965, S. 133.
271 Ebd.
272 Ebd., S. 133–134.

schlichtweg falschen Begründungen abgelehnt, sondern auch mit unhaltbaren Wertungen versehen. Allgemein auf elektronische Musik bezogen – nicht im Speziellen auf die Messe von Heiß – äußerte sich Blume in seinem Aufsatz *Was ist Musik* aus dem Jahr 1959:

> *„Zum ersten Mal, seit es Musik, d. h. seit es Menschen gibt, wird versucht, den Naturklang durch Denaturierung abzutöten, gewissermaßen wie eine chemische Verbindung in die Elemente zu zerlegen und aus diesen Elementen ein reines Artefakt aufzubauen, das den Naturklang ersetzen soll. Daß das Ergebnis auf den Hörer angsterregend, teuflisch oder gelegentlich auch komisch wirkt, ist für die Frage, ‚ob das Musik sei', nicht ausschlaggebend. Ausschlaggebend scheint mir, daß hier Dinge produziert werden, die für uns gar nicht apperzepierbar sind, weil unser Gehör […] auf Naturklang und seine Ableitungen eingerichtet ist […].*
> *Darüber hinaus muß ich bekennen, daß ich nicht sicher bin, ob es überhaupt genügt, diese Experimente von einem nur-musikalischen Standpunkt aus zu beurteilen, und ob hier nicht übergeordnete ethische Probleme angerührt werden. Ist es statthaft, daß wir die Axt an die Wurzeln einer der vollkommensten Schöpfungen Gottes legen, um dann aus den Trümmern eine Fratzenwelt aufzubauen, die den Schöpfer äfft? Ist das nicht Vermessenheit? Streift es nicht an Blasphemie?"*[273]

Was hätte Blume erst zu einer elektronischen Messkomposition gesagt?

Außer Monsignore Mauer, der auf alle Angriffe sehr sachlich antwortete, äußerten sich nur wenige positiv, wie Heiß selbst feststellt:

> *„ja, der wiener erfolg tut wirkung, man ist wieder im kurs gestiegen, ging wieder durch viele Zeitungen […].*
> *ja, an zeitungen habe ich nur gutes, beste: wiener arbeiterzeitung, die allerdings warnt, den gläubigen so viele schocks zu versetzen."*[274]

Auch von Lewinski kamen positive Rückmeldungen:
„Neue Möglichkeiten sind offen, die sich die Kirche zunutze machen dürfte. So, wie es hier geschehen ist, wirkt die Arbeit einer elektronischen Messe legitim – die elektronische Musik will mehr als einen stimmungsreichen Illusions- oder Imitations-Hintergrund bieten, wäre als reine Komposition, nicht als Illustration zu werten. Die Arbeit, die der Chor zu leisten hat, ist verhältnismäßig – und bewußt – einfach eingehalten."[275]

Die Kirche scheint sich die neuen Möglichkeiten nicht zunutze gemacht zu haben. Heiß bemühte sich um weitere Aufführungen, nachweislich gelang ihm dies allerdings nur beim schwedischen Rundfunk. So ist ein Werk fast in Vergessenheit geraten, mit dem der Komponist in der Kirchenmusik mutig neue Wege ging und deren Aufführungserlaubnis im kirchlichen Rahmen erst erkämpft werden musste.

---

273 Friedrich Blume: Was ist Musik, in: *Musikalische Zeitfragen*, Bd. V, Kassel 1959; zit. nach Humpert 1987, S. 37.
274 Brief an Else C. Kraus und Alice Schuster vom 22.7.1964, zit nach Reichenbach 1975, S. 43.
275 Lewinski 1974, S. 174.

5. Ergebnisse

Heiß stellt mit seiner *Missa 1964* die vermutlich erste elektronische Messe der Musikgeschichte vor. Sie ist als Auftragskomposition in einer Zeit entstanden, in der elektronische Musik als liturgische Musik mitnichten erlaubt oder gar selbstverständlich war. Durch den persönlichen Einsatz des Auftraggebers Monsignore Mauer, der sich auch im Zweiten Vatikanischen Konzil engagierte, wurde die Komposition als liturgische Messe akzeptiert und sogar im Rundfunk gesendet.

Heiß hat sich ganz bewusst an kirchliche Vorgaben gehalten und den Text im Prinzip vollständig vertont; Fehlstellen sind wohl aus Versehen entstanden. Die Musik wurde als dienender Partner der Liturgie umgesetzt, ganz wie es den kirchlichen Vorstellungen entsprach. Er greift sogar einige Vertonungstraditionen bezüglich musikalisch-rhetorischer Mittel und formaler Anlage auf. Ganz bewusst sieht er aber von einer interpretierenden musikalischen Ausführung des Textes ab. Ergänzt wird der Ordinariumstext durch die Inkantation, eine Art musikalischer Einstimmung in Nachahmung der Kirchenglocken. Im Unterschied zu anderen avantgardistischen Auseinandersetzungen mit dem Messtext (wie z. B. bei Schnebel), kompilierte er keine freien Texte oder nimmt außerliturgische Interpretationen oder Bezüge vor. Dennoch reizte die Messvertonung durch die elektronische Gestaltung zu zum Teil vernichtender, zum Teil auch unwürdiger Kritik. Hört man die Messvertonung jedoch unvoreingenommen, lässt sie dem gottesdienstlichen Hörer durchaus viel Raum für eigene Gedanken. Sie bleibt Zeitgeschichte.

IV.

Leonard Bernstein

MASS. A Theatre Piece for Singers, Players and Dancers

Der Verlust des Glaubens und die Atonalität auf der „Musical"-Bühne

> „[...] ich bin auf gar keinen Fall ein religiöser Komponist. Vielmehr bin ich ein religiöser Mensch, auch wenn ich keine organisierte Form der Religionsausübung praktiziere. [...] Doch meine religiös angelegten Werke entspringen einzig und allein dem spontanen Bedürfnis mitzuteilen, was ich fühle. Noch nie habe ich eine einzige Note aufgrund eines vorformulierten Glaubensbekenntnisses oder etwas Ähnlichem geschrieben."[276]

> „Das Werk, das ich mein ganzes Leben lang immer wieder geschrieben habe, handelt von jenem Kampf, der aus der Krise unseres Jahrhunderts, einer Krise des Glaubens, erwächst. Schon vor langer Zeit, als ich Jeremiah schrieb, habe ich mit diesem Problem gerungen. Der Glaube oder Friede, der am Schluß von Jeremiah gefunden wird, ist in Wirklichkeit eher eine Art Trost, aber keine Lösung. Trost ist eine Möglichkeit, Frieden zu erlangen, aber noch fehlt hier jenes Gefühl des Neubeginns, das sich am Ende der Symphonie The Age of Anxiety oder der Mass einstellt."[277]

1. Biographische Aspekte[278]

Leonard Bernstein wurde am 25. August 1918 in Lawrence/Massachusetts als Sohn russischer Einwanderer geboren. Beide Elternteile, die sich erst in den USA kennenlernten, waren ukrainische Juden.[279] Der Chassidismus, in dem die Eltern groß wurden, hält an der Allgegenwart Gottes in allen Dingen als Mittelpunkt der Lehre fest,[280] was nachweislich auch Einfluss auf Bernsteins Welt- und Kunstsicht hatte. Bernsteins Großvater war Rabbi, sein Vater wollte ursprünglich Rabbi werden, lebte aber seinen Glauben auch als erfolgreicher Kaufmann sehr ernsthaft, indem er täglich im Talmud las und mit seiner Familie regelmäßig in die örtliche Synagoge ging. Durch dieses Umfeld lernte Leonard traditionelle jüdische und synagogale Musik kennen:

> „Meine erste Begegnung mit der Musik fand im übrigen im Rahmen der Religion statt, und bis heute sind Religion und Musik in meinem Leben untrennbar verbunden."[281]

---

276 Leonard Bernstein, zit. nach Castiglione 1993, S. 95.
277 Leonard Bernstein während einer Pressekonferenz in Berlin, August 1977; zit. nach Bernstein Symphony No. 1 Aufnahme 1990, Booklet (Peter Gradenwitz: Bernstein conducts Bernstein, S. 8–9).
278 Die Darstellung der für das Verständnis der Messe wichtigen biographischen Aspekte, insbesondere was die religiösen Hintergründe betrifft, bezieht sich auf Scheibler 2001, S. 20–40 sowie MGG Bernstein.
279 Einen bekannten Einblick in die Gegebenheiten der jüdischen Auswanderer in Russland findet sich auch im Musical *Fiddler on the Roof* (deutscher Titel: Anatevka) von Jerry Bock (Musik), Sheldon Harnick (Liedtexte) und Joseph Stein (Buch) von 1964.
280 Vgl. Scheibler 2001, S. 24.
281 Leonard Bernstein, zit. nach Castiglione 1993, S. 95.

> „Wir waren damals Mitglieder der jüdischen Gemeinde Mishkan Tefila. Die Musik, die ich dort hören konnte, hat mich immer tief bewegt. Und was für eine Orgel diese Kirche hatte!"[282]

Eher zufällig kam er als Kind zur Musik und zum Klavierspielen. Schon recht früh begann er, kleine Stücke zu komponieren oder später als Teenager musikalische Bühnenstücke aufzuführen. Schließlich studierte er von 1935 bis 1939 verschiedene musiktheoretische Fächer, Sprachen und Philosophie an der Havard University und schloss mit einer Abschlussarbeit über *The Absorption of Race Elements into American Music* ab. An der Themenwahl wird sein Interesse für die noch vergleichsweise in den Kinderschuhen steckende, typisch amerikanische Kompositionskultur deutlich, die im Gegensatz zur meist europäisch geprägten Praxis mit „importierten" Dirigenten und „importierter" Musik stand. Wichtig für Bernsteins künstlerische Entwicklung war die Freundschaft mit einem der ersten typisch amerikanischen Komponisten: Aaron Copland (1900–1990). Copland hatte großen Einfluss auf Bernstein, sowohl auf seine künstlerische Karriere als auch auf seinen Kompositionsstil bezogen.[283]

Von 1939 bis 1941 studierte Bernstein am Curtis Institute in Philadelphia Dirigieren, Komposition und Klavier. Von 1940 bis 1942 war er außerdem Teilnehmer bei Dirigierkursen und später Assistent bei Serge Koussevitzky beim Festival in Tanglewood. 1943 wurde er Assistent bei Artur Rodziński beim New York Philharmonic Orchestra und startete – beginnend mit seiner legendären Vertretung für Bruno Walter – von dort aus seine dirigentische Karriere, die ihn in alle maßgeblichen Musikzentren der Welt führte. Auch kompositorisch trat er mit Werken verschiedener Gattungen in Erscheinung. Sein mit Abstand erfolgreichstes Werk war und ist das 1957 entstandene Musical *West Side Story*. Von 1958 bis 1969 war er Chefdirigent der New Yorker Philharmoniker. Mit ihnen gestaltete er auch viele Fernsehsendungen, in denen er Musik für das Publikum erklärte. Etliche Bücher ergänzten die Botschaft, Musik für die Menschen verständlich zu machen. Er lehrte zeitweise am Berkshire Music Center, an der Brandeis University, sowie an der Havard University. Zahlreiche Ehrungen erhielt er für sein Lebenswerk, darunter alleine 21 Ehrendoktorwürden verschiedener Universitäten. Er starb 1990 in New York.

2. Exkurs: Bernsteins Kompositionsstil[284]

Noch immer gilt *West Side Story*, ein schon durch das dramatische Thema und die Stilhöhe der Musik herausstechendes Musical, als das bekannteste Werk Bernsteins. Fragt man die Menschen nach weiteren Werken, fällt den meisten nur seine Dirigenten- und Pianistentätigkeit ein, nicht aber eine weitere Komposition aus seiner Feder. Tatsächlich aber hat er über 80 Werke verschiedenster Gattungen geschrieben, darunter Chormusik,

---

282 Leonard Bernstein, zit. nach ebd., S. 18.
283 Vgl. Burton 1994, S. 81–83.
284 Die Darstellung der wichtigsten Punkte des Personalstils von Bernstein beziehen sich auf MGG Bernstein, Sp. 1420–1421 sowie KdG Bernstein.

Lieder, Opern, Musicals und andere Bühnenwerke, Ballettmusik, Symphonien und andere Orchesterwerke, Kammermusik, Klavier- und Filmmusik.[285]

Grundlage all seiner Musik war die Tonalität:

„Mein Standpunkt in dieser Sache ist ganz klar, [...] die Tonalität ist die ureigenste Natur der Musik. Man kann und soll mit allem experimentieren ... aber dafür darf man die Musik als solche nicht verleugnen."[286]

Diese „Bevorzugung" des tonalen Bezugs der Musik zeigt sich auch in seinen Vorträgen,[287] in denen er die Weiterentwicklung der Musik über Claude Debussy, Gustav Mahler, Maurice Ravel und Igor Strawinsky erläutert, Arnold Schönberg und seine Zwölftontechnik quasi „gezwungenermaßen" streift und Alban Bergs „tonale Dodekaphonie" hervorhebt. Trotz dieser klaren Einschränkung ist Bernstein als typisch amerikanischer Komponist mit jüdischem Hintergrund offen für alle Stileinflüsse und Kompositionstechniken. Der daraus resultierende, häufig negativ bewertete Eklektizismus entspricht in seiner Multikulturalität durchaus der amerikanischen Gesellschaft und schließt auch sein kompositorisches Vorbild Copland ein. Bernstein fasst dies selbst so zusammen:

„Wir haben diese Supra-Ebene der abstrakten musikalischen Semantik, der reinen Idee, erreicht, auf der sich diese anscheinend unvereinbaren Komponenten vereinigen können – tonale, nicht-tonale, elektronische, serielle, aleatorische –, vereinigen zu einem prachtvollen neuen Eklektizismus. Aber diese eklektische Vereinigung kann nur dann stattfinden, wenn alle diese Elemente in tonaler Allgemeingültigkeit miteinander verbunden und in diese eingebettet werden – das heißt, dass sie vor einem mit ihnen verknüpften tonalen Hintergrund begreifbar sein müssen."[288]

Typisch für seine Kompositionen ist aber auch die Verbindung verschiedener Stilhöhen, von Techniken der E- und der U-Musik.[289] Eingang in seine Kompositionen finden so nicht nur tonale und atonale Techniken der sogenannten ernsten Musik. Breiten Raum gibt er genauso Elementen aus Pop, Blues, Jazz und Musical. Auch Anklänge an synagogale Musik lassen sich finden. Andreas Jaensch konstatiert: „Bernsteins Schaffen zielt trotz allen ernsten Anspruchs immer auf Publikumswirksamkeit und ist somit auch typisch amerikanisch."[290] Und Wolfgang Rathert stellt fest: „Und der Popularitätsanspruch verband sich [...] dezidiert mit einer fortschrittlichen ‚linken' politischen Hal-

---

285 Vgl. MGG Bernstein, Sp. 1418–1420.
286 Leonard Bernstein, zit. nach Castiglione 1993, S. 12.
287 Z. B. Bernstein 1984 und Bernstein 1985.
288 Bernstein 1985, S. 398.
289 Gewisse Arten dieses Übergangs gibt es in Ansätzen schon bei Mahler, den Bernstein sehr bewunderte und auch maßgeblich zu dessen Renaissance beitrug.
290 Vgl. Jaensch 2003, S. 315. Im Gegensatz zum amerikanischen Popularitätsanspruch komponiert man in Europa nach Kriterien, die das Publikum teilweise komplett außen vor lassen.

tung, die aber im Unterschied zur europäischen Linken den Kontakt mit dem Broadway und Hollywood – also der ‚Kulturindustrie' – nicht scheute."[291]

Zum Teil führte dies zu einer geringen Akzeptanz vor allem in elitären Zirkeln der ernsten Musik.[292] Auf der anderen Seite hat Bernstein aber aufgrund seiner Stilhöhe auch in populären Genres – sieht man von *West Side Story* ab – im U-Musikbereich nicht so Fuß fassen können, wie man es vielleicht erwarten würde. Ein weiterer zu bedenkender Aspekt ist, dass man sich in Europa nach dem Zweiten Weltkrieg von allem Vorherigen bewusst abzuwenden versuchte. Dazu bestand in Amerika keine dringende Notwendigkeit.[293]

Egal für welches Genre er komponierte, es hatte keinen Einfluss auf seine grundlegende stilistische Auswahl. So war es auch kein Problem für ihn, existierende Kompositionen, die noch nicht zur Aufführung gekommen waren, in anderen Werken wieder aufzugreifen, auch wenn dies einen Sprung vom Weltlichen ins Geistliche oder umgekehrt bedeutete.

Die Kommunikation mit den Menschen war eine seiner musikalischen Maximen, die er in allen Teilen seiner Arbeit umzusetzen versuchte. Bernstein fasst dies so zusammen:

„Alles, was ich tue – Komponieren, Dirigieren, Klavierspielen –, bedeutet den Versuch, meine Gefühle und Gedanken über Musik mit anderen Menschen zu teilen. Für mich existiert nichts wirklich, was ich nicht mit jemandem anderen geteilt habe. Die Liebe zu den Menschen ist von jeher das Hauptprinzip meines Lebens."[294]

3. Entstehung von *MASS. A Theatre Piece for Singers, Players and Dancers*

Zunächst fragt man sich, welche Beweggründe ein jüdischer Komponist hatte, eine christliche Messvertonung zu schreiben. Die einfachste Antwort ist, dass sie ein Auftragswerk aus dem Jahr 1966 von Jaqueline Kennedy war, der Witwe John F. Kennedys.[295] Der Anlass zur Erstaufführung sollte die Eröffnung des John F. Kennedy Center for Performing Arts in Washington sein, die für 1969 geplant war, wegen Bauverzögerungen aber erst 1971 stattfand.[296]

---

291 Rathert 2011, S. 42.
292 Interessanterweise hat sich die Akzeptanz von Werken mit populärmusikalischen Anklängen und/oder polystilistischer Struktur in den 1990er-Jahren in bestimmten musikalischen Räumen geändert: Englische Komponisten wie Karl Jenkins, John Rutter oder Bob Chilcott wurden auf dem Kontinent zunächst noch häufig belächelt, gehören heute aber zum akzeptierten Standardprogramm vieler Kantoreien.
293 Vgl. Jaensch 2003, S. 316.
294 Reichert 1972, S. 634.
295 John F. Kennedy war bereits Widmungsträger von Bernsteins dritter Sinfonie *Kaddish* (1963).
296 Vgl. Scheibler 2001, S. 195–196.

Eine tiefergehende Suche zeigt, dass Bernstein bereits etliche Werke mit religiös-geistlichem Bezug, sowohl zu seinen jüdischen Wurzeln als auch zum Christentum, komponiert hatte.[297] Gradenwitz fasst dies folgendermaßen zusammen:

„Die drei Symphonien von Leonard Bernstein beschäftigen sich mit dem Problem, wie der Mensch Glauben – nicht so sehr an Gott als vielmehr an sich selbst – verliert und wiedergewinnt. In der ersten Symphonie Jeremiah (Jeremias, 1942) wird die Krise dargestellt: der Glaube ist erschüttert, wofür die Zerstörung des Tempels von Jerusalem als Symbol steht, und nur das Finale bietet Trost. Mit The Age of Anxiety (Das Zeitalter der Angst), der zweiten Symphonie (1949), beginnt die Suche, und sie endet mit einer Art Hollywood-Hoffnung – eher hohl als heilig. Eine Kompromisslösung bietet die dritte Symphonie Kaddisch (1963). Aber auch die Erneuerung des Glaubens wird am Ende abgeschwächt durch die Erkenntnis, daß Glauben stets mit Leiden verbunden ist.
In seinen Chichester Psalms (Chichester Psalmen) von 1965 deutet Bernstein jedoch an, daß der Glaube durch die Vision kindlicher Unschuld erlangt werden kann, daß womöglich Erkenntnis selbst Leiden ist. Diese Vorstellung ist freilich so alt wie die Bibel. Im ‚Prediger Salomo‘, Kapitel 1, Vers 18, steht geschrieben: ‚Denn wo viel Weisheit ist, da ist viel Grämen, und wer viel lernt, der muß viel Leiden.‘
Der gesamte Prozeß wird reüsiert in Bernsteins Mass (Messe) von 1971. Hier jedoch verläuft er in umgekehrter Richtung, beginnt im Stadium der Unschuld, verstrickt sich immer mehr in den Vorschriften eines verkrusteten Dogmas und bricht schließlich unter der eigenen Last zusammen. Wie in der Kaddisch-Symphonie steigt auch am Ende der Mass der Phönix der Hoffnung – auf den Menschen, nicht auf die Gottheit – aus der Asche seiner eigenen Zerstörung auf.“[298]

Die Arbeit an der Komposition der MASS kam zunächst nicht so recht voran. 1969 dirigierte Bernstein an der Wiener Staatsoper Beethovens *Missa Solemnis*.[299] Er beschloss, sicherlich von der Aufführung der Beethoven-Messe nicht ganz unbeeindruckt, zur Eröffnung des Kennedy-Centers ein Stück zu schreiben, in der die Vertonung der katholischen Messliturgie[300] mit Rockmusik und nicht-liturgischen Texten verwoben werden sollte. Zuvor hatte er einige Stücke für eine Filmmusik über das Leben des Heiligen Franz geschrieben, die aber nicht mehr benötigt wurden. Einige Elemente daraus fanden dann in der *MASS* Verwendung. Im Sommer des Jahres 1970 hatte er bereits einige Stücke komponiert und weilte wiederum in Wien. Für Susann Baumgärtel, der Frau seines Assistenten, schrieb er aus Dankbarkeit eine Melodie, die er später zu *„Lauda, laude"* umarbeitete.[301]

---

297 Scheibler (2001, S. 11) geht in ihrer Dissertation ausführlich auf die Kompositionen mit religiösem Bezug (Titelgebung, Textverwendung, musikalische Zitate) ein. Ähnliche Beziehungen zwischen Symphonik und Messkompositionen finden sich auch bei Anton Bruckner.
298 Bernstein Symphony No. 1 Aufnahme 1990, Booklet, S. 8–10.
299 Vgl. bezüglich der folgenden Ausführungen zu den Entstehungsumständen von *MASS* Burton 1994, S. 508–535.
300 Die Kennedys waren katholisch, insofern passte dies auch zum Widmungsträger.
301 Aus *„Susanna"* wurde *„Hosanna"*, vgl. Burton 1994, S. 524.

Bernstein kämpfte mit einer schöpferischen Blockade. Er fand nicht die richtigen Texte, die dem Messtext aus menschlich-zweifelnder Sicht (Theodizee) gegenübergestellt werden sollten. Er suchte daher ein Gespräch mit dem inhaftierten katholischen Priester und Friedensaktivisten Pater Philip Berrigan. Aber lediglich eine Stunde Besuchszeit im Gefängnis reichte gerade aus, um dem Pater den geplanten Inhalt von *MASS* zu schildern. Weiter kam Bernstein nicht, wurde aber in der Folge vom FBI beobachtet. Außerdem gab es eine Aktennotiz, dass Berrigan von Bernstein um einen subversiven Text gebeten worden sei und dass die Gefahr bestünde, dass sogar der Präsident oder andere wichtige Regierungsmitglieder bei der Aufführung klatschen würden, ohne zu wissen, was sie da beklatschten.[302]

Im Juni 1971, nur drei Monate vor der geplanten Uraufführung, war Bernstein verzweifelt auf der Suche nach einem Texter. Bis dahin hatte er alle freien Texte selbst beigesteuert. Er fand in Stephen Schwartz, dem jungen, erfolgreichen Musicalkomponisten, einen idealen Partner. Nach nur zwei Wochen war so gut wie alles fertig. Nur die sogenannte „Wahnsinnsszene" harrte bis kurz vor der Aufführung auf ihre Vollendung. Anfang August wurden die quadrophonen Aufnahmen für *Kyrie*, *Hallelujah* und *Credo* in den CBS-Studios in New York eingespielt. Rasch war auch das Produktionsteam für die elf in Washington geplanten Aufführungen gefunden.[303]

Die Premiere am 8. September 1971[304] war das wohl größte gesellschaftspolitische Ereignis in Bernsteins Leben: Obwohl der damalige republikanische Präsident Richard Nixon nicht kam, da ihm Bernstein zu liberal eingestellt war, erschienen Mutter und Bruder von John F. Kennedy – neben vielen weiteren Prominenten – persönlich. Über 200 Mitwirkende, darunter Tänzer, ein Knabenchor, schauspielende Musiker, ein Laienchor, eine Rockband, ein Blechbläserensemble – als Mehrfachakteure auch in Kostümen – sowie das klassische Orchester inklusive Kirchenorgel im Graben und eine Aufführungsdauer von über einhundert Minuten setzten neue Maßstäbe. Nach dem Erklingen der letzten Note herrschte zunächst drei Minuten ergriffenes Schweigen, bevor die Zuhörer zu begeisterten Ovationen übergingen, die eine halbe Stunde lang anhielten. Bernstein sagte über die Uraufführung:

„*You see, I have not written a Mass. I have written a theatre peace about a Mass. It cannot be performed in a church as a Mass. Yet it is still a deeply religious work.*"[305]

---

302 Vgl. ebd., S. 531. Viele Prominente gaben in dieser Zeit Linken und Regierungsgegnern eine Plattform und unterstützten ihre Ideen.
303 Es bestand aus Regie: Gordon Davidson, Choreograph: Alvin Ailey, Bühnenbild: Oliver Smith und Dirigent: Maurice Peress.
304 Vgl. Scheibler 2001, S. 196.
305 Leonard Bernstein im Interview *Bernstein talks about his work* mit Rosemarie Tauris Zadikov im Time Magazine vom 20. September 1971, zit. nach de Sesa 1985, S. 305 (deutsche Übersetzung der Autorin: „Wie man sehen kann, habe ich keine Messvertonung geschrieben. Ich habe ein Theaterstück über die Messe geschrieben. Es kann nicht als Messvertonung im Gottesdienst aufgeführt werden. Dennoch ist es ein tiefreligiöses Werk."). 1988 entstand seine *Missa brevis* für gemischten Chor A-capella (ohne Credo), ein Werk das aus der Bühnenmusik *The Lark* von Jahr 1955 hervorgegangen ist (vgl. Loos 1989, S. 93). Da dieses Werk in fast allen Teilen eine Kontrafaktur bzw. Umarbeitung ist, wird in dieser Untersuchung nicht weiter darauf eingegangen. Auch wenn Teile der *MASS* aus vorherigen Kompositionen übernommen wurden, ist dies doch substantiell ein neues Werk. Vgl. dazu auch Gradenwitz 1990, S. 260.

4. Analyse von *MASS. A Theatre Piece for Singers, Players and Dancers*

Bernstein unterteilt sein Werk in insgesamt 17 Hauptabschnitten mit 39 Unternummern. Die folgende Übersicht möge einen ersten Eindruck ermöglichen:[306]

I.	DEVOTIONS BEFORE MASS		
	1. Antiphon		aleatorisch, polytonal
	2. Hymn and Psalm: „A Simple Song"		moderner Kirchengesang (Schlager)[307]
	3. Responsory: Alleluia		Jazz (Scat Style)
II.	FIRST INTROIT (Rondo)		
	1. Prefatory Prayers		Marsch (Blaskapelle)
	2. Thrice-Triple Canon: Dominus vobiscum		Kanon
III.	SECOND INTROIT		
	1. In nomine Patris		exotisch
	2. Prayer for the Congregation (Chorale: „Almighty Father")		protestantischer Choral (evangelisches Kirchenlied)
	3. Epiphany		avantgardistisch, zwölftönig
IV.	CONFESSION		
	1. Confiteor		neue Chormusik, freitonal
	2. Trope: „I Don't Know"		fortgeschrittene Rockmusik
	3. Trope: „Easy"		fortgeschrittener Blues
V.	MEDITATION No. 1 (orchestra)		freitonal (De Profundis, s.a. XII)
VI.	GLORIA		
	1. Gloria tibi		moderner Kirchengesang (Schlager)
	2. Gloria in excelsis		fortgeschrittene Rockmusik
	3. Trope: „Half of the People"		Broadway-Show-Musik
	4. Trope: „Thank You"		Pop-Balladenstil
VII.	MEDITATION No. 2 (Orchester)		zwölftönige Passacaglia (Beethoven)
VIII.	EPISTLE: „The Word of the Lord"		Pop-Balladenstil
IX.	GOSPEL-SERMON: „God Said"		Broadway-Show-Musik

---

306 Die Tabelle wurde wörtlich übernommen aus Loos 1989, S. 103. Loos weist ausdrücklich darauf hin, dass die Terminologie der jeweiligen Stile nur Orientierungshilfen sind, keine engen Definitionen.

307 Der Stil erinnert weniger an Schlager als vielmehr an das sogenannte Neue Geistliche Lied.

X.	CREDO	
	1. Credo in unum Deum	zwölftöniger Variationssatz
	2. Trope: „Non Credo"	Broadway-Show-Musik
	3. Trope: „Hurry"	Pop-Balladenstil
	4. Trope: „World Without End"	moderner Kirchengesang (Schlager)
	5. Trope: „I Believe in God"	Rock-Musik
XI.	MEDITATION No. 3 (De profundis, part 1)	Neue Chormusik
XII.	OFFERTORY (De profundis, part 2)	Neue Chormusik, exotisch
XIII.	THE LORD'S PRAYER	
	1. Our Father…	einstimmig, fragmentarisch
	2. Trope: „I Go On"	Pop-Balladenstil
XIV.	SANCTUS	Chormusik
XV.	AGNUS DEI	fortgeschrittener Blues
XVI.	FRACTION: „Things Get Broken"	fragmentarisch (Reminiszenzen)
XVII.	PAX: COMMUNION („Secret Songs")	moderner Kirchengesang (Schlager)

Wie man dem Titel und der Übersicht entnehmen kann, ist die Komposition eine szenisch-musikalische Umsetzung der vorkonziliaren römisch-katholischen Messe[308] in Kompilation mit Texten von Bernstein und Schwartz. Es ist nicht dokumentiert, wer welche Textteile beigesteuert hat. Die in den freien Texten eingearbeiteten Bibelzitate, z. B. etliche Zitate aus den Psalmen, sind nicht extra gekennzeichnet, woraus man schließen kann, dass die Texter davon ausgingen, dass die Hörer die jeweiligen Zitate erkennen.

Das Ordinarium wird komplett vertont. Allerdings werden die Teile nicht am Stück gesungen, sondern zum Teil in sich auseinandergerissen oder umgestellt. Der Kyrie-Text erklingt in Teil I.1 und II.1, ist aber weder eine Antiphon noch ein Introitusgesang. Natürlich ist das Kyrie nicht dem eucharistischen Hochgebet „Praefation" zuzuordnen, wie der Titel *Prefatory Prayers* vermuten lassen könnte. Bernstein interpretierte den Begriff „Prefatory" (wie auch andere ähnliche Begriffe) wohl nicht als liturgischen Fachbegriff, sondern der Wortbedeutung nach („vorbereitend"). Unter Nummer VI mit dem Titel *Gloria* subsumiert Bernstein sowohl das Gloria patri (= kleine Doxologie) als auch Abschnitte aus dem Ordinariumsteil Gloria, vermischt mit zeitgenössischen Einfügungen. Der gesamte Credotext erklingt in Nummer X vom Tonband und wird mit *Non Credo* und anderen zweiflerischen Texten konfrontiert. So wird auch zuvor auf Tonband eingespielte Musik mit Livemusik verbunden. Auch Sanctus mit Benedictus und Agnus Dei werden komplett vertont, aber mit anderen Texten in Bezug gesetzt. So bleiben die Grundreihenfolge und die Vollständigkeit der Ordinariumsteile bestehen. Das Ganze wird aber in einen anderen Rahmen gestellt.[309]

Die sogenannten, normalerweise musikalisch dargestellten Propriumsteile wie Introitus, Offertorium oder Communio werden zwar dem Namen nach als Titel verwendet, entsprechen aber nicht der vermuteten liturgischen Form. Begriffe wie Antiphon

---

308 Vgl. Scheibler 2001, S. 197.
309 Vgl. den Handlungsablauf im Kapitel über Jenkins *The Armed Man: A Mass for Peace*, S. 243.

und Responsory werden benutzt, um dem Ganzen einen liturgischen Namen zu geben. Andere Titel wiederum entsprechen in etwa den Erwartungen, die dieselben evozieren, z. B. bei *Hymn and Psalm* kann man durchaus im „*A Simple Song* eine Art Hymnus im weiteren Sinn erkennen, der immer wieder durch Psalmausschnitte ergänzt wird. Außerdem werden weitere liturgisch wichtige Einwürfe oder Gebete ergänzt (z. B. Schuldbekenntnis, Vater unser), meist sogar noch an der tendenziell richtigen Stelle im Ablauf. Dem Ganzen liegt aber eine recht freie Umgangsweise zugrunde, die sich an der von Bernstein beabsichtigten Aussage orientiert und nicht am strengen Gottesdienstablauf.

Besetzung und Bühnenaufführung verfremden den „Gottesdienst" zusätzlich. Auch wenn das Orchester im Graben durch eine Kirchenorgel ergänzt wird, dient diese nur dem kirchlichen Kolorit. Die Verwendung eines kostümierten Bühnenorchesters, eines Street Choirs, eines Gemischten Chors in Roben, eines Knabenchors, von Tonbandeinspielungen, eines klassischen Orchesters und einer Popband ergibt eine klangliche und stilistische Vielfalt, die zur Charakterisierung der einzelnen Personen, Texte usw. gezielt eingesetzt werden.

Dieses Nebeneinander von Stilen wurde häufig als Eklektizismus kritisiert, dient aber der Dramaturgie des Stücks. So werden meist – jedoch nicht immer – alltagssprachliche Texte dem U-Musik-Bereich, liturgische der E-Musik und der Avantgarde zugeordnet.[310]

4.1. I. Devotions before Mass[311]

1. *Antiphon: Kyrie eleison*
2. *Hymn and Psalm: „A Simple Song"*
3. *Responsory: Alleluia*

Bernstein beginnt seine Messe bei dunkler Bühne mit Tonbandeinspielungen aus vier Ecken. Hierbei wird der Kyrie-Text von verschiedenen Solisten gesungen. Die Zuschaltungen der einzelnen Stimmen mit ausgewählter, zu ihrer Stimmlage passender instrumentaler Begleitung erfolgen nacheinander. Allerdings weicht die musikalische Realität bei den verschiedenen Einspielungen von der im Notenbild festgelegten Gleichzeitigkeit ab, was jedoch durch die unterschiedlichen Tempi unvermeidlich ist.[312] Aus vier verschiedenen Ecken werden folgende Gruppen eingespielt:

1. Sopran mit Glockenspiel, Xylophon und kleinem Becken im raschen Tempo: „*Kyrie eleison*"
2. Bass mit Pauken und großem Becken: „*Kyrie eleison*"

---

310 Vgl. Loos 1989, S. 106.
311 Auf die Darstellung des gesamten Textes wird wegen des Gesamtumfanges desselben verzichtet. Dieser findet sich in verschiedenen Sprachen in Bernstein Mass Aufnahme 2004, Booklet, S. 28–99.
312 In keiner Weise allerdings setzen die drei ersten Tonbandeinspielungen aus, um dann nach einer „einleitenden Phrase" des vierten Lautsprechers „mit den ersten drei Stimm- und Instrumentenkomplexen konfrontiert" zu werden, wie es Gradenwitz (1990, S. 259) beschreibt und Bösing (2003, S. 94) zitiert, ohne den Fehler zu bemängeln!

3. Sopran und Alt mit Vibraphon, Tempelblocks und Triangel: *„Christe eleison"*
4. Tenor und Bariton mit Marimba und Holzblock: *„Christe eleison"*

Hervorgehoben sei als einzelnes musikalisches Motiv lediglich der Beginn des Glockenspiels mit dem Motiv einer aufsteigenden Terz, gefolgt von einer fallenden Sekunde. Dieses Terz-Sekund-Motiv wird nicht nur von der Sopranstimme einen Takt später deutlich hörbar wiederholt, sondern kann als wichtiges und zentrales Motiv für die gesamte Komposition angesehen werden, das immer wieder an prominenten Stellen hörbar wird.[313]

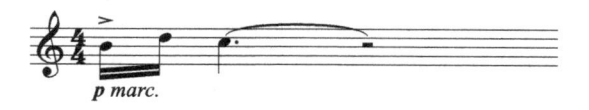

Terz-Sekund-Motiv im Glockenspiel, Antiphon: Kyrie eleison, Takt 1

Die Einspielungen haben je eine typische Ausprägung durch die Auswahl der Stimme(n), der Instrumente, des Tempos (zwei langsame, zwei schnelle), der Dynamik, der Taktordnung (Viertelmetrum oder Achtelmetrum) und des Textes sowie dessen Gestaltung.[314] Die Männerstimmen singen immer komplette Worte. Die Frauenstimmen hingegen setzen auch Teilsilben bis fast zum „Stottern" um.[315] Jede Gruppe singt nacheinander mehrfach ein Modell bestimmter Länge (12, 16 oder 18 Takte).[316] Ist es zu Ende, wird nahtlos von vorne begonnen. Hörbar ist dies nicht, da die Wiedererkennungsmöglichkeit durch das Hinzutreten der anderen Einspielungen nicht mehr gegeben ist. Die vier Gruppen erscheinen jeweils in ihrer Art wie „Charaktere", die ihr *Kyrie* in ihrer speziellen Weise vorzutragen versuchen.

Durch die Einspielung über Lautsprecher, durch das mechanisch wiederholte Abspielen sowie durch die gewollte dynamische Steigerung bis zum Unerträglichen erfährt das *Kyrie* jedoch eine fast maschinell wirkende Entfremdung von der menschlich empfundenen Bitte um Erbarmen. Es wirkt – im wahrsten Sinn des Wortes – wie „abgespult", ohne Empfinden, ziellos und entspricht mit Sicherheit nicht den Erwartungen der Zuhörer.

Auch die Betitelung *Antiphon* weckt andere Vorstellungen, denn es handelt sich hier nicht im Entferntesten um einen Wechselgesang. Man könnte eher auf die Idee kommen, dass Bernstein den Begriff wörtlich verstanden hat, nämlich als Gegeneinander-Klingen. Es ist jedenfalls kein einträchtiges Miteinander, eher ein Gegeneinander, mindestens jedoch ein Nebeneinander der verschiedenen Gruppen.

Die Verbindung aus der textlichen Bitte um Erbarmen, das wie zufällig wirkende Erklingen der immer chaotischer werdenden Lautsprecher-Musik auf dunkler Bühne

---

313 Vgl. etwa Beginn II,1 oder III,3 und viele weitere Stellen, die in der folgenden Analyse gezeigt werden.
314 Vgl. hierzu auch de Sesa 1985, S. 35–44.
315 Vgl. Takt 16 der dritten Gruppe.
316 Interessanterweise wurde dieses wichtige analytische Detail in keiner der bisherigen, mir vorliegenden Analysen erwähnt!

und die bis zum Schmerzhaften ansteigende Lautstärke stellen überzeugend Orientierungslosigkeit und spirituelles Chaos[317] der Gläubigen dar und damit das Thema der gesamten Komposition. Dies deckt sich auch mit Bernsteins eigenen Aussagen bezüglich der Krise der Tonalität, die einhergeht mit der Glaubenskrise im 20. Jahrhundert.[318] Er verwendet moderne Kompositionstechnik für liturgische Texte, die als erstarrt empfunden werden.

Unvermittelt tritt der zivil gekleidete Zelebrant mit seiner Gitarre[319] auf und spielt einen leeren Quintakkord auf G. Das musikalische Chaos der Tonbandeinspielung bricht abrupt ab. Größer könnte der Unterschied der beiden Abschnitte kaum sein: Entsprechend des Textes „Sing God a Simple Song" erklingt nun ein einfach wirkendes Stück, das allerdings nur vermeintlich „einfach", aber mit deutlichen tonalen Bezügen vertont wurde.[320] Bernstein verwendet dazu sowohl eigene Texte als auch Zitate oder Fragmente verschiedener recht bekannter Lob- und Hoffnungs-Psalmen (etwa „Ich will dem Herrn singen", „Ich hebe meine Augen auf zu den Bergen"). Die Instrumentierung ist im Gegensatz zu den vorherigen Lautsprechereinspielungen durchaus ohrenumschmeichelnd mit Gitarren- und Streicherklängen, Harfe, Orgel und Flöte. Sie erinnert dadurch gleichermaßen an das Neue Geistliche Lied wie auch an Popballaden. In der Tat gliedert sich dieser Teil, wie der Titel andeutet, in eine Art Hymnus (A-Teil) und mehrere Psalmen (B-Teil und C-Teil), auch wenn dieses alte liturgische Modell in eine neue Form überführt wird.

Der Hymnus (A-Teil) steht zwischen liedhafter Form und accompagnatoartigen Einflüssen. Auffallend ist die tonleitergeprägte Melodik zwischen lydisch und ionisch.

Tonleitergeprägte Melodie im Zelebrant, Hymn and Psalm: „A Simple Song", Takt 2–5

In diesem melodischen Spiel treffen sich kirchentonale und freitonale Strukturen und somit Tradition und Moderne. Außerdem arbeitet der Komponist auch mit Wort-Ton-Beziehungen, wie sie schon in althergebrachter Kirchenmusik häufig zu finden sind. Die Melodie erreicht z. B. beim Wort „God" den ersten Hochton e". Dieser ist unterlegt mit Streichern (con sordino) und Harfe in C-Dur, der reinsten möglichen Tonart.

Im B-Teil dominiert das durchgängige 4/4-Metrum die achttaktigen Perioden. Begleitung mit weich synkopierten Rhythmen, liedhafte Melodik und kurze Einwürfe des

---

317 Vgl. Cottle 1980, S. 41.
318 Vgl. das Bernstein-Zitat im Kapitel über das *Credo*, S. 146.
319 Durch seine zivile Kleidung ist er gegenüber den Gläubigen nicht besonders hervorgehoben. Mit der Gitarre spielt er das „Instrument der Jugend" zur Entstehungszeit der Komposition.
320 Sogar bezüglich der Melodik des *Kyrie* und des „Sing God a Simple Song" lassen sich nachvollziehbare motivische Beziehungen nachweisen. Vgl. hierzu de Sesa 1985, S. 49–63. Außer den weiter unten aufgeführten Kompositionstechniken, die Bernstein eine für einen Popsong sonst nicht übliche Stilhöhe erreichen lassen, sei noch auf diesbezügliche analytische Details bei Jaensch 2003, S. 271–272 verwiesen.

Schlagzeugs erinnern an Popmusik. Die Melodik ist, auch wenn sie eingängig klingt, nicht gerade popmusikhaft einfach, etwa durch den Septsprung in Takt 33:

Liedhafte Melodie im Zelebrant, Hymn and Psalm: „A Simple Song", Takt 33–40

Die beiden B-Teile werden mittels eines Zitates der absteigenden lydischen Leiter aus dem A-Teil durch die Flöte kunstvoll verbunden.[321] Die sonst meist in der großen, kleinen oder tiefen eingestrichenen Oktav gehaltene Begleitung erreicht höhere Tonräume beim Übergang in den C-Teil – entsprechend der auch hier ausgearbeiteten Wort-Ton-Beziehung „I will lift up my eyes". Auch die Singstimme „erhebt" sich mit zwei aufeinanderfolgenden Quartsprüngen und erreicht bei „I will lift up my voice to the Lord" wiederum den Hochton e".

Aufsteigende Melodie mit Hochton im Zelebrant, Hymn and Psalm: „A Simple Song", Takt 40–46

B'-Teil und der rein instrumentale B-Teil mit dominierender Flöte schließen sich an. In dieser Phase erhält der Zelebrant von einem Messdiener sein Messgewand und hebt sich damit auch äußerlich von allen anderen ab. In einer Art rezitativischer Coda mit kurzen Erinnerungsmotiven aus allen vorangegangenen Teilen, lässt Bernstein nochmals den Inhalt des „A Simple Song" Revue passieren.

Dieser geht attacca in das von sechs Solisten gesungene und vom Tonband eingespielte *Responsory: Alleluia* über. Responsorium ist wohl auch hier allgemein als freudiger Antwortgesang auf das Vorherige zu verstehen und nicht im liturgischen Sinn, ebenso die Bezeichnung „Alleluia" nicht als Ruf vor dem Evangelium. Der Text besteht neben „Alleluia" ausschließlich aus Silben, die den Glockenklang imitieren („dubing", „dubang",

---

321 Wie auch in der Folge B'-Teil mit C-Teil und C-Teil mit C'-Teil.

„*ding*", „*dong*" und so weiter, ähnlich dem aus dem Jazz stammenden Scat-Stil[322]). Die dabei verlangte akzentuierte Singweise und die Begleitinstrumente Glockenspiel, Marimbaphon, Vibraphon und Celesta unterstreichen den glockenartigen Gesamteindruck.

Das als Kanon verarbeitete zwölftaktige Thema (hier nur zum Teil dargestellt) besteht aus drei jeweils etwa viertaktigen Abschnitten, die alle synkopisch geprägt sind.

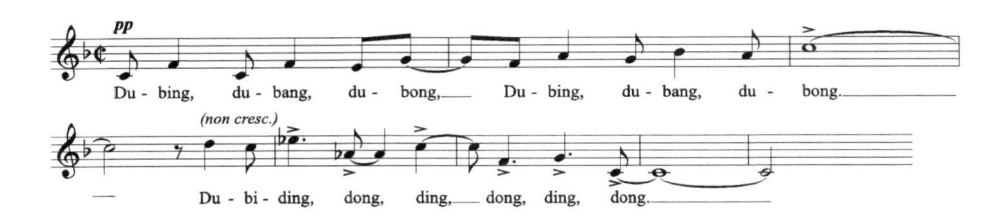

Teil des Themas im Sopran und Alt vom Tonband, Responsory: Alleluia, Takt 77–84

Im ersten Abschnitt erinnert die aufsteigende Quart an „*I will lift up my eyes*" aus „*Sing God a Simple Song*". Dieses eher vage Zitat findet seine Bestätigung als solches im dritten Abschnitt der Kanonmelodie, da hier die Tonfolge des „*I will lift up my voice to the Lord*" wörtlich übernommen wird.[323] Der mittlere Teil erinnert durch häufige Quintsprünge wiederum an Glockenklang.[324] Im x-Teil (Takt 76–88) stellen die Stimmen das Thema zunächst einstimmig vor, während die Instrumente das gleiche Thema bereits kanonisch verarbeiten, auch im weiteren Verlauf. Zu beachten ist, dass die Stimmen, die das Thema einmal durchgesungen haben, in glockenartige Haltetöne übergehen, so dass der Eindruck des räumlichen „Vorüberziehens" des Themas entsteht. Im *Alleluia*-Abschnitt verarbeitet Bernstein die Melodie des „*Blessed is the man*" aus „*Sing God a Simple Song*" (Takt 33–40).[325]

---

322 Vgl. Scheibler 2001, S. 200.
323 Vgl. de Sesa 1985, S. 67–68.
324 Vgl. ähnliche Glockenklangnachahmungen bei Karl Jenkins: *The Armed Man: A Mass for Peace* („*Better is peace*", Abschnitt J: „*Ring, ring*", Takt 129–142) oder Gustav Mahler: *3. Symphonie* (5. Satz: „*Bimm, Bamm*"). Mit elektronischen Klängen gestaltete Hermann Heiß den Glockenklang in der Inkantation seiner *Missa 1964*.
325 Vgl. de Sesa 1985, S. 69.

Melodie im Sopran vom Tonband, Responsory: Alleluia, Takt 109–120

Sie ist so kunstvoll andersartig rhythmisiert und akkordisch personant homophon begleitet, dass das Zitat beim Hören zunächst gar nicht auffällt. Er macht dadurch aber überdeutlich, dass es sich beim *Alleluia* um eine Art sphärische Bestätigung des „*A Simple Song*" handelt. Diese sphärische Wirkung wird noch durch die Tonbandeinspielung unterstrichen. Im letzten Teil greifen die Männerstimmen das Kanonthema wieder auf, die Frauenstimmen bleiben bei lang auszuhaltenden Alleluiatönen, bis das Ganze im Fadeout verklingt.

Bernstein gelingt es bereits mit den sehr unterschiedlichen Stücken zu Beginn von *MASS* die Gegensätze, die er während des Verlaufs des Werks deutlich herausarbeitet, anzudeuten.[326] Das *Kyrie* erklingt als Zeichen der „Entfremdung der Kirche vom Volk"[327] und der Entfremdung des Menschen vom Glauben mit mechanisch erklingender dissonanter Musik vom Tonband zum liturgischen Text. Dagegen steht die Einfachheit von „*A Simple Song*", die sich im Text, in der Erscheinungsweise des Sängers sowie in der liedhaft-tonalen Struktur manifestiert. Das uneingeschränkte sphärische Lob Gottes im *Alleluia* ruft mit seinen glockenartigen Klängen die Menschen zum eigentlichen Gottesdienstbeginn.[328]

---

326 Vgl. Gradenwitz 1990, S. 260.
327 Jaensch 2003, S. 146.
328 Vgl. hierzu auch Scheibler 2001, S. 200. Für die Sichtweise, dass das Glockengeläut erst den nachfolgenden Beginn des Gottesdienstes anzeigt, sprechen mehrere Aspekte: der Titel *Devotions before mass*, die zunächst zivile Kleidung des Zelebranten und dessen Einkleidung, die Betitelung der Folgeteile mit *First Introit* und *Second Introit* und das Herbeiströmen der „Gläubigen" zu Beginn des *First Introit*. Dagegen spricht die Verwendung des *Alleluia*-Textes, der eigentlich Teil der gottesdienstlichen Liturgie ist. Das *Kyrie* hingegen kann auch Teil der Gebete vor der Heiligen Messe sein. Vgl. hierzu Messbuch 1963, S. 433.

*Kurzanalyse der einzelnen Formabschnitte von **I. Devotions before Mass***
Dauer der Satzteile: 1.) 2:28 Minuten 2.) 3:46 Minuten 3.) 1:07 Minuten[329]

Abschnitt[330]	Tempo/Takt	Besetzung	Stimmen	Musikalisches Material	Besonderheiten
I,1 Kyrie a) Lautsprecher I rechts vorne	*Allegretto con spirito*; Viertel = 108; Länge Modell: 16 Takte; wechselnde Taktarten in Vierteln	Glockenspiel, Xylophon, Kleines Becken	Sopran-Solo: („*Kyrie eleison*")	Worte zum Teil in Silben zerlegt; virtuose Stimmführung im Sopran; Terzmotiv (zuerst im Glockenspiel, dann im Sopran) häufig; Modell läuft fast fünfmal identisch ab	Einsatzfolge: a), dann b), dann c), dann d); ab Einsatzpunkt gleichzeitiges Erklingen bis gleichzeitigem Abbruch![331] Tritonusrahmen im Sopran und Glockenspiel Takt 1–3; Dynamik bei Einsatz: *p*, *m*p
b) Lautsprecher II links hinten	*Andante sonore*; Viertel = 80; Länge Modell: 12 Takte; wechselnde Taktarten in Vierteln	fünf Pauken, Großes Becken	Bass-Solo; („*Kyrie eleison*")	Einsatz etwa bei Takt 7 von a); Worte immer vollständig; Modell läuft ca. sechsmal ab, beginnt aber „mittendrin" mit verändertem Anfangstakt	Dynamik bei Einsatz: *mp*, *mf*
c) Lautsprecher III rechts hinten	*Vivo*; punktierte Viertel = 96; Länge Modell: 18 Takte; wechselnde Taktarten vor allem in Achteln, auch in Vierteln	Vibraphon, vier Tempelblocks, Triangel	Sopran-II-Solo und Alt-Solo; („*Christe eleison*")	Einsatz etwa bei Takt 14 von b); Worte zum Teil in Silben zerlegt bis fast zum „Stottern"; Stimmen homophon geführt; Modell läuft fast viermal ab	Dynamik bei Einsatz: *f*

---

329 Die Angaben zur Aufführungsdauer der einzelnen Kompositionsteile beziehen sich auf Bernstein Mass Aufnahme 2004. Vgl. die in der Tabelle angegebenen Abschnitte.

330 Die Angaben zu musikalischen Abschnitten orientieren sich bezüglich der Großanlage an den Titeln und Bezifferungen Bernsteins (römische und arabische Zahlen). Die weitere Unterteilung orientiert sich im Verlauf der Messanalyse zum Teil an unterschiedlichen Aspekten, je nachdem, wie sich eine sinnvolle Unterteilung aus dem musikalischen Material und/oder dem Text ergibt. Speziell in Teil I,1 ist dies aufgrund der nur ungefähr vorgegebenen Einschaltung der Lautsprecher bzw. dem sich aus den verschiedenen Tempi ergebenden unterschiedlich schnellen Ablauf der Stimmen nur als Nacheinander-Einsetzen, jedoch ab dem jeweiligen Einsatz als gleichzeitiges Ablaufen der Lautsprechereinspielungen zu verstehen!

331 Zu beachten ist, dass die Einsatzpunkte im Vergleich zur vorher einsetzenden Stimme bei den Aufnahmen des Werks in etwa eingehalten werden. Allerdings erklingen die Tonbänder, je länger das Stück andauert, nicht exakt so, wie sie in Bezug auf die Gleichzeitigkeit in der Partitur notiert sind.

332 Psalmnummerierung nach masoretischer Zählung.

Abschnitt[330]	Tempo/Takt	Besetzung	Stimmen	Musikalisches Material	Besonderheiten
d) Lautsprecher IV links vorne	*Maestoso*; Viertel = 96; Länge Modell: 12 Takte; wechselnde Taktarten in Vierteln	Marimbaphon, Holzblock	Tenor-Solo, Bariton-Solo; („Christe eleison")	Einsatz etwa bei Takt 18 von c); Worte immer vollständig; „Ah" ergänzt; Stimmen polyphon geführt; Modell läuft zweimal ab und endet mit 1. Takt des 3. Einsatzes	Dynamik bei Einsatz: **ff**; fünf Generalvorzeichen (b); beim zweiten Modelldurchlauf spielt Holzblock durchlaufende 16tel-Sextolen als Steigerung; etwa an dieser Stelle tritt der Zelebrant in zivil auf die Bühne
I,2 „A Simple Song" (A)	1–19; *Tranquillo*	Akustikgitarre, E-Gitarre; ab Takt 14 auch Streicher con sordino, ab Takt 17 auch Harfe	Zelebrant (singt und spielt anfangs akustische Gitarre)	leerer Quintenklang in **fff** als Beginn; Melodik häufig Tonleiter absteigend (4+4+4 Takte), teilweise lydisch; „God" (Takt 14 ff.) durch Hochton e' erreicht durch Sextsprung, C-Dur, **pp** und Streicher hervorgehoben (6 Takte)	Generalvorzeichen (ein #, G-Dur) mit lydischen Anteilen und Ausweichungen; Wechsel zwischen verschiedenen Viertel- und Halbe-Metren
„I will sing to the Lord" (B)	20–32 (20–23 ist Zwischenspiel!); *Poco meno mosso*	zusätzlich Große Orgel	Zelebrant	4/4-Takt; Begleitung in Motivik und Überbindung in drei plus fünf Achtel geteilt (Verschiebung); tiefe Lage, durtonal	Übergang der beiden B-Teile durch Flötenmotiv absteigende lydische Leiter (Motivik aus „Sing God a Simple Song"); Textkompilation Psalm 96,1 / 104,33 / 146,2[332] und freie Texte
„Blessed is the man" (B')	33–40	zum Teil zusätzlich Drums	Zelebrant	Variation von B; Takt 36–38 Schlagzeugbegleitung (vgl. Pop)	Text angelehnt an Jer 17,7
„I will lift up my eyes" (C)	41–48	zum Teil zusätzlich elektrische Orgel im Piano-Modus; Streicher tacet	Zelebrant	neue Melodik mit zwei Quartsprüngen aufwärts zu Beginn (Textausdeutung); Begleitung in höherer Lage; Wechsel 3/4- und 4/4-Takt;	Textteil aus Psalm 121,1; Übergang der beiden C-Teile durch Flötenmotiv absteigende lydische Leiter (Motivik aus „Sing God a Simple Song")
„For the Lord is my shade" (C')	49–57	wieder Streicher	Zelebrant	siehe C;	Text zum Teil ähnlich Psalm 91; ein Knabe tritt auf

Abschnitt[330]	Tempo/Takt	Besetzung	Stimmen	Musikalisches Material	Besonderheiten
„Blessed is the man" (B' verkürzt)	58–63	s. o.	Zelebrant	siehe B'	zwei Knaben treten auf
Instrumental (B)	64–70	s. o.	tacet	Variation von B, Flöte ersetzt Sänger	Knabe nimmt Gitarre, Zelebrant erhält Robe; Generalvorzeichen (4 b, As-Dur-artig)
Lauda – „All of my days" Cadenza (freely); (Art Coda, D)	71–75, ab 72 a tempo (più lento)	s. o.; sparsam, ohne Große Orgel	Zelebrant	Zusammenführung des Materials aus allen Teilen: akkordische Begleitung (vgl. A); Melodie (vgl. C, in Teilen A (Lauda), B („All of my days")); Flöte aus A und Überleitungen	Unisono-C als Art Tonika am Ende (wird für Folgeteil zur Quinte von F umgedeutet, attacca)
I,3 Responsory: Alleluia (x)	76–88; „Precise and swinging"	Celesta, Marimbaphon, Vibraphon, Glockenspiel, Schlagzeug	Solostimmen: Sopran I und II, Alt, Tenor, Bariton, Bass	zwölftaktiges Melodiemodell von Solostimmen einstimmig vorgestellt, dazu bereits Kanoneinsätze der Begleitinstrumente, Dauerpuls Schlagzeug	Text: „Glockenklang"-Silben („Scat"-ähnlich); durch akzentuiertes Singen Glockenklang nachgeahmt; Dynamik: Beginn **pp**, Steigerung bis **f**, wieder abschwellend
(y)	89–109	s. o.	s. o.	Kanon in Einsatzfolge: Alt, Sopran II, Sopran I, Tenor, Bariton, Bass jeweils in Zwei-Takt-Abstand; jeweils einmal gesungen, dann Halteton; Instrumente meist colla parte, Dauerpuls Schlagzeug	Formteile überlappend
(z)	109–120	s. o., zusätzlich Becken und Glocken	s. o.	homophon, Melodik aus I,2 zitiert (Takt 33–40), aber rhythmisch verändert und personant akkordisch unterlegt; Begleitung durch nur einzeln eingeworfene Akkorde	Text: „Alleluia"; Dynamik: **ff** bis **p** abschwellend; Formteile überlappend

Abschnitt[330]	Tempo/Takt	Besetzung	Stimmen	Musikalisches Material	Besonderheiten
(y')	120–133	wie y	s. o.	Kanon in Einsatzfolge: Bass Bariton, Tenor; auslaufend, dazu Haltetöne Frauenstimmen; Instrumente colla parte, Dauerpuls Schlagzeug	Text: *„Alleluia"* (Frauen) und „Glockenklang"-Silben (Männer); Dynamik: ***pp*** bis Fadeout

4.2. II. First Introit (Rondo)

1. *Prefatory Prayers*
2. *Thrice-Triple Canon: Dominus vobiscum*

Introitus bezeichnet liturgisch gesehen den Gesang zum Einzug des Priesters, der zum Proprium gehört und vor dem Ordinariumsteil Kyrie erklingt. Bernstein benutzt auch diesen Begriff wieder frei und fasst unter dem Begriff *Prefatory Prayers*[333] mehrere Texte zusammen, die (mit Ausnahme des ebenfalls erklingenden *Kyrie*) auch zu den sogenannten „Vorbereitungsgebeten" der Messfeier gehören. Hierzu sind zu rechnen:[334]

- „*Gloria Patri*": kleine Doxologie, Ende des Psalms[335]
- „*Introibo ad altare*": Stufengebet,[336] wird auch in englischer Übersetzung frei verarbeitet: „*Here I go up*"
- „*Asperges me*": zur Austeilung des Weihwassers während des Jahres[337]
- „*Emitte lucem*": Ausschnitt aus Psalm 42 (wie auch *Introibo*)[338]
- „*Ostende nobis*"[339]
- „*Vidi aquam*": zur Austeilung des Weihwassers in der österlichen Zeit[340]

Die musikalische Ausgestaltung dieser Bitt- und Hoffnungstexte steht hingegen im krassen Gegensatz zu dem, was man erwarten würde.[341] Schrille, ausgelassen-fröhliche Jahrmarktsmusik mit Blaskapelle, Schlaginstrumenten und passendem Gesang, stilistisch durch E-Musik-Einflüsse überhöht, begleitet bereits das Hereingehen der Gläubigen. Damit wird auch der Streetchorus vorgestellt (quasi Gläubige, die sich begrüßen), wiederum unter Verwendung des bereits bekannten Terz-Sekund-Motivs. Mit Ausnahme des „*Gloria Patri*", das in zwei Abschnitten vertont wird, erhält jeder Textteil seine eigene

---

333 Nicht zu verwechseln mit der Präfation, dem Hochgebet vor der Wandlung.
334 Vgl. auch Scheibler 2001, S. 201.
335 Vgl. Messbuch 1963, S. 436.
336 Ebd.
337 Ebd., S. [412] (Klammerung gehört zur Seitenangabe!).
338 Ebd., S. 436.
339 Ebd., S. 440.
340 Ebd., S. [413].
341 Vgl. auch Scheibler 2001, S. 202.

musikalische Ausgestaltung,[342] welche dann durch die Blaskapelle nochmals wiederholt wird. Das Ganze klingt wie eine Persiflage auf die eigentlich zu erwartende kontemplative Feierlichkeit, könnte aber auch als ausgelassen-fröhliche Interpretation des Gottesglaubens ausgelegt werden – die natürlich gewisse Grenzen bewusst überschreitet. Lediglich die Abschnitte, die der Knabenchor gestaltet (Takt 137–173), erhalten durch die verwendeten Instrumente Orgel und Holzbläser und die Reinheit der Knabenstimmen einen anderen Charakter. Dieser aber wird durch die am Ende dieser Abschnitte „hereinbrechende" Marching Street Band und die rondoartige Wiederkehr vieler musikalischer Abschnitte jäh beendet. Besonders die Verwendung der Kangoos, einer Art Fastnachtströte, durch den Knabenchor ab Takt 219 und das in den Instrumentalteil fast hineingeschrieene „*Alleluia*"[343] zeigen den Höhepunkt der satirischen Überzeichnung.

Ein Glockenklang dient als Nahtstelle zum *Thrice-Triple Canon: Dominus vobiscum*. Völlig überraschend taucht der Hörer wieder in ganz traditionelle musikalische Strukturen ein: Der Zelebrant stimmt einen A-cappella-Kanon an, der durch den Knabenchor bis zur Neunstimmigkeit ausgeweitet wird. Eine Melodiezeile ist genau neun Takte lang und ist durch drei jeweils dreitaktige Abschnitte mit dem dreimal in einer Melodiezeile gesungenen Text „*Dominus vobiscum et cum spiritu tuo*" gegliedert (Einsatzabstand in der Regel zwei Takte, zweimal singt jede Stimme die Melodie und läuft dann aus):

Oberstimme im Knabenchor, Thrice-Triple Canon: Dominus vobiscum, Takt 240–248

Die Melodie des Kanons ist vor allem aus fallenden Terzen und ansteigenden Tonleiterausschnitten aufgebaut. Da die fallenden Terzen aneinandergereiht werden, ergibt sich eine Spiegelung des Terz-Sekund-Motivs (Richtungswechsel des Motivs). Außerdem erinnert es an etliche Themen der vorangegangenen *Prefatory Prayers*.[344] Die kurze liturgische Textformel, die an etlichen Stellen im Gottesdienst vorkommt,[345] erhält so eine

---

342 Motivische Bezüge zwischen den einzelnen Abschnitten sind durchaus erkennbar (z. B. die Terz als Kompositionsstruktur). Einzelbelege würden hier zu weit führen, zumal diese Bezüge augenscheinlich sind. Einige Hinweise hierzu gibt auch de Sesa 1985, S. 74–82.

343 Dieses eingeworfene „*Alleluia*" erinnert durchaus auch an die Alleluja- oder Amenrufe in einer Pfingstgemeinde. Ebenso kann man eine gewisse Ausgelassenheit im Gottesdienst auch den Pfingstgemeinden zusprechen. Möglicherweise wurde auch Bernstein diesbezüglich beeinflusst.

344 Z. B. fallende Terzmotivik bei „*Introibo*" (Endintervall verschiedener Motive Takt 44–46 und weitere), „*Ad Deum*" (bei „*Deum*", Takt 57–58 und weitere), „*Emitte*" (parallele Terzen, Takt 87–94) und „*Vidi aquam*" (bei „*aquam*", Takt 113 und weitere) sowie lineare Tonleiterausschnitte bei „*Patri et Filio*" (ansteigend, Takt 29 und weitere) und „*Sicut erat*" (fallend bei „*erat*", Takt 36–37).

345 Z. B. nach dem Gloria, vor dem Evangelium, zur Gabenbereitung, während des eucharistischen Dankgebets und vor dem Schlussgebet.

Vertonungsweise, die durch die häufige Verarbeitung der Zahl Drei und deren Produkt mit sich selbst (Neun) die Bedeutungsebene der Trinität nahe legt.

Kurzanalyse der einzelnen Formabschnitte von **II. First Introit (Rondo)**
Dauer der Satzteile: 1.) 5:06 Minuten 2.) 0:42 Minuten[346]

Abschnitt	Takt	Besetzung	Stimmen	Musikalisches Material	Besonderheiten/ Details
II,1 Prefatory Prayers Vorspiel	1–6; Allegro giocoso; Alla breve	Blaskapelle (Marching-Streetband): mit Holz- und Blechbläsern (einschließlich Piccoloflöte), Schlagzeug, Glockenspiel, Becken	tacet	Terz-Sekund-Motiv aus I,1 gleich dreimal im **fff** (Trompete), Begleitung nachschlagend, Art Stride-Bass (mit Dissonanzen!), Jahrmarktsmusik (fast durchgängig bis Ende des Stücks!)	„The stage is suddenly flooded with people, light and music"; instrumentale Vorwegnahme des Materials aus A
Kyrie (A)	7–17	Blaskapelle	Streetchorus	Terz-Sekund-Motiv in Sopran und Alt und Instrumenten; **ff**	gesamter Kyrie-Christe-Text, zum Teil gleichzeitig; Jahrmarktsmusik, tänzerisch auch in den Singstimmen, viel Chromatik
Zwischenspiel (nochmal A)	18–27	Blaskapelle	tacet	vgl. A	
„Gloria Patri" (B)	28–35	Blaskapelle	Streetchorus	häufig Off-Beats, auch teilweise in Stimmen, teilweise lineare Melodik	Kyrie-Text dazwischen
„Sicut erat" (C)	36–42	Blaskapelle, Holzblock, Tamburin	Streetchorus ohne Bass	teilweise Bläser ausgedünnt; Alt und Tenor parallel; Kanon im Einklang im 2/4-Abstand; bis **ff**	
Introibo (D)	42–49	Blaskapelle und Street-Instruments: Holzblock, Tamburin (nur in diesem Abschnitt)	nur Bass des Streetchorus	**fff**; tiefe Bläser stützen Bass; hohe Bläser ausgespart	
Zwischenspiel (nochmal D)	50–55 *Festoso*	Blaskapelle	tacet	vgl. D, Bläser tutti	

---

346 Vgl. die in der Tabelle angegebenen Abschnitte.

Abschnitt	Takt	Besetzung	Stimmen	Musikalisches Material	Besonderheiten/ Details
„Ad Deum" (E)	56–63	Blaskapelle	Streetchorus	Taktwechsel	„Ad deum …" ist textliche Weiterführung des *Introibo*
Zwischenspiel (nochmal E)	64–72	Blaskapelle	tacet	vgl. E	
„Asperges me" (A')	73–80	Blaskapelle	nur Sopran und Alt des Streetchorus ab Takt 73	wieder Terz-Sekund-Motiv; **fff-pp**	Instrumente etwas „ausgedünnt"
Zwischenspiel (nochmal A')	81–86	Blaskapelle	tacet	vgl. A'	
„Emitte lucem" (F)	87–94	Klarinette, Fagott, Akkordeon optional	zwei Sopran-Soli	Terzparallelen; einmal 3/2-Takt bringt alles aus dem „Lot"; **p**, staccato	klingt „lächerlich"
Zwischenspiel (nochmal F)	95–100	Blaskapelle	tacet	vgl. F; **ff**	
„Ostende nobis" (G)	101–108	Blaskapelle	nur Alt und Bass des Streetchorus	**f**; viele Vorschläge	Art „Zwiefacher" durch Wechsel der Taktarten
Zwischenspiel (nochmal G)	109–112	Blaskapelle	tacet	vgl. G verkürzt; **ff**	
„Vidi aquam" (H)	113–136	Blaskapelle	Streetchorus alle; Sopran und Zelebrant extra geführt	jeweils im dritten Takt Basstuba ein Ton im **sffz** (klingt wie „schlechte" Blasmusikqualität); Takt 117 zusätzlich „*Alleluia*"-Einwurf des Chores (vgl. Pfingstler); **p-ff**	Viertonmotiv des „*Vidi aquam*" wie „*Dies irae*" aus Gregorianik (Zitat?), punktiert; Ein-Takt-Einschübe bringen noch mehr aus dem „Lot"
Kyrie (I)	137–146; Allegretto con grazia	Große und elektrische Orgel sowie in instrumentaler Überleitung Blaskapelle (Takt 144–146)	Knabenchor, Streetchorus	etwas graziösere Achtelmelodik des Knabenchors im **p**, Streetchorus antiphonal zu Knabenchor, allerdings punktiert im **f**; 7/8-Takt	Zwischenspiel der Blaskapelle wieder sehr marschartig und laut
„Here I go up" (J)	147–166	Große Orgel, Holzbläser	Knaben-Solo, ab Takt 158 und Knabenchor	Wort-Ton-Ausdeutung durch ansteigende Melodik (mehrere Hochtöne); sobald Chor einsetzt polyphon, imitierend, Achtelmetrum	englischer Text in etwa Übersetzung des Introibo

Abschnitt	Takt	Besetzung	Stimmen	Musikalisches Material	Besonderheiten/ Details
Kyrie (I')	167–173	Große und elektrische Orgel	Knaben-Solo, Knabenchor, Streetchorus	vgl. I; Steigerung bis **ff**	
A"	174–183	Blaskapelle	tacet	**ff-f**, Terz-Sekund-Motiv nochmals deutlich, vgl. A (nur einmal)	ab hier: „Instrumental dance reprises"
F'	184–197	Blaskapelle	tacet	**mf-ff**, vgl. F	
D'	197–211	Blaskapelle	tacet	**ff**; vgl. D	
E'	212–218	Blaskapelle	tacet	**ff**; vgl. E (nur einmal)	
H'	219–230	Blaskapelle und Kazoos	Streetchorus, Knabenchor	**pp-ff**; vgl. H (nur einmal); kurzer „Alleluia"-Einwurf der Stimmen	Knaben spielen Kazoos (Art Fastnachtströte); Ende mit Glockenschlag
II,2 Thrice-Triple Canon: Dominus vobiscum	231–262 (plus 5 Takte aus III,1)	tacet	Zelebrant, neunstimmiger Knabenchor	neuntaktiges Thema, bei dem dreimal der Text „Dominus vobiscum" gesungen wird; jede Stimme singt zweimal Thema, Einsatzabstand in der Regel zwei Takte (nur anfangs nicht); Themenmaterial aus vorherigen gewonnen (hauptsächlich fallende Terz, aufsteigender Leiterausschnitt)	A-cappella; regelgerechte Stimmzunahme bis zur Neunstimmigkeit, dann wieder Abnahme; in das Ende spricht der Zelebrant „In the name of the Father..."[347]

4.3. III. Second Introit

1. *In nomine Patris*
2. *Prayer for the Congregation (Chorale: „Almighty Father")*
3. *Epiphany*

In den auslaufenden Kanon *Dominus vobiscum* spricht der Zelebrant sein „In the name of the Father, and the Son, and the Holy Ghost", eröffnet damit quasi den Gottesdienst und nimmt den lateinischen Text des Folgestückes *In nomine Patris*[348] vorweg. Vom Tonband erklingen Männer- und Knabenstimmen von einer Folkband begleitet. Vor allem durch das 3/8- plus 3/4-Metrum mit seinen ständigen Verschiebungen und der Schlag-

---

347 Diese fünf Takte gehören nominell und textlich bereits zu III,1, musikalisch aber eindeutig zum *Dominus vobiscum*. Die neue Taktzählung beginnt beim Einsatz des Tonbands „In nomine Patris".
348 Das „In nomine Patris, et Filii, et Spiritus Sancti. Amen." ist eigentlich die offizielle Eröffnung des Gottesdienstes nach dem Einzug. Vgl. Messbuch 1963, S. 436.

werkbegleitung entsteht eine freudig-tänzerische Atmosphäre.[349] Die Melodie ist wiederum abgeleitet aus dem Terz-Sekund-Motiv:[350]

Melodie mit Terz-Sekund-Motiv im Tenor vom Tonband, In nomine Patris, Takt 6–8

Durch einige ungewöhnliche Instrumente (etwa Schalmei, Oboe d'amore), die Spielweise derselben (z. B. glissandoartig vor allem im rein instrumentalen Abschnitt, akzentuiert) und überraschende harmonische Wendungen (Mediantik) wird der Hörer an Folklore aus dem asiatischen Raum erinnert. Anklänge an Klezmer-Musik sind durchaus zu hören. Entsprechend fremd klingt die Musik in einem „katholischen Gottesdienst". Nachdem der Zelebrant in das ausklingende instrumentale *In nomine Patris* sein „*Let us rise and pray*" gesprochen hat, spielt ein Solo-Horn die augmentierte Melodie desselben und leitet so über zum folgenden A-cappella-Choral „*Almighty Father*". Dessen Melodietöne sind die gleichen wie die des vorangegangenen Teils. Die unterlegte Harmonik ist persönant bis dissonant. Lediglich bei den Phrasenenden erklingen reine Dur- oder Mollakkorde. Der Choral klingt sphärisch und erinnert an hochromantische Chormusik, ebenso auch an den Schlusschor aus Mahlers achter Symphonie „*Alles Vergängliche ist nur ein Gleichnis*".[351] Der Text um den Segen des Allmächtigen für alle Anwesenden und das Haus[352] kann durchaus überreligiös aufgefasst werden. So ist ein kleines Stück mitten in *MASS* fast der Welt enthoben, aber nur fast, da an zwei Stellen dann doch noch das pulsierende Metrum des Schlagwerks aus *In nomine Patris* im Hintergrund auftritt, welches auch die Verbindung zu *Epiphany* herstellt.

Wiederum vom Tonband erklingt nun solistisch eine Oboe, deren Spiel ziellos oder orientierungslos klingt. Dies wird noch durch den Einsatz von Lautsprechern an verschiedenen Seiten, die wechselnd zu- und abgeschaltet werden, unterstrichen. Allerdings beginnt und endet die Melodie mit dem Terz-Sekund-Motiv. Sie erhält dadurch einen klaren Rahmen. Nach dem Eingangsmotiv folgt eine zwölftönige Melodie,[353] die sich zu Motiven entwickelt, die an Olivier Messiaens Vogelstimmen erinnern.[354] Was der Titel *Epiphany* zu bedeuten hat, wird nicht ganz klar. Ist es die Erscheinung Christi in menschlicher Gestalt, die in der katholischen Kirche am 6. Januar gefeiert wird oder ist es das

---

349 Vgl. auch Eingangschor (Nr. 1) und „*Better is peace*" (Nr. 13) der Jenkins-Messe mit ähnlicher Technik.
350 Vgl. auch de Sesa 1985, S. 85.
351 Vgl. Gottwald 1976, S. 283. Eine ähnliche Gestaltungsart kann man im Schlusschor „*God shall wipe away all tears*" der Jenkins-Messe finden.
352 Der Segen für das Haus kann sicher auch auf den aktuellen Anlass der Uraufführung bezogen werden. Vgl. de Sesa 1985, S. 68.
353 Eine genaue Aufschlüsselung der Tonfolge nach dodekaphonen Aspekten findet sich in de Sesa 1985, S. 92–95.
354 Ob Bernstein Messiaens Vogelstimmen kannte, ist nicht nachweisbar. Seine *Turangalila-Symphonie* hat er mit dem Boston Symphonie Orchestra aufgeführt. Vgl. Burton 1994, S. 263.

Suchen des Gläubigen nach Halt oder ist es der Moment einer Erleuchtung? Zumindest wirkt diese „Erscheinung" leblos.

Völlig unterschiedliche Stile und durch die Musik geweckte Emotionen prallen hier aufeinander. Im Choral scheinen alle geeint und singen zusammen. Welt, Kirche, Gott, Mensch, Zweifel, Glaube, alles wurde bis hierhin vorgestellt und im weiteren Verlauf weiter individualisiert.

Noch in die Vogelstimmen der Oboe hinein spricht der Zelebrant sein Bekenntnis *„I confess to Almighty God, to blessed Mary ever Virgin ..."* (Ich bekenne Gott, dem Allmächtigen ...) und nimmt damit wiederum den folgenden lateinischen Text des Chors *Confiteor* vorweg.

Kurzanalyse der einzelnen Formabschnitte von **III. Second Introit**
Dauer der Satzteile: 1.) 2:03 Minuten 2.) 1:39 Minuten 3.) 0:56 Minuten[355]

Abschnitt	Takt	Besetzung	Stimmen	Musikalisches Material	Besonderheiten/ Details
III,1 Beginn	1–4	tacet	Zelebrant, Knabenchor	aus II,2 überhängend; zwei Stimmen aus Kanon	Zelebrant kniet; spricht *„In the name..."*
In nomine patris	5–23	Tape: Folkband, diverse Schlaginstrumente, Streicher (Violine oder Viola d'amore), Holz (Oboe oder Schalmei, Piccoloflöte, Horn)	Tape: Männer- und Knabenstimmen (nur zweistimmig)	3/8- und 3/4-Takt; „fast and primitive", D-Dur verfremdet (durch leiterfremde Töne, Mediantik (Takt 18–19), kirchentonale bis fremdländische Anklänge; ***p-ff***	Ministranten bringen liturgisches Gerät; Chor setzt sich; Melodie auch aus Terz-Sekund-Motiv abgeleitet!
	24–50	s. o.	tacet	Takt 24–37: Verarbeitung der Motivteile; Takt 38–50: Variation von Chorteil	instrumental
„Coda"	51–60	s. o.; Horn solo	tacet	Percussion und Liegeton *d*; darüber Solo-Horn erstes Thema augmentiert (wird dann „Almighty Father...")	Zelebrant: *„Almighty Fahter, bless this house..."*

---

355 Vgl. die in der Tabelle angegebenen Abschnitte.

Abschnitt	Takt	Besetzung	Stimmen	Musikalisches Material	Besonderheiten/ Details
III,2 Prayer for the Congregation (Chorale: „Almighty Father")	1–19	Drums (nur kurz)	vierstimmiger gemischter Chor A-cappella	Melodie des *In nomine Patris* wird aufgegriffen, in Choralsatz als Melodie augmentiert verarbeitet; D-Dur personant bis dissonant; nur Phrasenenden jeweils mit Dur-Moll-tonalen Akkorden (h- und fis-Moll, E-, F-, D- und A-Dur); Anfang D, Ende leere Oktav d	Takt 4–5 und 19 für Choral untypischer Schlagzeugeinsatz (Rhythmus aus III,I); feierlich-ruhig (**pp-ppp**); Gläubige setzen sich
III,3 Epiphany (Erscheinung)		Tape: Oboe solo; Takt 12 und 16 E-Piano und Tam-Tam	Zelebrant	Beginn und Ende mit *Kyrie*-Motiv; teilweise dodekaphon; erinnert an Vogelstimmen bei Messiaen	Oboe dodekaphonisch; Oboe kommt von verschiedenen wechselnden Lautsprechern è „Umherirren"; Zelebrant spricht ab Takt 16 „*I confess* ..." als Überleitung zu IV

4.4. *IV. Confession*

1. *Confiteor*
2. *Trope: „I Don't Know"*
3. *Trope: „Easy"*

In *Confession*, eigentlich Bekenntnis, erwartet man traditionell das Confiteor, das Schuldbekenntnis, mit dem sprichwörtlich gewordenen „*Mea culpa, mea maxima culpa*", das vor Gott, allen Heiligen und den anwesenden Brüdern im Glauben abgelegt wird. Dieser Teil des lateinischen Messritus findet auch zu einem großen Teil Verwendung.[356] Mag man auch erwarten, dass die Musik bei einem Sündenbekenntnis kein reiner Schönklang ist, dürfte die Schroffheit der musikalischen Gestaltung doch erstaunen. Die Musik bricht herein wie ein großes Unheil: Polytonal, im Fortissimo, mit starkem Schlagwerk und Blech, mit bis zu zwölfstimmigem Chor peitschen die Akkorde auf die Zuhörer ein. Dabei erklingt beim *Confiteor* melodisch ein gebrochener Molldreiklang abwärts, der mit c-Moll und A-Dur harmonisiert wird – der weitest möglichen Entfernung von Medianten. Das Motiv erscheint während dieser musikalischen Nummer immer wieder. Danach folgen mechanisch wirkende, antiphonal zwischen Frauen- und Männerstimmen strukturierte „Rezitationen", die nur entfernt an Psalmtonmodelle erinnern. Beim mit „Swinging" überschriebenen Abschnitt hingegen („*Mea culpa*"), verwirrt die Leichtigkeit, mit der

---

356 Vgl. Messbuch 1963, S. 438. Eigentlich steht dieser Teil nach dem *Introibo* im Eröffnungsritus.

mit der Schuld musikalisch umgegangen wird (Schnippen, E-Bass, Musicalklang).[357] Das Bekenntnis wird abgelegt. Es wirkt aber unecht, brutal, verzweifelt, erzwungen oder ins Lächerliche gezogen.

Es folgt nicht die zu erwartende Lossprechung von den Sünden, sondern das Bekenntnis persönlichen Zweifels. Vorgetragen wird dies jeweils von einem Darsteller, von einer Rockband in Trope: „I don't know" beziehungsweise einer Blues-Combo in Trope: „Easy" in zeitgemäßem Rock-Pop-Musical-Stil begleitet.

Mit der Bezeichnung „Trope" greift Bernstein die Bedeutung des mittelalterlichen Tropus auf. Unter Tropus verstand man eine Erweiterung eines gregorianischen Gesangs entweder durch Textunterlegung bereits vorhandener melismatischer Teile oder Neukomposition und Texierung als Ergänzung. Dabei diente der neue ergänzte Text immer als eine Art Kommentar. So ist es auch in MASS: Der moderne Mensch, vertreten durch Rockband und Streetchorus, zweifelt an den überlieferten, feststehenden rituellen Formeln. Er konfrontiert diese mit seinem Leben in der zweiten Hälfte des 20. Jahrhunderts. Im Trope „I Don't Know", der von einem Rocksänger dominiert wird, zeigen sich nicht nur Zweifel und Unsicherheit, sondern auch der unbändige Wille, trotzdem alles verstehen zu wollen. Gefühl, Worte und Taten stimmen nicht überein, was als großer Mangel empfunden wird:

> „What I say I don't feel
> What I feel I don't show
> What I show isn't real
> What is real, Lord – I don't know,
> No, no, no – I don't know."

Diese Aussage zur eigenen Orientierungslosigkeit und Selbstentfremdung wird mehrfach getroffen (deutliche Betonung auf „No") und immer wieder mit neuen Themen konfrontiert (Infragestellen der Beichte, Liebe und deren Zerbrechen). Auch das am Ende des Abschnitts instrumental auftretende Confiteor-Thema in Takt 146 bis 147 kann daran nichts ändern. Im Trope: „Easy" zeigen nacheinander verschiedene Rock- und Bluessänger ihre Glaubenszweifel, aber auch ihre persönliche Verzweiflung auf (jeweils mit der zugeordneten Begleitung und Melodik der beiden Gruppierungen). Thematisiert werden Heuchelei, Vertrauensverlust, Promiskuität, Schmeichelei, immer wieder kommentiert mit „It's easy" – Es ist leicht, so zu sein.

Ohne eine Antwort auf die aufgeworfenen Fragen zu geben, setzt wieder der Chor ein und spult zunächst die Anrufung der Heiligen herunter, um dann mit Macht das Confiteor den Zweifeln entgegenzusetzen. Dies klingt wie eine Zurechtweisung der vom rechten Weg Abgekommenen. Kurze Zeit scheinen die Rock- und Bluessänger sprachlos zu sein. Sie schließen sich dann aber stimmgewaltig im dreifachen Forte zusammen, um nochmals den Haupttext „What I say I don't feel ..." zu singen. Die Musik beruhigt sich, noch immer mit musikalischen Fragmenten aus dem Confiteor durchsetzt, die aber ihre Kraft verloren haben. Das Stück mündet in der durch den ersten Rocksänger rezitativisch vorgetragenen Bitte, Gott möge ihm jetzt zeigen, wohin er gehen könne, sonst könnte es zu spät sein.

---

357 Vgl. „Cool" aus dem ersten Akt von Bernsteins West Side Story.

Wie um alle wieder zu sammeln, spricht nun der Zelebrant seine Vergebungsformel und fordert zum Gebet auf, auch er, ohne Antworten auf die Fragen der Menschen zu geben.

*Kurzanalyse der einzelnen Formabschnitte von **IV. Confession***
Dauer der Satzteile: 1.) 2:11 Minuten 2.) 1:30 Minuten 3.) 4:42 Minuten[358]

Abschnitt	Takt	Besetzung	Stimmen	Musikalisches Material	Besonderheiten/ Details
IV,1 Confiteor (A)	1–10; Allegro pesante	Orchester (Streicher, zwei Orgeln, Harfe, Percussion, Glockenspiel, Xylophon)	gemischter Chor bis zur Zwölf- stimmigkeit	Chor und Orchester polytonal median- tisch (Frauenstimmen – Männerstimmen, zum Teil horizontal, zum Teil linear); melo- discher Dreiklang; verschiedene Tonarten	ständige Taktwechsel im gesamten Stück; **fff-pp**
(B) „Beatae Mari- ae ..."	11–34	Orchester	gemischter Chor bis zur Sieben- stimmigkeit	Art antiphonaler Gesang zwischen Männer- und Frauenstimmen („psalmodisch" mit Tonwiederholungen), ab Takt 22 zum Teil Unisono-Chor mit Ganztonleiter im *ppp* (hier Begleitung sehr sparsam)	Orchester wird leiser; Instrumente nehmen ab, übrig bleibt Schlagwerk
(C) „Mea culpa, ideo precor"	35–61 „Swing- ing"	Rockband (elektrische Gitarre und Bassgitarre, Keyboard, zum Teil Streicher pizzicato)	gemischter Chor, zunächst nur Sopran und Alt, danach alle	Beginn in Gitarre: Zwölfton; „Mea culpa": Takt 44–48; Sopran: Takt 51–55, meist in Terzen, da- nach „Ideo precor" ein- stimmig mit immer gleichem Motiv (darin Terz-Sekund-Motiv enthalten); auch ständiger Achtelpuls der Begleitung aus (A)-Material gewon- nen; *mf-f*	Chormänner schnip- pen fast durchgän- gig; Musical- Musik[359] verfremdet rituellen Text und die dabei stattfin- dende Handlung der Segnung der liturgischen Geräte

---

358 Vgl. die in der Tabelle angegebenen Abschnitte.
359 Vgl. ebd.
360 Ab dieser Stelle gibt es eine Differenz zwischen der Taktzählung des Klavierauszugs und der Partitur um einen bis sieben Takte (schwankend). Die Autorin richtet sich nach der Zählung im Klavierauszug, da dieser allgemein besser zugänglich ist.

Abschnitt	Takt	Besetzung	Stimmen	Musikalisches Material	Besonderheiten/ Details
(B') „beatam Mariam"	62–77	Orchester	gemischter Chor	vgl. (B), letzter Teil wird weggelassen; **pp-ff**	Textähnlichkeit wird mit thematischer Verwandtschaft umgesetzt; immer wieder wird „Ideo precor"-Motiv (Alt) ergänzt
(A') „Orare"	78–83	Orchester	gemischter Chor	vgl. (A); **ff**	
IV,2 Trope: „I Don't Know"; (D) „Lord, I could go confess"	84–103 (L'istesso Tempo, Heavy Blues)	Rockband	Streetchorus (Takt 1–3); danach erster Rocksänger (Tenor)	Confiteor-Text und Motiv überleitend (daraus wird Begleitmotiv der Gitarre gewonnen); Melodie vierteilig mit dreimaliger Sequenz; dazwischen Confiteor-Motivik: durchgängiger Achtel-Puls	formale Anlage IV,2 mit der von Popmusik vergleichbar; Zweifel werden in Tropus zum Ausdruck gebracht (wie schon früher eine Art Kommentar); Thema: Beichten nicht möglich
(D') „What I say I don't feel"	104–120	Rockband, Horn, Trompete	erster Rocksänger	wie (D), etwas erweitert; **p**, erst bei „No, no, no" **f** (Verneinung der traditionellen Texte?)	Thema: Selbstentfremdung; Haupttext, der mehrfach gesungen wird: „What I say I don't feel"
(E) „I don't know"	121–135; (Piu mosso)	s. o.	erster Rocksänger	**p-ff**; Steigerung durch Aufsteigen der Tonhöhe und Akzente	Temposteigerung; Thema: Liebe und Zerstörung derselben
(D') „What I say I don't feel"	136–147	s. o.	erster Rocksänger und hohe Männerstimme	„No" hervorgehoben	Steigerung durch zweiten Sänger (**ff**); Thema: Selbstentfremdung (Haupttext!)
IV,3 Trope: „Easy" (F) „Well, I went to the holy man"	148–173	Blues-Combo (Percussion, Keyboard, Bassgitarre); andere Bühnenseite	erster Bluessänger (hoher Bariton)	nachschlagende Begleitung; Betonungsverschiebung zwischen Begleitung und Stimme ab Takt 167	Hauptmelodik aus IV,2 wird aufgegriffen; Thema: Beichte und Heuchelei bei derselben („mea culpa pantomime"); „It's easy" als Hauptaussage, die in **f** wiederholt wird (vorher **p**)
(D") „I don't know where to start"	174–192[360]	Rockband	zweiter Rocksänger (Bariton)	nachschlagende Begleitung	Thema: Vertrauen; Hauptaussage abgewandelt im Text, Musik bleibt

Abschnitt	Takt	Besetzung	Stimmen	Musikalisches Material	Besonderheiten/ Details
(F) „If you ask me"	193–211	Blues-Combo (zum Teil mit Posaune und Tuba)	zweiter Bluessänger (Alt)		Thema: Promiskuität; Haupttext: „It's easy"
(D''') „What I need I don't have"	212–225	Rockband mit Horn und Trompete	dritter Rocksänger (hoher Bariton)		Thema: Selbstentfremdung; Hauptaussage im Text gewandelt, Musik bleibt
(F) „If you ask me"	225–249	Blues-Combo (zum Teil mit Posaune und Tuba)	dritter Bluessänger (Bariton)		Formteile überlappend: Thema: Schmeichelei, Falschheit
(D'''') „Lord, I could go confess"	249–257	Blues-Combo	drei Rocksänger und drei Bluessänger	motivische Fragmente; **pp**	Textfragmente aus dem Vorherigen (Verunsicherung?)
CODA (B')	258–282	Orchester	gemischter Chor	Coda mit musikalischem Material aus IV (D, B, A); quasi Zusammenfassung	Confiteor-Text; **ppp–fff**
(D''''')	283–300	Rockband, Blues-Combo mit Blechbläsern und Horn	drei Rocksänger und drei Bluessänger	alle bis zum **fff** – nochmalige Bestätigung der Verunsicherung und Selbstentfremdung – auch nach Confiteor	Steigerung in Takt 282–300: Blues-Combo und Rockband, alle sechs Solosänger und hohe Männerstimme unisono, Thema: Selbstentfremdung Hauptaussage
(D''''' und A')	301–318	Rockband, ab Takt 312 Blues-Combo	erster Rocksänger, ab Takt 313 erster Bluessänger	rezitativisch reduziert; **p-pp**; Begleitakkord in Takt 312 aus Confiteor-Orchester; Confiteor-Einwurf des ersten Bluessängers	Zielpunkt Takt 301–318, Thema: Aufforderung, Gott möge sich jetzt zeigen, Motivik „zerrissen"; Zelebrant spricht am Ende „God forgive you", alle antworten

Zum ersten Mal in *MASS* erklingen nicht nur liturgische und christlich geprägte Texte in ungewöhnlicher, von einigen sicher als respektlos empfundenen Vortrags- und Vertonungsweise. Der Zweifel und die Probleme werden nun direkt in Worten angesprochen und erreichen in zeitgemäßem populärem Musikstil die Menschen. Es wird deutlich, dass manch „schräg" oder sehr „weltlich" vertonter liturgischer Text zu Beginn von *MASS* bereits die Andeutung der Entfremdung der Menschen von diesen alten Riten bedeutete. Zum ersten Mal wird die Enttäuschung der Menschen über Gott und Religion beim Namen genannt. Für die einen ein Sakrileg, für die anderen die Grundlage echten Glaubens.

4.5. V. Meditation No. 1 (orchestra)

Mit *Meditation No. 1*,[361] einem reinen Instrumentalstück, erhalten alle Beteiligten die Gelegenheit, über das vorher Gesprochene und Erlebte nachzudenken. Thema 1 erklingt zunächst laut und dramatisch-verzweifelt mittels deutlichem c-Moll-Bezug, der Verwendung des Terz-Sekund-Motivs in Krebsvariante in Verbindung mit einer deutlichen Punktierung und einer Begleitung in Septimen:

Terz-Sekund-Motivik, Meditation No. 1 (orchestra), Klavierauszug, Takt 1–2

Versöhnlicher erscheint das Thema ab Takt 11 leise auf der Orgel, die mit ihrem Klang sofort den Kirchenraum evoziert.

Thema 2 ist wiederum aus der Motivik des ersten Themas entwickelt:

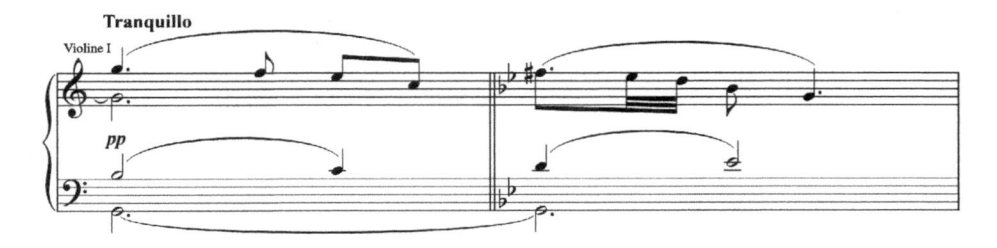

Beginn des zweiten Themas, Meditation No. 1 (orchestra), Klavierauszug, Takt 17–18

Durch die weiche Tongebung der Streicher, die G-Dur-Sphäre und die tonalere Begleitung erhält es aber eine wesentlich versöhnlichere Grundstimmung.

Der nächste Abschnitt, der wie eine Art polyphone Durchführung der beiden Themen anmutet, stellt bereits das aus der Tiefe aufsteigende Thema vor, das in *Meditation No. 3* mit dem Text „*De profundis*" versehen wird. Kennt man dieses noch nicht, vermutet man eine Verarbeitung des bereits vorgestellten thematischen Materials – was es auch de facto ist, da es substantiell daraus aufgebaut wurde. Sollte es dem Zuhörer durch mehr-

---

[361] Die drei Meditationen in *Mass* hat Bernstein nochmals rein instrumental verarbeitet als *Three Meditations for Violoncello and Orchestra from Mass*. In *Mass* erklingen nur *Meditation No. 1* und *Meditation No. 2* rein instrumental. Vgl. zur Analyse auch de Sesa 1985, S. 108–114.

maliges Hören der Komposition bereits bekannt sein, schwingt natürlich die Textbedeutung bereits mit.

Ähnlich ist es mit den beiden anderen Themen und der in der *Meditation No. 1* mehrfach erklingenden fallenden Terz: Sie werden später wieder aufgegriffen. Das Instrumentalstück endet doppelgesichtig: Weiche Streicherklänge im Piano sind eine deutliche Beruhigung. Der Quintklang auf G bekommt durch die eingefügte erhöhte Quart jedoch eine Schärfe, die weitere Unsicherheiten erahnen lässt.

Kurzanalyse der einzelnen Formabschnitte von **V. Meditation No. 1**
Dauer des Satzes: 6:11 Minuten

Abschnitt	Takt	Besetzung	Musikalisches Material	Besonderheiten/ Details
Thema 1	1–16; *Lento assai, molto sostenuto*	Bühnenorchester: Streicher, Becken, Glockenspiel, Marimba, Große Orgel	„c-Moll" als Basistonart; Hauptmotiv mit Punktierung aus Terz-Sekund-Motiv abgeleitet (Umkehrung); Begleitung in Septen (vgl. *First Introit*, *„Vidi aquam"*, ab Takt 113)	*con intensitá* (*sempre f*); ab Takt 11 **pp**, Orgel im Vordergrund
Thema 2	17–24; *Tranquillo*	s. o., variabel eingesetzt	„G-Dur" als Basistonart, Streicher im Vordergrund, sehr weich, Begleitung tonaler	**pp**
Art Durchführung – polyphoner Abschnitt	25–39	s. o.	Beginn mit späterem „*De-profundis*"-Thema aus der Tiefe aufsteigend; **fff**; Verarbeitung von Thema 1 und 2; teilweise Umkehrungen und Themenfetzen; dazu chromatisch aufsteigende Leiter in Oberstimme; fallende Terzen in Marimba usw.	groß angelegte Steigerung, die kurz vor nächstem Abschnitt wieder zurückgeht
Thema 2'	40–45	s. o.	Thema 2 variiert	*Peacefully*
Thema 1'	46–49	s. o.	Thema 1 variiert; fallende Terz (Orgel)	
Art Coda	50–58	s. o.	„*De-profundis*"-Thema im **ppp**; weitere Themenfetzen	Schlussklang auf G mit Quinte und erhöhter Quarte

Nach dieser Gelegenheit für alle, sich wieder innerlich zu sammeln, schließt sich das durchaus fröhliche Lob Gottes im *Gloria* an. Auch in diesem finden Kritik und Zweifel Raum, so dass sich Zelebrant und Gläubige – und damit auch die Zuhörer – in einem ständigen Wechselbad der Gefühle befinden.

4.6. VI. Gloria

1. *Gloria tibi*
2. *Gloria in excelsis*
3. Trope: „Half of the People"
4. Trope: „Thank You"

Im *Gloria tibi* verwendet Bernstein mit der kleinen Doxologie[362] einen Text, der normalerweise die Psalmlesung im Gottesdienst oder einen Psalmengesang im Stundengebet beschließt. Er kombiniert dies mit den Lobpreisungen aus dem Ordinariumsteil *Gloria*. Im zweiten Teil *Gloria in excelsis* erklingt dann der komplette Ordinariumstext. Diese fröhlichen Texte vertont Bernstein auch fröhlich-mitreißend und dennoch an alte Kirchenmusiktraditionen erinnernd.

Die Stilistik mutet beim ersten Hören nicht gerade liturgisch an, sieht man einmal von neueren Strömungen in der Kirchenmusik ab. Die unbändige Freude und der Lobpreis von Gottes Herrlichkeit sind aber kaum emotionaler zu vermitteln als im *Gloria tibi*. Ungewöhnlich sind sicherlich der 5/8-Takt und die Verwendung der Bongos. Antiphonale Strukturen zwischen Zelebrant und Knabenchor hingegen sind typische Kirchenmusik, wobei der Knabenchor dem Ganzen noch eine besondere Aura der „Reinheit und Unschuld" verleiht. Der Zelebrant gibt ein musikalisches Motiv vor „with joyous excitement" (in aufgeregter Freude). Der Ministranten-Knabenchor beantwortet das Motiv mittels Wiederholung, in Transponierung oder als Umkehrung desselben.[363] Auch die Instrumente beteiligen sich an diesem „Antwortspiel", das sich in einem tonalen Rahmen bewegt, der nur geringfügig erweitert wird.

Fast mechanisch klingende Rezitationen, die vor allem das *Gloria in excelsis* prägen, sind der Kirchenmusik genauso wenig fremd. Man denke nur an das Psalmensingen auf einem Rezitationston. Um das nachzuahmen, hat Bernstein genau diese Kompositionsweise – in seinem Stil verfremdet – angewendet. Dafür spricht auch die melodische Floskel, die er immer wieder verwendet: Nach einem Rezitationston folgt eine Art Finalis mit absteigender Sekund und Terz, oft sogar vom Chor nur einstimmig gesungen. Dies entspräche in etwa dem zweiten Teil eines Psalmtonmodells.[364]

---

362 „Gloria Patri et Filio et Spiritui Sancto, sicut erat in principio et nunc et semper et in sacula saeculorum. Amen." – „Ehre sei dem Vater und dem Sohn und dem Heiligen Geist, wie es war im Anfang so auch jetzt und alle Zeit und in Ewigkeit. Amen."
363 Vgl. auch Gradenwitz 1990, S. 261.
364 Vgl. Gesangbuch 1975, Nr. 755. Erwähnenswert ist noch das mehrfache Absinken des Rezitationstons *e* über *d* zum *b*, wodurch der für Bernstein typische Tritonusrahmen entsteht. Damit ist auch Scheibler zu widersprechen, die dazu feststellt: „[…] während man Bernsteins Vertonung des Gloriatextes hört, wird deutlich, wie weit sich Bernstein von der ursprünglichen Bedeutung des lateinischen Textes entfernt hat. Durch synkopische Akzentuierung und mechanische Rezitation des lateinischen Textes in den Chorstimmen geht die Bedeutung des Textes und sein sakraler Charakter weitgehend verloren." (2001, S. 208).

Rezitation im Sopran und Alt, Gloria in excelsis, Takt 98–101

Fremd hingegen erscheinen die raschen mediantischen Tonartwechsel in der akkordisch nachschlagenden Begleitung des Orchesters, die „falschen" Akzentuierungen, die bewusst gegen die Textbetonung gesetzt sind und Taktwechsel, die eine regelgerechte Periodenbildung verhindern. Eine Verfremdung der freudigen Aussage des Gloria-Textes klingt bereits an. Insgesamt ist das *Gloria in excelsis* durchaus noch als Ausdruck einer positiven Grundstimmung zu werten. Sie erfährt mit dem *Trope:* „Half of the People"[365] nach und nach eine Wandlung, die zunächst rein musikalisch allein durch den Wechsel zum Bühnenorchester und zum Straßenchor kaum wahrgenommen werden kann. Motivik und Harmonik bleiben nämlich identisch. Lediglich das mit Füßestampfen bestärkte und aggressiver im Ton vorgetragene „Amen" des Streetchorus am formalen Übergang lässt für einen Moment aufhorchen.

Textlich wird diese Art des musikalisch-rituellen Formalismus nun konterkariert und mit der Realität der USA der 1960er-Jahre durch die Verwendung freier englischsprachiger Texte konfrontiert:

„Half of the people are stoned
And the other half are waiting for the next election.
Half of the people are drowned
And the other half are swimming in the wrong direction."[366]

Thematisiert wird die Drogenproblematik, die in der amerikanischen Gesellschaft verharmlost wird: „They call it glorious living", ein verfälschtes Gloria, ein „großartiges Leben",[367] das letztlich „Nirgendwohin" („*Nowhere*") führt. Genau dieses „*Nowhere*", diese Ziellosigkeit der Menschen, betont Bernstein durch synkopisches und „wildes" Singen der Frauen gegen das im dreifachen Forte aggressiv vorgetragene „Half of the People" der Männerstimmen ab Takt 195. Der Lobgesang wurde in einen Aufschrei des Protests gewandelt. Ein abrupter Abbruch führt zum folgenden *Trope:* „Thank You", bei dem sich zunächst ein neues Achtelmotiv mit abschließendem charakteristischen Septsprung noch mit der synkopisch nachschlagenden Begleitung des vorherigen Tropus vermischt:

---

365 Die ersten vier Textzeilen waren ein Weihnachtsgeschenk von Paul Simon an Bernstein. Vgl. Bernstein Mass Klavierauszug, S. 112.

366 Die deutsche Übersetzung durch die Autorin lautet: „*Die Hälfte der Leute ist berauscht. Und die andere Hälfte wartet auf die nächsten Wahlen. Die Hälfte der Leute ist abgesoffen. Und die andere Hälfte schwimmt in die falsche Richtung.*"

367 Das zwischendurch vom Kirchenchor gesungene „miserere nobis" ist fast ein Flüstern.

Achtelmotiv, Trope: „Thank you", Klavierauszug, Takt 206

Interessanterweise wird das neue Motiv, welches in der Folge leise und gebunden vorgetragen wird, von beiden Orgeln akzentuiert im dreifachen Forte gespielt, die Begleitstimmen des vorherigen Teils hingegen im Piano, so dass der Gegensatz der beiden Abschnitte noch deutlicher hervortritt.

Die nachdenklich-melancholische Stimmung des *„Thank You"* entsteht durch gemäßigtes Tempo und reduzierte Instrumentierung mit dominierender weicher Tongebung durch Flöte, Englischhorn oder Klarinette. Lauter Protest weicht melancholischer Nachdenklichkeit. In Takt 211 bis 212 – durch ergänzende Noten weiter verfremdet – taucht ein Motiv in Anlehnung an das Psalmtonmodell der vorherigen Abschnitte auf – eine Reminiszenz zugleich an das *Gloria* als auch an die Zweifel des *„Half of the People"*. Der Solo-Sopran erinnert sich im ersten Teil an gute Zeiten der Vergangenheit, in der er mit Freuden das *„Gratias Deo"* sang. Eine richtige Liedstruktur will trotz einiger pop-balladenhafter Züge aber nicht aufkommen. Der Mittelteil ist eine Erinnerung an vergangenes Glück. Dies wird durch den Hochton *fis"* und Anklänge an D-Dur hervorgehoben und erinnert in der Technik an das Zwei-Welten-Modell romantischer Musik.[368]

Die Realität jedoch ist ernüchternd: Mit *„I miss the Gloria. I don't sing Gratias Deo"* erklingt wieder die anfängliche Musik des Tropes. Eine Art kurze „Coda" des Streetchorus mit *„Half of the People"*-Motivik beschließt das *Gloria*. Der Zelebrant versucht, mit dem gesprochenen *„Let us pray"* die Menschen wieder zum Gebet zu führen.

---

368 Vgl. Eggebrecht 1991, S. 592–599. Im Zwei-Welten-Modell wurde die innere „Gebrochenheit" des romantischen Menschen in der Musik z. B. dadurch dargestellt, dass das Positive zwar in Dur erschien, aber immer Traumwelt blieb. Das Negative wurde in Moll vermittelt und beschrieb die Realität.

*Kurzanalyse der einzelnen Formabschnitte von **VI. Gloria***
Dauer der Satzteile: 1.) 1:38 Minuten 2.) 1:17 Minuten 3.) 0:59 Minuten
4.) 2:42 Minuten[369]

Abschnitt	Takt	Besetzung	Stimmen	Musikalisches Material	Besonderheiten/ Details
VI,1 „Gloria tibi"	1–23	Bühnen-Holzblasorchester; drei Bongos vom Zelebrant gespielt; Harfe	Zelebrant, Knabenchor	a) Motivik mit häufigen Tonwiederholungen (bis Takt 11), b) Motivik mit kurzen Melodiebögen; Knaben imitieren oder wiederholen Phrasen des Zelebranten oder kehren diese um: antiphonaler Gesang	5/8-Takt durchgängig, Wirkung: U-Musik; durchgängig tonal, nur geringfügig erweitert
„Laudamus"	24–32	s. o.	s. o.	antiphonale Struktur, ähnliche Motivik wie ab Takt 12	Text: Lobpreisungen aus Gloria
„Gloria Patri"	33–50	s. o.	s. o.	wieder antiphonale Struktur, ähnliche Motivik, Knabenchor zum Teil zweistimmig	
Zwischenspiel	51–78	s. o.	tacet	vgl. Takt 1–23	Messdiener klatschen im Rhythmus[370]
„Gloria Patri"	79–95	s. o.	Zelebrant, Knabenchor	vgl. Takt 33–50	
VI,2 „Gloria in Excelsis" (A)	96–106	Orchester, Percussion, beide Orgeln	gemischter Chor	Art Jazzorchester mit Jazzrhythmik (häufig z. B. Synkopen) und mediantischen Harmoniewechseln (z. B. E-Dur nach g-Moll, auch häufiger F-Dur und C-Dur); durchgehend melodische Struktur angelehnt an Psalmtonmodell mit Rezitationston und Finalis	Zelebrant spricht „Glory to God" als Art Gloria-Intonation,[371] dann setzt Chor ein; großes dynamisches Spektrum: **fff** bis p
„Gratias" (A')	107–117	s. o.	s. o.	vgl. Takt 96–106	

---

369 Vgl. die in der Tabelle angegebenen Abschnitte.
370 So in Bernstein Mass DVD.
371 Die eigentliche Gloria-Intonation im katholischen Ritus „Gloria in excelsis Deo" wird liturgisch durch den Priester gesungen, worauf dann die Gemeinde oder der Chor mit „et in terra pax" weiterführen – auch in vielen Messvertonungen der vergangenen Jahrhunderte.

Abschnitt	Takt	Besetzung	Stimmen	Musikalisches Material	Besonderheiten/ Details
„Domine Fili" (B)	117–125	s. o.	s. o.	Chor zum Teil zweistimmig; andere tonale Ebene: D-Dur und C-Dur-Sept, A-Dur und c-Moll; mehr Synkopen	Takt 130–133: zu einstimmiger Melodie der Frauenstimmen wird zweistimmiges synkopisches „Miserere nobis" ergänzt (vgl. Takt 178–181!)
„Qui tollis" (C)	125–145	s. o.	s. o.	reichere und dissonantere Harmonik (z. B. häufig große Septimen); großangelegte Steigerung mit „miserere"	überlappende Formstruktur: letzter Takt von C ist zugleich erster Takt von A"
„Quoniam" (A")	145–155	s. o.	s. o.		
VI,3 Trope: „Half of the People" (vgl. A)	146–166	Stageband und Blechbläser	Streetchorus	musikalisches Material aus VI,2 wird in VI,3 verwendet, formal „fehlt" in VI,3 A', trotzdem klingt VI,3 aggressiver, da andere Instrumentierung und anderer Chor!	Beginn mit „Amen"-Ruf (mit Füße-Aufstampfen); Vierzeiler „Half of the People" von Paul Simon
„Glorious Living" (vgl. B)	167–174	s. o.	s. o.		Zelebrant erhält prächtigen Umhang
„You and your kind" (vgl. C)	175–194	s. o.	s. o.	„Nowhere" erhält Hauptaussage durch Betonung und spätere Weiterführung	„miserere nobis" der Männer des gemischten Chors als Art Zwischenruf zwischen englischen Texten (vgl. Takt 130–133)
„Half of the People" und „Nowhere" (vgl. A''')	195–205 (195–199)	s. o.	s. o.	fff; „Nowhere" wird offbeat und „wild" von Frauenstimmen gesungen; erklingt „gegen" Reprise des Anfangs, abrupter Abbruch (Verkürzung des A-Teils)	motivisch beginnt „Thank You" bereits in Takt 200, aber noch schnelles Tempo, so Verschränkung der Motive aus beiden Formabschnitten, jedoch mit gegensätzlicher Dynamik
VI,4 Trope: „Thank You" a	206–229 (206–215 eine Art Vorspiel)	Holzbläser; große Orgel	Solo-Sopran	meno mosso –Tempoverlangsamung: Achtelmotiv mit abschließendem Septsprung abwärts; melodiöse Struktur der Singstimme	Motiv in Takt 210–211 erinnert motivisch an „Psalmtonmodell" aus II und III, verfremdet durch Tempo und Spielart

Abschnitt	Takt	Besetzung	Stimmen	Musikalisches Material	Besonderheiten/ Details
b „The band of a willow"	230–234	s. o.	s. o.	Hochton *fis"* wird im Solo erreicht, Aufhellung in D-Dur-Bereich, Erinnerung an heile Welt	
a' „And now"	234–257	s. o.	s. o.	vgl. Takt 206–229	
Coda „Half of the People"	258–263	s. o. und „Street-Instruments"	Streetchorus	Tempo I (wieder schnell); musikalisches Material und Text aus VI,3, geflüstert, **pp**	Zelebrant am Ende: *„Let us pray"* gesprochen

Im *Gloria* stellt Bernstein das Versprechen der Engel „*Ehre sei Gott – und den Menschen Friede auf Erden*" den existenziellen Sorgen des zweifelnden Menschen gegenüber.[372] Dabei klingt der Lobgesang durchaus ehrlich, ebenso aber die aggressiv vorgetragenen Zweifel. Die Zerrissenheit der Menschen wird deutlich, was der Solo-Sopran in ruhigerem Stil zusammenfasst. Der Zelebrant hingegen versucht, die Menschen im Gebet zu sammeln, lässt aber die vorgetragenen Fragen und Zweifel unbeantwortet.

4.7. *VII. Meditation No. 2 (orchestra)*

Meditation No. 2 ist als Thema mit vier Variationen über eine Sequenz von Ludwig van Beethoven gestaltet. Das elftönige Thema aus dem Finalsatz der *9. Symphonie* erklingt ursprünglich auf den Text *„Ihr stürzt nieder Millionen? Ahnest du den Schöpfer, Welt? Such' ihn überm Sternenzelt! Such' ihn überm Sternenzelt!"*[373] Bei Bernstein schwingt allenfalls diese Bedeutung mit, falls es überhaupt möglich ist, diese Tonfolge beim reinen einmaligen Hören als Zitat zu erkennen. Dennoch ist ein Bezug des Ursrpungstextes natürlich mehr als passend, suchen doch die Akteure in *MASS* in der Tat nach Gott, den Glauben an ihn und sich selbst. Ähnlich wie Beethoven durchsetzt Bernstein die durch tiefe Instrumente gespielte Melodie in der Themenvorstellung unregelmäßig mit Pausen. Die tiefen Streicher spielen dazu Pizzicato, was das Thema noch mehr verfremdet. Jeder Ton erhält seine eigene Dynamik, was an serielle Techniken denken lässt. In insgesamt vier Variationen ganz unterschiedlicher Länge verarbeitet Bernstein das Thema mit unterschiedlichen Techniken (Verdichtung, Augmentation, Diminution) und verschiedenen Emotionen. In *Variation III* ergänzt er – deutlich hörbar – das Melodiefragment, das ursprünglich auf den Text *„Freude schöner Götterfunken"* erklingt. Rechte Freude will aber nicht aufkommen und so erscheint dies eher mit einem großen Fragezeichen versehen. Der Grad der Verzweiflung der Akteure wird auch dadurch unterstrichen, dass Bernstein das ursprünglich elftönige Thema durch den zwölften Ton ergänzt (*Variation II*) – bei Bernstein steht nachweislich Glaubensferne mit Tonalitätsferne in Bezug.[374] Eine

---

372 Vgl. Minear 1987, S. 148.
373 Ludwig van Beethoven: *Symphonie Nr. 9*, 4. Satz, Takt 730–745. Vgl. de Sesa 1985, S. 123–124.
374 Vgl. das entsprechende Zitat von Bernstein im Kapitel über das *Credo*, S. 143.

weitere Anlehnung an Beethovens Schiller-Vertonung findet sich zu Beginn der Coda in Akkorden und im Violinsolo versteckt: „Brüder, überm Sternenzelt".[375]

Kurzanalyse der einzelnen Formabschnitte von **VII. Meditation No. 2**
Dauer des Satzes: 3:37 Minuten

Abschnitt	Takt	Besetzung	Musikalisches Material	Besonderheiten/ Details
Thema	1–12; Andante sostenuto	Streicher, Pauke, Tempel Blocks, Becken	Thema aus Beethovens 9. Symphonie, 4. Satz; elftönig (*h* fehlt); Beginn mit Tritonus; in Vierteln, häufig mit Pausen durchsetzt; tief instrumentiert, Streicher Pizzicato!	jeder Ton erhält eine eigene Dynamik (erinnert an serielle Techniken)
Variation I	13–28	s. o.	Thema in punktierten Ganznoten in Viola; Verdopplung im Kontrabass Pizzicato; Kontrapunkt Violoncello; zur Zwölftönigkeit fehlender Ton *h* im Kontrapunkt ergänzt	***ppp-p***; Themen-Augmentation
Variation II	29–31; Con moto	s. o. und Kleine und Große Orgel, Glockenspiel und Xylophon	Thementöne werden zu Akkorden zusammengefügt (Orgel); fehlender Ton *h* durch Violine	gleichzeitiges Erklingen der Thementöne führt zu Verdichtung; ***fff***; Kakophonie
Variation III	32–34	s. o. (Thema): mit Marimba, Snare Drum, Großer Orgel	Thementöne verdoppelt (oktaviert und zweimal hintereinander gespielt in Achteltriolen); gesamt über vier Oktaven nach oben	Verdichtung; Takt 33–34 Zitat der Melodietöne zu „*Freude schöner Götterfunken*"; ***fff–pp***; Themen-Diminution
Variation IV	35–39; Piu lento	Streicher, Große Orgel, E-Piano, Glockenspiel	langsame, weiche, arpeggierte Akkordschichtungen mit Thementönen	***pppp-ff***
Coda	40–55; a tempo	alle	Takt 40–42: vgl. Variation II; Prinzip „akkordisch"; Zitat-Anlehnung an „*Brüder, überm Sternenzelt*"; Takt 43–53: vgl. Variation I; Takt 54–55: vgl. Variation III è musikalische Zusammenfassung	zwei Chorknaben bringen Bibel und Weihrauch

---

375 Ludwig van Beethoven : *Symphonie Nr. 9*, 4. Satz, Takt 746–752. Vgl. de Sesa 1985, S. 128. Die Instrumentierung der aufsteigenden Linie hingegen erinnert eher an das Violinsolo im *Benedictus* von Beethovens *Missa solemnis*.

4.8. VIII. Epistle: „The World of the Lord"

Die Lesung in Bernsteins *MASS* hat die Macht des Wortes Gottes zum Thema. Hierbei stellt der Komponist Texte der Bibel zeitgenössischen freien Texten gegenüber, die sich gegenseitig zu kommentieren scheinen und zugleich deutlich machen, dass auch die alten Bibeltexte Lebensbezüge zu den Menschen des 20. Jahrhunderts aufweisen. Der erste gesprochene Text thematisiert die Liebe und den Hass zwischen Glaubensbrüdern (Joh. 3,13–15), aus dessen Ende der Refrain des Liedes abgeleitet wird: „*You cannot imprison the Word of the Lord*" (in Paraphrase: „*Das Wort Gottes kann nicht eingesperrt werden*"). Seine Macht kann nicht unterdrückt werden. Irgendwann wird es die Ungerechtigkeiten dieser Welt besiegen. Weitere Themen wie Kriegsdienst, Unterdrückung, Gefangensein[376] und Zweifel werden direkt oder indirekt von verschiedenen Ausführenden angesprochen oder besungen.

Musikalisch gesehen zitiert der Komponist strophenartig die Melodie des chilenischen Liedes „*Versos por la Sagrada Escritura*".[377] Bernstein lernte bei einem Aufenthalt in der chilenischen Heimat seiner Frau Ende der 1950er-Jahre die Sängerin Violeta Parra (1917–1967) kennen und durch sie die chilenische Volksmusik lieben, was ihn zu diesem Zitat inspiriert haben dürfte.[378]

Kurzanalyse der einzelnen Formabschnitte von **VIII. Epistle: „The World of the Lord"**
Dauer des Satzes: 5:53 Minuten

Abschnitt	Takt	Besetzung	Stimmen	Musikalisches Material	Besonderheiten/ Details
„Vorspiel"; gesprochen	1–5; *Andante con moto*	Keyboard (Orgel), Harfe, Bassgitarre	Zelebrant, Stimme 1 und 2 als Sprecher	Begleitung: Harfe und Orgel durchgängig trillerartige Terzen (Vorwegnahme des Melodiebeginns; später auch andere Intervalle) in 16-teln; als „Mittler" bei Phrasenenden: Bassgitarre mit Drei-Ton-Motiv	am Anfang Instrumente tacet, nur gesprochen, ab „Stimme 2" auch Begleitung; Text: a) Zelebrant: frei; aus Ende des Textes wird Refrain für Lied abgeleitet *„but there is no imprisoning the word of God"*; b) Stimme 1 (Mann): 1.Joh. 3,13-15 (Thema: Liebe und Hass zwischen Brüdern); c) Stimme 2 (junger Mann): frei, aktuell; Brief an Eltern (Thema: Bitte um Verständnis, vermutlich Kriegsdienst)

---

376 Dies könnte eine Anspielung auf den Jesuitenpater Philip Berrigan sein, der wegen seiner Gegnerschaft zum Vietnamkrieg inhaftiert war und von Bernstein während der Haft besucht wurde. Vgl. de Sesa 1985, S. 130.
377 Die deutsche Übersetzung lautet: „*Verse für die heilige Schrift*". Vgl. Scheibler 2001, S. 211.
378 Vgl. Burton 1994, S. 382.

Abschnitt	Takt	Besetzung	Stimmen	Musikalisches Material	Besonderheiten/ Details
A „You can lock up"	6–19	Keyboard (Orgel), Harfe, Bassgitarre	Zelebrant als Sänger; Takt 16–18 zusätzlich mit Streetchorus	einfache Melodie; Beginn: steigende und fallende Terz; meist zweitaktige Phrasen; tiefe Lage; B-Dur	musikalisches Zitat des chilenischen Volksliedes „Versos por …" (A und B); im A-Teil Ende bestätigend mit Streetchorus (ähnlich liturgischen Modellen): „No, you cannot imprison the Word of the Lord"
B „For the Word"	20–29	Keyboard (Orgel), Harfe, Bassgitarre, Holzbläser, Trompete, Tuba	Zelebrant als Sänger	Ges-Dur; drängender; Anfangsmotiv wird immer wieder in Holz beantwortet; Steigerung **p-f**	Anfang des Textes Anlehnung an Joh 1,1; Thema: Auch Debatten können Wort Gottes nichts anhaben
A' „There are people"	30–44	s. o. mit Gitarre, 2. Keyboard und Posaune	Zelebrant als Sänger; Takt 40–42 zusätzlich mit Streetchorus	B-Dur, Höhepunkt durch Besetzung und Dynamik (**fff**); gegen Ende des Abschnitts deutliche Besetzungsreduzierung	freier Text, Thema: Auch Zweifel können Gottes Wort nichts anhaben
Zwischenteil; gesprochen	45–47	Keyboard (Orgel), Harfe, Bassgitarre	Stimme 3 und 4 als Sprecher	**pp**	a) Stimme 3 (Mann): 1.Kor. 4,9-13 (Thema: Unterdrückung); b) Stimme 4 (junge Frau): frei, aktuell; Thema: Gefängnisbesuch eines Unterdrückten
A" „All you big men of merit"	48–60	Keyboard (Orgel), Harfe, Bassgitarre	Zelebrant als Sänger; Takt 58–60 zusätzlich mit Streetchorus	Des-Dur; **pp**	Thema des Zelebrant: Aufforderung, etwas anderes als das Wort Gottes zu zerstören
B' „For the Word"	61–71	s. o. mit Holzbläser, Tuba, E-Gitarre	Zelebrant als Sänger	A-Dur; Steigerung **p-ff**	Thema: Loblied auf Wort Gottes, aus dem Leben entsteht (Anspielung auf Joh. 1)
A''' „O you people of power"	72–86	s. o. mit Percussion	Zelebrant als Sänger	B-Dur, Höhepunkt durch Besetzung und Dynamik (**fff**); deutliche Besetzungsreduzierung ab Takt 79	Thema: Mächtige der Welt können nicht ewig gegen das Wort Gottes herrschen
Art Coda „We wait"	87–91	Harfe, diverse Giarren, wenige Holzbläser	Zelebrant als Sänger	„We wait" mit B-Motiv; **ppp**	„We wait for the Word of the Lord"

Diese durchaus positive Gegenüberstellung traditioneller Bibeltexte mit neuzeitlichen freien Texten in einem einfachen „Volkslied" strahlt eine gewisse Ruhe und Nachdenklichkeit aus, der bald wieder deutlichere Kritik an der Tradition folgen soll.

4.9. IX. Gospel-Sermon: „God Said"

Im *Gospel-Sermon* gehen Lesung und Predigt in einer recht ungewöhnlichen Form ineinander über. Der Begriff „Gospel" wird an dieser Stelle wohl in zwei Bedeutungsebenen verwendet: Einerseits stammt er von „god spell" – „gute Nachricht" oder auch Evangelium.[379] Andererseits schwingt auch die Bedeutung des Gospelgesangs als christlicher Musik, meist afroamerikanischen Ursprungs mit typischen Vers- und Refrainformen oder Wechselgesängen, mit.[380] Beide Assoziationen erfüllen sich im Musikstück nur zum Teil: Mit *„God said: Let there be light"* wird nicht ein Evangelium aus dem Neuen Testament gelesen, sondern auf die Schöpfungsgeschichte aus der Genesis (Gen 1) verwiesen. Dieser Text wird auch nur zum Ausgangspunkt für freiere Interpretationen genommen. Zwar erklingen häufige responsoriale Wendungen mit recht einfacher Melodik. Für typischen Gospelgesang ist der Abschnitt jedoch durch Besetzung und Anlage zu komplex. Interessant ist aber, dass Lesung und Predigt eine bemerkenswerte Verschränkung eingehen, die an Techniken des „chanted sermon" bestimmter amerikanischer Gemeinden erinnern.[381]

---

379 Vgl. Scheibler 2001, S. 213.
380 Vgl. MGG Sacred Singing, Sp. 810.
381 Vgl. ebd., Sp. 816–827.

*„Responsorialer" Gesang, Prediger und Streetchorus, Gospel-Sermon: „God Said",
Klavierauszug, Takt 1–11*

Zunächst klingt „*God Said*" wie ein unbeschwertes Musicalstück in passender Besetzung mit wechselnden Metren, Off-Beat-Begleitung und teils mixolydischen Melodiewendungen. Eine entsprechende liturgische Szene entsteht durch ständigen Antwortgesang mit einfachen melodischen Formeln zwischen Prediger und Gemeinde (Streetchorus), der jeweils mit der gemeinsamen Bestätigung „*And it was good*" endet.

Nach und nach schleichen sich in Text und Musik aber immer mehr Kleinigkeiten ein, die den Hörer zunächst verwirren, sich häufen und letztlich in offene Ironie übergehen. Dies beginnt mit der Verwendung des Textes „*And it was goddam good*" („Und es war gottverdammt gut"), was noch als alltagssprachliche Wendung bestimmter Gruppen im Amerika der 1960er-Jahre erklärt werden kann.[382] Interessant ist auch, dass Bernstein im Nachspiel zu dieser Strophe mit Flaschen und Blechdosen Straßeninstrumente besetzt, die das Ganze auf eine Alltagsebene ziehen. Die Erwähnung von „*names and numbers and norms*" bei der Nennung aller Lebensformen zum Lob Gottes im

---

382 Nach Cottle (1980, S. 70) ist das Wort „*goddam*" ein typisches Wort Andersdenkender aus den USA der 1960er-Jahre.

Abschnitt A' lässt aufhorchen. Die Aufzählung der Nahrungskette gnats – sprats – rats – cats (Mücken – Sprotten – Ratten – Katzen) „*a little bit less pious*" irritiert.[383] Erst im Abschnitt a' schlägt das Ganze in offenen Spott um: Hier wird klar, dass die fetten Katzen, die ernährt werden sollen, die Menschen selbst sind: „*And all for us big fat cats!*". „*Always a bit nastier*" („Stets etwas ekliger") lautet auch die passende Singanweisung für den Prediger.

Zu roher Musik werden nun verschiedene Themenfelder offen zynisch betrachtet und immer wieder mit „*And it was goddam good*" bestätigt (B, C, D). Erst hier wird die wahre zynische Bedeutung des „gottverdammt" verständlich. Genannt werden die gottgefällige Armut, zu der ein Dieb nur verhilft, das menschengemachte Artensterben, die gewaltvolle Missionierung im Namen Gottes, der Sex, der nur zur Fortpflanzung erlaubt ist (offene Kritik an der katholischen Sexualmoral), die gute Tat als Selbstzweck, der Machtmissbrauch der Mächtigen zu Krieg und Terror. Dies kann quasi als die Predigt, die Auslegung des Textes angesehen werden.

Beim Auftreten des Zelebranten verstummt plötzlich die immer mehr dissonanter werdende und spöttischer gesungene Musik. Die Wiederholung des Anfangs erklingt nun wieder „fromm" und endet ohne „*goddam good*", aber auch ohne Schlussakkord.

Kurzanalyse der einzelnen Formabschnitte von **IX. Gospel-Sermon: „God Said"**
Dauer des Satzes: 4:28 Minuten

Ab-schnitt	Takt	Besetzung	Stimmen	Musikalisches Material	Besonderheiten/ Details
A; „God said: Let there be light"	1–31; „Light and innocent"	Holzbläser; Struting-Band[384] (Akustikgitarre Banjo, Posaune); Rockband (Bassgitarre, Percussion); Blechbläser (Takt 20–28); Takt 29–31: Flaschen, Blechdosen, Becken, Bongo!	Prediger; Streetchorus	B-Dur; häufige Taktwechsel: dreimal Modell 2/4+2/4+3/8+2/4+3/8 responsorial zwischen Prediger und Streetchorus überlappend, dann verkürzt; Takt 20–28: „And it was good": 2+2+2+3 Takte mit ständigen Taktwechseln (Vorsänger-Alle-Wechsel); ab Takt 28 instrumentales Zwischenspiel in 7/8 und **ff**; Begleitung: bis Takt 19 nachschlagend, dissonant; accompagnatoartig; ab Takt 20 volle „Band-Begleitung"	Spielanweisung: „innocent" (unschuldig); Singanweisung für Prediger: „pious" (fromm); Prediger springt auf Bank (nicht Kanzel); Text angelehnt an Gen. 1; auffallend: „And it was goddam good", Straßensprache; in Zwischenspiel Straßeninstrumente; Thema: Lob der Schöpfung in Alltagssprache

---

383 Vgl. auch die etwas andere Instrumentierung.
384 Dies meint wohl eine Art marschierende Band.

Ab-schnitt	Takt	Besetzung	Stimmen	Musikalisches Material	Besonderheiten/ Details
A' „God said: Let there be storms"	32–62	s. o.	s. o.	s. o.	s. o.; Thema 2. Strophe: Schöpfung des Lebens in allen Formen; auffallend: „names, numbers and norms"
a Dance Interlude	63–71 „Light, graceful"	Glockenspiel, Bongo, Tam-Tam, Harfe, Holzbläser	tacet	acht Takte 7/8 und ein Takt 6/8; **pp**, molto secco	
A" „God said: Let there be gnats"	72–102	Strutting-Band (Posaune, Trompete, Klarinette); Rockband (Keyboard, Tempelblocks, Triangel, Bongos, Tam-Tam); ab Takt 81: zusätzlich mit Holz- und Blechbläsern, Banjo, Percussion; Takt 100–102 vgl. Takt 29–31	Prediger; Streetchorus	C-Dur; veränderte Instrumentierung im Vergleich zu A und A'; Zwischenspiel Takt 100–102 wieder mit Straßeninstrumenten!	s. o.; Singanweisung Prediger: „a little less pious"; Thema 3. Strophe: Lob der Nahrungskette Mücken, Sprotten, Ratten, Katzen (werden fett), merkwürdig anmutender Text
a' „And God saw it was good"	103–111	vgl. a	Prediger; Streetchorus	vgl. *Dance Interlude*, Takt 63–71; Prediger und Chor im schnellen Wechsel	Singanweisung Prediger: „always a bit nastier" (ekliger); Thema: Egoismus, geschaffen für uns fette Katzen, nun offensichtlicher Spott
B „And it was good"	112–117	Strutting-Band (Akustikgitarre, Banjo, Posaune, Trompete, Klarinette, Percussion)	Streetchorus	D-Dur; **ff-p**; 7/8-Takt; rohe Musik („stomping"); abgehackte Motivik mit auffallendem Tritonussprung, pausendurchsetzt	entwickelt sich in C zu Begleitmotiv

Ab-schnitt	Takt	Besetzung	Stimmen	Musikalisches Material	Besonderheiten/ Details
C „God said…"	118–129 (179)[385]	s. o., zusätzlich mit Horn und Rockband (Keyboard, Bassgitarre, Percussion)	fünf Solo-stimmen aus Streetchorus (wechselnd Mann und Frau) und Streetchorus	Motivik abgeleitet aus A und B (Tritonus); zwölftaktig; responso-rial; Refrain „And it was good" ähnlich wie B	strophische Verto-nung mit Wieder-holungen; Themen: 1. Armut als guter Grund zum Dieb-stahl; 2. Ausrottung der Arten; 3. Missionierung wider Willen; 4. Sex nur zur Fort-pflanzung; 5. Sanftmut einmal in der Woche – jeweils mit Bestä-tigung aller; Spott offensichtlich
D „God made us the boss"	130–150	Holzbläser, Rockband, Strutting-Band (volle Besetzung), Blechbläser	Prediger; Streetchorus	teils veränderte einfache Motivik in Stimmen, antiphonal, Steigerung bis **fff**; instrumentales Zwischenspiel sehr dissonant, plötzlicher Abbruch (nach Erschei-nen des Zelebranten)	Singanweisung Prediger: „with rising arrogance and delight"; Thema 6. Strophe: Gottes Gebote willkürlich umgedeutet, wie man es braucht (Macht), Religions-kriege;[386] beinahe schon brutal wirkend; „They dance drunk with power"
A‴ „God said: Let there be light"	151–176	ähnlich A	Prediger; Streetchorus	B-Dur; ähnlich A	Singanweisung Prediger: „sudden-ly pious again"!; „goddam good" ausgespart; Thema: Schöpfung Tag – Nacht – folgender Tag
a″ Nachspiel	177–185	ähnlich a; mit Piccoloflöte	tacet	**pp**; vgl. Takt 63–71	offener Schluss, ohne Tonika

---

385 Die Taktzählweisen des Klavierauszugs und der Partitur unterscheiden sich ab der strophischen Wiederholung. Die Autorin orientiert sich an der Zählung des Klavierauszugs.
386 Vgl. Scheibler 2001, S. 213.

4.10. X. Credo

1. Credo in unum Deum
2. Trope: Non Credo
3. Trope: „Hurry"
4. Trope: „World without End"
5. Trope: „I Believe in God"

Im *Credo*, dem zentralen Bekenntnis des christlichen Glaubens im Wortgottesdienst, verarbeitet Bernstein den kompletten liturgischen Text und erfüllt damit rein formal die Vorgabe, die die katholische Liturgie gibt. Zunächst spricht der Zelebrant die ersten Worte des Glaubensbekenntnisses in der Landessprache, wird aber vom Tonband unterbrochen. Von diesem erklingt nun der vom Chor mechanistisch in Dauervierteln vorgetragene und in einer Zwölftonreihe[387] vertonte lateinische Text:

Dodekaphone Melodik in Chor und Percussion vom Tonband, Credo in unum Deum, Klavierauszug, Takt 1–5

---

387 Vgl. de Sesa 1985, S. 144.

Unregelmäßig setzen dazu verschiedene Percussionsinstrumente für meist nur einen einzigen Ton ein und verstärken dadurch noch die stumpfsinnige Wirkung. Formal ist der Abschnitt jedoch klar gegliedert: Zweimal singt der Chor die Melodie in Originalgestalt, zweimal invers, danach wieder zweimal im Original, jeweils mit fortschreitendem Text und leicht variierter Begleitung.[388] Das Ganze wirkt, als würde der Chor versuchen, den Zweiflern die „Wahrheit" einzuhämmern. Dies bestätigt die schon mehrfach vermutete Darstellung der Gottesferne und Entfremdung der Menschen vom Glauben durch Tonbandeinspielung und Dodekaphonie.

Ähnlich wie in *Confession* und *Gloria* werden den liturgischen Texten in den Tropen zeitgenössische Kommentare gegenübergestellt. Beim *Trope: Non Credo* greifen die Sänger Text und Motivik des letzten Tonbandtaktes auf und verwenden es als Hauptmotiv des Kommentars:

Motiv mit Quartfall in Sänger, Chor und Rockband, Trope: Non Credo, Klavierauszug, Takt 1–5

Der Solist übernimmt und übersetzt ins Englische: „*And was made man*" (vorher: „*Et homo factus est*"). Die Choristen führen dieses Motiv zusammen mit der Bassgruppe der Instrumente fort, während der Solist seine persönlichen Zweifel in freier Melodik fortsetzt. Er spielt dabei mit den vorhandenen Motiven (auch dem häufig präsenten Terz-

---

388 Der dritte Originaleinsatz wird bereits nach einem Takt unterbrochen.

Sekund-Motiv). In mehreren Abschnitten bezweifelt er die wahre Menschwerdung Jesu, verweigert Gott den Gehorsam, wirft ihm vor, er persönlich habe keine Wahl gehabt, als nur als Mensch auf die Erde zu kommen (im Gegensatz zu Gott, der wusste, was er wollte). Schließlich benennt er die Sinnlosigkeit seines Lebens und ist völlig ratlos: „*I'll never say credo. How can anybody say credo? I want to say credo…*" Immer wieder antworten die Choristen mit „*Possibly yes, probably no*"[389] und unterstreichen damit auch die Orientierungs- und Hilflosigkeit.

Unterstützt von einem Peitschenschlag unterbricht das Tonband. Der Chor spult sein Glaubensbekenntnis mit starkem Nachdruck ab. Das Bekenntnis der Wiederkunft Christi („*Et iterum venturus est cum gloria judicare vivos et mortuos*") greift die Solistin des *Trope*: „*Hurry*" als Frage auf: „*You said you'd come again? When?*" Letztlich wird daraus sogar eine Aufforderung an Gott, jetzt zu kommen, eilig, es könnte sonst zu spät sein. Sie geht damit deutlich weiter als der beim Beethoven-Zitat in *Meditation No. 2* mitschwingende Text „*Ahnest du den Schöpfer, Welt?*". Die Begleitung der Solistin ist sehr disparat-durchbrochen und unterstreicht die Ratlosigkeit.

Wieder setzt die „Glaubensmaschine" Tonband mit brutaler Gewalt ein, nun auf den Text „*Sedet ad dexteram …*" mit dem Thema zugleich recto (Alt/Bass) und invers (Sopran/Tenor). Die Dauer der Tonbandeinspielung nimmt allerdings mit Zunahme der Lautstärke derselben und jedem weiteren Einsatz ab (29 Takte, 15 Takte, 7 Takte). Immer schneller unterbrechen die zweifelnden Gläubigen das mechanische Absingen der Glaubensinhalte und konfrontieren das *Credo* mit ihrer Lebenswirklichkeit.

Wieder wird ein Textfragment inklusive Tonfolge im folgenden *Trope*: „*World without End*" („Non erit finis") aufgegriffen und diskutiert: Im Credo-Text wird die Unendlichkeit des Reiches Gottes als etwas Positives empfunden. In *Trope: „World without End*" hingegen wird eine Welt ohne Ende als schrecklich wahrgenommen. Die Welt ohne Menschen, namentlich die zerstörte Umwelt, all das zeigt nur die Ohnmacht der Menschen, niemand übernimmt die Verantwortung dafür: „*No one to anything at all…*". Interessant ist, wie Bernstein dieses „Sine fine" musikalisch verarbeitet: Prägend ist zum einen die Quintmotivik. Allerdings werden diese Motive melodisch „schräg" aneinandergereiht (z. B. Des-Dur, C-Dur) und dissonant harmonisiert, also ohne festen tonikalen Bezug:

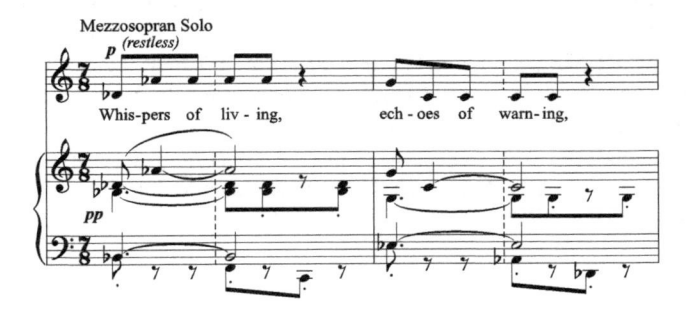

Motiv mit Quintanstieg in Mezzosopran-Solo und Rockband, Trope: „World without End", Klavierauszug, Takt 5–6

---

389 Dies erinnert an die Zwischenrufe bei den Pfingstgemeinden, bestätigt an dieser Stelle allerdings nur die Unsicherheit aller.

Besonders interessant ist andererseits die verwendete Tonleitermotivik:

Absteigende Melodik in Mezzosopran-Solo, Trope: „World without End", Takt 13–14

Die ersten sechs Töne zitieren die fallende Linie des *„Sing God a Simple Song"*. Die Leiter wird durch zwei weitere Töne zur eigentlich normalen Achttönigkeit ergänzt. Diese führen aber gerade nicht in die zu erwartende Oktav des Anfangstons, sondern zur verminderten Oktav, bleiben also ohne Tonika, quasi ohne Ende, ohne Zielpunkt, ohne Halt.

Wieder stoppt der Tonbandchor mit der Weiterführung des lateinischen Credo-Textes den Solisten. Diese Mal aber wird der Chor durch die Solisten des vorherigen *Trope* gestört, in dem diese Text- und Motivfragmente aus ihren jeweiligen Songs „über" das Tonband singen. Das Ganze steigert sich zu einem großen, lauten Durcheinander, bis der lateinische Credo-Text „abgesungen" ist. Eine Kakophonie entsteht, die diejenige am Anfang der Komposition nochmals deutlich übersteigt.

Ein weiteres Mal übernehmen Streetchorus und Solostimmen das letzte Wort und Motiv des Tonbandchores und singen zur nun spielenden Rockband mehrere „Amen", die auch der Solist des *Trope: „I believe in God"* aufgreift. Die lässig wirkende Musik passt dabei eigentlich nicht zur Ernsthaftigkeit der benannten Glaubensprobleme. In mehreren Strophen wird die Haltlosigkeit des Rocksängers deutlich: „ *I believe in God, but does God believe in me?"* Er ist bereit, an alle möglichen Götter zu glauben, sofern sie nur zugleich auch an ihn glauben, was er immer wieder mit *„That's a pact. Shake on that. To taking back"* („Das ist der Pakt. Schlag ein. Unwiderruflich") zu bekräftigen sucht, einer Redewendung, die man wohl mehr im Alltagsleben als im Gespräch mit Gott erwartet. Plötzlich scheint er vom Glaubensthema abzuschweifen und wechselt zum Tonalitätsbegriffs: *„I believe in F-sharp. I believe in G. But does it mean a thing to you Or should I change my key? How do you like A-flat? Do you believe in C?"* („Ich glaube an Fis. Ich glaube an G. Aber ist das ein Ding für dich? Oder soll ich meinen Tonartschlüssel wechseln?"). Musikalisch erreicht der Sänger bei den im Text genannten Tönen tatsächlich dieselben und gelangt dabei zu immer neuen Hochtönen. Spannung, Besetzung und Lautstärke nehmen immer weiter zu. Wird er langsam wahnsinnig? Auf dem musikalischen Höhepunkt setzt nun der Chor mit „Crucifixus etiam pro nobis sub" in der inversen Variante ein, dieses Mal live gesungen. Aber auch das verpufft quasi wirkungslos. Die Quintessenz des Stücks singt der Rocksänger am Ende: *„Who'll believe in me?"* – „Wer glaubt an mich?"

Kurzanalyse der einzelnen Formabschnitte von **X. Credo**
Dauer der Satzteile: 1.) 1:10 Minuten 2.) 2:17 Minuten 3.) 1:22 Minuten 4.) 1:34 5.) 1'58 Minuten[390] [391]

Abschnitt	Takt	Besetzung	Stimmen	Musikalisches Material	Besonderheiten/ Details
X,1 Credo in unum Tape	29 Takte[391] „fast, rigid"; sempre forte	Tonband: Chor und Percussion (Becken, Snare-Drums, Tenor-Drum, Triangel, Pauke, Tempelblocks, Glocke)	Zelebrant (gesprochen); Chor (Tonband)	Chor einstimmig, nur Viertel, erinnert durchaus an verfremdetes Psalmtonmodell; Melodik aus Zwölftonreihe abgeleitet (mit Tonwiederholungen); zweimal recto, zweimal invers, zweimal recto, einmal recto nur ein Takt, Abbruch bei „*et homo factus est*"	unregelmäßig, meist nur mit einem Ton einfallende Percussionsinstrumente, dauernd wechselnd, Taktwechsel
X,2 Trope: Non Credo A „Et homo factus est.", „And was made man."	1–16	Rockband (E-Gitarre, Bassgitarre, Keyboard (Piano)), Tom-Tom	Solo-Bariton; Männerstimmen (Bühnenchor)	Motivübernahme (Quartsprung) Schlussmotiv aus X,1 (in Bass dauerhaft, in Stimmen immer wieder); in Gitarren Terz-Sekund-Motiv; Dialog zwischen Solo und Chor; F-Dur, 6/4-Takt, **pp-ff**	*Trope* als Kommentar zu „*et homo factus est*"; mit Textübernahme auch Motivübernahme; Thema: bezweifelt Gottes Menschwerdung; Zelebrant kniet
A'	17–29	Rockband	s. o.	Fis-Dur, 6/4-Takt	Thema: verweigert Gott Gehorsam
a	30–41	Rockband und Bongos	Solo-Bariton	Begleitmodell verändert, zerrissene Melodik des Solisten zum Teil an vorherigen Motiven angelehnt Fis-Dur, Taktwechsel, **pp-ff**	Thema: will kein Mensch sein, hatte keine Wahl, dramatischer Höhepunkt „*a man*"
A"	42–57	Rockband und Becken	Solo-Bariton; Männerstimmen (Bühnenchor)	F-Dur, 6/4-Takt; Abbruch durch Tonband	Thema: Sinn- und Ziellosigkeit des Lebens im Vergleich zu Gott bei Menschwerdung

---

390 Vgl. die in der Tabelle angegebenen Abschnitte.
391 Die Abschnitte, die mittels Tonband eingespielt werden, erhalten in der Partitur keine Taktzählung, sind aber dennoch mit Taktstrichen notiert. Daher sind diese Taktangaben „außerhalb" der Zählung zu sehen.

Abschnitt	Takt	Besetzung	Stimmen	Musikalisches Material	Besonderheiten/ Details
Tape „Crucifixus"	15 Takte; ab dem 7. Takt *Presto, Più mosso*	Tonband: Chor und Percussion (Becken, Snare-Drums, Kastagnetten, Tambourin, Pauke, Ratchet, Peitsche)	Chor (Tonband)	Zwölftonreihe: zweimal invers (beim zweiten Mal viel schneller), einmal recto, einmal recto nur ein Takt, Abbruch bei „vivos et mortuos"; **ff**	Messdiener tanzen; Verwendung der Peitsche klingt wie Schlag gegen Zweifelnde
X, 3 **Trope:** „Hurry" „You said"	1–11 (neue Zählung)	diverse Saxophone; Bluesband (Bassgitarre, Keyboard, Glockenspiel, Percussion)	Solo-Mezzosopran I	Begleitung sehr durchbrochensynkopisch; Melodik synkopisch absteigend; **f-mp**	Thema: Wann kommst du wieder, Gott?
„So when's the next appearance"	12–27 „a bit more urgent"	s. o.	s. o.	balladenartig, melodiös, Begleitung weich; F-Dur, auch mixolydisch; **pp-f**	Thema: Aufforderung zur Eile; Mensch ist bereit
„Oh don't you worry"	27–38	s. o.	s. o.	coda-artig; Mischung der Motivik; **f-ff**; Schlusstakte Sängerin A-cappella „Hurry and come again" (**pp**)	Thema: s. o.
Tape „Sedet ad dexteram"	7 Takte	Becken, Snare-Drums, Pauke (Takt 1–3 tacet)	Chor (Tonband)	zugleich recto (Alt/ Bass) und invers (Sopran/Tenor), je anderthalbmal; Abbruch bei „non erit finis"	klingt brutal (**ff-fff**)
X,4 Trope: „World without End"	1–24; Agitato	Holzbläser, Posaune, Tuba, Percussion, Harfe	Streetchorus (nur Takt 1–4); Solo-Mezzosopran II	Übernahme des letzten Taktes vom Tonband (Quint aufwärts und Tonwiederholung) als Hauptmotiv; Chor (Takt 1–4, **ff-mf**), Art Überleitung; danach Solistin mit Quintmotiv, dann Tonleitermotivik abwärts, dann wieder Quintmotiv (liedhafte Anlage); **p-ff**; auch in Begleitung häufig Leitern auf- und abwärts	Solistin: „restless"; Quintmotivik harmonisch „schräg" (z. B. Des-Dur und C-Dur nebeneinandergestellt, zusätzlich Harmonisierung dissonant); Tonleitermotivik abgeleitet aus „Sing God a Simple Song" (Ton 1 bis 6 abwärts), hier erweitert durch zwei weitere Töne (Zielpunkt: verminderte Oktav!) → „endlos"; Thema: Welt ohne Ende als Qual empfunden

Analyse von MASS. A Theatre Piece for Singers, Players and Dancers

Abschnitt	Takt	Besetzung	Stimmen	Musikalisches Material	Besonderheiten/ Details
„Dark at the cities"	25–44	s. o.	Solo-Mezzosopran II	Art strophische Wiederholung ohne Reprise des Quintmotivs, x-fache Wiederholung der Tonleiter „ohne Ende"; Instrumentierung wird langsam „ausgedünnt"	Thema: Umweltverschmutzung
Tape „Et in spiritum"	22 Takte; Sempre presto; ab Takt 15 Prestissimo	Tonband: Chor und Percussion (Becken, Snare-Drum, Ratchet, Triangel, Pauke); ab Prestissimo: tutti Percussion	Chor (Tonband); Solo-Bariton und Solo-Mezzosopran I und II (aus vorheriger Trope)	Tonband: Takt 4 und 5 der recto-Version; einmal recto, einmal invers, einmal recto, einmal invers; Solisten singen kurze Motiv- und Textfragmente aus ihren jeweiligen Songs	Tonband und Percussion (ab Takt 15 tutti!) und unregelmäßige Einwürfe der Solisten ergeben Kakophonie
X,V Trope: „I Believe in God" „Amen"	1–3	Rockband (Keyboards, E-Gitarren, Bassgitarre, Percussion)	Streetchorus und Solisten s. o.	Motiv- und Textübernahme „Amen"; Alla-Breve-Takt; **ff**	musikalische Überleitung; „Amen" eher spöttisch als bestätigend
B „I believe in God"	4–15	s. o.	Rocksänger	strophischer Rocksong; g-Moll; 4+4+4 Takte (letzte Vierer-Einheit in 3/4-Takt synkopisch); leicht-lässiger Charakter der Musik; **p**	Thema: Glaubt Gott an mich? Will Handschlag geben, wenn es so ist, als wäre dies Verhandlungssache
B' „I believe in one God"	16–27	s. o.	Rocksänger	Strophe 2	Thema: Glaube an 1, 3 oder 20 Götter? Glaubt an alle, die an ihn glauben
C „Who created my life?"	28–35	Rockband, diverse Saxophone und Bluesband (Keyboard, Bassgitarre, Percussion)	Rocksänger	„D-Dur", Taktart ständig wechselnd 2/2 und 3/4; viermal Zweitakt-Phrasen, synkopisch, häufige Tonwiederholung; Hochton e', **f**	Thema: Frage, wer der Schöpfer sei und die schreckliche Verantwortung dafür auf sich nehme
C' „Is there someone out there?"	36–43	s. o.	Rocksänger	s. o., aber „f-Moll"; Hochton fis'; **più f**	Thema: Wer hört das Lied, das er singt? Ist da jemand?
C" „I believe my singing."	44–51	s. o. und mit Hörner, Flöte, Oboe	Rocksänger	s. o., aber „g-Moll"; Hochton a'; sempre più **f**	Thema: Glaubt an seinen Gesang, an jede Note, aber kommt sie an?

Abschnitt	Takt	Besetzung	Stimmen	Musikalisches Material	Besonderheiten/ Details
C''' „I believe in F sharp."	52–59	s. o. und mit Hörner, Flöte, Oboe, Trompete, Posaune	Rocksänger	s. o., aber „G-Dur"; Hochton g'; **ff**	Thema: Glaubt an Töne fis und g, erreicht diese bei Nennung in seiner Melodie; Soll er Tonart wechseln? – darauf folgt Tonartwechsel
C'''' „How do you like A flat?"	60–68 63: „In strict tempo" 66: Tutta forza	s. o. und mit Hörner, Flöte, Oboe, Trompete, Posaune	Rocksänger, Chor live	„As-Dur", Hochton c'', **ffff**, Höhepunkt in jeder Hinsicht; Chor mit invers-Version drei Takte; **ffff**	aus Schema ausbrechend; Höhepunkt; Chor mit „Crucifixus etiam pro nobis sub" nun live in **fff** (hier Instrumente kurz tacet!); Sänger hält hohes C aus („Do you believe in C")! Singanweisung „desperate"
B'' „I believe in God"	69–79	vgl. Besetzung B	Streetchorus	**pp**	Thema: Glaube an Gott, wenn dieser auch an Menschen glaubt (Bedingung)
B'''-Coda „I'll believe in sugar and spice"	80–96	s. o.	Rocksänger	**pp**; Musik auslaufend	Thema: Wer glaubt an mich? Zelebrant zweimal gesprochen „Let us pray!"

In mehrfacher Hinsicht ist das *Credo* ein bedeutsamer Abschnitt der Komposition: Fielen die aufgeworfenen Fragen in den vorangegangenen Stücken sehr personen- oder gesellschaftsbezogen aus, wird an dieser Stelle das Glaubensbekenntnis als solches massiv in Frage gestellt und Gott direkt angesprochen.[392] Dies erinnert an die jüdische Tradition des Streitgesprächs mit Gott, was auch Bernstein in einem Interview zu *MASS* als Bezugspunkt bestätigt:

> „The questioning of God is a time-honored Jewish tradition, based upon the intimacy with God which Jews have always felt, especially in the diaspora, in exile, in ghetto living – because that's all they had [...]. It must have inspired a special relationship to God; the kind of 'Ich-Du' relationship that Martin Buber talks about."[393]

---

392 Ansatzweise bereits in *Confession* zu finden.
393 Leonard Bernstein, zit. nach High Fidelity Bernstein, S. 68. Vgl. auch de Sesa 1985, S. 158–163 und Scheibler 2001, S. 93 und S. 229–231. Vgl. auch ähnliche Strukturen in anderen Werken, z. B. in Bernstein dritter Symphonie *Kaddish*.

Wichtig ist dabei auch die Intention Bernsteins:

> „Ich wollte kein Sakrileg begehen. [...] Das Streitgespräch mit Gott entspringt der Liebe; das ist der große Konflikt der menschlichen Seele."[394]

Ein weiterer wichtiger Aspekt in Bernsteins gesamtem Schaffen und seiner Sicht der „Musikwelt" ist sein Bezug zur Tonalität und seine Gleichsetzung von Glaubenskrise und Tonalitätskrise im 20. Jahrhundert:

> „Ich kann nicht umhin, zwischen dem häufig verkündeten Tod der Tonalität und dem gleichfalls ausposaunten Gottesuntergang eine Parallele zu ziehen. [...] Die Glaubenskrise, in der wir leben, ist der musikalischen Krise nicht unähnlich; wir werden, wenn wir Glück haben, aus den beiden Krisen mit neuen, freieren Ideen herauskommen, vielleicht mit persönlicheren – oder sogar weniger persönlichen – Vorstellungen, wer kann das sagen? Aber auf jeden Fall mit einer neuen Auffassung von Gott und einem neuen Begriff von Tonalität. Und die Musik wird überleben."[395]

Die Verquickung dieser beiden Bereiche findet sich wiederum im *Credo*. Im letzten *Trope* thematisiert der Sänger unvermittelt das Thema Tonalität. Ohne Kenntnis der spezifischen Sicht Bernsteins bliebe diese Stelle – und weitere Schlüsselstellen im Verlauf des Stücks – völlig unverständlich.

4.11. XI. Meditation No. 3 (De profundis, part 1)

Mit weiteren „*Let us pray*"-Rufen versucht der Zelebrant, die Ordnung wiederherzustellen, was ihm letztlich nicht gelingt. Statt einer vielleicht zu erwartenden meditativen instrumentalen Zwischenmusik, erklingt ein musikalisches Szenario der Verzweiflung: Zum ersten Teil des 130. Psalms, der eigentlich nicht zur Messliturgie gehört, aber zum urmenschlichen Ausdruck gezählt werden darf, spielen Instrumente, die man auch für die Darstellung des Jüngsten Gerichts in mancher Requiem-Vertonung[396] finden kann: Große Orgel, Tam-Tam, Tuba, Posaunen, Trompeten, Pauken. Aus der Tiefe und natürlich zunächst auch mit tiefen Stimmen gesungen, erhebt sich das *De-profundis*-Thema mit gewichtigen Schritten, altehrwürdig fugiert:

---

394 Leonard Bernstein in einem Interview mit einem israelischen Reporter, zit. nach Burton 1994, S. 450.
395 Bernstein 1984, S. 15.
396 Da der 130. Psalm zu den sogenannten Tumbagebeten gehört, ist diese Assoziation sicher gewollt. Vgl. Messbuch 1963, S. [227].

De-profundis-Thema im Chor-Bass I, Meditation No. 3, Takt 1–6

Es mündet in einen aleatorischen Abschnitt auf das Wort „*clamavi*", der nicht nur an die Schrecken der Vergangenheit, sondern auch der technisierten und entmenschlichten Gegenwart denken lässt.

Mehrfach wechseln sich diese Abschnitte ab. Schließlich spricht der Zelebrant zu einer Art „Nachspiel" das „*Memento, Domine*", einen liturgischen Text, der an sich nach dem Sanctus gesprochen wird und damit nicht mehr zum Wortgottesdienst, sondern zur Eucharistiefeier gehört.[397] Er bittet für alle Anwesenden und um die Annahme des Abendmahls und lässt sich vordergründig nicht aus der Ruhe bringen.

Kurzanalyse der einzelnen Formabschnitte von **XI. Meditation No. 3 (De profundis, part 1)**
Dauer des Satzes: 2:44 Minuten

Abschnitt	Takt	Besetzung	Stimmen	Musikalisches Material	Besonderheiten/ Details
A De profundis	1–8 Largo	Große Orgel, Große Tam-tam, Pauke, Tuba, Posaune, Trompete, Horn	Chor (mit tiefen Stimmen beginnend!), Takt 3–4 A-cappella!	*De-profundis-* Thema aus der Tiefe aufsteigend (bereits in *Meditation No. 1* verwendet); Terz-Sekund-Motiv in kurzen Vorschlagsnoten verarbeitet; **f-fff**	Besetzung mit Instrumenten, die an Jüngstes Gericht denken lassen (Posaune, Tuba, Tam-Tam usw.); fugierte Themenverarbeitung in Stimmen und Instrumenten: traditionelle Technik
B „clamavi"	9–12 Presto	Triangel, Tambourin, Tenor-Drum, Snare und Bass-Drum, Große Orgel	achtstimmig geteilter Chor	Chor tonal aleatorisch, Rhythmus vorgegeben; **fff**	schreiend, Ende überlappend tonal gesungen

---

397 Vgl. Messbuch 1963, S. 460–461.

Abschnitt	Takt	Besetzung	Stimmen	Musikalisches Material	Besonderheiten/ Details
A' „Fiant aures"	13–22 *Doppio più lento*	Tuba, Posaune, Trompete, Horn, Xylophon, diverse Percussion	Chor: vierstimmig Frauen, dann vierstimmig Männer	*De-profundis*-Thema instrumental fugiert in Blech und Hörnern (nur instrumental Takt 13–16); danach zusätzlich Chor mit Thementeilen Frauen – Männer wechselnd; **f-fff**	
B' „Domine"	23–26 *Presto come sopra*	Becken, Tambourin, Snare-Drum, Woodblock	achtstimmig geteilter Chor	Chor tonal aleatorisch, Rhythmus vorgegeben; **fff**	Ende überlappend tonal gesungen
A" „quis sustenebit?"	27–43 *Tutta forza*	Große Orgel, Becken, Snare-Drum, Pauke, Tuba, Posaune, Trompete, Horn	achtstimmig geteilter Chor	wieder imitierende Einsätze in Blech und Chor (unisono bei „*qui sustenebit*"); danach imitierend A-cappella (Takt 33–36), zum Teil Ton-Wiederholungen wie bei Psalmtonmodell („*sperat …*"), bitonal; **p-fff**	Hoffnungs- und Vergebungstext kommt musikalisch nicht zum Tragen
C	44–58	Große Orgel, Becken, Snare-Drum, Pauke, Tuba, Posaune, Trompete, Horn	Zelebrant als Sprecher	einzelne Akkorde, teilweise Liegeakkorde, wenig Percussion; **f-p**	Zelebrant erhält liturgische Geräte durch Ministranten; „*Memento, Domine*"-Text aus Eucharistiefeier, eigentlich nach Sanctus; Gebet teilt Psalm 130 in zwei Teile

4.12. XII. Offertory (De profundis, part 2)

Das Offertorium gehört als Gesang zur Bereitung der Gaben von Brot und Wein zu den Propriumsteilen der Messvertonung, also zu denen, die Bezug auf die Tageslesung und den Tagesgottesdienst nehmen. Diese traditionelle Vorgabe legt Bernstein sehr frei aus und lässt Knabenchor und Chor den zweiten Teil von Psalm 130 singen („*Meine Seele wartet auf den Herrn, mehr als die Wächter auf den Morgen …*").

Dabei verwendet er bereits bekanntes musikalisches Material: Der Knabenchor singt den neuen Text auf die Melodie des zuvor bereits vom Tonband erklungenen *In nomine Patris* aus dem *Second Introit*, wobei an dieser Stelle meist der erste Ton der Phrase fehlt.[398] Jeweils antiphonal antwortet der Chor und verwendet dabei die mechanistisch klingende, bitonal harmonisierte Tonwiederholung aus *Confiteor*. Verschiedene Bedeutungsebenen schwingen so bewusst oder unbewusst mit.

---

398 Die gleiche Melodie wurde ja auch im „*Almighty Father*" verwendet.

Dieser Gesang mündet in einen rein instrumental begleiteten frenetisch-leidenschaftlichen Tanz der Akteure um die liturgischen Geräte.[399] Der Zelebrant ist – wie Moses beim Tanz um das Goldene Kalb – gegangen.[400] Auch diese Musik ist bereits bekannt aus dem instrumentalen Abschnitt des *In nomine Patris*, wird aber viel ausladender, auch mit Rock- und Bluesband, instrumentiert und gewinnt gegen Ende an Tempo: ein Zeichen des zunehmenden „Wahnsinns" der Gläubigen.

Kurzanalyse der einzelnen Formabschnitte von **XII.** *Offertory (De profundis, part 2)*
Dauer des Satzes: 2:02 Minuten

Abschnitt	Takt	Besetzung	Stimmen	Musikalisches Material	Besonderheiten/ Details
„*Expectat anima mea*"	1–25	Vibraphon, Becken, Posaune, Trompete, Horn (teils con sordino), später auch Snare-Drum, Glockenspiel	Knabenchor, Chor	Verquickung von zwei thematischen Bereichen, die bereits bekannt sind: a) Knabenchor: Melodiezitate aus *In nomine Patris*, meist fehlender erster Ton, rhythmisch angepasst; b) immer unterbrochen durch psalmtonartiges Absingen des Chores auf einem meist bitonal harmonisierten Ton, angelehnt an derartige Einwürfe in *Confiteor*	Kerzen werden angezündet, die liturgischen Geräte gesegnet, der Zelebrant geht ab!; textliche Fortsetzung des 130. Psalms; live (im Gegensatz zu *In nomine Patris*); antiphonal (ähnlich in beiden Vorbild-Abschnitten); große Steigerung (***p-ff***)
	26–59	Streicher, diverse Drums, Triangel, Gourd, Becken; Rockband (Keyboard, Bassgitarre, E-Gitarre, Traps); Bluesband (Keyboard, Bassgitarre, Fingerbecken); Blechbläser, Holzbläser	tacet	Takt 26–36 entspricht in etwa Takt 38–50 in *In nomine Patris*: A; Takt 37–50 entspricht in etwa Takt 24–37 in *In nomine Patris*: B; Takt 51–59: A' *sempre accompagnato* è ergibt ABA-Form	alle tanzen mit fetischistischer Leidenschaft um die liturgische Geräte; teilweise Klatschen; rein instrumental; durchgängig sehr viel größere Besetzung als in der Vorlage; am Ende erscheint Zelebrant in Robe, alle gehen ab: „frozen silence"

Nun wird die ganze Orientierungs- und Hilflosigkeit der Menschen deutlich. Sowohl Einflüsse aus Gesellschaft und Umwelt wie Gewalt, Drogen, Krieg, Unmenschlichkeit, aber auch das Nichtverstehen der Menschen durch die Institution Kirche mit ihrer zum Teil als Indoktrination und Überritualisierung empfundenen Vorgehensweise bedingen Wahn und Fehlorientierung. Diesem Phänomen steht auch der Zelebrant zunehmend hilflos gegenüber.

---

399 Dieser Tanz entfällt bei der Vatikan-Aufnahme, nur die Musik erklingt. Vgl. Bernstein Mass DVD.
400 Vgl. auch Scheibler 2001, S. 217.

4.13. XIII. The Lord's Prayer

1. *Our Father…*
2. *Trope: „I Go On"*

Diese Hilflosigkeit versucht der Zelebrant mit dem Hauptgebet der Christen, dem Vaterunser in englischer Sprache in Wort und Ton zu fassen.[401] Das fällt ihm sichtlich schwer. Er unterstützt seine suchenden Töne selbst am Klavier. Dennoch bleibt es ein unharmonisiertes, improvisiert wirkendes, verzweifeltes Stammeln. Er betet und singt alleine, nicht wie gewohnt Gemeinde und Priester gemeinsam. Er fühlt sich wohl allein gelassen und überfordert, unsicher in leisen Tönen. Die sogenannte Doxologie des Vaterunsers („*Denn dein ist das Reich …*") lässt er ganz weg und damit den uneingeschränkten Lobpreis von Gottes Herrlichkeit. Eine melodische Reminiszenz „an bessere Zeiten" ist dennoch zu hören: Die absteigende Linie aus „*A Simple Song*" erklingt mehrfach:[402]

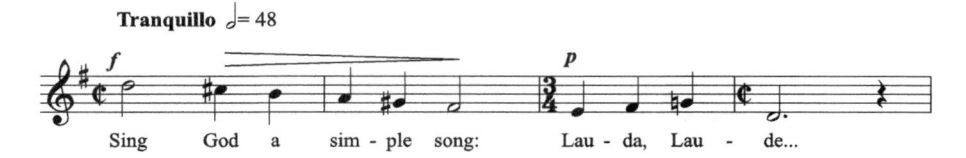

Anfangsmotiv der Melodie im Zelebrant, Hymn and Psalm: „A Simple Song", Takt 2–3

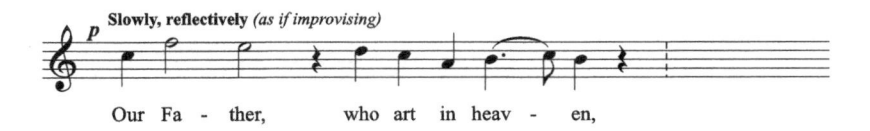

Absteigende Melodik im Zelebrant, Our Father…, Takt 1

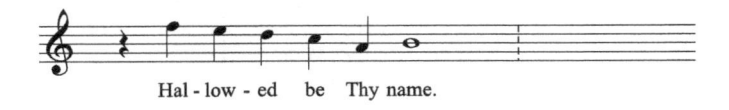

Absteigende Melodik im Zelebrant, Our Father…, Takt 2

Vermutlich ist dies auch als Keimzelle zum *Trope: „I Go On"* zu sehen, das im Gestus der Melodie an „*A Simple Song*" erinnert.[403] Zunächst thematisiert der Zelebrant zerplatzte Träume, Mutlosigkeit und wohl auch Überforderung durch die Ansprüche der Gläubi-

---

401 In der Liturgie steht das Vaterunser normalerweise nach dem Sanctus.
402 Vgl. de Sesa 1985, S. 174.
403 Dies scheint außer der absteigenden Linie in Takt 8 nicht explizit belegbar zu sein, wirkt aber dennoch so.

gen an ihn als Vermittler. Aber er richtet den Blick wieder nach vorne und will weitermachen, egal wie schwierig es ist. Noch einmal klingt mit dem A-Teil der Schmerz an. Noch aber singt der Zelebrant mit „Lauda" ein direktes Zitat aus „besseren" Zeiten und findet dadurch ein bisschen Halt. Durch die Geste der Händewaschung wird der reinigende Aspekt des Gesangs zusätzlich unterstrichen.

Kurzanalyse der einzelnen Formabschnitte von **XIII. The Lord's Prayer**
Dauer der Satzteile: 1.) 2:07 Minuten 2.) 2:34 Minuten

Abschnitt	Takt	Besetzung	Stimmen	Musikalisches Material	Besonderheiten/ Details
1. Our Father…	1–10 „Slowly, reflectively"	Klavier (gespielt vom Zelebranten)	Zelebrant „as if improvising"	einfache, recht tonale Melodiestruktur, absteigende Linie ähnlich „Sing God a Simple Song" (z. B. Takt 1, 2, 9); **p-ppp**	Zelebrant anfangs alleine; danach zwei Ministranten, die ihm zusehen, danach Musiker der folgenden Nummer
2. Trope: „I Go On" A „When the thunder rumbles"	1–9	Akustikgitarre, Bassklarinette, zwei Klarinetten	Zelebrant	„Amen"-Motiv aus Vorherigem wird instrumental wiederholt; nahezu achttaktige Phrase; absteigende Leiter wieder in Takt 9 (aus „A Simple Song"); **p**	Thema: Goldenes Zeitalter vorbei, Träume geplatzt, alt und leer
A' „When my courage crumbles"	10–17	s. o.	Zelebrant	quasi 2. Strophe	Thema: Beschreibung seiner Mutlosigkeit und Unfähigkeit
B „I go on"	18–27 Tranquillo	s. o.	Zelebrant	melodische Struktur ändert sich deutlich; „I go on"-Motiv (kleine Terz aufwärts, Oktave abwärts), langsamer; **pp**	Thema: Entschluss weiter zu machen, um jeden Preis
A" „If tomorrow tumbles"	28–38 Tempo I Meno mosso	s. o.	Zelebrant	quasi 3. Strophe; **p-ppp**; am Ende langer Halteton der Stimme, dazu „I go on"-Motiv in Instrumenten	Thema: Schmerz immer dar und macht dennoch weiter
Coda	39–44	s. o.	Zelebrant	„Lauda"-Motivik aus „A Simple Song" (und damit aus dem gesamten Song, vgl. dort Takt 71); entsprechende Begleitmotivik; Ende: leere Oktave d; **pp**	„Lauda" – Festhalten an alten Zeiten und Formen? Händewaschung (gewisse Läuterung?)

4.14. XIV. Sanctus

Zusammen mit dem Klang von Schellenglocken ruft der Zelebrant den Sanctus-Text in englischer Sprache und initiiert damit den lateinischen Sanctus-Gesang des Knabenchors. So beginnt ein fast uneingeschränkt fröhlicher Abschnitt mit einer an die Wiener Klassik erinnernden Melodik in Terzparallelen[404] und achttaktigen, immer wieder variierten Abschnitten:[405]

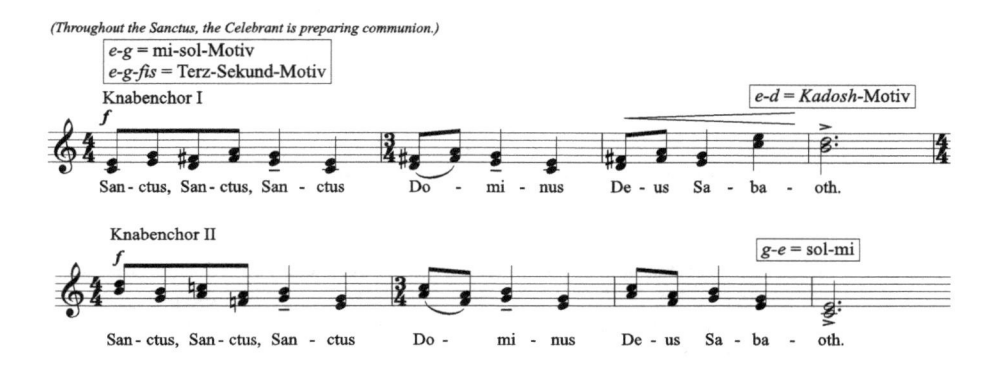

Terzen im Knabenchor I und II, Sanctus, Takt 7–14

Die Verwendung von Glockenspiel, Marimbaphon, Xylophon und Vibraphon sowie das Pizzicato der Streicher unterstreichen dabei sowohl den fröhlichen Charakter als auch die sphärische Wirkung dieses „Engelsgesangs". Außerdem stellen sie klanglich eine Ähnlichkeit zum fünften Satz von Mahlers *Symphonie Nr. 3* her. Auch hier singt ein Knabenchor begleitet von Glocken und Glockenspiel einen sphärisch-reinen Gesang, dessen Tonfolge auf die Worte „*Bimm Bamm*" jeweils eine steigende und fallende große Sekunde und eine fallende kleine Terz sind.

Die kleine Terz und die große Sekunde erhalten auch bei Bernstein im weiteren Verlauf noch eine weitaus gewichtigere Rolle. Nach variierten Wiederholungen der *Sanctus*-Motive, einigen „*Osanna*"-Rufen und Instrumental-Zwischenspielen verebbt die Musik fast. Nur eine einzelne kleine Terz (*e-g*) erklingt von der Viola (Takt 101) als kleinste mögliche Abspaltung des Themas. Schließlich reduziert Bernstein alles auf einen einzigen Ton, das *e*, das der Zelebrant mit der Silbe „*Mi*" aufgreift, sich selbst auf der Gitarre begleitend und einen nichtliturgischen Text singend.[406] An dieser Stelle beginnt der Komponist ein Wort- und Tonspiel, bei dem er einerseits die Silben der absoluten Solmisation „*Mi*" und „*Sol*" mit den Tönen *e* und *g* gleichsetzt, andererseits aber auch mit dem Klang und der Bedeutung der Silben in der englischen Sprache spielt: „*Mi, Mi, <u>Mi</u> alone is only*

---

404 Interessanterweise ist die Melodie dem Hauptmotiv der Klavierbegleitung aus Franz Schuberts „*Der Leiermann*" nicht ganz unähnlich, lediglich statt in Moll in mixolydisch.
405 Besetzung und Taktwechsel „verfremden" das Ganze etwas.
406 Der Sanctus-Text bleibt aber durch Fragmente der entsprechenden Motivik in Bongos und Fagotten dauerhaft präsent.

me. *But mi with* sol, *Me with* soul, *Mi sol,* Means *a* song *is beginning to grow, Take wing, and rise up singing From me and my soul. Kadosh!"* Aus dem anfänglichen „Stammeln" entsteht nach und nach mehr Zusammenhang, bis dann eine lyrisch-tonale Melodie daraus erwächst, die mit der kleinen Terz beginnt, sich aber auch an *„I will sing the Lord a new song"* aus *„A Simple Song"* anlehnt.[407] Das „*Kadosh*" bildet einen dynamischen Höhe- und Zielpunkt auf der absteigenden großen Sekunde, ein Motiv, das schon mehrfach vorher erklang und vorbereitet wurde,[408] wiederum abgeleitet aus dem Terz-Sekund-Motiv, das das Werk beherrscht. Nun ist der Zelebrant nicht mehr alleine. Der Chor umringt ihn und singt choralartig ein mehrstimmiges „*Kadosh*" – das Sanctus und Benedictus in hebräischer Sprache. Kurze kanonartige Einsätze mit Verwendung des englischen Textes beleben das Ganze und führen schließlich zum dynamischen Höhepunkt mit zwei abschließenden *„Sanctus"*-Rufen.

Kurzanalyse der einzelnen Formabschnitte von **XIV. Sanctus**
Dauer des Satzes: 5:19 Minuten

Abschnitt	Takt	Besetzung	Stimmen	Musikalisches Material	Besonderheiten/ Details
Einleitung	1–6 *Allegretto con anima*	Orchester (Streicher, Marimba, Vibraphon, Xylophon, Glockenspiel); Große Orgel, Sanctus-Glocke	Zelebrant ruft	Sanctus-Glocke; Begleitakkorde	Knabenchor tritt auf
Sanctus a „Sanctus"	7–14	Orchester und Große Orgel	Knabenchor I	Terzmotivik (fast „Terzenseligkeit"), Beginn Terz-Sekund-Motiv! achttaktige Phrase; Taktwechsel 4/4 und 3/4 (tänzerisch); zweimal vier Takte, zuerst aufsteigend, dann absteigend; im Piano beginnend, dynamische Steigerung	Zelebrant bereitet die Kommunion vor während des kompletten *Sanctus*-Abschnitts; Anfang und Ende der Melodie mi-sol (*e-g*): vgl. Takt 101–111, Takt 9–10: fallende große Sekund: „*Kadosh*"-Motiv
a'	15–22	Orchester, Holzbläser (Horn!), Harfe	tacet	Variation Terzmotivik, dazu im Horn aufsteigende große Sekunde („*Kadosh*"-Motiv): nach und nach Streicher *arco*	

---

407 Vgl. dort Takt 24–25.
408 Vgl. zum „*Kadosh*"-Motiv Takt 9/10 in Oberstimme des Knabenchors, Takt 40 im Knabenchor bei „*Osanna*", im instrumentalen Zwischenspiel, z. B. Takt 83 ff. und Takt 93 ff., sowie Takt 116/117 im Zelebrant bei „*Take wing*".
409 Erinnert an die mechanische Tonwiederholung aus *Confiteor* und *Offertory*.

Abschnitt	Takt	Besetzung	Stimmen	Musikalisches Material	Besonderheiten/ Details
a″ „Pleni"	23–30	Orchester	Knabenchor I	Variation Terzmotivik; („Kadosh"-Motivik in Streichern)	
a‴	31–38	Orchester, Holzbläser, Trompete, Harfe	tacet	Variation Terzmotivik	
b „Osanna"	39–44 (48)	Orchester, Holzbläser (mit Horn), Trompete, Harfe	Knabenchor I und II	längere Töne in Terzparallelen („Osanna"), Tonfolge aus Takt 9–10; wieder fallende große Sekund; beide Knabenchöre, teilweise antwortend; Steigerung bis *ff*	Abschnitt musikalisch mit folgendem verschränkt (Begleitung des „Osannas" ab Takt 48 = Takt 1–4 der achttaktigen Phrase der Sanctus-Motivik)
a⁗	45 (49) – 52	Orchester, Holzbläser, Blechbläser, Harfe, Becken	Knabenchor I und II	s. o.	s. o., zweiter Abschnitt Stimmen tacet
a⁗ „Benedictus"	53–60	Orchester	Knabenchor I und II	Benedictus-Text mit Sanctus-Terzmotivik	
b′ „Osanna"	61–72 (69–72 Überleitung instrumental)	Orchester, Holzbläser, Trompete, Kleine Orgel, fünf Bongos	Knabenchor I und II unisono	„Osanna"-Motivik in Tonwiederholung mündend (Takt 67–68);[409] instrumentale Begleitung: Terzmotivik	Taktwechsel 5/4, Steigerung bis *fff*; Bongos bereits vorausgreifend auf nächsten Abschnitt; Knabenchor geht ab
Tanz *Mistico, poco agitato*	73–100	Rockband (E-Gitarre, Bassgitarre Keyboard); fünf Bongos, Blech- und Holzbläser; Streicher; Kleine und Große Orgel	tacet	Abschnitte: X: Takt 73–83, Sanctus-Motivik fragmentiert; Y: Takt 84–100, in Fragmenten Vorwegnahme des „Means Song"; Hauptmotiv fallende große Sekund – nimmt „Kadosh"-Motiv vorweg; Sanctus-Terzmotivik in Begleitung; insgesamt symphonischer besetzt (Streicher)	durchführungsartig, auch vorwegnehmend!; große Steigerung bis Takt 100; gegen Ende erhält der Zelebrant eine Gitarre, mit der er sich im folgenden Abschnitt begleitet, in Überleitung zum nächsten Abschnitt *riterdando* und *diminuendo*; Zelebrant erhält akustische Gitarre

Abschnitt	Takt	Besetzung	Stimmen	Musikalisches Material	Besonderheiten/ Details
„Mi"	101–111	Akustikgitarre; fünf Bongos, Fagott	Zelebrant mit Gitarre	Töne *mi* (e) und *sol* (g) immer bei Erwähnung im Text; Begleitung: Fagott mit Fragmenten der Terzmotivik aus *Sanctus*	suchend; „Text-irritationen": *mi-sol* – „me"-soul"; sehr reduzierte Besetzung
„Means a song"	112–122	Streicher, Harfe, Pauke, Akustikgitarre; fünf Bongos; Holzbläser; Blechbläser; Kleine und Große Orgel; Horn	Zelebrant	sehr kantable Melodie mit aufsteigender Terz am Anfang; Begleitung Fragmente der Terzmotivik	Melodik angelehnt an „*I will sing the Lord*" aus „*A Simple Song*", auch aus *mi-sol* heraus abgeleitet; Text entwickelt sich zu „Means a song" führt zu „Kadosh"
„Kadosh"	123–130	s. o.; ab Takt 127 sehr reduziert auf Streicher, Große Orgel, Harfe, fünf Bongos, E-Gitarre	Zelebrant (ab Takt 127 summend)	„Kadosh"-Motivik große Sekund abwärts, Höhepunkt **ff**; („Kadosh"-Motiv nur gesummt in Takt 127–130)	
„Kadosh"	131–139 „Twice as slow"	Streicher con sordino, fünf Bongos	Chor	„Kadosh"-Motivik; Chor personante Harmonik, choralartig; Hintergrund: Bongos vgl. Drums bei „Almighty Father"	A-capella-Takt 155!
„Singing Holy"	140–144	Blechbläser con sordino; Glockenspiel, Xylophon, Vibraphon, Marimbaphon; fünf Bongos	Chor und Streetchorus		Kanon Sopran und Bass; nur in Überleitung zum nächsten Abschnitt Bongos
„Kadosh"	145–152	Flöte und Piccoloflöte; Orgel-Pedal; Violine, Violoncello, Kontrabass, Keyboards, fünf Bongos	Chor-Tenor (3-6 Counter-tenöre)	„Kadosh"-Motivik; Kanon aus kurzem Sechzehntel-Achtel-Motiv; erst in Flöte, dann in Violine, dann in Keyboards	Kanon Piccoloflöte und Flöte; nur Tenöre dreistimmig; Steigerung zum nächsten Abschnitt führend
„Baruch"	153–157	s. o. mit Kleiner Orgel, Triangel, Tom-Tom, Glockenspiel	Chor-Tutti	„Kadosh"-Motivik; Triller in verschiedenen Begleitinstrumenten; **ff**	Menge geht auseinander
Sanctus Coda	158–164 „Twice as fast"	Orchester tutti	Chor-Tutti („all voices on stage")	*Sanctus*-Begleitung (Terzen); fallende und steigende Sekund im Chor; **ffff**	Zelebrant nimmt Monstranz; *attacca*

Das *Sanctus* ist der freudigste und positivste Abschnitt des gesamten Werks, trotz aller bis dahin geäußerter Zweifel. Dennoch zeigt sich auch hier das inhaltliche Hauptthemenfeld der Vertonung: die Suche nach Sinnhaftigkeit, Gotteserfahrung und menschlicher Nähe, die Erfahrung von Einsamkeit, Gottesferne und innerer Orientierungslosigkeit. Ohrenfällig wird dies in der Suche des Zelebranten nach Tönen und Worten. Ein Ton allein repräsentiert die Einsamkeit des Zelebranten („*mi*" und „*me*" treten in Beziehung). Zwei „tonale" Töne verbinden ihn wieder mit seiner Seele („*sol*" und „*soul*" treten in Beziehung), woraus ein Lied entsteht, das die Seele aufsteigen lässt zur „Heiligkeit" Gottes oder einer Art von Transzendenz. Mit diesem „Festhalten" an den Tönen hört auch die Einsamkeit des Zelebranten auf. Er wird in die Gruppe der anderen mit aufgenommen.

Interessant ist die Verquickung der Erfahrung des Heiligen, der Sinnhaftigkeit mit dem Finden einer „erhebenden" tonalen Melodie, was wiederum deutlich Bezug nimmt zu Bernsteins Sicht, dass die Krise der Tonalität mit der Krise des Glaubens im 20. Jahrhundert zusammenhänge.[410] Bemerkenswert ist auch, dass Bernstein mittels der häufigen und bedeutungsvollen Verwendung der Terz- und Sekundmotivik eine Verbindung zu Mahler ermöglicht, dessen Werk er sehr schätzte. Auch Mahler verwendete diese Motive mit besonderer Relevanz: Die fallende Sekund beispielsweise wird in Verbindung gebracht mit dem Wort und der Bedeutung „ewig",[411] die kleine Terz als Abschiedsgeste und Verweis auf die „andere" Welt, dem Transzendenten.[412] So scheint auch Bernstein in ähnlicher Weise diese Motive zu verwenden – sicherlich mit einer Art Bedeutungsverschiebung vom Abschied zur Transzendenz.

4.15. *XV. Agnus Dei*

Die positive Wirkung des *Sanctus* scheint keine wesentliche Veränderung in den Herzen der Beteiligten bewirkt zu haben. Mit dem *Agnus Dei* brechen sich Protest und Widerstand erst richtig Bahn. Bernstein zitiert in Verbindung mit dem Agnus-Text zunächst die vierzehntaktige Melodie aus *Trope: „I Don't Know"*.[413] Das ist bezeichnenderweise die erste Stelle in der Vertonung, bei der nichtliturgische Texte als Äußerung der Glaubenszweifel und Orientierungslosigkeit der Menschen eingesetzt wurden. Nicht nur das sehr markante Singen und die dissonante Begleitung bei steigender Lautstärke, auch das mehrfache Aufstampfen der Sänger mit den Füßen zeigen Trotz und Widerstand, unterstreichen die Forderung (nicht Bitte) der Menschen nach Frieden.

Nach dem dritten *Agnus* (mit *Dona nobis*, wie es eigentlich liturgisch auch vorgeschrieben ist), ist die musikalische Grundordnung verschwunden: Schon bedrohlich wirkende instrumentale Zwischenspiele wechseln sich mit litaneiartigen Einwürfen der Männer, der Frauen oder aller ab und gipfeln immer wieder im Ruf nach Frieden – „*Pacem*".

---

410 Vgl. hierzu das Zitat Bernsteins im Kapitel zum *Credo*, S. 143.
411 Etwa im *„Lied von der Erde"*, Ende des 6. Satzes (Alt-Solo).
412 Ebd. im Schlussabschnitt (Harfe). Vgl. zur Herausarbeitung der Bedeutung des „Anderen" Eggebrecht 1986, S. 135. Vgl. zu weiteren motivischen Belegen Schreieck 2004.
413 Vgl. Scheibler 2001, S. 79.

Besondere Bedeutung erhält ein Motiv,[414] das wiederum das Terz-Sekund-Motiv, dieses Mal gespiegelt, verarbeitet:

Terz-Sekund-Motivik im Chor-Sopran I (Oberstimme), Agnus Dei, Takt 61–63

Wie in einer Art Opernszene ruft der Zelebrant die Einsetzungsworte,[415] erhebt die Monstranz sogar über seinen Kopf, kann sich aber damit nicht durchsetzen und erntet letztlich noch mehr Protest. Seine Einwürfe werden leiser und unsicherer, bis er schließlich nochmals versucht, alle zu sammeln, indem er sie zum Gebet aufruft: „*Let us pray*".

Furchtsam setzt der Chor (ohne Streetchorus) wieder ein, doch steigert sich auch dieser innerhalb nur weniger Takte zum lauten Protest. Der Zelebrant scheint völlig hilflos und kann auch mit seinen schon dem Wahnsinn nahen Ausrufen „*Corpus!*", „*Calix!*" und „*Panem!*" nichts mehr ausrichten.

Nun beginnt der sich ständig steigernde Schlussabschnitt auf Grundlage eines zehntaktigen Blues-Modells auf dem dauerhaft wiederholten Text: „*Dona nobis, nobis pacem, dona pacem*" des sechsstimmig singenden Chores:

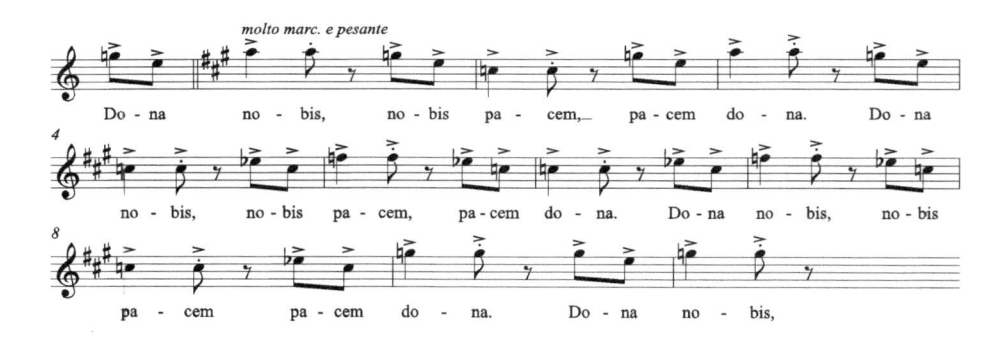

Kurzphrasiges, häufig wiederholtes rhythmisch-melodisches Modell im Chor-Sopran I (Oberstimme), Dona nobis, Auftakt 159–168

Ständig „hämmert" der kurze Rhythmus die Forderung nach Frieden in das Ohr der Zuschauer. In einer großangelegten Steigerung erklingen immer mehr Instrumente. Ab

---

414 Das Thema kann auch als Themenausschnitt des *In nomine patris* (Takt 3) aus dem *Second Introit* gesehen werden. Vgl. de Sesa 1985, S. 192. Es verweist damit auch – da es daraus abgeleitet wird – auf den Melodiebeginn des „*Almighty Father*" und wiederum auf mit dieser Melodie verbundene Motivik.

415 Die liturgisch korrekte Reihenfolge wäre eigentlich Sanctus, Einsetzungsworte, Vaterunser, Agnus Dei.

der dritten Modellwiederholung singen Street-Solisten englische Texte – quasi als zeitgenössischen Kommentar über dem Blues-Modell mehrfach den folgenden Text –, der eine Art Quintessenz darzustellen scheint:[416]

„We're fed up with your heavenly silence,	„Wir werden mit deiner himmlischen Ruhe aufgepäppelt,
And we only get action with violence,	Aber bei uns bewegt sich nur etwas durch Gewalt,
So if we can't have the world we desire,	Wenn wir also die Welt nicht haben können, nach der wir uns sehnen,
Lord, we'll have to set this one on fire!"	Herr, dann müssen wir diese hier in Brand setzen!"

Nach und nach klingt das Ganze durch einsetzende freie Improvisationen einiger weniger Sänger (Blues-Shouters), dann durch Instrumente und schließlich durch eine Tonbandeinspielung des *Kyrie*-Beginns wie eine Wahnsinns-Szene. Dies zeigt sich auch mittels eines tumultartigen Chaos auf der Bühne. Gerade die Verwendung des Tonbandes aus dem Beginn der Komposition ist bedeutsam: Damit wird die komplette bis dahin im Werk entwickelte Problematik der Entfremdung der Menschen von der Kirche, der Zweifel, die Gottsuche, die Suche des Menschen nach seiner Seele und seinem Gegenüber in diese Art Anklage zum Frieden hineingenommen. Der Zelebrant kann diesem Tun lange nur tatenlos zusehen. „Auf das Wort ‚pacem' schmettert er die Monstranz, das Behältnis mit der geweihten Hostie, zu Boden"[417] und setzt dem Ganzen ein Ende.

Kurzanalyse der einzelnen Formabschnitte von **XV. Agnus Dei**
Dauer des Satzes: 5:38 Minuten [418]

Abschnitt	Takt[418]	Besetzung	Stimmen	Musikalisches Material	Besonderheiten/ Details
Agnus Dei „miserere nobis" A	1–15 Agitato	Streicher, Große und Kleine Orgel, Xylophon, Gourd, Becken, Pauke, Bassgitarre, E-Gitarre; Blechbläser, Holzbläser	Solisten des Streetchorus (nur Männer, zweistimmig)	ein Takt instrumentale Einleitung, dann 14-taktiges Modell (4+4+3+3) mit Taktwechseln; Viertakt-Abschnitt auf „Agnus Dei, qui tollis …"; Dreitakt-Abschnitt auf „miserere nobis", dynamische Steigerung **p-ff**	Melodiezitat aus „I Don't Know" Takt 120–135; Begleitung teilweise übernommen (sehr dissonant); Füßestampfen jeweils nach „mundi" am Ende der Viertakt-Einheiten

---

416 Originaltext und Übersetzung zit. aus Bernstein Mass Aufnahme 2004, Booklet, S. 86–89.
417 Burton 1994, S. 538.
418 Die Taktangaben des Klavierauszuges unterscheiden sich von denen der Partitur. Die Autorin richtet sich nach dem Klavierauszug.

Abschnitt	Takt[418]	Besetzung	Stimmen	Musikalisches Material	Besonderheiten/ Details
Agnus Dei „miserere nobis" A'	16–29	Kleine Orgel, Gourd, Drum, Pauke, Bassgitarre, E-Gitarre, Streicher	Streetchorus	14-taktiges Modell, **ff**	verstärkende Wiederholung
Agnus Dei „dona nobis pacem" A''	30–40 sempre **ff**, „wild"	Kleine Orgel, Gourd, Drum, Pauke, Bassgitarre, E-Gitarre, Große Orgel, Vibraphon	Streetchorus; Zelebrant als Sprecher	verkürztes Modell: vier Takte „Agnus", zweimal zwei Takte „Dona nobis pacem" auf Hochton *a"* im **fff** beginnend; zweimal „Pacem"-Ruf	Zelebrant versucht Konsekration; erhebt Monstranz, spricht in Takt 40 Teil der Einsetzungsworte: „Hoc est enim Corpus Meum."
Dona nobis pacem	41–76 Barbaro	Kleine Orgel, Gourd, Drum, Pauke, Streicher; Große Orgel, Vibraphon, Marimbaphon (Bassgitarre und E-Gitarre fehlen!)	Streetchorus; Zelebrant als Sprecher	instrumentale Zwischenspiele (Takt 41–46, 51–56) im Wechsel mit rufartigen Choreinwürfen unterschiedliche Besetzung (Männer, Frauen, tutti), rufartig-akkordisch oder lyrischer mit Terz-Sekund-Motiv-Spiegelung	Zelebrant geht zum Altar; nimmt Kelch mit anderer Hand, ruft dazwischen: „Hic es enim Calix Sanguinis Mei!"; appeliert an Ensemble: „Hostiam puram!", schwächer werdend: „Hostiam sanctam...", „Hostiam immaculatam"
Agnus Dei „dona nobis pacem" A'''	77–90 Tutta forza	volle Besetzung der Streicher, Holz- und Blechbläser; Kleine Orgel, Tom-Tom, Xylophon, Glockenspiel, Drum, Becken, Pauke, E-Gitarre Bassgitarre, Traps, Tamburin	Streetchorus, Chor, Zelebrant als Sprecher	vgl. A"; **fff**	Zelebrant hält Monstranz über den Kopf, um irgendwie wieder die Kontrolle zu bekommen; ruft schließlich am Ende des Abschnitts schon heiser flüsternd im **ff**: „Let us pray"
Agnus Dei „miserere nobis"	91–138 Andante misterioso	Streicher, Große Orgel, Pauke, E-Gitarre, Bassgitarre, Marimbaphon, Kleine Orgel, Vibraphon (ständig wechselnde ausdifferenzierte Besetzung)	Streetchorus, Chor, Zelebrant als Sprecher	„Agnus" sehr leise mit extrem dissonanten Akkorden (Chor „furchtsam"); häufig instrumental oder chorisch mit „Miserere nobis"-Motiv mit gespiegeltem Terz-Sekund-Motiv, ständig wechselnde Besetzung; ab Takt 131 **ff**	Ensemble kniet, Zelebrant zum Altar: „Non sum dignus, Domine."; Zelebrant geht zur Hinterbühne: „I am not worthy, Lord."

Abschnitt	Takt[418]	Besetzung	Stimmen	Musikalisches Material	Besonderheiten/ Details
Dona nobis pacem	139–158 Più mosso	Streicher, Große und Kleine Orgel, Vibraphon, Drum, Tom-Tom, Becken, Pauke, Bassgitarre, E-Gitarre, Horn, Fagott, Klarinette, Oboe	Street-chorus, Chor, Zelebrant als Sprecher	ähnlicher Motivmix wie obenstehend, **ff**, fordernd; Musik wird immer mehr gesteigert; Art überleitender Abschnitt zum Blues-Modell	Schrei nach Frieden immer energischer; Zelebrant geht unter einer Last; hält heilige Gefäße und schreit *„Corpus! Calix! Panem!"*
„Dona nobis, nobis pacem, dona pacem" I	159–168	Traps (Rock und Blues); Tuba, Posaune, Trompete, Horn	Chor	zehntaktiges Blues-Modell (Art Blues-Vamp): 2+2, 2+2, 1+1, immer gleicher Rhythmus: zweimal Achtel, einmal Viertel, einmal Achtel, Achtelpause, ständige Textwiederholung; Chor sechsstimmig (Sopran und Tenor sowie Alt und Bass unisono)	*Molto marcato* gesungen; rhythmische Überlagerung von 6/8 und 3/4; Zelebrant bewegt lautlos die Lippen
„Dona nobis, nobis pacem, dona pacem" II	169–178	Tuba, Posaune, Trompete, Horn; Rockband (Bassgitarre, Traps); Schlagzeug (Pauke, Tambourin, Drums, Gourd)	Chor	Blues-Modell; **f**	
„Dona nobis, nobis pacem, dona pacem" III	179–188	Bluesband (Keyboards, Bassgitarre); Rockband (Rock Keyboard, Bassgitarre, E-Gitarre, Traps); Schlagzeug (Pauke, Tambourin, Drums)	Chor, Tenor-Solo	Blues-Modell und Überstimme mit gleichen Tönen, aber verändertem Rhythmus; **f**	Tenor: *„We're not down on our knees …"*; Thema: keine Bitte, kein Flehen; nur Foderung nach Frieden, jetzt; immer mehr Tumult und Verwirrung auf der Bühne
„Dona nobis, nobis pacem, dona pacem" IV	189–198	Bluesband (s. o.); Rockband (s. o.); Schlagzeug (s. o.); Tuba, Posaune, Trompete, Horn,	Chor, Männer-Soli	Blues-Modell und Überstimme; Überstimme **ff**; Chor **fp**	Solostimmen: *„You worked six days …"*; Thema: Drohung, die Schöpfung zu zerstören

Abschnitt	Takt[418]	Besetzung	Stimmen	Musikalisches Material	Besonderheiten/ Details
„Dona nobis, nobis pacem, dona pacem" V	199–208	Bluesband (s. o.); Rockband (s. o.); Schlagzeug (s. o.); Tuba, Posaune, Trompete, Horn, Holzbläser	Chor, einige Solostimmen, auch Frauen	Blues-Modell und Überstimme; Überstimme **ff**; Chor **fp**	Solostimmen: „We've got quarrels and qualms and such questions …"; Thema: Forderung nach realen Lösungen, nicht nach Psalmen; Drohgebärde, sich selbst alles zu nehmen
„Dona nobis, nobis pacem, daon pacem" VI	209–218	s. o.	Chor, alle Solostimmen	Blues-Modell und Überstimme; Überstimme **fff**; Chor **fp**	Solostimmen: "We're fed up with your heavenly silence …"; Thema: Welt ist nur mit Gewalt zu bewegen, drohen Welt in Brand zu setzen
„Dona nobis, nobis pacem, dona pacem" VII	219–228	s. o.	Chor, alle Solostimmen (= Streetchorus)	Blues-Modell und Überstimme: instrumentale Improvisation (Gitarre, Orgel, Schlagzeug); Chor: laut und hemmungslos: **f**; Überstimme **ff**	Solostimmen: „We're fed up with your heavenly silence …"
„Dona nobis, nobis pacem, dona pacem" VIII	229–238	s. o.	Chor, alle Solostimmen (= Streetchorus); Blues-Shouters	Blues-Modell und Überstimme: instrumentale und vokale Improvisation, sehr hohe Lage (Männer und Frauen: Blues-Shouters): **fff**	Solostimmen: „We're fed up with your heavenly silence …"
„Dona nobis, nobis pacem, dona pacem" IX	239–248	s. o.	Chor, alle Solostimmen (= Streetchorus); Blues-Shouters	Blues-Modell und Überstimme: instrumentale und vokale Improvisation, sehr hohe Lage (Männer und Frauen: Blues-Shouters); **ffff**	Solostimmen: „We're fed up with your heavenly silence …"; Takt 248: Zelebrant-Einsatz „Panem" **ff**: abrupt reißt Gesang ab, *attacca*

Diese *Agnus Dei*-Vertonung ist wohl in der Tat die einzige Gott anklagende in der Musikgeschichte.[419] In einer zeitgemäßen musikalischen Sprachgebung, dem Blues, fordern die Menschen den Frieden. Sie überfordern damit aber auch den Zelebranten, der in der Folge völlig orientierungslos ist. Menschen und Zelebrant verfallen zeitweise in eine Art Trancezustand, der an einen Drogenrausch erinnert.

Interessanterweise verwendet Bernstein dabei eine Art Musik, die der des „Hare Krishna" aus dem Musical *Hair* ähnlich ist. Auch dort dient sie der Darstellung eines Drogenrausches. Auffällig ist nicht nur die beständige Wiederholung kurzer Text- und Musikabschnitte, sondern auch die Ähnlichkeit der beiden kurzen Rhythmusmodelle an sich

---

419 Vgl. de Sesa 1985, S. 190.

(bei „*Hare Krishna*": Achtel, Achtel – Taktstrich – punktierte Viertel, Achtel, Achtelpause). Auch die Themenbereiche des Musicals *Hair*, z. B. Friedensaktivismus gegen den Vietnamkrieg sowie linksgerichtete Ziele gegen die damals herrschende Politik in den USA, finden sich in Bernsteins Komposition wieder.[420]

4.16. XVI. Fraction: „Things Get Broken"

Fraction: „Things Get Broken" ist nicht nur das am längsten dauernde Stück der Komposition, sondern auch sehr bedeutungsvoll. Hierin werden viele der bis dahin vorgestellten musikalischen Motive und Chiffren und damit auch die bisher aufgeworfenen inhaltlichen Themen wieder aufgegriffen und verarbeitet. *Fraction* stellt den Höhepunkt der Verzweiflung des Zelebranten dar. Wie im Titel schon angedeutet, wird hier einiges „gebrochen". Im liturgischen Sinn wird auf das „Brot-Brechen" während des Abendmahls verwiesen. Auf der Bühne wirft der Zelebrant realiter die Monstranz mit dem Allerheiligsten und die liturgischen Geräte zu Boden. Diese zerbrechen in tausend Scherben.[421] Dieser offensichtliche Bruch der Gegenstände steht im übertragenen Sinn auch für das Zerbrechen des Glaubens, der Beziehung zu Gott und zu anderen Menschen. Der ursprüngliche Glaube der Gemeinde und des Zelebranten ist nicht mehr. Letzterer fühlt sich durch die Ansprüche der Menschen an ihn überfordert. Bernstein selbst drückt dies in folgenden Worten aus:

> „*There has been a fraction of many things: of the vessels, of the psyche of this quasi-character, and of faith itself. And at that point, everyone has to look very, very deeply into himself to find that very thing that he has destroyed.*"[422]

Die Suche nach Halt unternimmt der Zelebrant in *Fraction* alleine, die ersten drei Takte sogar A-cappella. Dem chaotischen *Agnus Dei* setzt er ein Ende mittels des herausgeschrieenen Wortes „*Pacem*" auf der Tonfolge *sol-mi*, der Umkehrung des Terz-Sekund-Motivs und einem tonalen Absturz über eine Dezime zum *fis*. Alle anderen Akteure stürzen auf den Boden und bleiben bewegungslos während der ganzen Musiknummer liegen.

In der Folge beschreibt der Zelebrant in häufig „gebrochenen" Worten oder Sätzen seine wirren Gedanken und Gefühle, die ihn immer wieder musikalisch oder textlich zu bereits Bekanntem in „entstellter", variierter Form zurückführen.[423] Er zitiert rhythmisch zerrissen die fast zwölftönige Beethovenmelodie aus *Meditation No. 2* und sinnt darüber nach, dass das Blut aus dem Kelch ja eigentlich gar keines sei (Atonaliät – Glaubenskri-

---

420 Vgl. auch Bernsteins Beratungsgespräch mit Philip Berrigan, Jesuit und Friedensaktivist im Gefängnis. Vgl. Burton 1994, S. 531.
421 In der Vatikan-Aufführung (Bernstein Mass DVD) werden weder liturgische Geräte noch Monstranz gezeigt oder gar zerstört. Auch der Tanz auf dem Altar und das Zerreißen der Altartücher und Priestergewänder entfällt. Damit wird dem Werk eine wesentliche Aussagetiefe genommen. Es bewahrt allerdings auch vor einer von Bernstein nicht beabsichtigten möglichen religiösen Beleidigung der Katholiken.
422 Leonard Bernstein, zit. nach High Fidelity Bernstein, S. 69.
423 Die einzelnen Verweise sind der untenstehenden Tabelle zu entnehmen. Im Fließtext werden nur bestimmte Stellen genannt.

se).[424] Damit stellt er den Kernpunkt katholischen Glaubens, die Konsekration in Frage. Bereits hier erklingt das *Dona-nobis*-Motiv aus dem *Agnus Dei* in Verbindung mit dem Text „*How easily things get broken*". Dieses greift der Zelebrant immer wieder im Verlauf des fast fünfzehnminütigen Abschnitts auf.

Die Glaubenskrise selbst zieht er ins Lächerliche, vergleicht das Zerbrechen der Monstranz mit einem Unfall („*Have you ever seen an accident before?*") und behauptet in einem imaginären Dialog mit den Anwesenden, das Ganze sei nur ein Spaß gewesen. Sogar sein eigenes „*Laude, laude, laude*" parodiert er, indem er es zitiert – und parodiert damit alle darin transportierten Motiv- und Bedeutungsinhalte. Aber auch sein „feierliches Gehabe" kritisiert er („*It was I who was wrong, So earnest, so solemn, As stiff as a column*" – „Ich habe mich falsch verhalten. So ernst, so feierlich, So steif wie eine Säule").[425]

Quasi ohne Zusammenhang hintereinander gereiht, zitiert er Musik aus „*The Lord's Prayer*", dem *Credo*, aber auch Abschnitten, in denen die Gemeinde ihre Zweifel und Probleme vorgetragen hat (z. B. „*World without End*").

Dem Wahnsinn nahe wiegt er Bruchstücke der Monstranz in seinen Armen und singt ein Wiegenlied für „Gott" mit typischen liedhaften Elementen. Er fordert hierin die Anwesenden auf, leise zu sein und „Gott nicht noch einmal sterben zu lassen". Eigentlich versucht er damit, nur sich selbst wieder zu beruhigen. Es gelingt ihm nicht. Während einer rein instrumental vorgetragenen „Zirkusmusik", in der auch die Kirchenorgel mittels einer Art Zirkusorgel parodiert wird, reißt er die Altartücher herunter, wedelt damit in der Luft herum und tanzt auf dem Altar. Er reißt sich schließlich die Priestergewänder vom Leib. Sicherlich stand bei diesem wilden Tanz der „Tanz um das Goldene Kalb" aus dem Alten Testament Pate, mit dem Unterschied, dass hier nicht das Volk einem fremden Gott huldigt, sondern der Priester selbst die Symbole der Religion zu vernichten scheint.

Die Melodik der „Zirkusmusik" verwendend fordert der Zelebrant die Anwesenden auf, ihr Schicksal als Gläubige selbst in die Hand zu nehmen, nicht mehr darauf zu warten, dass er als eine Art Vermittler auftritt: „*Anyone of you can be anyone of me!*" Schließlich nimmt er mittels des zehntaktigen Modells vom Beginn des *Agnus Dei* sogar die Musik des Hauptprotestes der Gemeinde auf, um derselben „die Leviten zu lesen":[426]

„*Where's that mumbo and jumbo,*	„Wo bleibt euer Hokuspokus,
I've heard for hours?	Den ich stundenlang hörte?
Praying and pouting,	Beten und Schmollen,
Braying and shouting litanies,	Kreischen und Litaneirufen,
Bouncing your missals	Gesangbuch auf den
On your knees...	Knieen wippen...
Go on whining,	Jault weiter,
Pining, moaning, intoning,	Schluchzt, heult, stimmt
Groaning obscenities!"	Stöhnend Obszönitäten an!"

---

424 Vgl. auch Cottle 1980, S. 86.
425 Originaltext und Übersetzung ist entnommen aus Bernstein Mass Aufnahme 2004, Booklet, S. 90–91.
426 Originaltext und Übersetzung sind entnommen aus ebd., S. 92–95.

Schließlich mündet sein Gesang in einer unbegleiteten Solokadenz, dem Höhepunkt seiner Verwirrung und Einsamkeit. Alle Motive oder Melodieteile sind zitiert und verweisen auf die entsprechende Stelle der Komposition als „Erinnerungsmotiv".[427] Dies natürlich auch mit dem dabei verwendeten Text:

> *„God said: Let there be Beatam Mariam semper Virginem, Beatam miss the Gloria, I don't sing Gratias agimus tibi propter magnam Gloriam tuamen... Amen. Amen. I'm in a hurry and come again. When? You said, you'd come... Come love, come lust, It's so easy if you don't just care, Lord, don't you care... if it all ends today... profundis clamavi Clamavi ad te, Domine, ad Dominum, ad Dom... Adonai don't know, I don't nobis... Miserere nobis... Mise... mi... Mi aloe is only me... But mi with so... Me with s... Mi..."*

Mittels des Prinzips der Wortübergänge und Umdeutungen, das Bernstein bereits im *Sanctus* (*mi* bei „*me*", *sol* bei „*soul*") zeigte, entsteht ein Kaleidoskop an Bedeutungsmöglichkeiten und Sinnlosigkeiten. Drei verschiedene Sprachen (Englisch, Hebräisch, Latein) und Texte aus der Liturgie, der Bibel und freie zeitgenössische münden am Ende der *Cadenza* wieder in die Suche nach Tönen (*mi-sol*) und der eigenen Seele („*my soul*"). Aber noch gelingt es dem Zelebranten nicht: Er kann weder den Ton *sol* singen, noch das Wort „*soul*" aussprechen. Dies übernimmt für ihn die Harfe, ein Instrument, welches immer wieder zur Darstellung des Göttlichen oder Anderen Verwendung gefunden hat. Auch bei Mahler im „*Abschied*" seines *Liedes von der Erde*.[428] Die Instrumente setzen wieder ein.

Die nun folgende Beschreibung seines eigenen Zustandes als ermattet durch all das im Dienst der Gemeinde geleistete erfährt auch musikalisch durch das Zitat der Musik der *Meditation No. 1* eine stabilere, wenngleich melancholische Grundlage. Noch einmal werden seine Worte kurz vor Ende des Stücks bruchstückhaft, noch einmal beteuert er: „*How easily things get broken.*" Die Musik klingt aus mit den polytonalen Akkorden aus *Confession*. Der Zelebrant verschwindet in der Bühne.

Aber selbst in diesem Moment tiefster seelischer und geistiger Verzweiflung deutet die Musik bereits – verklausuliert – eine Lösung an: Bis gegen Ende von *Fraction* verwendet Bernstein weder Blech- noch Holzbläser. Erst nach der *Cadenza* treten zunächst eine Flöte hinter der Bühne (off stage) auf (Takt 284 bis 286), danach zwei Soloflöten (Takt 297 bis 299) und schließlich wieder eine Soloflöte (Takt 309 bis 310). Das unerwartete Erscheinen der Flötenstimme ist bereits als Verweis auf die Erscheinung – *Epiphany* (ohne diesen Titel) mit Soloflöte – im nächsten Abschnitt von *MASS* zu deuten.

---

427 Vgl. Jaensch 2003, S. 149.
428 Vgl. hierzu die Ausführungen im Kapitel zum *Sanctus*.

Kurzanalyse der einzelnen Formabschnitte von XVI. Fraction: „Things Get Broken"
Dauer des Satzes: 14:19 Minuten

Abschnitt	Takt	Besetzung	Stimmen	Musikalisches Material	Besonderheiten/ Details
„Pacem"-Ruf	1–5 Listesso tempo	Streicher pizzicato, Pauke, Bass-Drum,	Zelebrant	„Pacem"-Ruf auf *sol-mi* zweimal, dann einmal „Pacem" auf Umkehrung des Terz-Sekund-Motivs (Hochton mit Absturz über Dezime auf *fis*); erst danach Einsatz der Instrumente	Zelebrant wirft die Heiligen Sakramente auf den Boden, sie zerbrechen deutlich hörbar, alle fallen auf den Boden, Schockstarre; keiner bewegt sich über die gesamte Nummer, nur Zelebrant geht langsam die Stufen abwärts
„Look"	6–30 Meno mosso	Streicher, Kleine und Große Orgel, Harfe, Vibraphon, Xylophon, Marimbaphon, Traps, Pauke, Bassgitarre, E-Gitarre	Zelebrant	Generalpause; beginnend mit *fis*, Zitat des Beethoven-Themas (*Meditation No. 2*, Takt 1–12 ➔ Takt 7–15); Secco-Rezitativ	„catatonic" als Beschreibung für Gesang des Zelebranten (Krankheitsbild); Thema: wundert sich darüber, dass „Blut" nicht rot, sondern braun ist; „*Haven't you ever seen an accident before?*"
„How easily things get broken"	31–45 Meno mosso	Streicher, Große Orgel, Harfe, Marimbaphon, Drums, Traps, Tam-Tam	Zelebrant	*Dona-nobis*-Motiv aus *Agnus Dei* mehrfach mit Variation; Accompagnato-Rezitativ	
„What are you starring at?"	46–84 „Twice as fast", Poco più mosso	Streicher, Kleine Orgel, E-Gitarre, Bassgitarre, Marimbaphon, Xylophon, Vibraphon, Glockenspiel, Traps, Pauke, Harfe	Zelebrant	Song **fff**; Zitat *Credo* Ton 1–4 der Reihe ➔ Motiv Takt 54+62+84; Zitat *Sanctus* Terzen ➔ Takt 58+66+80; Zitat: „*A Simple Song*" Takt 71–72 ➔ Takt 75	Temposteigerung, „*Lauda*"-Motiv „parodying himself", ansonsten wenig Zitate und Anlehnungen

Abschnitt	Takt	Besetzung	Stimmen	Musikalisches Material	Besonderheiten/ Details
„Shatter and splatter"	85–119	Streicher, Kleine und Große Orgel, Harfe, Marimpaphon, Xylophon, Glockenspiel, Traps, E-Gitarre, Bassgitarre	Zelebrant	Zitat *Gloria tibi* (Takt 5–15 ➔ Takt 85–100); mit Pausen durchsetzt (Auflösungserscheinung); Zitat *Our Father* … Takt 1 ➔ Takt 97–102 mit gleichen Text, aber begleitet; Zitat *Credo* Takt 4 und 3 ➔ Takt 103–105 mit Text „*Haven't you ever seen an accident before*"; Zitat „*World without End*" Quinte aufsteigend, Quarte fallend verarbeitet in Takt 105–109; Zitat *Meditation No. 2*, Töne aus Beethoven-Thema in Takt 110–117	
„Quiet … God is very ill …"	120–151 *Adagio, Andante, Andante come prima*	Streicher (zum Teil pizzicato, zum Teil con sordino), Große Orgel, Harf, Pauke	Zelebrant	liedartig, melodisch	singt „Wiegenlied" für kranken Gott (wiegt kaputte Monstranz wie ein Baby); „wiegende" Begleitmotivik; „*Don't let him die again*"
Instrumental	152–183 *Allegro furioso*	Streicher Große und Kleine Orgel, Harfe, Bassgitarre, E-Gitarre, Vibraphon, Xylophon, Glockenspiel, Traps, Pauke	tacet	A-Teil: Takt 152–158 (Wiederholung); Zitat von verschiedenen Motivfragmenten (hörend kaum erkennbar): Terz-Sekund-Motiv Takt 152; Quarten aus *Credo* Takt 154, Terzen aus *Sanctus* Takt 156, *Dona-nobis* aus *Agnus Dei* Takt 155–156; B-Teil: Takt 159–183, ständige Taktwechsel; Terz-Sekund-Motiv Takt 159–160; mit Zirkusorgel die Kirchenorgel persiflierend	„Zirkusmusik"; Zelebrant reißt Altartücher weg, reißt sich die Gewänder vom Leib; Tanz auf Altar wie ein Irrer mit Wut, Leid und Freude
„Why are you waiting"	184–209	Streicher, Kleine Orgel, Harfe, Vibraphon, Xylophon, Glockenspiel, Traps, Trompete	Zelebrant	Zirkusmotivik des B-Teils (s. o.)	„with muted frenzy" ➔ stummer Wahnsinnn, zeigt zerissene Gewänder, wirft sie in Menge
„What? Are you still waiting?"	210–216	Kleine Orgel, E-Gitarre, Bassgitarre	Zelebrant	rezitativisch; Quarten aus *Credo* Takt 212; „*Me alone*" Anspielung auf *Sanctus* Takt 213	

Abschnitt	Takt	Besetzung	Stimmen	Musikalisches Material	Besonderheiten/Details
„Come on, say it"	216–235	Streicher, Kleine Orgel, Harfe, Bassgitarre, E-Gitarre, Vibraphon, Xylophon, Traps	Zelebrant	Zitat *Agnus Dei* Takt 1–15 ➔ Takt 216–228; Takt 30–39 ➔ Takt 229–235	fordert Gemeinde provozierend auf, mitzumachen im spöttischen Ton mit der Musik, die vorher die Menschen zur Provokation nutzten
„Where ist your crying and complaining?"	236–243	Streicher, Kleine Orgel, Harfe, Marimbaphon, Vibraphon, Xylophon, Glockenspiel, Traps	Zelebrant	Zitat „*World without End*" Takt 33–44 ➔ Takt 236–243	spricht alle in voller Verzweiflung an
Cadenza „God said"	243–279	tacet (außer ein Ton des Violoncello Takt 268)	Zelebrant	Zitat *Gospel-Sermon* Takt 1–9 ➔ Takt 243–249; Zitat *Confiteor* Takt 11–13 ➔ Takt 250–251; Zitat „*Thank You*" Takt 219–222 ➔ Takt 252–254; Zitat *Gloria in excelsis* Takt 109–112 ➔ Takt 254–257; Zitat „*I believe in God*" Takt 1–2 ➔ Takt 258–259; Zitat „*Hurry*" Takt 1–4 ➔ Takt 259–263; Zitat „*Easy*" Takt 162–166 ➔ Takt 264–265; Zitat „*End of the world*" Takt 21–22 ➔ Takt 266–268; Zitat *De profundis* Takt 1–4 ➔ Takt 268–271; Zitat *Sanctus* nur Text „*Adonai*" ➔ Takt 271–272; Zitat „*I Don't Know*" Takt 118–121 ➔ Takt 273–274; Zitat *Gloria*, „*miserere nobis*" auf einen Ton ➔ Takt 274; Zitat *Sanctus* Takt 105–190 ➔ Takt 275–279; alle Stellen sind zitiert!	Themen- und Textfragmente vieler Abschnitte, damit auch des Inhalts derselben; Wortspiele ähnlich *Sanctus*; drei verschiedene Sprachen: zeigt Verwirrung, Verzweiflung, Wahnsinn, Orientierungs- und Hilflosigkeit (kann „*Me with s....*" das Wort „*soul*" nicht aussprechen
„Oh, I suddenly feel every step"	280–309	Streicher, Große und Kleine Orgel, Harfe, Marimbaphon, Vibraphon, Xylophon, Pauke, Flöte	Zelebrant	Instrumentaleinsatz mit *mi-sol*, was Zelebrant nicht schafft; Zitat *Meditation No. 1* aus Takt 1–10 ➔ Takt 280–299; aus Takt 17–24 ➔ Takt 300–319	„Klagelied"; Zelebrant tanzt im Orchestergraben

Abschnitt	Takt	Besetzung	Stimmen	Musikalisches Material	Besonderheiten/ Details
„But sort of brown"	310–322 Ancora meno mosso, Adagio	Streicher, Kleine und Große Orgel, Harfe, Vibraphon, Xylophon, Becken, Pauke, Tam-Tam, Flöte (!)	Zelebrant	zerrissene Melodik ähnlich Beethoven-Zitat; *Dona-nobis*-Töne auf „*How easily*"; polytonale Begleitakkorde aus *Confiteor* Takt 1–6 ➔ Takt 317–322	Text zusammenhängender; Flöte (Takt 284–286; zwei: Takt 297–299; 309–310) ➔ Verweis auf Soloflöte im nächsten Teil; *attacca*

Spätestens an diesem Abschnitt der Komposition wird deutlich, dass dem Zelebranten die zentrale Rolle des Werks zukommt. Demgemäß wurde auch Bernstein direkt befragt, was der Zelebrant für ihn bedeute, was er folgendermaßen beantwortet:

> „[...] the Celebrant, for me, was always that element in every person without you cannot get from day to day, cannot put on foot in front of the other. He represents the quality that makes you go on living. I suppose this can be defined partly by the word ‚faith', partly by the word ‚hope', partly by the word ‚anticipation'. And because of the various things that this element, or character, or whatever you want to call him, undergoes, he is rendered useless – he is destroyed. Which simply means that people have destroyed that thing in themselves on which depend for their sense of life and their ability to live in a positive sense; and that's why the entire cast becomes literally immobilized on stage. There are 160 people sitting there, none of whom can breathe, make a move, or take the next step in life because <u>of fraction that has occurred</u>. There has been a fraction of many things: of the vessels, of the psyche of this quasi-character, and of faith itself. And at that point, everyone has to look very, very deeply in to himself to find that very thing that he has destroyed."[429]

Und an anderer Stelle:

> „Es gibt eine Stelle in Mass, an der alle Personen auf der Bühne und auch alle anderen, Musiker und Darsteller, praktisch aufhören zu atmen und nicht das leiseste Geräusch machen dürfen. Dieser Moment stellt die Krise des Glaubens dar, ein Moment, in dem jeder versucht, sich selbst zu verstehen, und in seine eigene Seele blickt, um herauszufinden, was dort zerstört wurde. Kurzum: Jeder versucht, das Heilige wiederzufinden, das ihn emporheben könnte, das Wesentliche, das uns erst zu Menschen macht und zu den Ursprüngen und grundlegenden Werten des Lebens zurückfinden läßt. Wir müssen begreifen, daß der Mensch nur dadurch Mensch ist, daß er lebt, liebt, bewundert, glaubt, kommuniziert, genauso wie die Musik Musik ist, weil sie das ausdrückt, was eigentlich den Menschen ausmacht."[430]

Das ist dieser Moment.

---

429 High Fidelity Bernstein, S. 69. Die Unterstreichung stammen von der Autorin.
430 Castiglione 1993, S. 94.

4.17. XVII. Pax: Communion („Secret Songs")

Bereits der Titel des letzten Kompositionsabschnittes regt zum Nachdenken an: *Pax*. Darunter könnte man sich den Friedensgruß nach dem Agnus Dei vorstellen, den der Priester verkündet: *„Pax vobiscum"*. Mit *„Et cum spirito tuo"* antwortet die Gemeinde dem Priester darauf. *Communion* wiederum bedeutet eigentlich die Austeilung der geweihten Hostie, des Leibes Christi, an die Gemeinde. *„Secret Songs"* gibt es in der katholischen Liturgie nicht. Das sogenannte Mysterium Fidei, das Geheimnis des Glaubens, bezeichnet die Wandlung der Hostie, den Tod und die Auferstehung Christi als unfassbaren Glaubensinhalt. Wie arbeitet nun Bernstein mit diesen Vorstellungen?

Nach anhaltender Stille erklingt eine Flötenstimme „on stage". Sie zitiert (mit Ausnahme eines einzigen Taktes) komplett die Töne, die in *Epiphany* als Oboentöne vom Tonband erklangen. Im Gegensatz zu ihrem ersten Auftreten klingen die Töne nun lebendig, freundlich, real, nicht bedrohlich, fast schon mit einer pastoralen Note.[431] Die Flöte ist sichtbar und spielt nur von einem Ort. Der Oboenklang hingegen irrte umher, klang unecht vom Tonband. Auch die etwas merkwürdig anmutende „Begleitung" der Oboe durch Drums, E-Piano und Tam-Tam weicht hier einer unbegleiteten Natürlichkeit. Wieder erklingt das Terz-Sekund-Motiv.

Den letzten Ton der Flöte übernimmt ein Knabe und singt von diesem ausgehend *„Sing God a secret song"* mit knabenhafter Reinheit. Es erklingt die bereits bekannte tonale Melodie des *„Sing God a Simple Song"*, begleitet von Harfe und Cello solo – Instrumenten mit „himmlischer" Konnotation; im Unterschied zum Anfang, in dem der Zelebrant sich selbst mit der Gitarre begleitet hatte. Das *„Laude"* mündet in eine Art „neu formuliertes"[432] *„Laude"* mit neuen Tönen: In wiegendem Neun-Viertel-Takt singt der Knabe ein sanftes, engelgleiches Loblied, dessen Melodie von reinen Quintsprüngen und schweifenden kurzen Melismen geprägt ist. Zarte Flötentöne und arpeggierte Harfenklänge unterstreichen die fast überirdische Atmosphäre. Hieraus wird ein stetig wiederholter Doppel-Flötenton auf *f* separiert, der unzählige Male wiederholt wird. Er erinnert an Messiaens Vogelstimmen. Währenddessen geht der Knabe langsam zu einem Mann des Streetchorus, der darauf sein eigenes *„Laude"* zu singen beginnt. Knabe und Mann umarmen sich und singen schließlich unisono einen kurzen Abschnitt aus dem *„Laude"* des Knaben. An dieser Stelle endet der Flötenton. Es scheint, als habe dieser etwas transportiert, was nun wieder bei den Menschen angekommen ist, denn weitere Stimmen setzen nach und nach ein. Es beginnt ein zweistimmiger achttaktiger Kanon, der melodisch aus *„A Simple Song"* abgeleitet ist. Der Kanon wird mehrfach wiederholt, erfasst immer mehr Stimmen und Instrumente, bis schließlich alle mitsingen. Ausgerechnet die Menschen des Streetchorus werden zuerst davon ergriffen, stehen wieder auf, singen das Loblied in tonaler Musiksprache und reißen nach und nach alle mit. Währenddessen werden auch die Umarmungen auf der Bühne weitergegeben.

Noch einmal ergreifen zwei Solisten die Initiative und singen ihr *„Lauda"*, wiederum kanonisch und Töne der absteigenden Leiter des *„Sing God a Simple Song"* zitierend. Sie münden in eine siebenfache Wiederholung der fallenden großen Sekund, die an

---

431 Im Verlauf der *Mass* verwendet Bernstein die Flöte öfter im positiveren Klangumfeld, beispielsweise im *Sanctus*, *Gloria tibi* und *„Word of the Lord"*. Vgl. de Sesa 1985, S. 229.
432 Vgl. Cottle 1980, S. 92.

Mahlers „ewig" denken lässt.[433] An dieser Stelle erscheint ganz unauffällig der Zelebrant auf der Bühne, nun wieder zivil gekleidet – eine Umkehrung der Situation des Anfangs. Alle Anwesenden flüstern ihm das „Pax tecum" („Friede sei mit dir") zu. Auch dies ist eine Umkehrung der Rollen: Normalerweise wird dieser Text vom Priester gesprochen und von der Gemeinde beantwortet. Mit diesen Worten ist der Zelebrant, der nun Gleicher unter Gleichen ist, wieder in die Gemeinschaft der wieder oder neu Glaubenden aufgenommen. Nun kann auch er wieder singen und stimmt zusammen mit dem Knaben ein kanonisches „Lauda" an. Dieses Mal hat der Knabe die musikalische Führungsrolle, nicht wie noch im *Gloria tibi* der Zelebrant. Ihr Gesang mündet in vielfach vorgetragene reine Quinten, die von eben solchen aufsteigend in Harfe und Flöte unterstützt werden. Der immer leiser werdende Gesang wird zu einem Unisono im vierfachen Piano auf *g* und *d*. Dieses *d* bleibt als Liegeton erhalten, unter dem der gesamte Chor mit dem Choral „*Almighty Father*" einsetzt. Feierlich wird er von Streichern und Orgel begleitet.[434] Während des Chorals gehen die Knaben zu den Zuhörern und geben ihnen durch eine Berührung den Frieden weiter.[435] Der Choral endet im Unisono-D. Eine Stimme vom Band spricht „*The mass is ended; go in peace.*"[436]

Kurzanalyse der einzelnen Formabschnitte von XVII. Pax: Communion („Secret Songs")
Dauer des Satzes: 9:43 Minuten

Abschnitt	Takt	Besetzung	Stimmen	Musikalisches Material	Besonderheiten/ Details
Flöte	1–17 Prestissimo a piacere	Flöte solo („on stage")	tacet	komplettes musikalisches Material aus *Epiphany* (dort Oboe vom Tonband), dortiger Takt 15 hier weggelassen	weitere Unterschiede: live auf der Bühne, kein „umherirrender" Ton, keine „Begleitung" durch Drums, E-Piano, Tam-Tam
„Sing God a secret song, lauda, laude"	18–20 Molto tranquillo	Violoncello solo con sordino, Harfe	Knaben-Solo-Sopran	Zitat der Melodie „*Sing God a Simple Song*"	Knabenstimme als Symbol für Reinheit, Erneuerung; andere Begleittöne, Harfe statt Gitarre
„Lauda, Lauda, Laude"	21–31 Andante non troppo mosso	Flöte solo, Harfe	Knaben-Solo-Sopran	Quintsprünge, schwebende melismatische Achtel; Begleitung mit durchgängigem Achtelband (Harfe)	klingt tonal, trotz häufiger Tritonus-Sprünge in Begleitung

---

433 Vgl. hierzu die Ausführungen im Kapitel zum *Sanctus*.
434 Im Gegensatz zum fast A-cappella vorgetragenen Choral der ersten Hälfte von *Mass*, der noch mit verwirrenden Einsätzen der Drums versehen war.
435 Vgl. hierzu das Ende der *Theatralischen Messe* von Dieter Salbert.
436 Die Stimme kommt wohl deshalb vom Band, weil der Zelebrant seine Aufgabe als solcher abgelegt hat.

Abschnitt	Takt	Besetzung	Stimmen	Musikalisches Material	Besonderheiten/ Details
„Lauda, laude"	32–44	Flöte solo, Harfe	Bass-Solo	Takt 32–36 instrumentale Überleitung mit durchgehender Wiederholung des doppelt gespielten f''', Flöte: Vogelstimme (?); wird in Folge übernommen; Bass-Einsatz ab Takt 37, ruhige „Lauda"-Melodik, dissonantere Melodieführung	Knabe geht während Überleitung über Bühne zu Mann (in Folge Bass-Solo)
„Lauda"	45–48 Molto lento	Violoncello solo, Harfe	Knaben-Sopran-Solo, Bass-Solo	Takt 45 instrumentale Überleitung mit Motiv-Mix: Tonwiederholung und Begleitachtel Harfe; dann Unisono-Gesang Knabe und Bass auf Melodie des Knaben aus Takt 22–24	Knabe und Mann umarmen sich; singen Unisono – Vereinigung; Themenverschränkung zum nächsten Abschnitt
„Lauda, laudate Deum"	48–90 Molto Lento; ab Takt 51 „with grace and tenderness"	Große Orgel, Klarinette; ab Takt 58 mit Streichern; ab Takt 66 mit Holzbläser; ab Takt 82 mit Trompete, Glockenspiel, Becken; ab Takt 83 mit Posaune, Tuba	Sopran-Solo 1, Tenor-Solo 1; ab Takt 58 Sopran-Solo 2; Tenor-Solo 2; ab Takt 66 mit Streetchorus	„Sing God a secret song"-Melodie in Klarinette, „Laude"-Antwort durch Solisten; danach zweistimmiger Kanon (achttaktiges Modell), abgeleitet aus „A Simple Song", Takt 71–72 (der dortigen Quintessenz)	großangelegte Steigerung von **pp** ausgehend; immer mehr Instrumentalisten, immer mehr Sänger; grundsätzliche kanonische Zweistimmigkeit bleibt erhalten; Höhepunkt ab Takt 82; Umarmungen werden an immer mehr Beteiligte weitergegeben
„Laude, Lauda"	91–104 Con moto	Streicher, Große Orgel, Harfe	Sopran- und Tenor-Solo	„neue" Melodik mit Zitat der absteigenden Leiter von „Sing God a Simple Song"; Kanon; auslaufende Melodik mit großer Sekunde abwärts	

Abschnitt	Takt	Besetzung	Stimmen	Musikalisches Material	Besonderheiten/ Details
„Lauda, Laudate Deum"	105–120 Meno mosso; Molto tranquillo	Violoncello, Kontrabass, Große Orgel, Harfe	Knaben-Solo-Sopran, Zelebrant	tiefe Instrumente nur Liegetöne (*d*) oder *d-g*; auch dadurch völlige Beruhigung; Kanon der Singstimmen (Knabe beginnt), Takt 120 unisono aufsteigende Quint (hier mit Flöte und Klarinette); Liegetöne *d* bis Takt 124	Gemeinde spricht: „*Pax tecum*". Alle gehen zu zivil gekleidetem Zelebranten, der sich unauffällig unter die Menge mischt
„Almighty Father"	121–140	Streicher con sordino, Große Orgel	Chor, Streetchorus	Choral vgl. denselben; ohne Drums, dafür mit Streichern und Orgel; ***pp*** bis ***ppp***	Knaben gehen von Bühne, bringen „Touch of Peace" zu Zuhörern; Schluss: unisono *d*; Stimme vom Tonband: „*The mass is ended; go in peace.*"

Am Ende von *MASS* passiert etwas schier Unglaubliches nach allem bisher Gehörten: Ausgehend von einer anhaltenden Stille, in der noch alle Beteiligten reglos verharren, erklingt mit dem Flötenton das Hauptmotiv der gesamten Komposition mit all seinen Bedeutungsnuancen (Terz, Sekund, Verwendung in fast allen Abschnitten, ob freudig, zweifelnd, verzweifelt, weltfremd, verstrickt im Diesseitigen, anklingend an Jenseitiges, tonal, atonal usw.). Dieses Motiv hat alle Fragen, Zweifel und Verzweiflungen „miterlebt" und erklingt noch immer und wird vermutlich auf neue Weise gehört. Ausgehend von diesem nun lebendigen Flötenton scheint etwas um sich zu greifen, was Bernstein im untenstehenden Zitat mit „that indefinible divine element in yourself" bezeichnet.[437] So ist es sicher kein Zufall, dass der Knabe genau den Ton übernimmt, den die Flöte als Schlusston vorgibt und sein Loblied vorträgt. Mittels dieser – tonalen – Musik gelingt es ihm, die Menschen aus ihrer Erstarrung zu lösen, sie nach und nach mit Hoffnung, einer neuen Art Glauben, einer Beziehung zu sich selbst und zu den anderen anzustecken. Sie umarmen sich und singen und geben letztlich den Frieden an alle weiter, sogar an das Auditorium. Auch der (ehemalige) Zelebrant wird davon ergriffen. Innerer Friede (Pax) wird weiter gegeben von Mensch zu Mensch. Die Communio, lateinisch „die Gemeinschaft", wird als heilend erlebt,[438] der göttliche Funke (Schiller, Beethoven) in jedem Menschen als das Geheimnis des Glaubens an Gott oder das Göttliche im weiteren Sinn empfunden. Eine Katharsis hat stattgefunden. Dies alles wird in einer tonalen Musiksprache vermittelt. *MASS* endet in der tonalsten möglichen Weise: im Einklang.

Bernstein selbst hat auf die Frage, was den Zelebranten letztlich heilt (und im übertragenen Sinn die Seele jedes Einzelnen), geantwortet:

---

437 Quasi eine etwas andere Art von Epiphanie.
438 Communio ist hier nicht die Austeilung einer geweihten Hostie, deren Transsubstantiation ja gar nicht stattgefunden hat.

„The act of finding it, each one, <u>in himself</u>. In other words, you cannot have a relationship with another person unless you have <u>some kind of relationship with yourself</u>, and <u>with that indefinable ‚divine' element in yourself</u> that we've been talking about – the quality the Celebrant possessed before he became priestly, gorgeously clad, powerful. In other words, <u>one has to rediscover it on simplest level</u>. Having rediscovered it, one is then able to move a muscle, the blood begins to flow again, you can draw breath; and once able to do that, you can move that muscle towards someone else, reach out, take someone's hand, and make a <u>relationship</u>. You can reach out and relate to several people and <u>ultimately, to society</u>. But the main thing is that <u>it must begin inside you</u>. It mustn't come from exteriorization. And that what happens during the paralysed silence. It's one of the greatest efforts that anybody can make, and I can't think of anything in theater that's quite like it: that unbearable, seemingly interminable silence, in which no one, either on stage or in the audience, can move or breathe or do anything until that first flute note sounds."[439]

5. Rezeption von *MASS. A Theatre Piece for Singers, Players and Dancers*

Nach dem Ende der letzten Töne bei der Uraufführung herrschte im Zuschauerraum etwa drei Minuten Schweigen. In dieser Zeit wusste keiner der Beteiligten, wie das Publikum letztlich reagieren würde. Es erhob sich und bejubelte das Werk frenetisch eine halbe Stunde lang.[440] In der Folge wurden viele positive, aber auch einige sehr negative Kritiken geäußert.[441] Herbert Kupferberg bezeichnete *MASS* als ein „großartiges Werk, meisterhaft ersonnen, fabelhaft dargeboten";[442] Paul Hume als die „großartigste Musik, die Bernstein je geschrieben hat".[443] Mit „Es hat mich erschüttert, begeistert und bewegt wie wenige neue Werke in jüngster Zeit",[444] beschreibt John Ardoin seine Reaktionen. Einen anderen Aspekt spricht Paul Moore, der protestantische Bischof New Yorks an: „Es ist meine Lebensgeschichte. Ich konnte mich zutiefst identifizieren mit den überzogenen Forderungen, die die Menschen an die Kirche und den Priester stellen, und mit dem tiefen Abscheu, den man manchmal gegenüber dieser Rolle empfindet."[445]

Der katholische Erzbischof Paul F. Leibold bezeichnete das Werk ungehört in einem Hirtenbrief als blasphemisch und untersagte den Katholiken den Besuch einer Aufführung, was allerdings zur Folge hatte, dass der Andrang dort so groß wurde, dass eine kurzfristig anberaumte Zweitaufführung ebenfalls restlos ausverkauft war.[446] Negativ äußerte sich auch Harold Schonberg in der *New York Times*: „Es ist ein pseudoseriöser

---

439 High Fidelity Bernstein, S. 69. Die Unterstreichungen stammen von der Autorin.
440 Vgl, Burton 1994, S. 535.
441 An dieser Stelle werden nur einige wenige Beispiele genannt. Ausführlich ist die unmittelbare Rezeption dargestellt in de Sesa 1985, S. 240–302.
442 Zit. nach Burton 1994, S. 535.
443 Zit. nach ebd.
444 Zit. nach ebd.
445 Brief von Paul Moore an Leonard Bernstein vom 11.7.1972, zit. nach ebd., S. 544.
446 Vgl. ebd., S. 543.

Versuch, die Messe neu zu überdenken, der meiner Meinung nach im Grunde billig und vulgär ist. Es ist eine Showbusiness-Messe, das Werk eines Komponisten, der unbedingt up to date sein will. [Die Messe sei] eine Verbindung aus Oberflächlichkeit und Überzogenheit, das größte Gemisch von Stilen seit dem Ladys-Magazin-Rezept für Steak in Erdnussbutter- und Marshmallow-Soße."[447] Letztlich greift auch der Blasphemie-Vorwurf Clytus Gottwalds zu kurz, auch wenn er in seinem Artikel einige nachdenkenswerte Punkte beschreibt (wie z. B. den Begriff der „sakralisierten Welt").[448] Den Polystilismus, der beispielsweise Gottwald abstieß, erkennt Don André als Spiegel eines widersprüchlichen Jahrzehnts: „Suffice it to say that this diversity of styles is a kind of unifying element brings together the disparate elements of the work in a collage akin to the divergent of the Sixties."[449]

Immer wieder spiegeln sich die beiden Pole der Rezeption – Begeisterung und Ablehnung – in verschiedenen Abstufungen bei Rezipienten verschiedener Religionen, Länder und Zeiten. Bernstein ergänzt diese Reaktionsweisen noch durch einige Anmerkungen, die unter anderem auch seine Absichten darstellen:

> „It was a surprise – the intensity [...] as well as the range. Actually, the unfavorable reaction was extremely small and came from half a dozen critics in New York. But, to read Il Messaggero from Rome, or the Neue Zürcher Zeitung or the Mannheimer. Whatever it is, or the London Times, or papers from Chicago, Houston, or anywhere, the reviws have been more than favorable. And often they do not even read like reviews: They've been like prayers of gratitude, of thanks, of deep appreciation. I've been preached about it, which are really remarkable. The most intense reactions have come from Catholics, and I was worried about the possibility of offending Catholics – the last thing in the world I wanted to do [...]. Priests have come to me after performances and said things that were so moving I'm embarrassed to repeat them. There have been some negative responses: ‚You have desecrated our Holy Mass', and so on. But these have been very, very few, to my amazement, because I did expect, especially from certain kinds of rigidly dogmatic Catholics, that sort of reaction, even picketing and I don't know what. But nothing like that did happen. [...]
> I'm touched by the reaction of the religious community – the whole religious community. And there was an atmosphere about the whole thing that was a surprising to me in the sense that the audiences all seemed to have that kind of reaction too. In other words, when they waited for me outside, it wasn't to say ‚Congratulations' or ‚Bravo, maestro' or any of the usual things, but ‚Thank you' and it was more often than not an embrace and not a handshake."[450]

Ablehnung erfuhr Bernstein zumeist durch dogmatische Gruppen. Aber auch das hatte er nicht beabsichtigt. Positive Reaktionen hingegen erhielt er von Menschen verschie-

---

447 Zit. nach ebd., S. 536.
448 Vgl. Gottwald 1976, bes. S. 282.
449 Don A. André: *Leonard Bernstein's Mass as Social and Political Commentary on the Sixties*, Ph.D. University of Washington 1979, S. 84; zit. nach Bösing 2003, S. 112.
450 High Fidelity Bernstein, S. 69–70.

denster Religionen, die sich wohl zunächst in einer Ergriffenheit zeigten, aber auch in weitergehende Beschäftigung mit der Thematik führen konnten. 1973 wurde der Komponist sogar vom Papst empfangen, der im Vorfeld ein Exemplar der Partitur der *MASS* erhalten hatte.[451]

Im 21. Jahrhundert gibt es nur gelegentlich Aufführungen, meist bei Festivals.[452] Die einzige derzeit verfügbare DVD-Einspielung[453] beruht auf einer Aufführung im Vatikan aus dem Jahr 2005. In dieser wurden einige Veränderungen vorgenommen, die dem Werk die kritischen Spitzen nehmen: Der Altar ist nicht Teil des Bühnenbildes, die liturgischen Geräte sind nicht vorhanden und können daher auch nicht zerstört werden. Der Tanz auf dem Altar entfällt. Interessant ist, dass die Reizthemen der Uraufführung wohl immer noch aktuell sind.

6. Ergebnisse

MASS von Leonard Bernstein ist ein „work in progress" in dem Sinn, dass die Themenbereiche Glaube, menschliche Identität und Tonalität in der Musik prozesshaft dargestellt und eine Lösung der auftretenden Probleme gesucht und auch gefunden werden. Bernstein bedient sich dazu zunächst einmal der Schablone des Handlungsrahmens (auch im Sinne eines Schauspiels) der vorkonziliaren römisch-katholischen Liturgie, mit der er sich wohl intensiv auseinander gesetzt hat:

> „Mass ist eine ganze Welt für sich, die um einen Gottesdienst aufgebaut ist. Ich habe den römisch-katholischen Meßtext gewählt, weil die katholische Messe die am leichtesten zugängliche Aussage trifft. Mass ist eine Art ökumenische Messe, die für alle Religionen und für jeden unter uns eine Aussage enthält."[454]

Die liturgischen Texte (Ordinarium, Proprium und weitere Formeln, meist in lateinischer Sprache) kombiniert er nur lose in der „richtigen", gelegentlich auch „falschen" Reihenfolge. Er konfrontiert sie aber mit zeitgenössischen Texten, die die Probleme der Menschen beschreiben. Diese werden in englischer Sprache vorgetragen. Sie benennen Sinnsuche, Klage (durchaus in jüdischer Tradition), Orientierungslosigkeit und Entfremdung des Menschen von sich selbst, oft auch von Gott, wobei der Aspekt des Menschen letztlich im Vordergrund steht und Gott nur noch als „the divine element in yourself" erscheint. Anders ausgedrückt beschreibt Bernstein dies folgendermaßen: „[…] always thought people were more important even than God. That's how I see God, anyway – in his creations and manifestations."[455]

---

451 Vgl. Burton 1994, S. 550.
452 Vgl. Jaensch 2003, S. 9.
453 Bernstein Mass DVD.
454 Leonard Bernstein, in: Mass von Leonard Bernstein, in: Theater Erfurt (Hg.): *Programmheft der Aufführung am 9. August 1997*, Erfurter Domstufen-Festspiele 1997; zit. nach Scheibler 2001, S. 233. Der Begriff „ökumenisch" ist hier wohl eher als „universell" alle Menschen ansprechend zu verstehen. Vgl. ebd.
455 John Gruen: *The Private World of Leonard Bernstein*, New York 1968, S. 85; zit. nach Cottle 1980, S. 89–90.

Die Musiksprache ist polystilistisch.[456] Dadurch „durchzieht *Mass* eine ästhetische Gebrochenheit, die durch die Konfrontation von populären und avancierten Idiomen erzeugt wird", wie Wolfgang Rathert feststellt.[457] Aktuelle Problemstellungen werden meist in „populärer" Musiksprache (Pop, Blues, Musical, Gospel, Neues Geistliches Lied usw.) und mit entsprechender Besetzung (Popband, Rockband, „Zirkusmusik" usw.) dargestellt. Den liturgischen Texten hingegen ist häufig die Tonsprache der sogenannten E-Musik zugeordnet bis hin zu seriellen, dodekaphonischen und aleatorischen Ansätzen (Tonband, klassisches Orchester, auch Kirchenorgel). Die liturgischen Texte werden vor allem vom Chor und dem Zelebranten vertreten. Der Streetchorus mit seinen Solisten hingegen bildet den Gegenpart. Häufig werden die den jeweiligen Gruppen zugeordneten musikalischen Stile gegeneinandergestellt, gelegentlich auch vermischt. Von Beginn an werden die liturgischen Texte immer wieder mit musikalischen Idiomen vertont, die als unangenehm, im wahrsten Sinn des Wortes abgespult (Tonband) oder schlicht kakophonisch empfunden werden.[458] Hierdurch wird die Entfremdung von vorgegebenen Glaubensinhalten verdeutlicht, auch wenn sich die Menschen anfangs noch einordnen in den liturgischen Ablauf. Wenige „positiv" klingende Abschnitte wie *Sanctus* oder *Gloria tibi* geben vergänglichen „tonalen" Halt. Mehr und mehr brechen individuelle Zweifel (musikalisch meist mit Idiomen der U-Musik) und Haltlosigkeit durch, auch und gerade in der Auseinandersetzung mit dem alten Ritus. Man denke hier nur an das Aufgreifen der Texte und Motive während des *Credo* durch die Street-Solisten. Der Zelebrant erhält immer mehr Verantwortung je mehr liturgische Insignien und Aufgaben er übernimmt (anfangs ist er ein einfacher zivil gekleideter Mann, später in vollem Ornat). Er kann die Situation nicht mehr beherrschen, er wirkt ratlos, verliert seinen Glauben, verfällt in eine Art religiösen Wahnsinn und zerstört die Symbole des Glaubens. Dies aber scheint die Besinnung auf das Wesentliche erst zu ermöglichen: dem göttlichen Element in jedem Menschen, das eigenverantwortlich in der Zuwendung der Menschen untereinander weitergegeben werden kann und sinnstiftend wirkt.

Musikalisch gelingt dies mit dem Auftreten der Flöte im letzten Kompositionsabschnitt: Aus der mechanischen *Epiphany* wird eine echte „Erscheinung", die sich zunächst im Gesang des Knaben, dann der Street-Sänger und schließlich sogar im wiedergefundenen Gesang des nun „priesteramtslosen" Zelebranten zeigen. Bemerkenswert ist hierbei die Gleichsetzung von Glaubenskrise und Tonalitätskrise durch Bernstein selbst, die er in herausragender Weise auch analytisch nachweisbar vertont (z. B. *mi* und *sol* bei „my" und „soul"). Die Menschen finden sich – zugleich die Tonalität in einem einfachen Lied – wieder, wenden sich einander zu und geben den erlangten Frieden an alle weiter in der Hoffnung, die ganze Welt zu erreichen: eine Art Erlösung im Menschen und durch den Menschen selbst. Bernstein drückt dies folgendermaßen aus:

---

456 Polystilistisch ist auch die Musiksprache in Jenkins Messvertonung.
457 Rathert 2011, S. 42.
458 Einige Musiknummern sorgten zur Entstehungszeit beim Publikum für Schockmomente, wurden zum Teil auch als blasphemisch empfunden. Der heutige Hörer hat zumeist keine Probleme mehr mit Stilmix und „unheiligen" Klängen.

> „Sie wissen nicht, was Liebe ist, und darum fehlt ihnen auch der Glaube. Der heutige Mensch fühlt sich nicht mehr hingezogen zu einer höheren Macht, eben weil er die Liebe zu Gott verloren hat, von der ihn Mythen und falsche Glaubensbekenntnisse, die er sich selbst geschaffen hat, ablenken. In meiner Symphonie Kaddish und in Mass habe ich versucht, diesen Mangel an Glauben zum Ausdruck zu bringen, die Trennung des Menschen von seinem Gott auf intensive Weise erlebbar zu machen, ohne jedoch dabei die Möglichkeit zu leugnen, daß der Mensch zu Gott zurückfinden kann."[459]

Zwei Motiv- beziehungsweise Themenbereiche verwendet Bernstein im Verlauf der gesamten Komposition besonders exponiert: das Terz-Sekund-Motiv, die Tonleiterstruktur und die sich anschließende Motivik des *„Sing God a Simple Song"*. Diese stehen gleichermaßen für Konstanz und Wandelbarkeit und zeichnen damit auch Bleibendes (vielleicht „the divine element") und innere Entwicklungen der Beteiligten nach.

Bernstein stellt seine Komposition explizit in die Tradition Beethovens und seiner 9. Symphonie, von der ausgehend sich der Gedanke der Kunstreligion im 19. Jahrhundert entwickeln konnte. Auch Mahler kling als Protagonist einer Zwei-Welten-Struktur und der Vorstellung von „Erlösung durch Kunst"[460] an. Selbst die Begrifflichkeit eines „Bühnenweihfestspiels", wie sie für Wagner verwendet wird, scheint noch in wenigen Momenten der *MASS* durch, wenn „Würde und Ausstrahlung des alten Kultus"[461] genutzt werden. Bernstein geht aber über alle diese Positionen hinaus, wie Helmut Loos feststellt: „Die Kunst tritt nicht mehr in die Tradition der Religionen ein, sondern beansprucht eine übergeordnete Position. Sie kritisiert die herkömmlichen Religionen als ohnmächtig, verbraucht und bietet sich gleichzeitig im Sinne des Synkretismus als Retterin der alten Anliegen an. Der Gedanke der Kunstreligion ist somit bis zu einer Stufe vorangetrieben, in der der Künstler sich als Prophet an die Menschheit wendet und ihr in den offenen Fragen der Zeit die Richtung weist."[462]

Nicht nur die katholische Kirche befand sich Mitte/Ende der 1960er-, Anfang der 1970er-Jahre in einer Umbruchszeit (Zweites Vatikanisches Konzil, Befreiungstheologie). Auch die Gesellschaft der USA stand mit ihrer Rassenpolitik, dem Vietnamkrieg und anderen sozialen Konflikten an einem Scheideweg. Dies alles fließt auch in *MASS* ein, so dass man sie durchaus auch als politisches Werk bezeichnen kann. Es spiegelt musikalisch in gewisser Weise auch die heterogenen gesellschaftliche Phänomene und Schichten. Insofern ist die Polystilistik keine Schwäche, sondern geradezu eine Stärke der Komposition.

Mit *MASS* schrieb Bernstein ein sehr persönliches Werk, eine persönliche Auseinandersetzung mit dem institutionalisierten Glauben – welcher Religion auch immer –, eine Auseinandersetzung mit dem Verlust des Glaubens an Gott und an den Menschen, eine Auseinandersetzung mit den gesellschaftlichen und politischen Problemen der Zeit, eine Komposition über die Krise der Musik in der zweiten Hälfte des 20. Jahrhunderts. Aber er versucht auch einen Weg aus der Krise zu weisen. Einen Weg, der sich weniger nach

---

459 Castiglione 1993, S. 94.
460 Vgl. hierzu Loos 1989, S. 108–109.
461 Ebd., S. 109.
462 Ebd.

dem Transzendenten als dem Diesseitigen wendet, der weniger Gott als viel mehr den Menschen in den Mittelpunkt stellt.⁴⁶³ Der Helfer des Menschen ist die Kunst, nicht mehr die Kirche. Sein Ziel ist nicht weniger edel:

> *„Ich hoffe, daß Mass dazu beitragen wird, das Wort ‚Frieden' in den Herzen der Menschen wieder bewußter zu verankern. Der Mensch ist eine Schöpfung Gottes. Wenn man nicht an den Menschen glaubt, kann man nicht an Gott glauben. Das ist die letzte Aussage meiner Mass.*⁴⁶⁴

---

463 Im Gegensatz z. B. zu Messiaen und Pärt.
464 Leonard Bernstein, in: *Mass* von Leonard Bernstein, in: Theater Erfurt (Hg.): *Programmheft der Aufführung am 9. August 1997*, Erfurter Domstufen-Festspiele 1997; zit. nach Scheibler 2001, S. 236.

V.

Dieter Salbert

Theatralische Messe

**Tanz, Kunst, Predigt:
eine sozialkritische Gotteserfahrungs-Messe**

Die *Theatralische Messe* hat keine Handlung im Sinne einer Spieloper, sondern setzt theatralische Mittel symbolisch ein. Sie agiert vorwiegend auf der Reflexionsebene. Gottessuche und Humanität sind die Themen, die hauptsächlich angesprochen werden: Fragen des sozialen Verhaltens und die Überwindung des Zweifels an Gott – dargestellt an der Möglichkeit des christlichen Glaubens.[465]

Dieter Salbert kontrastiert den lateinischen Ordinariumstext mit zeitgenössischen Gedichten verschiedener Autoren. Verdeutlicht wird diese Interpunktion nicht nur auf der musikalischen Ebene, sondern auch visuell durch Bildprojektionen und durch Tanzeinlagen und Schreitbewegungen der Chöre im Kirchenraum. Somit steht dieses Werk neben anderen großen Messkompositionen des 20. Jahrhunderts, die mit theatralischen Mitteln arbeiten (z. B. Bernsteins *MASS*). Es setzt jedoch mit seinen Bezügen durch zeitgenössische Texte einen besonderen Gegenwartsbezug im speziell deutschsprachigen christlichen (evangelischen) Umfeld und wird auch in diesem im Lauf einer etwa dreißigjährigen Aufführungsgeschichte kontrovers rezipiert. Durch die aktive Teilnahme der Zuhörer hebt es das Publikum aus der ihm oft zugewiesenen Passivität heraus.

1. Biographische Aspekte[466]

Dieter Salbert wurde am 2. August 1932 in Berlin geboren. Er studierte Komposition und Klavier am Städtischen Konservatorium Berlin (ehemals Sternsches Konservatorium) und legte dort auch die Künstlerische Reifeprüfung ab. Ergänzend studierte er Schulmusik in München und Musikwissenschaft in Erlangen. Elektronische Studien führten ihn in den Jahren 1960 bis 1972 nach Darmstadt, als Stipendiat nach Bilthoven in Holland, des Weiteren zum Tschechischen Rundfunk nach Pilsen sowie ins Studio Nürnberg des Bayrischen Rundfunks. 1974/1975 wirkte er als Dozent an der Akademie Remscheid sowie bei den Internationalen Jugendfestspieltreffen in Bayreuth. 1975 erhielt er eine Dozentur an der Technischen Universität Braunschweig. Von 1980 bis 1992 lehrte er als Professor für Musikpädagogik an der dortigen Fachhochschule. 1986 promovierte er in Hamburg mit einer Arbeit über *Die Bedeutung der automatischen Musikinstrumente für die ästhetische Erziehung*.[467] Als Gründer und Leiter der Neuen Akademie Braunschweig e. V. setzte er sich beim jährlich stattfindenden Synthesizer Musik Festival für die Aufführung moderner Musik ein, insbesondere auch bei der Zusammenführung verschiedener Kunstsparten wie elektronischer Musik mit Kunst/Video und Performance/Tanz.

Sein kompositorisches Werk umfasst über 200 Kompositionen verschiedenster Gattungen (Kammermusik, Oratorien, Messe, Chor-Orchesterwerke, Solowerke). Das bekannteste Werk ist die *Theatralische Messe*. Seine Kompositionsweise beschrieb Salbert folgendermaßen:

> „Nach meiner frühen Phase der traditionellen Ausrichtung folgten später mehr experimentell ausgerichtete Kompositionstechniken, während ich heute aus diesem Fundus spontan und ausgesprochen intuitiv komponiere: Meine Musik ist

---

465 Salbert Messe Prospekt.
466 Zur Biographie vgl. Krieger 2002, Salbert Messe Prospekt (Rückseite) sowie Salbert Edition.
467 Salbert 1984.

melosbetont. Meine klangliche Palette changiert von verfremdeter Tonalität bis zur Atonalität."[468]

Für seine Kompositionen und Verdienste erhielt er zahlreiche Auszeichnungen, z. B. den Förderpreis für Musik der Stadt Nürnberg (1965), die Richard-Wagner-Medaille Bayreuth (1975), das Niedersächsische Künstlerstipendium (1985), das Bundesverdienstkreuz (1986) sowie die Nominierung zum Deutschen Schallplattenpreis (1993).[469] Er starb am 6. Juli 2006 in Meine.

2. Entstehung der *Theatralischen Messe*

Die *Theatralische Messe* stellt das künstlerische und „theologische" Hauptwerk Salberts dar. Sie entstand auf Anregung des Braunschweiger Kirchenmusikers Werner Burkhardt. Dieter Salbert erinnert sich:

> „Ich kam 1975 nach Braunschweig als wissenschaftl. [sic!] Assistent an die Uni Braunschweig. An St. Martini arbeitete der Organist und Kantor Werner Burkhardt, bei dem ich mehrfach in der Kirche konzertierte. Er gab den Anstoß: ‚Dieter, komponiere etwas Theatralisches für mich und meinen Chor'".[470]

Am 7. Juni 1977 fand in der Kirche St. Martini zu Braunschweig die Uraufführung unter Kantor Burkhardt mit der Kantorei St. Martini statt. Als Veranstalter trat die Braunschweigische Musikgesellschaft auf, deren Geschäftsführerin Elke Jacobs in unermüdlicher Weise für die Uraufführung kämpfte, da es etliche Widerstände zu überwinden gab: „Durch Elke Jacobs kam auch der Kontakt zu Dr. Heinz Zahrnt, dem damaligen Präsidiumsmitglied des Deutschen Kirchentages, zustande. Er hat Salbert bei der Textauswahl in Sachen neuer geistlicher Lyrik eingehend beraten und er sollte die Predigt übernehmen."[471] Salbert berichtet:

> „[...] die an der Kirche führenden Pastoren waren im Gegensatz zum modernen Kantor mehr als konservativ und wollten die Aufführung bis zuletzt verhindern. So wurde ich z. B. vor den Kirchenvorstand zitiert, um meine Messe zu erläutern. Ich hatte von einem befreundeten Pfarrer aus Bayern eine Wortkonkordanz erhalten, mit deren Hilfe ich alle brisanten Begriffe aus den Texten „belegen"

---

468 Dieter Salbert, zit. nach Krieger 2002, S. 88.
469 Alrun Salbert in einer E-Mail an die Autorin vom 11.7.2008. Auf Anfrage war Herr Salbert zu seinen Lebzeiten nicht nur bereit, meine Fragen zu beantworten, sondern stellte mir auch umfangreiches Quellenmaterial zur Verfügung. So basieren die Hinweise zu den Aufführungsumständen und der Rezeption hauptsächlich auf diesen Informationen. Nach Salberts Tod las seine Ehefrau und künstlerische Partnerin Alrun Salbert das Kapitel über das Werk ihres Ehemannes und autorisierte dieses in einer E-Mail an die Autorin vom 2.4.2008 folgendermaßen: „Er [der Artikel] ist sehr gut geworden: mein Kompliment. Es sind ein paar Kleinigkeiten, die ich anzumerken hätte." Diese „Anmerkungen" wurden im Text eingearbeitet. Mein Dank gilt beiden.
470 Dieter Salbert in einer E-Mail an die Autorin vom 6.3.2005.
471 Alrun Salbert in einer E-Mail an die Autorin vom 11.7.2008.

konnte. Als auch das nicht helfen wollte, kam uns Landeskirchenrat Herr (?) Becker aus Wolfenbüttel zu Hilfe, der den Herren die Aufführung dringend empfahl. Ein weiterer Stein des Anstosses [sic!] war die Hinzunahme von Dr. Heinz Zahrnt als Prediger (er war damals u. a. Präsident des Kirchentages), auch das wollte man bis zuletzt verhindern: so bekam er bei der Uraufführung ‚Kanzelverbot' und durfte den Talar nicht tragen! (Er trug ihn dann über dem Arm, um zu zeigen, dass er ein ‚echter' sei.)[472]

Weitere „Aufregungen" gab es bezüglich des Tanzes *Yvypora*, der von einer jungen Tänzerin aus Paraguay gestaltet wurde. Die Zeitungsmeldungen überschlugen sich zum Teil über den fälschlich als „Nackttanz" bezeichneten Abschnitt der Komposition und forderten den Unmut zahlreicher evangelischer Kirchenvertreter heraus.[473] „Das hätte fast die Absage Dr. Zahrnts bedeutet. Elke Jacobs konnte jedoch ein entsprechendes Dementi in der Presse durchsetzen, sodaß [sic!] der Auftritt Dr. Zahrnts gerettet war."[474]

Durch diese Umstände erhielt das Werk viel Aufmerksamkeit und öffentlich stattfindende Diskussionen auch in überregionalen Zeitungen. Auch das ZDF war bei der Uraufführung anwesend und sendete eine Kurzreportage und Zuhörerreaktionen zum Werk. Zudem setzte sich Jacobs dafür ein, dass während der Aufführung die wichtigsten Baudenkmäler Braunschweigs beleuchtet wurden und der Verkehr umgeleitet wurde, um eine ungestörte Aufführung zu garantieren. So wurde das Werk sogar ein bisschen in die Stadt hinausgetragen. In Anerkennung dieses Engagements widmete Salbert die Messe Elke Jacobs.[475]

Bei einer weiteren Aufführung am 9. Juli 1978 in Nürnberg fand sich kein Pfarrer, der die Predigt sprechen wollte. Dort hatte kurz zuvor ein Pfarrer an St. Lorenz einen Abend über Ulrike Meinhoff gestaltet und jeder fürchtete sich vor einer weiteren Provokation. Wiederum musste ein mit Salbert befreundeter Pfarrer einspringen, obwohl er an Grippe erkrankt war.[476]

Der Komponist wünschte sich explizit eine Aufführung während eines Gottesdienstes, stieß aber bei Kirchenvorständen und Pfarrern auf formale und liturgische Bedenken. In einem Feuilleton-Artikel der *Nürnberger Abendzeitung* antwortete Salbert auf die negative Kritik eines Journalisten:

> *„Das Abendmahl sollte ursprünglich im Orgelsolo vor dem Agnus Dei zelebriert werden. Das wurde jedoch weder in Braunschweig noch in Nürnberg gestattet. Mein Gemeindelied darf in Braunschweig nicht im Gottesdienst gesungen werden."*[477]

---

472 Dieter Salbert in einer E-Mail an die Autorin vom 6.3.2005.
473 Vgl. den Abschnitt zur *Rezeption*.
474 Alrun Salbert in einer E-Mail an die Autorin vom 11.7.2008.
475 Vgl. ebd.
476 Dieter Salbert in einer E-Mail an die Autorin vom 6.3.2005.
477 Nürnberger Abendzeitung 1978.

Trotz aller Schwierigkeiten wurde das Werk relativ häufig aufgeführt und hinterließ bei den Zuhörern einen bleibenden Eindruck. Eine Aufführung mit einem Studentenchor aus Manila musste sogar ad hoc wiederholt werden.

3. Analyse der *Theatralischen Messe*

Dieter Salbert vertont alle Ordinariumsteile in ihrer ursprünglichen Reihenfolge, wenn auch nicht immer vollständig. Dem traditionellen Messtext stellt er zeitgenössische Gedichte deutschsprachiger Autoren mit christlichem oder sozialem Hintergrund gegenüber (meist im Wechsel oder in Kombination mit den Messteilen). Damit hinterfragt er die alten Texte und rückt sie in ein Spannungsfeld zwischen Tradition und Gegenwart.[478]

Auch bei der Besetzung der Messe werden traditionelle Instrumente mit neuen kombiniert sowie herkömmliche und graphische Notationsweisen verwendet. Klassische oder speziell zur Kirche gehörende Instrumente sind Querflöte, Englisch-Horn, Fagott, Posaune, Tuba und Orgel. Das Schlagwerk nutzt die Möglichkeiten des modernen Schlagapparats mit Vibraphon, Röhrenglocken, fünf Tempelblocks, vier Becken, vier Holzblocktrommeln, fünf Japanischen Tempelglocken, zwei Bongos, je einem kleinen und großen Gong, kleiner und großer Trommel sowie Tam-Tam. Die häufig bei klassischen Messvertonungen verwendeten Pauken setzt Salbert hingegen nicht ein. Mit der Verwendung des Synthesizers schlägt er den Bogen in die Gegenwart und „ermöglicht eine neue Klanglichkeit mit bisher ‚ungehörten' phantastischen Klängen (z. B. Yvipora, Sanctus)".[479] Gemischtem Chor und Solo-Sopranistin[480] ergänzt er durch den Kinderchor speziell in Anlehnung an die Gedichte, die sich thematisch auf Kinder beziehen. Ein Sprecher rezitiert weitere Gedichte, die durch die reine Rezitation besonders kontrastreich zum Messtext erscheinen. Eine Besonderheit ist die Einbindung einer Tänzerin, die die Messe nicht nur zu einer theatralischen werden lässt, sondern auch an die alte Tradition christlicher Tänze in Antiochien anknüpft.

Weitere theatralische Elemente, die die Messe in die Nähe eines Mysterienspiels, einer Kirchenoper oder ähnlichem rücken lassen, sind Regieanweisungen für Bewegungsabläufe der Chorsänger sowie ein Beleuchtungsplan. Durch visuelle Hervorhebungen einzelner Mitwirkender oder die Verwendung von Verfolgungsscheinwerfern entsteht eine bühnenmäßige Wirkung, die auch die Ausleuchtung der „Kulissen" – bildnerische Kunstwerke der Kirche oder Projektionen anderer Kunstwerke – mit einschließt. Für die Uraufführung werden in einer Rezension folgende Farbdias genannt: der *Christus* von Georges Rouault (1871–1958) sowie nicht weiter spezifizierte Kunstwerke von Henri Rousseau (1844–1910), Emil Nolde (1867–1956) und Vincent van Gogh (1853–1890). Es seien „vorwiegend religiöse Motive, aber auch Landschaften und Menschen"[481] gewesen. Sollte die Kirche ausreichend bildhafte Impulse bieten, kann nach Aussage Salberts auch auf die Projektionen verzichtet werden. Die Einbindung des Publikums durch das Mitsingen des

---

478 Die Kommentierung der Ordinariumstexte durch freie Texte erinnert an die Kantatentechnik der Barockzeit, bei der Bibelstellen durch freie Dichtungen kommentiert oder ergänzt wurden.
479 Alrun Salbert in einer E-Mail an die Autorin vom 11.7.2008.
480 Der Part der Solo-Sopranistin wurde bei der Uraufführung von Alrun Salbert übernommen.
481 *Braunschweiger Zeitung*, „Ein kirchliches Werk mit Operncharakter", 28.05.1977, o. S.

zweimal auftretenden Gemeindeliedes bringt eine weitere Komponente in dieses umfangreiche „Schauspiel".

Über den Formaufbau, die kompositorische Ausgestaltung der jeweiligen Messteile und einige Besonderheiten möge die folgende Analyse in Stichworten Auskunft geben.

3.1.   *I. Introduktion*

Das Gedicht *„Ausflug machen"* des damals in der DDR lebenden und teils regimekritisch schreibenden Dichters Rainer Kirsch (*1934) ist Teil der Sammlung *Auszog das Fürchten zu lernen* aus dem Jahr 1978:[482]

„Na, wohin geht's?
In den Eichenwald, in den Eichenwald.
Der graue Kuckuck ruft dort bald.
Wünsch eine gute Fahrt!

Na, wohin geht's?
In den Fichtenwald, in den Fichtenwald,
wo Goldhahns und Kreuzschnabels
Stimmlein schallt.
Wünsch eine gute Fahrt!

Na, wohin geht's?
In den Buchenwald, in den Buchenwald,
dort pfeift der warme Wind so kalt,
dort schmeckt die Luft so seltsam süß,
dort riechts so stark nach Paradies,
dort ist der schwarze Rauch zu sehn,
dort pfeift der Wind, der Rauch bleibt stehn,
dort pfeift der Wind schon siebzehn Jahr,[483]
dort schreit der Wind schon immerdar.
Wünsch eine gute Fahrt."

In drei Strophen, die alle gerahmt werden durch die gleiche Frage zu Beginn („*Na, wohin geht's*") und den abschließenden Wunsch („*Wünsch eine gute Fahrt*"), beschreibt Kirsch den „Gang unschuldiger Kinder in den Tod".[484] In den ersten beiden Strophen, in denen der Ausflug noch in einen Eichen- und einen Fichtenwald geht, singen noch verschiedene Vögel. Alles erscheint harmlos und gut. In der letzten Strophe jedoch tritt die schreck-

---

[482] Vgl. Wilpert 1988 sowie Thalheim et al. 1977, S. 758–760.
[483] Die *„siebzehn Jahr"* beziehen sich offensichtlich nicht nur auf das Gewaltregime der Nazis, sondern schließen die Weiternutzung des Konzentrationslagers Buchenwald als *Sowjetisches Speziallager 2* bis zum Jahr 1950 ein. 1933 bis 1950 ergäben die siebzehn Jahre, wobei zu vermuten ist, dass Kirsch nicht wusste, dass das Lager erst 1937 eröffnet wurde und nicht bereits 1933.
[484] Vgl. Salbert Messe Aufnahme 1996, Booklet, S. 0.

liche Wahrheit zutage, die dem Leser wie auch den im Dritten Reich real in den Tod geführten Kindern zunächst verheimlicht wurde. Die guten Wünsche sind in Wahrheit makaber und führen in das Konzentrationslager Buchenwald. In Buchenwald ist alles verkehrt und weist auf den unvermeidlichen Tod hin: Der warme Wind pfeift kalt. Der Tod wird euphemistisch mit *„dort schmeckt die Luft so seltsam süß"* (Leichengeruch) und *„dort riechts so stark nach Paradies"* umschrieben. Das Krematorium zur Verbrennung der Leichen ist durch den *„schwarzen Rauch"* angedeutet.

Durch die Verwendung dieses auf historische Ereignisse bezugnehmenden Gedichts stellt Salbert die Messe in einen politisch-sozialen Bezug und macht gleich zu Beginn deutlich, dass das religiöse Bekenntnis innerhalb der Messe nicht losgelöst vom realen Leben gesehen werden kann und der gläubige Mensch sich damit auseinandersetzen sollte. Ein Rückzug der Religion ins rein Private scheint so unmöglich. Was in früheren Jahrhunderten nur ganz vorsichtig angedeutet werden konnte,[485] wird in dieser Messe dem Hörer durch den ergänzten Text ganz deutlich vor Augen geführt.

Kurzanalyse der einzelnen Formabschnitte von **I. Introduktion**
Dauer des Satzes: 2:36 Minuten

Abschnitt	Dauer	Besetzung	Kinderchor	Sprecher (Kind)	Regieanweisung	Besonderheiten
Instrumental-Vorspiel	0:00–0:36	Orgel			die Kinder gehen singend als Prozessionszug vom Haupteingang durch die Kirche zum Altar	E als zentraler Repetitionston, keine Takte, einige Nebentöne
1. Strophe	0:37–1:01	Orgel	Singanweisung „Scheinbar unbeschwert"; exakte Notation; 3/4-Takt, neuntaktig, Melodik einfach, gebrochene Akkorde dominierend			akkordisch-melodische Begleitung der Orgel in Personanzen
2. Strophe	1:02–1:26	Orgel, Synthesizer	Wiederholung der Liedmelodie			Windrauschen des Synthesizers, Orgel-Begleitung mit Dissonanzen angereichert

---

485 Zur Bezugnahme auf aktuelle Ereignissen vgl. u. a. Joseph Haydns *Paukenmesse* (Pauken als Kriegssymbol) und Ludwig van Beethovens *Missa solemnis* (*Agnus Dei* mit „musikalischem Kriegseinbruch").

Abschnitt	Dauer	Besetzung	Kinderchor	Sprecher (Kind)	Regieanweisung	Besonderheiten
3. Strophe	1:27–2:36	Orgel, Synthesizer	auf 18 Takte erweiterte Melodie („variiertes Strophenlied")	Kind spricht asynchron zum Liedvortrag den Text	am Ende des Liedes setzen sie sich zu beiden Seiten des Podestes im Altarraum nieder	Windrauschen beibehalten; mehr Dissonanzen in Orgel
Überleitung ins *Kyrie* während Strophe 3	ab 2:16	Orgel, Synthesizer, Chor hinzukommend	„Wünsch eine gute Fahrt" erklingt nach einer Kinderchorpause erst in dieser Überleitung		der Chor steht nach Stimmgruppen aufgeteilt in vier Ecken des Kirchenraumes	bei 2'16 Beginn des *Kyrie* in der Partitur

Die *Introduktion* beginnt musikalisch mit einer Art Orgelpräludium auf dem Zentralton *e* mit einigen atonalen Nebennoten. Da die Kinder singend vom Haupteingang zum Altar ziehen und sich am Ende des Liedes im Altarraum setzen, übernimmt die *Introduktion* quasi die Funktion eines Introitus-Gesangs im Gottesdienst, der den Einzug des Priesters im katholischen Gottesdienst begleitet (Orgel und Prozessionszug); im evangelischen Gottesdienst übernimmt er eine ähnliche Funktion.

Salbert vertont das Gedicht Kirschs in der Art eines Kinderliedes, allerdings als variiertes Strophenlied im „Song-Stil".[486] Die Melodie klingt, ebenso wie das Gedicht zu Beginn, harmlos und ist einfach strukturiert. Die „Bedrohung" wird durch den zur zweiten Strophe einsetzenden „Wind" des Synthesizers sowie durch die von Strophe zu Strophe zunehmend atonalere Liedbegleitung der Orgel verdeutlicht. In die so harmlos vorgetragene Katastrophe des Todes im Konzentrationslager hinein erklingen die ersten „*Kyrie*"-Rufe einzelner Chorstimmen (auf *c* beginnender Sprechgesang) und leiten so nahtlos in den nächsten Kompositionsteil über. Solange die Begleitmusik des Liedes erklingt, dominiert jedoch dieses. Musikalisch wird die *Introduktion* erst mit dem Verklingen des letzten „*Wünsch eine gute Fahrt*" beendet, obwohl Salbert schon davor die *Kyrie*-Überschrift in der Partitur setzt. Interessanterweise differiert dies zur Unterteilung der Tracks auf der verwendeten Audioaufnahme.[487] Diese sind identisch mit der musikalischen Formanlage.

3.2. II. Kyrie

Im *Kyrie* verwendet Salbert den traditionellen Messtext, allerdings nicht in der typisch dreiteiligen Anlage Kyrie – Christe – Kyrie, sondern in der Folge Kyrie – Christe, wobei das *Kyrie* aufgrund der musikalischen Formanlage durchaus in *Kyrie* I und II unterteilt werden kann. Einer nahezu unzählig wirkenden Wiederholung des „*Kyrie eleison*" – es wird erst einzeln oder blockhaft im Chor gesungen, später mit einer aus den ersten fünf

---

486 Bezeichnung stammt von Salbert selbst (Messe Partitur, S. 3).
487 Vgl. Salbert Messe Aufnahme 1996, Track 1 und 2.

Tönen der Zigeuner-Molltonleiter ständig variierten Melodie im Chorbass und dazu kombinierten gesprochenen Phonemen des Textes der anderen Chorstimmen – schließt sich eine ebenso vielzahlige Wiederholung des „*Christe eleison*" an (polyphon verwobene fünftönige Melodie der Chorstimmen und atonale, mit Glissandi durchsetzte Solo-Sopranstimme). Nur ein einziger „*Kyrie-eleison*"-Ruf der Solo-Sopranistin wird in den *Christe*-Teil integriert. Traditionell hingegen ist, dass die Solistin erst im *Christe*-Teil einsetzt, in Salberts Messe sogar noch räumlich exponiert (von der Empore singend).

Zum traditionellen Ordinariumstext kombiniert der Komponist einen Text des Schweizer Lyrikers und evangelischen Pfarrers Kurt Marti (*1921). Marti verfremdet in seiner 1969 erschienenen Gedichtsammlung *Leichenreden*, aus der auch das in der Messe verwendete Gedicht stammt, „christliche Sprachschablonen, um darin versteckte unchristliche Denkgewohnheiten bloßzulegen".[488] Er gibt so der Leichenrede, die normalerweise eher durch private und tröstende Worte geprägt ist, eine politisch-gesellschaftliche Dimension, die er in der dritten Gedichtstrophe noch auf eine höhere Ebene führt: „den Aufstand Gottes gegen die Herren sowie gegen den Herren der Herren, den Tod". Durch die Kombination des Gedichts mit dem Kyrie-Text findet dabei eine interessante sprachliche Korrelation zwischen dem griechischen „Kyrios" und dem „Herren aller Herren" statt.

> *„das könnte manchen herren so passen*
> *wenn mit dem tode alles beglichen*
> *die herrschaft der herren*
> *die knechtschaft der knechte*
> *bestätigt wäre für immer*
>
> *das könnte manchen herren so passen*
> *wenn sie in ewigkeit*
> *herren blieben im teuren privatgrab*
> *und ihre knechte*
> *knechte in billigen reihengräbern*
>
> *aber es kommt eine auferstehung*
> *die anders ganz anders sein wird als wir dachten*
> *es kommt eine auferstehung die ist*
> *der aufstand gottes gegen die herren*
> *und gegen den herren aller herren: den tod."*[489]

Die politisch-gesellschaftlich-theologische Ebene des Gedichts arbeitet Salbert im Zusammenhang mit dem Kyrie-Text auch musikalisch und im Sinne des „Gesamtkunstwerks" Messe auf verschiedenen Ebenen heraus. Einerseits ist für den *Kyrie*-Teil die Grundkonzeption der Bewegungsabläufe des Chors zu nennen: Ausgehend von den vier Ecken des Kirchenraumes bewegt sich der Chor (beleuchtet durch entsprechende Scheinwerfer) zunächst auf den Ausgang zu, nimmt damit also indirekt Bezug zu dem, was „drau-

---

488 Kranz 1978, Sp. 711.
489 Marti 1976, S. 7.

ßen" geschieht und verweist auf die Bedeutung des gottesdienstlichen Geschehens auch für die „Außenwelt" (entspricht den ersten beiden Strophen des Gedichts). Danach schreitet der Chor wieder auf den Altar zu, was mit der dritten Gedichtstrophe in Bezug gesetzt werden kann (Auferstehung im Kampf Gottes gegen den Herren aller Herren), wodurch die Rückbindung zum Glauben wiederhergestellt wird.

Andererseits steht der Chor symbolisch sowohl für den Einzelnen als auch für die Menge, die zu Gott um Erbarmen fleht. „Atonale Chorphasen erklingen hier nicht als Kompositionsprinzip, sondern als Emanzipation des Einzelnen."[490] Da Salbert in den verschiedenen Abschnitten für den Chor unterschiedliche Kompositionstechniken verwendet, wird der Emanzipation des Einzelnen das Flehen der Menge gegenübergestellt, was sich auch in der unterschiedlichen Dynamik der „Kyrie"-Rufe zeigt. Dem Tod der Kinder in Buchenwald stellt Salbert im Kyrie die Überwindung des Todes durch Gott gegenüber.[491]

Kurzanalyse der einzelnen Formabschnitte von II. Kyrie
Dauer des Satzes: 7:35 Minuten

Abschnitt	Dauer	Besetzung	Chor	Solo	Regieanweisung	Besonderheiten
Kyrie I	0:00–3:03	Chor, Tuba	ein- bis zweistimmige „Kyrie"-Rufe wechseln sich mit Tutti-„Kyrie"-Rufen ab; Notation: Orientierungstöne, denen sich die Sänger annähern sollen, eintönig bis völlig atonal		die Chorsänger bewegen sich allmählich in Richtung Haupteingang, wo der Dirigent sie erwartet; beim ersten Tutti-„Kyrie": versammeln sich alle Chorsänger und der Dirigent beim Haupteingang	partielle Tuba-begleitung mit Glissando, Einzeltönen und Wechselzunge; häufige dynamische Wechsel im Chor
Kyrie II mit Sprecher	3:04–5:03	Chor, Synthesizer, Sprecher, Percussion	Stimmen sprechen in verschiedenen Lagen durcheinander einzelne Silben des „Kyrie eleison"; Chor-Bass: Melodie mit fünf Tönen der Zigeuner-Molltonleiter		der Sprecher steht im Altarraum (vor dem Chorpodest)	Sprecher rezitiert 1. und 2. Gedichtstrophe zu Choraktionen, letzte Strophe nur von Percussion begleitet (überleitend in Christe-Teil); Synthesizer und Tuba-Glissandi

---

490 Bronnenmeyer 1978. Diese Aussage hat Salbert dadurch autorisiert, dass er sie in den Werbeprospekt für die Messe mit aufnehmen ließ (Salbert Messe Prospekt, rechte Innenseite).
491 Vgl. Salbert Messe Prospekt, linke Innenseite.

Ab-schnitt	Dauer	Besetzung	Chor	Solo	Regieanweisung	Besonderheiten
Christe	5:04–7:35	Chor, Sopran-Solo, Percussion; später Flöte, Englisch-Horn, Fagott, Posaune, Tuba	kurze, polyphon aneinander_gereihte Tonfolgen (Töne 1-5 der Zigeuner-Molltonleiter auf c)	hohe Töne mit Glissandi; „Kyrie" einmal ergänzt	die Chorsänger prozessieren singend durch den Mittelgang und versammeln sich im Altarraum (Chorpodest), die Sopranistin singt von einer Empore	Ende mit einzeln ausklingenden Instrumenten

3.3.   III. Tanz „Yvypora"

Das Wort „Yvypora" stammt aus der Sprache der Guaraní, indianischen Ureinwohnern Südamerikas. Der Wortteil „porá" steht für „Geist", der Wortteil „yvy" für „Mensch".[492] Gottes Schöpfung zu preisen ist Ziel von Tanz und Musik dieses Kompositionsteils. Mit der Uraufführungstänzerin Dali Deassy fand Salbert eine paraguayische Tänzerin, die nicht nur von ihrer Herkunft zu diesem Abschnitt der Komposition passt, sondern als Spezialistin für kultische Tänze gilt. Diese will Salbert als Ausdruck der Suche nach Gott gedeutet wissen. Der Aspekt des kultischen Tanzes wurde beispielsweise auch in der Aufführung in St. Magni zu Braunschweig im Jahr 1990 durch das Tragen von Gefäß und Korb durch die Tänzerin als Symbol für Opfergaben unterstrichen.[493]

*Kurzanalyse der einzelnen Formabschnitte von **III. Tanz „Yvypora"***
Dauer des Satzes: 8:27 Minuten

Abschnitt	Dauer	Besetzung	Analytische Hinweise
Windrauschen	0:00–1:49	Synthesizer, Flöte, zwei Bongos	beginnend mit Synthesizer, danach hinzutretend Flöte mit Motivik, die an Vögel erinnert, teilweise (oszillierende) Haltetöne; dazu 2 Bongos mit unregelmäßig gespielten Achtel- und Sechzehntelnoten
Wasser	1:50–2:58	Flöte, Englisch-Horn, Posaune, Fagott, Tuba, Synthesizer, zwei Bongos	beginnend mit Kurzmotiven der Bläser, wobei bestimmte Töne immer dem gleichen Instrument zugewiesen werden (Englisch-Horn: *g"*; Posaune: *h*; Fagott: *As*; Tuba: *'B*); Synthesizer mit „tropfenähnlichen Impulsen"; Bongos in Häufigkeit etwas reduziert

---

492   Vgl. auch Interaktives Wörterbuch Guaraní, Johannes-Gutenberg-Universität Mainz, URL: http://www.uni-mainz.de/cgi-bin/guarani2/Woerterbuch.pl (letzter Zugriff am 4.10.2015).
493   Vgl. Salbert Messe Mitschnitt 1990.

Abschnitt	Dauer	Besetzung	Analytische Hinweise
Regen	2:59–4:56	Synthesizer, Flöte, zwei Bongos; Tuba Englisch-Horn, Posaune, Fagott,	Synthesizer mit Ringmodulator (erzeugt regenartiges Geräusch), dazu Flöte und Bongos mit Motiven aus Abschnitt *Windrauschen*; später hinzutretend Bläser mit Einzeltönen, bereiten Übergang in letzten Abschnitt vor
Kosmische Natur ganz anderer Dimension	4:57–8:27	Orgel, Synthesizer, Tuba	akustisch deutlicher Orgeleinsatz (Bongos und Bläser mit Liegetoncluster aus vorherigem Abschnitt „überlappend"); dann Orgel solo (atonale, seltener tonale, akkordisch geprägte Klänge, gelegentlich einzelne Töne hervortretend, auch Vollhandcluster); Tuba und Synthesizer hinzutretend: Tuba Einzeltöne, Synthesizer *Windrauschen*, Ende langes *decresc.*

Der Partiturabschnitt für diesen Kompositionsteil beginnt mit einer Art Regieanweisung, die den Ausführenden im weitesten Sinn interpretatorische Hinweise gibt: „Der Mensch ist umgeben von den Elementen der Natur, symbolisiert von Wasser und Wind. Die Tänzerin – oder der Tänzer – bezieht Feuer als Symbol von Licht und Sonne in den Tanz mit ein. Der letzte Teil mit dem Orgeleinsatz symbolisiert den Übergang von diesem naiven Paradies in eine kosmische Natur ganz anderer Dimension."[494] Der Tanzraum soll mit grünem Licht ausgeleuchtet werden.[495]

Salbert vertont – angelehnt an seine Regieanweisungen – drei Abschnitte, die „ohrenfällig" auf *Windrauschen*, *Wasser* und *Regen* bezogen sind. Dabei steht zunächst der Einsatz naturhaft verwendeter (Synthesizer) oder als naturnah verstandener Instrumente (Flöte und Bongo als bei Naturvölkern verwendete Instrumente) im Vordergrund. Erst der Einsatz der Orgel eröffnet eine neue Dimension: Salbert selbst bezeichnet diesen Abschnitt als Übergang *in eine kosmische Natur ganz anderer Dimension* und eröffnet so weitere Bezugsräume. Der Gedanke an den christlichen Kulturraum liegt durch die Verwendung des Instruments christlicher Gottesdiensträume schlechthin nahe.

Der kultische Tanz ermöglicht eine Art der Gottsuche, die der frühen christlichen Tradition beispielsweise in Antiochia nicht unbekannt ist und an die Salbert bewusst anknüpft.[496] Der kosmische Aspekt, den der Komponist selbst in Bezug zum letzten Abschnitt benennt, findet allenfalls in der Mystik seine christliche Entsprechung. Salbert schließt damit auch andere, heute innerhalb der christlichen Kirchen weniger anerkannte Wege der Gottsuche explizit mit ein und schafft musikalisch durch den Einsatz der Orgel einen fließenden Übergang zwischen kultischem Tanz und *Gloria*.

---

494 Vgl. Regieanweisung in Salbert Messe Partitur, S. 11.
495 Vgl. Regieanweisung in Salbert Messe, Partitur, S. 0.
496 Vgl. Salbert Messe Prospekt, linke Innenseite.

3.4. IV. Gloria

Den traditionellen Ordinariumstext (mit einigen kleineren Auslassungen oder Umstellungen)[497] kombiniert Salbert im *Gloria* mit einem Gedicht der 1923 geborenen sozialkritischen und häufig mit religiösen Motiven arbeitenden Erzählerin Eva Zeller:

„Schlage ihn dir aus dem Kopf,
kratz mit dem Fingernagel
Sein Gesicht das bespeite
von den Stellwänden der Geschichte.
Kratz mit dem Fingernagel sein Gesicht,
damit es niemandes Gedächtnis haften bleibe

Denk an die innersten Windungen
Von Gletschermühlen in denen
Felsen ausgestrudelt werden
so müsstest du seinen Namen aushöhlen

Aber frage mich nicht,
wohin mit dem löslichen Sinkstoff
wenn am Ende der Zunge
die Schmelzwässer wieder
zutage treten und der
kleinste Schluck noch
nach dem Ganzen schmeckt"[498]

Obwohl in den drei unregelmäßig gestalteten Strophen der Name dessen, den man sich aus dem Kopf schlagen soll, nicht genannt wird, liegt durch den Hinweis *„bespeites Gesicht"* natürlich Jesus Christus nahe. Es bleibt aber offen. Die Aufforderung *„Schlage ihn dir aus dem Kopf"* wird während des Gedichts im Vergleich mit einer Gletschermühle ad absurdum geführt: Auch wenn sich die Konsistenz des Gletschers bis zum Austreten der Schmelzwässer völlig ändert, bleibt doch der Grundstoff immanent. Im übertragenen Sinne bliebe auch die Botschaft Jesu Christi in verschiedensten Manifestationen enthalten.

Salbert kombiniert den Gloria-Text mit dem Gedicht so, dass sich beide kommentieren. Die erste Gedichtstrophe wird direkt nach dem *„Gloria in excelsis Deo"* rezitiert.

---

497 Folgende Textauslassungen und -umstellungen des Ordinariumstextes hat Salbert vorgenommen:
„Deus pater omnipotens" fehlt, dafür wird der Text bezüglich der Allmacht Gottes im *Credo* wiederholt.
„Qui sedes" und *„Qui tollis peccata mundi"* sind vorgezogen.
„nostram" fehlt nach *„deprecationem"*.
„Domine fili unigenite, Jesu Christe. Domine Deus, Agnus Dei, Filius patris" fehlt.
„Cum sancto Spiritu ..." fehlt.
Die Auslassungen und Umstellungen scheinen keine besondere Bedeutung zu haben und lassen allenfalls die anderen Textstellen in ihrer Deutlichkeit hervortreten.
498 Erschienen in Zeller 1975, S. 19.

Damit wird deutlich gemacht, dass man sich „Gott" aus dem Kopf schlagen solle. Noch eindeutiger ist die Zuordnung bei *„so müsstest du seinen Namen aushöhlen"*, wenn der Chor dazu mehrfach *„Jesus Christe"* singt und spricht. Zu Beginn der dritten Strophe (*„Sinkstoff"*) übernimmt der Chor zum einzigen Mal die Rezitation. Lediglich der Chorbass wiederholt währenddessen mehrfach *„Jesu Christe"*, wodurch ein nochmaliger Bezug hergestellt wird.

*Kurzanalyse der einzelnen Formabschnitte von **IV. Gloria***
Dauer des Satzes: 7:23 Minuten[499]

Abschnitt	Dauer	Besetzung	Chor	Solo	Regieanweisung	Besonderheiten
I	0:00–1:18	differenziertes Instrumentaltutti	Zentralton Es mit Glissandi, teilweise gleichzeitig Es-Dur-Moll-Tonalität		der Chor singt im Altarraum	„Kraftvoll – strahlend"; Es-Zentralton mit dissonanten Verfremdungen; Sprecher 1. Strophe des Gedichts (während Rezitation Verstärkung der Dissonanzen)
II	3:18–4:33	s. o.	Lobpreisungen gesprochen	„Gratias…" (Textstelle traditionell solistisch vertont); atonal mit Glissandi	die Sopranistin singt diesen Einsatz in der Nähe des Haupteinganges, während der Pause geht sie langsam den Mittelgang entlang	gleichzeitig verschiedene Texte bei Solistin und Chor ➔ Brevis-Technik
III	4:34–5:39	s. o.	„Jesu Christe" häufig wiederholt, „Christe" mehrfach gesprochen			Sprecher 2. Strophe des Gedichts

---

499 Die tabellarische Analyse ist beim *Gloria* eine Hilfskonstruktion, um den Ablauf schriftlich fassen zu können und orientiert sich an den Strophen des Gedichts. Auch eine andere Einteilung wäre möglich gewesen. Die römischen Ziffern stammen von der Autorin.

Ab-schnitt	Dauer	Besetzung	Chor	Solo	Regieanweisung	Besonderheiten
IV	5:40–6:31	s. o.	Beginn der 3. Strophe des Gedichts vom Chor gesprochen, Chor-Bass singt Messtext „Jesu Christe"	„Qui tollis…"	die Sopranistin verharrt im Mittelgang, so lange sie singt	Sprecher übernimmt Fortführung der 3. Strophe
V	6:31–7:23	s. o.		„Quoniam…" (Textstelle traditionell solistisch vertont); bei „altissimus" Hochton (traditionelle Textausdeutung)	verharrend (auf Solistin bezogen)	mehrfaches Wiederholen des Wortes „Gloria"; strahlender Schluss in Es-Dur, **fff**, nahtloser Übergang in Credo mit Tam-Tam

Schon mit dem einstimmigen Beginn auf *Es* durch Orgel und Synthesizer wird der Zentralton des *Gloria* deutlich gemacht. Auch vom Chor wird häufig das *Es* gesungen, einstimmig oder mehrstimmig als Es-Dur- oder es-Moll-Akkord oder beide gleichzeitig erklingend. Da während des *Gloria* das *Es* immer wieder präsent ist, wenn auch teilweise durch scharfe Dissonanzen verdeckt, könnte man eine Parallele zum Gedicht ziehen: Auch der lösliche Sinkstoff ist im Gletscher präsent – so wie auch Christus in unterschiedlichen Manifestationen. Dies zeigt sich auch in der Kombination des Sprechens des Beginns der dritten Strophe durch den Chor mit Singen des *„Jesu Christe"* auf *Es* durch den Chorbass und dem Singen des *„qui tollis peccata mundi, miserere nobis"* durch die Solistin. Hieraus ergibt sich eine Verbindung verschiedener Bedeutungsebenen, die sich nicht eindeutig fassen lassen und so auch der jeweils persönlichen Interpretation des Hörers überlassen werden. Es zeigt sich dadurch auch die „Suche nach dem Erfassen göttlicher Schöpfungskraft",[500] nach Aussage des Komponisten das Hauptthema des *Gloria*.

---

500 Salbert Messe Prospekt, linke Innenseite.

3.5. V. Credo

Den Text des Glaubensbekenntnisses stellt Salbert einem Gedicht des südamerikanischen Dichters Alvaro Menen Desleal (1932–2000, auch Álvaro Menéndez Leal) gegenüber und thematisiert so den „Dialog zwischen Glaube und Zweifel":[501] Das allgemeingültige und festgefügte *Credo* wird mit den zweifelnden Fragen eines Individuums auf der Suche nach seiner (Glaubens-)Identität konfrontiert.

„Herr, wie heiße ich?
Wer bin ich, was soll meine Gegenwart
und mein Weinen, mein Sterben, das
stirbt im eigenen Feuer, sich aber
wieder erhebt um wieder zu sterben?

Welch fremde Gegend begeht mein Gang?
und die Spur, die mein Fuß hinterläßt,
wohin wird sie einst führen?

Ist das Licht, in dem ich mich bade, deines?
Und der Pulsschlag, der mich erfüllt,
ist das am Ende gar: Glauben?

Welcher Geist belebt mich
welches Blut bewegt mich
welche Idee bereist mich
welches Wort macht mich stumm
welche Abstraktion macht mich konkret
welcher Stein grüßt mich.
Welche Liebe peitscht
und schlägt auf mich ein,
Welches Wasser lässt mich verschmachten
vor Durst?"[502]

Salbert verwendet nicht den gesamten Credo-Text, sondern nur bis zum Glaubensartikel über die Menschwerdung Jesu („*et homo factus est*").[503] Weggelassen werden somit die Bekenntnisse zu Kreuzigung, Auferstehung, Himmelfahrt, Wiederkunft, Gericht, Trinität und Kirche. Dadurch richtet sich der Fokus auf die inhaltlichen Aussagen des ersten Teils des Credo, auf das Bekenntnis zu Gott, dem Vater und Gott, dem Sohn, dem

---

501 Salbert Messe Prospekt, linke Innenseite.
502 Desleal o. J., S. 28.
503 Das „*in patrem omnipotentem*" hingegen wiederholt er sogar (nach „*omnia facta sunt*") und hebt dadurch den Glauben an die Allmacht Gottes hervor.

Menschgewordenen.[504] Das Wort „Credo" wird aber an vielen Stellen wiederholt, wodurch die Tradition der Credo-Messe aufgegriffen wird.

Kurzanalyse der einzelnen Formabschnitte von V. Credo
Dauer des Satzes: 7:30 Minuten[505]

Ab-schnitt	Dauer	Besetzung	Chor	Regieanweisung	Besonderheiten
A	0:00–1:10	alle Bläser (Kurzmotive)			„Verhalten", Sprecher 1.–3. Strophe des Gedichts, Sprecher im Vordergrund, Überleitung Orgel auf Ton *D* unisono
1	1:11–2:29	Orgel, Synthesizer, Percussion (große Trommel, Pauke)	unisono (ein- bis vierstimmig) ➔ vgl. Text *„in unum Deum"* (traditionelle Vertonungsweise), freitonal, schweifende Melodik		„ekstatisch – (Lebhaft – nicht zu schnell)"; Orgel nur kurze Einwürfe auf D Ton unisono; Synthesizer hohe kurze Impulse
B	2:30–2:56	Becken, (Fagott)			Sprecher erster Teil 4. Strophe des Gedichts; Fagott-*D* nur als Tonangabe
2	2:57–3:49	differenziertes Instrumental-Tutti	polyphone Chorstruktur		Text bis *„invisibilium"*, immer wieder *„Credo"*; Motivik aus Abschnitt 1 abgeleitet
3	3:50–5:09	s. o.	polyphone Achtstimmigkeit		Text bis *„omnia saecula"*; Verdichtung; Sprecher zweiter Teil 4. Strophe des Gedichts ab *„Welche Liebe"*
4	5:10–5:36	s. o.	polyphone Achtstimmigkeit, Tonhöhen frei wählbar		Text *„Jesum Christum"*, Individualisierung

---

504 Es wäre für den Komponisten ein Leichtes gewesen, mittels Brevis-Technik den gesamten Credo-Text in der Komposition zu verwenden. Salbert sieht davon ab, vermutlich weniger, weil er die Glaubensartikel ablehnt, sondern weil der Fokus mehr auf das persönliche Glaubensbekenntnis gelegt werden soll, das im sozialen Tun mündet (vgl. Gemeindelied).
505 Die arabischen Ziffern der Abschnitte stammen von Salbert, die Buchstaben von der Autorin.

Ab-schnitt	Dauer	Besetzung	Chor	Regieanweisung	Besonderheiten
5	5:37–6:15	differenziertes Instrumental-Tutti; Orgel-Cluster; Überleitung: Orgel auf Ton D unisono	polyphone Achtstimmigkeit	Solistin: auf sehr hohem Ton gesungen, alle: jeder Chorsänger verwendet diesen Text, nicht synchron; während 5 gehen der Chor und der Kinderchor nach vorne zwischen die ersten Kirchenbankreihen	Kinderchor, Sprecher, Solo und Chor: „Deum de Deo" bis „omnia facta sunt"; Sprecher verwendet einziges Mal Messtext! ➔ Höhepunkt, höchste Individualität; Text ad libitum verteilbar
6	6:16–7:30	tutti, Vibraphon (colla parte zum Chor), Bläser unisono	unisono, rhythmische Folge: sechs Achtel, zwei Viertel, schweifende Melodik, vgl. Abschnitt 1	die Chöre wenden sich zum Dirigenten	Text bis „et homo factus est"; am Schluss dreimal „Credo"-Cluster und instrumentaler Schlussklang in E-Dur

Im *Credo* findet eine Entwicklung vom Zweifel (den Fragen des Gedichts) zum individuell formulierten Glauben (Credo-Text) statt: Nach dem ersten Teil, in dem der Anfang des Gedichts rezitiert wird, wechseln sich Abschnitte mit *Credo*-Text und Gedichtteilen zunächst ab (A: Gedicht, 1: *Credo*, B: Gedicht, 2: *Credo*). Im Teil 3 werden Gedicht und *Credo*-Text kombiniert, wobei sich die Texte nicht direkt zu kommentieren scheinen. Ab Teil 4 folgen dann nur noch Teile des Ordinariumstextes. Ab Teil 3 findet eine Verdichtung des musikalischen Materials statt. Dies zeigt sich beispielsweise in der achtstimmig polyphonen Ausgestaltung des Chorsatzes mit motivischen Anlehnungen an Teil 1, der weiteren Individualisierung in Teil 4 durch frei wählbare Tonhöhen (in welchen der Glaubensausdruck des Einzelnen seinen Ausdruck findet) sowie der Hinzunahme von Kinderchor, Solistin und Sprecher in Teil 5. Dadurch äußern alle Beteiligten an dieser Stelle ihren individuellen Glauben und tragen ihn außerdem noch in die ersten Kirchenbankreihen zum Publikum hin.[506] Insbesondere das Rezitieren des *Credo*-Textes durch den Sprecher stellt eine Besonderheit in der gesamten Messkomposition dar, da dem Sprecher sonst ausschließlich freie Texte zugewiesen werden. Das Bekenntnis zu Gott, Vater und Sohn steht so musikalisch und formal im Zentrum der Messe. Ein einstimmiges Bekenntnis – wiederum die Motivik aus Teil 1 aufgreifend –, das die Erfahrungen von Glaube und Zweifel der Einzelnen bündelt und steigert, schließt sich im letzten Abschnitt an und führt in einen dreifachen vielstimmigen „*Credo*"-Ruf.

---

506 Vgl. Regieanweisung in Salbert Messe, S. 39.

3.6. VI. Gemeindelied

Für die Vertonung des *Gemeindeliedes* (Gesamtdauer: 4'01 Minuten) ließ Salbert den Diakon und Textautor zahlreicher Neuer Geistlicher Lieder,[507] Eckart Bücken (*1943), einen neuen Liedtext schreiben:[508]

„Wir stehen mit uns'ren Füßen
auf der Erde rettungslos,
nützt uns Reichtum, hilft unser Wissen,
viele Ängste werden zu groß.

Wir sehen mit unseren Augen
manche Schrecken um uns her,
haben Pläne, werden sie taugen?
Alte Träume helfen nicht mehr.

Wir hören mit uns'ren Ohren
Gute Nachricht in der Not,
ohne Worte sind wir verloren,
ohne Antwort bleiben wir tot.

Wir singen mit uns'ren Stimmen
von der Hoffnung für die Welt.
Diese Freude wird uns bestimmen,
dieser Glaube, der uns erhält.

Wir tragen mit uns'ern Händen
an den Lasten dieser Zeit.
Nur gemeinsam können wir wenden
und verändern Hunger und Leid.

Wir gehen mit uns'ren Schritten,
vor uns liegt das neue Land,
die Erfüllung unserer Bitten,
und wir stützen uns, Hand in Hand."

Der Text des Liedes spricht viele Sinne und Tätigkeiten des Menschen an. Direkt in der ersten Zeile der jeweiligen Strophe stößt man auf die Worte *„stehen"*, *„sehen"*, *„hören"*, *„singen"* *„tragen"* und *„gehen"*. Vom Ausdruck der Hoffnungslosigkeit, der Ängste und der unerfüllten Träume (und auch der Zweifel wie bereits im *Credo* thematisiert) wird im Verlauf der Strophen hin zur *„guten Nachricht"* (Evangelium) geführt, die der Welt

---

[507] Z.B. *„Gott gab uns Atem, damit wir leben"*.
[508] Alrun Salbert in einer E-Mail an die Autorin vom 11.7.2008. Die Schreibweisen einzelner Wörter im Text differieren zwischen Partitur und der verwendeten Audioaufnahme (z.B. „unseren" gegen „uns'ren"). Aufgrund der größeren Nähe zur Musik wird der Text nach der Partitur angegeben.

Hoffnung gibt, eine Hoffnung, die sich durch das gemeinsame Tun der Menschen zu erfüllen scheint („*gemeinsam*" und „*wir stützen uns*").[509]

Dieses gemeinsame Tun kann als Folge des persönlich formulierten Credo gesehen werden und wird durch das gemeinsame Singen des Liedes von Chören und Publikum im Konzert bereits aktiv in die Tat umgesetzt: Die Einbindung des Publikums in den Gottesdienst ist eine wichtige Intention des Komponisten. Das *Gemeindelied* soll zu diesem Zweck im Konzertprogramm abgedruckt sein. Die Chöre wenden sich laut Regieanweisung dem Publikum zu und animieren es zum Mitsingen. Erst beim Singen der letzten Strophe kehren die Chöre wieder an ihre Plätze im Altarraum zurück.[510]

Ganz in evangelischer Tradition stehend intonieren die Bläser in einem Vorspiel das Gemeindelied in einem sehr moderat gehaltenen modernen Satz, den sie im Wesentlichen auch zur Begleitung der „Gemeinde" beibehalten. Die Melodie wird, wie häufig beim Neuen Geistlichen Lied, von der Flöte vorgetragen. Die Melodie ist dem Zweck entsprechend einfach gehalten. Sie ist mit einigen für das Neue Geistliche Lied typischen Synkopen gestaltet und recht eingängig. Dies resultiert auch aus der Unterteilung der insgesamt zehn Takte in klare Zweitaktphrasen. Die textliche Wiederholung der letzten Zeile einer Strophe wird nicht zu einer musikalischen Wiederholung genutzt. Das Lied steht in der für alle Stimmlagen meist einfach zu singenden Tonart F-Dur. Die Atmosphäre eines Gottesdienstes wird dazu durch den Einsatz der Orgel als weiteres Begleitinstrument beim Einsatz des „Gemeindegesangs" unterstrichen.

3.7.   *VII. Predigt*

Die Predigt, die der Prediger frei gestalten kann, soll in Beziehung zur Komposition und den darin verwendeten Texten stehen. Sie gibt dem Prediger die Möglichkeit, „das Spannungsfeld zwischen Liturgie und neuzeitlicher Dichtung"[511] zu interpretieren. Zudem bleibt die Bezugnahme zu aktuellen, theologischen, gesellschaftlichen und/oder politischen Ereignissen möglich. Das hat dazu geführt, dass Predigten völlig unterschiedlichen Inhalts entstanden sind. Durch Zeitungsrezensionen zu verschiedenen Aufführungen ist dies in Fragmenten noch nachzuvollziehen. Beispielsweise wurde 1987 in Bielefeld über die „Schuld gegen die Umwelt" gepredigt, ein Thema, das noch zehn Jahre vorher sicherlich keines gewesen wäre.[512]

---

509 Der Inhalt der letzten Zeile jeder Strophe wird wiederholt und erhält dadurch eine besondere Betonung.
510 Vgl. Regieanweisung in Salbert Messe Partitur, S. 45. Interessanterweise entspricht Salbert mit der Einbindung der „Gemeinde" den Forderungen des Zweiten Vatikanischen Konzils, obwohl er ja gar nicht für den katholischen Gottesdienst schreibt. Es scheint aber eine Bewegung innerhalb der Kirchenmusik zu sein, dass man die Gemeinde mitagieren lässt: im Rahmen der gesamten popularmusikalischen Entwicklung mit Neuem Geistlichem Lied, christlicher Popmusik, Gospelbewegung, im Rahmen der offiziellen Bestrebungen der katholischen Kirche oder im Rahmen einer Bewegung in Schweden, bei der aufgefordert wird „Volksmessen" zu schreiben. Vgl. zu letzterem Herresthal 2013, S. 299.
511 Vgl. Salbert Messe Prospekt, linke Innenseite.
512 Bielefelder Tageblatt 1987. Ein Rezensent der Magdeburger Aufführung 1991 stellt sogar Bezüge zur friedlichen Revolution in der DDR her; vgl. Braunschweiger Zeitung 1991.

Wie bereits erwähnt, gab es mannigfachen Widerstand, diese Aufführung als Gottesdienst zuzulassen oder durch eine von einem ordinierten Pfarrer gehaltene Predigt als liturgische Handlung erscheinen zu lassen. Dies führte zum Talarverbot, das beispielsweise Dr. Heinz Zahrnt dadurch umging, dass er den Talar über dem Arm trug, um damit seine „Echtheit" zu demonstrieren. Bei späteren Aufführungen ab den 1980er-Jahren schien dies dann kein Problem mehr zu sein.

3.8. VIII. Sanctus-Szene

„Deine Pfeile stecken in mir
Ich aber lebe und wandle
Hier auf der bewohnbaren
Zielscheibe des Spotts

Was für ein Bild
Wenn einer der aufrecht geht
Ganz von Sonden
Durchdrungen ist."[513]

In Kombination mit dem obenstehenden Gedicht von Eva Zeller erscheint der Benedictus-Text,[514] zu dem das Gedicht gesprochen wird, in einem neuen, zeitgemäßen Zusammenhang. Der Gepriesene, „der im Namen des Herrn kommt", kommt nicht als Herrscher, als großer König, sondern als einer, der wie ein Pfeil im Menschen (lyrisches Ich) seine Spuren hinterlässt. Der Bezug zu Christus ist zwar nicht eindeutig, liegt aber bei der Pfarrerfrau Zeller nahe, die häufig Gedichte geistlichen Inhalts schrieb. Einer festgeschriebenen Interpretation entzieht sich das Gedicht jedoch und lässt so Räume offen für eigene Interpretationen der Zuhörer.

Bevor jedoch der vierte und letzte Abschnitt (*Benedictus*) dieses Messteils erklingt, gestaltet der Komponist eine *Sanctus-Szene*, die Sängerin und Tänzerin in besonderer Weise symbolisch in Beziehung treten lässt. Erster und zweiter Abschnitt sind exklusiv der Sängerin beziehungsweise der Tänzerin zugeordnet. Im dritten Teil erfolgt die räumliche und musikalische Annäherung der beiden, vor dem *Benedictus* sogar die „Symbolische Vereinigung" und „Bildung einer Kreuzform".[515] Salbert benennt sein Thema selbst: die *Inkarnation*, die Fleischwerdung Gottes. Sie ist einer der zentralen Glaubenssätze des Christentums, der auch die Kreuzigung mit einschließt. Zellers Gedicht könnte dabei eine besondere Fleischwerdung im lyrischen Ich beschreiben.

---

513 Zeller 1975, S. 53.
514 Das „*Osanna in excelsis*" fehlt. Außerdem werden noch weitere kleinere Umstellungen oder Änderungen im Sanctus-Text vorgenommen, die aber keine Bedeutung zu haben scheinen.
515 Vgl. Regieanweisungen in Salbert Messe Partitur, S. 50.

*Kurzanalyse der einzelnen Formabschnitte von **VIII. Sanctus-Szene***
Dauer des Satzes: 9:25 Minuten

Abschnitt	Dauer	Besetzung	Chor	Solo	Regieanweisung	Besonderheiten
unbenannt	0:00–2:54	Englisch-Horn		Text bis „pleni sunt coeli"; oft komplementär-rhythmisch mit Englisch-Horn; keine Textausdeutung		„Ausdrucksvoll, innig"; erster Abschnitt Englisch-Horn solo, dann Dialog Englisch-Horn / Sopran-Solo
Inkarnation Tanz: erste Phase – Erscheinung	2:55–5:52	Synthesizer (Strings), Percussion		tacet	Auftritt der Tänzerin	fünf japanische Tempelglocken und 4 Holzblocktrommeln ➔ meditative Wirkung
Tanz: zweite Phase – Annäherung	5:53–7:32	Englisch-Horn, Synthesizer, Percussion		setzt kurz vor Beginn des Abschnitts ein (kombiniert mit Englisch-Horn), „lebhaft, stark im Ausdruck"	Tänzerin ➔ Annäherung an Sängerin	
Tanz: dritte Phase – symbolische Vereinigung mit der Sängerin	7:33–9:25	Synthesizer, Percussion	Chor und Kinderchor homorhythmisch *Benedictus*-Text, sehr leise	endet mit zwei „Ah"-Glissandi		vor dritter Phase: Zäsur, nur Tam-Tam; Sprecher Gedicht

Die Abschnitte der *Sanctus-Szene* lassen sich auch musikalisch als solche fassen: Der Sängerin wird im ersten Abschnitt das Englisch-Horn als Instrument zugeordnet, der Tänzerin im zweiten der Synthesizer mit Streicherklängen, japanischen Tempelglocken und Holzblocktrommeln, was eine besonders „meditative" Klanglichkeit erzeugt. Im dritten Abschnitt erfolgt die musikalische Annäherung durch die gleichzeitige Verwendung der den beiden zugeordneten Instrumente. Der Schlussabschnitt ist durch den sehr leisen Chor- und Kinderchoreinsatz in freien Tonhöhen und durch die Gedichtrezitation hervorgehoben. Er wird durch einen Tam-Tam-Schlag eingeleitet.[516]

Die Kombination von Tanz, Gesang, szenischem Agieren und Gedichtrezitation ermöglicht dem Zuhörer verschiedene Arten der Transzendenzerfahrung. Gottes Heiligkeit, die in menschlichen Worten nicht gefasst werden kann, versucht Salbert in einem

---

516 Eine Verwendung des Tam-Tams als Symbol des Todes liegt nahe, zumal Sängerin und Tänzerin zugleich die Kreuzform bilden und so an den Tod Christi erinnern.

„charismatischen Gotteserlebnis" erfahrbar zu machen. Seinen besonderen instrumentalen Ausdruck findet „das Unbekannte, das Neue, die Utopie: die Chance zur Bewußtseinserweiterung" in der Klanglichkeit des Synthesizers.[517]

3.9. IX. Orgel-Solo

Der mit *Meditation* überschriebene Abschnitt ist ein Solostück für Orgel mit einer Gesamtdauer von 4'07 Minuten und erinnert an eine Orgelmeditation nach der Predigt[518] oder an eine Begleitmusik während des Abendmahls in einem evangelischen Gottesdienst.[519] Diese Intention gibt Salbert selbst in einer Stellungnahme zu einer Kritik seines Werkes in der *Nürnberger Abendzeitung* an: „Das Abendmahl sollte ursprünglich im Orgelsolo vor dem *Agnus Dei* zelebriert werden."[520]

Der Komponist arbeitet mit schnell zu spielenden minimalistischen Patterns im Manual, denen ruhende Orgelpunkte im Pedal gegenübergestellt werden.[521] Die ohne exakte Rhythmusangabe notierten Repetitions-Tongruppen im Manual werden immer wieder durch einzelne oder mehrere Akkorde unterbrochen, um dann in leicht variierter Form wieder aufgenommen zu werden. Dabei sind die Akkordeinwürfe meist dynamisch hervorgehoben und setzen sich dadurch noch deutlicher von den fließenden Patterns ab. Gelegentlich wird die Unterbrechung des Flusses auf drei Akkorde erweitert, an drei Stellen (auch am Schluss) finden sich ganze Akkordfelder, die eine längere musikalische Zäsur hervorrufen. Ein Spannungsgefälle findet sich jedoch auch innerhalb der fließenden Tongruppen durch die Betätigung des Schwellers und durch die Verwendung lediglich der Stammtöne in Kontrast zur Verwendung aller chromatischer Töne.

Die Verwendung minimalistischer Kompositionsprinzipien weist eine Nähe zur sogenannten Meditativen Musik auf, die gelegentlich nicht eindeutig von der Minimal Music abzugrenzen ist, zumal die häufige Wiederholung beim Hörer sowohl meditative Effekte als auch ein „Genervtsein" hervorrufen können.[522] Die meditative Wirkung repetitiver Musik ist insofern nachvollziehbar, als beispielsweise das unablässige Wiederholen einzelner Wörter (Gebetsmühlen) oder das Dehnen von Silben und Tönen (im Mantra) Techniken der Meditation selbst sind.[523] So erstaunt es nicht, dass Salbert die Wiederholung einzelner Patterns in Verbindung mit Orgelpunkten (Dehnung) in dem mit *Meditation* betitelten Abschnitt der Komposition verwendet.

---

517 Alrun Salbert in einer E-Mail an die Autorin vom 11.7.2008.
518 Eine meditative Musik nach der Predigt ist fakultativ im evangelischen Gottesdienst möglich.
519 Ebenso könnte es auch an den begleiteten Kommuniongang im katholischen Gottesdienst erinnern. Da Salbert die Messe aber für eine evangelische Kantorei mit dem evangelischen Theologen Zahrnt als Prediger geschrieben hat, liegt die „evangelische" Variante natürlich näher, zumal auch die Aufführung beim Evangelischen Kirchentag 1978 in Nürnberg dies noch unterstreicht. Dennoch ist eine Aufführung der Messe bei anderen christlichen Konfessionen durchaus möglich, sofern diese sie im Gottesdienst zulassen.
520 Salbert Artikel 1978.
521 Auf eine tabellarische Darstellung des kompositorischen Aufbaus wird aufgrund der Anlage und der solistischen Struktur des Abschnitts verzichtet.
522 Vgl. Lovisa 1996, S. 12. Zur Begriffsdifferenzierung von „Meditativer Musik", „Minimal-Music", „Repetitiver Musik" und „Ac'Art" vgl. ebd., S. 11–19.
523 Vgl. ebd., S. 230.

Ein wirkliches Versenken wird allerdings durch die immer wieder die Repetition unterbrechenden Akkorde verhindert. Zudem ist als Aktion während des Orgel-Solos vorgesehen, dass Sängerin und Tänzerin Kerzen anzünden und an die Kinder des Kinderchores weitergeben. „Diese tragen das Licht zu den Zuhörern, die ihre vor sich liegenden Kerzen erleuchten",[524] was der austeilend-empfangenden Geste beim Abendmahl verwandt ist und das gesamte Publikum aktiv einbezieht. Zusätzlich wird die Aufmerksamkeit der Zuhörer durch das Anstrahlen baulicher Schönheiten der Kirche mit Hilfe eines Verfolgerscheinwerfers[525] in Anspruch genommen. So verwundert es nicht, dass einige Rezensenten Salbert – wohl zu Recht – eine Überfülle theatralischer Mittel vorgeworfen haben, die zwar dem Publikum viele Anregungen und Anknüpfungsmöglichkeiten geben, es zuweilen aber auch überfordern können.[526]

3.10. X. Agnus Dei

Die beiden im *Agnus-Dei*-Teil kombinierten Texte (Ordinariumstext und Gedicht des 1925 geborenen DDR-Lyrikers und -Schriftstellers Helmut Preißler) haben vordergründig überhaupt nichts miteinander zu tun. Preißlers Gedicht ist eine Fürsprache für das noch ungeborene Leben und ein Loblied auf die Kinder an sich, die die Hoffnung für Welt und Zukunft seien, was sich im Frieden selbst zu manifestieren scheint. Mit der Auswahl dieses Gedichts schlägt Salbert den Bogen zum Gedicht „*Ausflug machen*", in welchem unschuldige Kinder in den Tod geführt werden.

„Ich habe das Pochen gehört
In deinem Leib
Plötzlich haben die Kinder mich gern
und sprechen mit mir.

Säuglinge locken mit ihrem Geschrei mich
zum Wagen,
lächeln, wenn ich mich zu ihnen neige.
Kleine Kinder klettern zutraulich zu mir empor,
schenken mir Zärtlichkeiten, die ich nicht kannte.
Plötzlich verstehe ich die Sprache
der Augen, der Hände, der Laute.

Seit ich das Pochen gehört habe in deinem Leib,
sprech ich für die, die noch stumm sind,
sprech ich für die, die das Sprechen erst erlernen,
und wie Kinder
immer und immer ein Wort wiederholend, sage ich:
Frieden."[527]

---

524 Salbert Messe Partitur, S. 0.
525 Vgl. ebd.
526 Vgl. den Abschnitt *Rezeption*.
527 Preißler 1973, S. 61.

Auch wenn das Wort „*Frieden*" am Ende des Preißler-Gedichts ziemlich überraschend kommt, ist dies doch die Nahtstelle zum Ordinariumstext. Im dreimaligen „*Agnus*"-Ruf steht zunächst auch die „Sünde der Welt" und die „Bitte um Erbarmen" im Vordergrund, erst beim dritten Ruf erfolgt die Friedensbitte. Salberts Kombination der beiden Texte schließt sich formal an den Aufbau des *Agnus Dei* an. Das *Agnus* I wird zunächst vorgetragen. Dann folgt das *Agnus* II in Kombination mit dem Gedicht, das mit dem Wort „Frieden" schließt und so das Stichwort zu geben scheint für das *Agnus* III mit der Friedensbitte. Erst danach leitet Salbert in das Gemeindelied über, bei dem nochmals das Publikum eingebunden wird und eine Art Prozession der Mitwirkenden in Richtung Ausgang erfolgt. „Am Schluß wird das Leid in die Öffentlichkeit hinausgetragen, es verlässt die Kirche als Träger der Botschaft (Hoffnung im Kind)."[528]

Kurzanalyse der einzelnen Formabschnitte von **X. Agnus Dei**
Dauer des Satzes: 9:15 Minuten

Abschnitt	Dauer	Besetzung	Chor	Solo	Regieanweisung	Besonderheiten
Agnus Dei I	0:00–2:51	differenziertes Instrumental-Tutti	Sopran meist selbstständig geführte Melodie in Dialog mit Solistin; meist homophon und mit parallelen Akkordverschiebungen Alt-Tenor-Bass	freitonal, viele lange, hohe Töne	alle Chorsänger, vor allem die des Kinderchores, nehmen ihre gewohnten Plätze ein, die Sopranistin steht, wie der Sprecher, vor dem Chor; „Innerlich bewegt – ruhig"	kurze Instrumentaleinleitung; danach mit Solo und Chor; allmählich motivische Verdichtung und Zunahme der Instrumente; Überleitung durch Synthesizer, sonst Generalpause
Agnus Dei II	2:52–5:02	differenziertes Instrumental-Tutti; auffallend: Holzblock; Gong	Beginn nur Sopran, dann allmähliches Hinzutreten der anderen Stimmen, meist unisono			Sprecher rezitiert ganzes Gedicht, anfangs nur von Synthesizer („Strings") begleitet; Synthesizer teilweise mit Glockenklang

---

528 Dieter Salbert in einer E-Mail an die Autorin vom 6.3.2005.

Abschnitt	Dauer	Besetzung	Chor	Solo	Regieanweisung	Besonderheiten
Agnus Dei III mit „Dona nobis"	5:03–6:36	differenziertes Instrumental-Tutti	nach kurzer Überleitung Chor mit sechsstimmigem personantem Klang, der parallel verschoben wird (2 übereinander geschichtete Quartsextakkorde)	Solo-Sopran und Chor-Sopran anfangs im Dialog, dann solo alleingestellt		Instrumente in Begleitart ähnlich wie im Agnus Dei I
Überleitung Agnus – Lied	6:37–7:03	tutti ohne Synthesizer; Orgel begleitet Lied	Kinderchor Liedmelodie	Liedmelodie	mit dem Einsatz des Gemeindeliedes beginnt die Prozession durch den Mittelgang zum Haupteingang, Reihenfolge: Tänzerin, Sängerin, Kinderchor, großer Chor, Sprecher, Dirigent	„mit ruhiger Gewißheit – nicht zu langsam" bei Liedeinsatz Kinderchor und Solistin: 2. Strophe des Liedes wird mit Agnus-Musik kombiniert
Gemeindelied	7:04–9:15	tutti ohne Synthesizer	alle Sänger: 3.-6. Strophe Gemeindelied	3.-6. Strophe Gemeindelied		unisono, auch Begleitung und Röhrenglocken; Becken als Überleitung zur nächsten Strophe

Zum Schluss der Messkomposition verwendet Salbert wiederum die volle Besetzung, differenziert sie aber den Abschnitten entsprechend. Beispielsweise schweigt die Sopranistin, während der Sprecher das Gedicht rezitiert, und setzt erst danach wieder ein. Die Instrumentalbegleitung ist im ersten und dritten Abschnitt ähnlich. Der Kinderchor kommt konsequenterweise, wie schon vorher beim Gemeindelied, wieder zum Einsatz. Die Melodie und die damit verbundene Tonalität F-Dur setzt sich ganz allmählich durch bis zur Einstimmigkeit, die Einmütigkeit suggeriert.

4. Rezeption der *Theatralischen Messe*

Die *Theatralische Messe* erfuhr in den vergangenen 30 Jahren etwa 15 Aufführungen[529] innerhalb Deutschlands sowie eine umfangreiche, auch überregional beachtete Rezeption. Unter anderem gab es DPA-Meldungen, Besprechungen in Musikfachzeitschriften und einen Kurzbericht im ZDF. Dabei sind die Schwerpunkte der Berichterstattung in verschiedenen Jahrzehnten unterschiedlich gewählt. Die Themen, die zum Teil zu Diskussionen führten und sogar Eingang in die Boulevardpresse fanden, spiegeln in gewisser Weise auch den Zeitgeist wider.

Die Rezensionen der Uraufführung sowie weiterer Aufführungen in den 1970er-Jahren haben neben sachlicher Besprechungen mit Lob und Kritik des Werks vor allem zwei Aspekte, die für Aufregung sorgten: der kultische Tanz, der häufig in die Nähe eines heidnischen Nackttanzes gerückt wurde (was er nicht war)[530] und die Verwendung zeitgenössischer Gedichte und Musik im kirchlichen Raum. Man wollte von Kirchenseite unbedingt verhindern, dass die Messkomposition im Rahmen liturgischer Handlungen aufgeführt wurde oder dass dieselbe gar durch die Predigt eines echten Pfarrers legalisiert würde. Dies schlug sich in entsprechenden Zeitungsmeldungen nieder. Einige Schlagzeilen verdeutlichen dies: *Talarverbot für die beamteten Christen*,[531] *Nackte Eva tanzt in der Kirche*[532] oder *Tempeltänzerin vor dem Altar*.[533] Allerdings sollen diese Schlagzeilen nicht darüber hinwegtäuschen, dass die meisten Rezensionen durchaus ernster Natur waren und sich sachlich mit dem Werk auseinandersetzten: *Ein kirchliches Werk mit Opencharakter*,[534] *Eine religiöse Anrede. Ein Komponist sucht die intensive Auseinandersetzung mit seinem Publikum*,[535] *Liturgie auf neuen Wegen*,[536] und *Dieter Salberts Glaubens- und Zweifelsbekenntnis*[537] sind nur wenige Überschriften, die eine ganz andere Auseinandersetzung exemplarisch zeigen.

Lediglich vier Jahre nach der Uraufführung sind frühere Diskussionspunkte wohl vergessen: Superintendent Buscher, also ein leitender Geistlicher eines Kirchenbezirks, predigte bei der Aufführung mit einem philippinischen Studentenchor in Arnsberg über die Schwerter, die zu Pflugscharen werden und die christliche Friedensbewegung in Ost und West.[538] Damit „legitimierte" der Superintendent nicht nur das Werk als ein „kirchliches", sondern stellte es auch noch in einen Bezug zur Politik, was auch vom Komponisten intendiert war. Der Besucherandrang war sogar so groß, dass die Messe direkt noch einmal wiederholt werden musste. Das ist sicherlich für eine moderne Messkomposition ungewöhnlich.

---

529 Die letzte der Autorin bekannte Aufführung fand im Jahr 2002 in Greifswald statt, eine Rundfunksendung am 27.10.2007 bei Bayern 2.
530 Der Tanz vor dem Altar während der Aufführung der *Missa Vigilate* (1967) des Norwegers Egil Hovland schockierte die dortige Gemeinde ebenso. Vgl. Herresthal 2013, S. 298–299.
531 Nürnberger Abendzeitung 1978.
532 Wiesbadener Tageszeitung 1977.
533 Hamburger Morgenpost 1977.
534 Bielefelder Zeitung 1977.
535 Evangelische Zeitung 1977.
536 Nürnberger Nachrichten 1978.
537 Braunschweiger Zeitung 1978.
538 Westfälische Rundschau 1981.

Die kontroversen Diskussionen um „erlaubt" oder „unerlaubt", Skandal oder nicht, scheinen ab dieser Zeit verraucht, nicht jedoch die Ergriffenheit der Zuhörenden, die sich durch das Werk emotional und rational angesprochen und zum Nachdenken angeregt fühlen, wie folgende Titel belegen: *Die Vision eines neuen Landes*,[539] *Theatralische Messe als Form des Gottesdienstes*,[540] oder *Einheit von Glaube und Gefühl*.[541]

5. Ergebnisse

Mit seiner *Theatralischen Messe* schuf Dieter Salbert ein Werk, in dem er einerseits ein charismatisches Gotteserlebnis musikalisch so gestalten wollte, dass Gott als Ganzheit körperlich und geistig für den Zuhörer erfahrbar werden würde, andererseits sein „Politikum" für ein Für- und Miteinander zum Ausdruck kommen sollte.[542] Dies war mit einer rein traditionellen Messvertonung sicherlich nicht möglich.

Mittels der von ihm gewählten theatralischen Elemente bot er dem Publikum verschiedene Anknüpfungspunkte, dieses geistliche Werk körperlich und geistig zu erfahren. Dabei verwendete er äußere und innere theatralische Elemente. Zu den äußeren sind die Schreitbewegungen des Chores, der kultische Tanz, das Ausleuchten der Kirche, die Bildprojektionen und das Anzünden und Weiterreichen der Kerzen an das Publikum zu rechnen. Zu den inneren theatralischen Elementen zählen die Spannung zwischen Gesang und freiem Singen, zwischen Rezitation und reinem Wort in der Predigt, zwischen alter Liturgie und moderner geistlicher Lyrik.[543] Durch diese Elemente wird der alte liturgische zum Ritus gewordene Text wieder aufgebrochen und bewusst in aktuelle Zusammenhänge gestellt. Er wird nicht als „gegeben" angenommen, sondern dem Zweifel und der persönlichen Deutung des Individuums ausgesetzt.[544]

Die Hoffnung auf ein menschliches Für- und Miteinander drückt sich beispielsweise im gemeinsamen Singen des Gemeindeliedes oder im Weitergeben des Kerzenlichtes aus, indem das Publikum aktiv in das Geschehen eingebunden wird. Salbert wollte dadurch das soziale Miteinander stärken.[545] Diesen Intentionen verleiht Salbert mit verschiedensten musikalischen Mitteln Ausdruck:

> *„Sprache als das einzige Verständigungsmittel zwischen den Menschen, Gesang und Instrumentalklänge als vielseitig emotionale Ausdrucksmittel mit all ihren Zwischenformen, und schließlich der Sound des Synthesizers als klangliches Environment (im Kinderlied am Anfang) oder ins Phantastisch-Futuristische gehend in der Sanctus-Szene."*[546]

---

539 Westfalen-Blatt 1987.
540 Bielefelder Tageblatt 19872.
541 Braunschweiger Zeitung 1992.
542 Dieter Salbert in einer E-Mail an die Autorin vom 6.3.2005.
543 Vgl. ebd.
544 In dieser Hinsicht steht die Messe Salberts der von Bernstein sehr nahe, was bereits der Titel der beiden Werke nahelegt, die sich auf das „Theater" beziehen.
545 Dieter Salbert in einer E-Mail an die Autorin vom 6.3.2005.
546 Dieter Salbert in einer E-Mail an die Autorin vom 6.3.2005.

Salbert konzipiert und komponiert Szenen menschlicher Auseinandersetzungen mit Glauben und Zweifel, die eine Entwicklung sowohl bezüglich des inhaltlichen Ablaufs als auch der musikalischen Gestaltung bis hin zum *Credo* erkennen lassen. Dem Gang unschuldiger Kinder in den Tod mit einem einstimmigen Lied folgt im *Kyrie* die Überwindung des Todes durch Gott in Verbindung mit freieren Klängen und Sprechgesang.[547] Im kultischen Tanz sowie im freitonalen bis atonal-aleatorischen *Gloria* geht es um das Preisen und Erfassen göttlicher Schöpferkraft. Zentrum des Werks ist das *Credo*. In ihm wird der Dialog zwischen Glaube und Zweifel zu individuellen, in diesem Moment empfundener, in aleatorischer Technik vorgetragener Glaubensäußerungen geführt. Diese werden von den Chorsängern in die Gemeinde hineingetragen: „Der Gesangsstil des Chores entwickelt sich vom anfangs gregorianisch geführten Credo-Melos bis zum völlig freien, von allen tonalen Bindungen losgelösten improvisierenden Gesangsstil: Jeder singt/intoniert sein eigenes Credo."[548]

Die Entwicklung vom tonalen zum aleatorischen Stil[549] entspricht dabei der Entwicklung vom vorformulierten zum individuellen Glaubensbekenntnis. Danach werden die verschiedenen Musikstile gleichberechtigt nebeneinander verwendet. Songartiges *Gemeindelied*, charismatisch wirkende *Sanctus-Szene* und meditativ-minimalistisches Orgelzwischenspiel führen zum Zielpunkt der Messvertonung im *Agnus Dei*: Es ist Ausdruck der Hoffnung, dass der Neubeginn menschlichen Lebens Grundlage für Frieden sein kann. Dies bleibt aber wiederum nicht alleine Angelegenheit der Musiker, sondern wird mittels des Gemeindeliedes zum Tun aller, das aus der Kirche in die Welt hineingetragen wird.

---

547 Nach Salbert sei die Musik an die Gregorianik angelehnt, was nicht nachvollziehbar ist, da weder Sprechgesang, freie Tonhöhen oder tonal gebundene Abschnitte darauf hinweisen.
548 Alrun Salbert in einer E-Mail an die Autorin vom 11.7.2008.
549 Aleatorisch bedeutet nach Alrun Salbert hier „befreit".

VI.

Arvo Pärt

Berliner Messe

Musica sacra voll kompositorischer Struktur und strenger Reduktion

Arvo Pärts Musik hat Ende des 20. Jahrhunderts Hörer und Kritiker in zwei Lager gespalten. Während die Zuhörer Pärts Musik liebten – war sie doch eine der in den 1980er-Jahren noch selten anzutreffende tonal geprägte zeitgenössische Musik –, ließen Musikkritiker und Musikwissenschaftler häufig kein gutes Haar an der stillen, reduzierten Musiksprache. Dies hatte zur Folge, dass die Musik schnell zum Publikum und nur sehr langsam und meist auch recht unwissenschaftlich Eingang in die musikwissenschaftliche Literatur gefunden hat. Clemens Goldberg hat diesen Zustand treffend zusammengefasst: „Die Fraktion der Neuerer schreit auf, weil Dur und Moll erklängen, die Fraktion der Aufklärer schaudert vor religiösem Anspruch, und überhaupt macht der große Erfolg der Musik diese vollends suspekt."[550]

Beschäftigt man sich aber unterhalb der auch durch so manche CD-Cover-Gestaltung noch unterstrichenen kontemplativen Oberfläche mit der erstaunlich strengen Struktur dieser Musik, wird deutlich, dass ihr der meist abwertend konnotierte Begriff der „meditativen Musik" nicht gerecht wird.

1. Biographische Aspekte[551]

Arvo Pärt wurde am 11. September 1935 im estnischen Paide geboren. An der Talliner Musikschule erhielt er von 1954 bis 1957 Kompositionsunterricht bei Veljo Tormis, von 1957 bis 1963 studierte er bei Heino Eller Komposition. Zugleich arbeitete er von 1958 bis 1967 als Tonmeister beim Rundfunk. In dieser Zeit entstanden zunächst einige Kompositionen im neoklassizistischen Stil. 1961 entstand sein erstes Orchesterwerk *Nekrolog* op. 5 im dodekaphonischen Stil, was beim sowjetischen Komponistenverband stark kritisiert wurde. Wie viele Komponisten, die versuchten, in der Sowjetunion ihren Lebensunterhalt zu verdienen, komponierte er einerseits Werke, die der politischen Repräsentation der Staatsmacht dienten, andererseits galt er als ein Vertreter sogenannter westlicher Techniken wie Aleatorik, Collagetechnik, Klangflächenmusik und Fluxus. Folglich war er für einige ein Idol, anderen erschien er gefährlich, da er sich gegen Regeln der Staatsmacht stellte. Der Komponistenverband, bei dem Pärt Mitglied war und ohne den es für einen Komponisten kaum möglich war, im Einflussbereich der Sowjetmacht seinen Lebensunterhalt zu bestreiten, kontrollierte mittels verschiedener Gremien die Konformität der Werke. Viele Komponisten, auch Pärt, flüchteten sich immer wieder in die Komposition von Musik für Film und Theater. In dieser Zeit dominierten bei Pärt die Instrumentalkompositionen.

Ende der 1960er-Jahre etablierten sich Pärts Kompositionen. 1968 gab es mit *Credo* einen Skandal, weniger wegen der Kompositionstechnik (sowohl tonal als auch atonal, mit Bach-Zitat) als aufgrund der Verwendung des Textes „*Credo in Jesum Christum*".[552] Ab dieser Zeit komponierte Pärt etwas weniger[553] und zog sich mehr und mehr zurück. Er bereitete einen Stilwandel vor. Dieser wurde zum Teil mit seiner Heirat mit Nora Pärt,

---

550 Goldberg 1996, S. 429.
551 Zur Biographie vgl. MGG Pärt.
552 Pärt verwendet dabei nicht die nicäno-constantinopolitanischen Formeln.
553 Entgegen der vielzitierten vollständigen „Schaffenspause" hat Pärt in dieser Zeit einige wenige Werke komponiert. Vgl. dazu Kautny 2002, S. 212.

zum Teil mit seiner Konversion zum russisch-orthodoxen Glauben[554] in Zusammenhang gebracht. Letztlich verifizieren könnte dies nur der Komponist selbst. Faktum ist allerdings, dass Pärt sich ab Ende der 1960er-Jahre mit Alter Musik beschäftigt hat, die in der damaligen Sowjetunion nur schwer zugänglich war. Gregorianik lernte er mittels einer einzigen Langspielplatte und dem *Liber usualis* kennen. Zusätzlich beförderte die Auseinandersetzung mit der Vokalpolyphonie eine verstärkte Hinwendung zu Vokalkompositionen. Mitte der 1970er-Jahre komponierte er mit *Für Alina* und *Modus* seine ersten Tinntinabuli-Werke.[555] 1977 entstand mit *Tabula rasa* sein erster Welterfolg. 1980 emigrierte er mit seiner Familie zunächst nach Wien, ein Jahr später mit Hilfe des Deutschen Akademischen Austauschdienst DAAD schließlich nach Westberlin.

Musikkritiker und Musikwissenschaftler stellten die Musik Pärts häufig in die Nähe „esoterischer" Musik und lehnten sie ab. Befremdend erschien auch die häufig kirchliche Thematik. Beim Publikum wurde seine Musik jedoch schnell beliebt. Mittlerweile ist Pärt weithin anerkannt, was auch zahlreiche Auszeichnungen und Ehrungen belegen.

2. Exkurs: Pärts Tintinnabuli-Stil[556]

Im Jahr 1975 schrieb Pärt mit *Für Alina* sein erstes Werk im sogenannten Tintinnabuli-Stil, ein kleines Stück, das zunächst noch keine Instrumentenzuweisung hatte und erst später dem Klavier zugeordnet wurde. In diesem Werk stellte Pärt zum ersten Mal seinen neuen Personalstil vor, dem er selbst den Namen gab. „Tintinnabuli" bezieht sich auf das lateinische Wort „tintinnabulum", das „kleine Glocke" bedeutet und sich als Stilbezeichnung auf den Höreindruck der lang andauernden Glockentöne bezieht. Der Glockenklang „dient als ein anzustrebendes, in Momenten geglückter Interpretation näherungsweise erfüllbares Ideal der Tonvorstellung des Tintinnabuli-Stils, als in Bronze gegossene Realisation des gelungenen, des ‚runden' und wohlklingenden Tones, der in seinem schwebenden Ausklingen die Verbindung zur Stille hörbar macht."[557] Wichtig ist bei dieser Art Musik die Grenze zur Pause, zur Stille, und der Bezug zum natürlichen Atemfluss. Zwar finden sich verschiedenste Besetzungen in den Werken dieses Stils, allerdings stehen die menschliche Stimme, Streicherklänge und die Orgel im Vordergrund, wobei die Instrumente meist „vokal-gedachte" Linien spielen müssen. Diesbezüglich lässt sich auch die deutlichste Parallele zur russisch-orthodoxen Kirchenmusik festmachen. In ihr wird „[nur] die Stimme als Teil des dem Menschen als Geschöpf geschenkten Ausdrucks seiner Gottesebenbildlichkeit, seiner Beziehung zum Logos […] für würdig erachtet, Gott zu preisen. Nicht aber das Instrument, denn es ist nur Werk eines Geschöpfs."[558]

---

554 Ein Glaubensleben war in der Sowjetunion lediglich in einer Art Subkultur möglich. Die Kirchen selbst nahmen meist eine apolitische Haltung ein.
555 Vgl. Gröhn 2006, S. 48.
556 Die Angaben zum Tintinnabuli-Stil beruhen im Wesentlichen auf den Darstellungen in Brauneiss 2006.
557 Conen 20062, bes. S. 22.
558 Benner 1998, S. 365. Auch Liegetöne sind ein Element, welches Pärts Musik mit russisch-orthodoxer Kirchenmusik verbindet. Weitergehend lassen sich Bezüge lediglich als subjektiver Eindruck und weniger analytisch festmachen. Teilweise analytisch nachweisbare oder subjektiv empfindbare Verbindungen bestehen auch zur Vokalpolyphonie sowie zum Gregorianischen Choral.

Allerdings sagt Pärt selbst, dass der Einfluss der orthodoxen Kirchenmusik bei ihm sehr überschätzt worden sei.[559]

Pärts Tintinnabuli-Musik ist geprägt von einer Hinwendung zur Tonalität,[560] einer radikalen Reduktion des musikalischen Materials[561] sowie der charakteristischen Kombination einer linear geprägten Melodiestimme mit einer in Dreiklangsbrechungen geführten sogenannten Tintinnabuli-Stimme.[562] Dabei schöpft die M-Stimme meist für einen Abschnitt, gelegentlich auch für ein ganzes Stück aus dem Tonvorrat einer Tonleiter und ist dennoch eine sich stetig verändernde Stimme.[563] Die T-Stimme hingegen wirkt in sich kreisend, da in ihr die Töne eines gebrochenen Dreiklangs in verschiedenen Lagen verwendet werden:

„M.- und T-St. [sic!] sind einerseits durch verschiedene Formen der Differenz gekennzeichnet, die sich in der Hauptsache auf die Formel Schritt gegen Sprung bringen lassen. Abstrahierend ließe sich von linearer und zyklischer Zeit, metaphorisch von Linie und Kreis sprechen. Andererseits weisen beide eine ursprüngliche Identität auf, weil das Tonmaterial der einen auf je verschiedene Weise in der anderen Stimme enthalten ist."[564]

Im strengen Pärtschen Stil, der natürlich auch Ausnahmen von der Regel kennt, gibt es verschiedene Grundkombinationen der beiden Stimmen: die alternierende, in der sich beide Stimmen umkreisen sowie die ausschließliche Anordnung der T-Stimme in erster oder zweiter Position oberhalb beziehungsweise unterhalb der M-Stimme mit dem Verbot des Unisonos.[565] Daraus ergibt sich im Zusammenklang eine Abfolge von Dissonanzen und Konsonanzen. Pärt hat das Zusammenwirken der beiden Stimmen folgendermaßen beschrieben:

„Es sind zwei Kräfte, die gleichzeitig gegeneinander wirken. Erstens die Dreiklangstimme: Sie ist eine Art festes Plateau, eine bestimmte Kraft oder eine Bestätigung. Eine andere Stimme, die an die oben genannte Stimme eng gebunden ist, bildet ein Gegengewicht. Dadurch entsteht eine eigene Klangwelt. Der Zusam-

---

559 Vgl. Restagno et al. 2010, S. 43.
560 Die Musik ist zwar auf traditionelle Tonleitern bezogen, aber nicht tonikal im Sinne der Funktionsharmonik.
561 Dadurch ist Pärts Stil auch der Minimal Music verwandt, ohne dieser Stilrichtung im engen Sinn anzugehören. Ob Pärt die Minimal Music rezipiert, sei dahingestellt. Konkrete Nachweise hierzu konnten nicht geführt werden. Auch sind die Quellen, aus denen die Minimalisten der ersten Stunde schöpften und die von Pärt unterschiedlich. Vgl. hierzu Lovisa 1996, S. 1–19 und 186-202 sowie Ploskoň 2005, S. 112–122.
562 Melodie- und Tintinnabuli-Stimme sind nicht im Sinne von Melodie und Begleitung zu verstehen. In der Folge wird die Melodiestimme mit M-Stimme, die Tintinnabuli-Stimme mit T-Stimme abgekürzt.
563 Die M-Stimme hat dabei vier Grundbewegungsarten: aufsteigend vom Grundton, aufsteigend zum Grundton, absteigend vom Grundton, absteigend zum Grundton. Dafür verwenden verschiedene Autoren unterschiedliche Begriffe. Vgl. dazu Brauneiss/Conen 2006, bes. S. 99.
564 Conen 2006², S. 46.
565 Vgl. ebd., S. 48.

menprall zweier Spannungsfelder ist der Kern meiner Tintinnabuli-Technik. Und das hat mit Funktionsharmonik im traditionellen Sinne nichts zu tun."[566]

Und weiter präzisiert er zur „Tonalität":

„Meine Musik ist tonal nur in einem eingeschränkten Sinne und fügt sich nicht einfach in das klassische Konzept der tonalen Musik. Eine zutreffende Bezeichnung wäre, von einer umfassenden Anwendung des Dur-Moll-Dreiklangs zu sprechen. Am Dreiklang besticht mich die natürliche Reinheit, der Lakonismus und der Wohlklang. Wenn man von der Tendenz spricht, zur Tonalität zurückzukehren, dann sollte man hinzufügen, dass sich Stile nicht zufällig verändern. Es ist wie das Atmen: Man kann nicht immer einatmen, man muss auch ausatmen."[567]

Das kompositorische System erscheint als algorithmische Struktur, aus deren möglichen Konstellationen Pärt auswählt und bestimmte Strukturen verwirft.[568] Was „spirituell erfunden" klingt, sind in Wirklichkeit rational nachvollziehbare Strukturen, was auch die folgende Analyse verdeutlichen wird. Die Gleichwertigkeit aller Parameter, wie sie beispielsweise in der Seriellen Musik vertreten wird, gilt für Pärt nicht. Er präferiert Tonhöhe und Rhythmus als primäre Bausteine seiner Musik, wohingegen Klangfarbe, Dynamik und Tempo in die zweite Reihe treten.[569]

Herausragendes konstituierendes Element seines musikalischen Stils ist der Text, der vor allem im rhythmischen Bereich seinen Niederschlag findet und unabhängig davon ist, ob das einzelne Werk oder der jeweilige Abschnitt instrumental oder vokal besetzt ist.[570] Sogar Werke ohne Textunterlegung basieren meist auf einem Text.[571] Der Text, der Absatz, der Satz, das Einzelwort, die Silbe, der Wortakzent und die Interpunktion formen den Ursatz und seinen Rhythmus und damit die Grundgestalt der Werke. Es sind also die Außenmaße des Textes und nicht die Bedeutung von einzelnen Sätzen oder Wörtern, die den Ausgangspunkt für die Komposition bilden.[572] Dabei sind melodische Strukturen durchaus auf rhythmische bezogen. Diese wiederum bleiben innerhalb eines Werkes auf ein Minimum beschränkt. Werden dadurch Ausdeutungen einzelner Wörter ausgespart, folgt Pärts Musik aber häufig zumindest der Grundstimmung eines Textes. Bezüglich Dynamik und Tempo gibt Pärt lediglich grobe Richtlinien und lässt dem Interpreten in diesen Bereichen relativ viel interpretatorische Freiheit.

So verbindet Pärt musikalisches Material der Vergangenheit mit ausgewählten Techniken aus der zweiten Hälfte des 20. Jahrhunderts, verzichtet dabei aber auf viele ihm zur Verfügung stehenden Klangmaterialien und Kompositionstechniken. Dadurch schafft

---

566 Arvo Pärt, zit. nach de la Motte-Haber 1988, S. 235.
567 Arvo Pärt, zit. nach Mattner 1985, S. 98.
568 Vgl. de la Motte-Haber 1988, S. 235.
569 Vgl. Conen 20062, S. 85.
570 Unterschiedliche Sprachen haben somit einen deutlich unterscheidbaren Einfluss auf Kompositionen; vgl. Hillier 2006, bes. S. 165.
571 Vgl. *Summa*, das eigentlich ein *Credo* ist.
572 Conen 20062, S. 75. Zur Verdeutlichung: Pärt verwendet in der Regel keine „rhetorischen Figuren" oder andere wortausdeutende motivische Wendungen.

er einen neuen Personalstil, der das Ungehörte aus dem bereits Bekannten hörbar macht. Diesen Stil verwendet er auch in seiner *Berliner Messe*.

3. Entstehung der *Berliner Messe*

Die *Berliner Messe* komponierte Pärt „Im Auftrag des 90. Deutschen Katholikentages Berlin 1990 e. V."[573] Damit war die Messvertonung für den liturgischen Gebrauch gedacht, was auch die nur etwa 25-minütige Aufführungsdauer[574] grundsätzlich ermöglicht. Pärt vertont den traditionellen Ordinariumstext,[575] ohne eine einzige Textänderung vorzunehmen. Ergänzt wurden zur Verwendung ad libitum zwei *Allelujaverse* zum Pfingstfest[576] sowie das *Veni Sancte Spiritus*. Dadurch nimmt der Komponist indirekt Bezug zum Motto des 90. Katholikentages „Wie im Himmel so auf Erden" und dessen zeitlicher Nähe zum Pfingstfest des Jahres 1990.

Die Premiere der Fassung für gemischten Chor oder Solisten und Orgel fand am 24. Mai 1990 in der St. Hedwigs-Kathedrale zu Berlin mit dem Ensemble *Theatre of Voices* unter Leitung von Paul Hillier statt.[577] Die Fassung für gemischten Chor und Streichorchester wurde am 18. Dezember 1991 in der Markuskirche zu Erlangen mit dem Süddeutschen Vokalensemble und dem Kammerorchester Schloss Werneck unter Leitung von Ulf Klausenitzer uraufgeführt.[578] Mehrere Überarbeitungen endeten in der revidierten Fassung von 2002.

Als Grundlage der Analyse entschied sich die Autorin für die Fassung mit Streichorchester, da sie die umfangreichere Besetzung hat. Sicherlich zeigt sie nicht mehr die ursprüngliche Form, zumal etliche Änderungen im Notentext vorgenommen wurden und die Fassung für Orgel näher an der mathematischen Grundstruktur ist.[579] Pärt selbst hat auf Nachfrage zwar indirekt das Vorhandensein dieser mathematischen Grundstruktur bestätigt, deren Bedeutung für das Werkverständnis aber auch wieder eingeschränkt. Auf die Frage, ob die Konstruktionsprinzipien der Werke nicht im Gegensatz zur meditativen Wirkung stünden, antwortete Pärt folgendermaßen:

> „I don't see it as a contradiction, since everything is numerically arranged in one way or another. There are definite rules everywhere – it has to be so. But my principle is that they must not be the most important part of music. They must be simple – they fall away and are only a skeleton. Life arises from other things. When

---

573 Vgl. Pärt Berliner Messe Partitur, S. 0.
574 Die genannte Aufführungsdauer bezieht sich auf die Angabe in Pärt Berliner Messe Partitur, S. 0.
575 Ordinariumstext und nicht „Offiziumstext", wie Goldberg (1996, S. 422) fälschlicherweise ausführt.
576 Die *Allelujaverse* zum Weihnachtsfest wurden später ergänzt.
577 Arvo Pärt, Berliner Messe für gemischten Chor oder Solisten (SATB) und Orgel, Universal Edition, Verzeichnis Komponisten und Werke, URL: http://www.universaledition.com/Berliner-Messe-Arvo-Paert/komponisten-und-werke/komponist/534/werk/1353 (letzter Zugriff: 1.11.2015).
578 Arvo Pärt, Berliner Messe für gemischten Chor (SATB) und Streichorchester, Universal Edition, Verzeichnis Komponisten und Werke, URL: http://www.universaledition.com/Berliner-Messe-Arvo-Paert/komponisten-und-werke/komponist/534/werk/1349 (letzter Zugriff: 1.11.2015).
579 Vgl. Brauneiss 1997, bes. S. 19–20.

things are simple and clear, then they are also clean. They are empty; there is room for everything. It is more important than these principles of construction."[580]

Nichtsdestoweniger ist die genaue Analyse für das Verständnis des Werkes unerlässlich, zumal man nur dadurch die ganz andere Wertigkeit der Kompositionen Pärts im Vergleich zu sogenannter „meditativer" Musik verdeutlichen kann.

Die *Berliner Messe* ist nicht das einzige Werk, in dem Pärt den Ordinariumstext oder Teile daraus vertont. Der Messvertonung gehen einige Werke voraus, denen der Messtext – offensichtlich oder nicht – zugrundeliegt, z. B. *Credo* (1968), *Missa syllabica* (1977),[581] *Annum per annum* (1980), *Summa* (1977) sowie weitere christlich geprägte Werke wie etwa *De profundis* (1977), *Te Deum* (1984/85), *Stabat mater* (1985) oder *Magnificat* (1989).[582]

4. Analyse der *Berliner Messe*

Pärts *Berliner Messe* ist eine der wenigen artifiziellen Messkompositionen aus der zweiten Hälfte des 20. Jahrhunderts, in der einerseits der liturgische Text vollständig vertont wird, andererseits die relative Kürze des Werks eine liturgische Aufführung ohne weiteres ermöglicht. Sicherlich ist ein Grund dafür der Anlass der Komposition. Pärt entscheidet sich aber bewusst gegen Textkompilationen oder musikalische Experimente, obwohl dies bis zu einem gewissen Grad wahrscheinlich möglich und sicher auch „en vogue" gewesen wäre – wie auch in fast allen seinen anderen geistlichen Werken.[583] Er ergänzt lediglich die beiden *Allelujaverse* zu Pfingsten[584] und die Pfingstsequenz als Propriumsteile, was wiederum liturgisch in den vorgegebenen Rahmen passt.

Die Besetzung mit vierstimmigem gemischtem Chor und Orgel oder Streichern[585] ermöglicht eine Aufführung ohne größeren finanziellen Aufwand. Die Textvertonung ist meist syllabisch, was natürlich zur Textverständlichkeit beiträgt. Eine traditionelle Wort-Ton-Beziehung, wie sie in vielen Messvertonungen üblich ist, spart Pärt durch Verwendung seines Tintinnabuli-Stils aus. Dieser ist der Serialität durch strenge mathematische Abläufe durchaus verwandt und stellt so ein Gegenbild zu Zufälligem und Chaotischem dar.

---

580 Arvo Pärt in einem Interview mit Jamie McCarthy in *The Musical Times*, März 1989, S. 133; zit. nach Brauneiss 1997, S. 9.
581 Die *Missa syllabica* arbeitet – wie die *Berliner Messe* – mit dem Tintinnabuli-Stil und mit ähnlichen musikalischen Grundstrukturen, ist jedoch wesentlich einfacher gestaltet. Von einer eingehenderen Analyse dieses Werkes sehe ich daher ab. Nach Hillier (2006, S. 165) markiert die *Missa syllabica* hinsichtlich der neuen Wortvertonung einen wichtigen grundsätzlichen Anfangspunkt. Zur Textverarbeitung in der *Missa syllabica* sagt Pärt: „Ich wollte ihn eher auf eine objektive Weise verwenden, damit es möglich sein würde, ihn auch in eine liturgische Funktion einzubringen." (Restagno et al. 2010, S. 47).
582 Die genannten Werke stellen nur eine Auswahl dar, die Jahreszahlen beziehen sich auf die Erstfassung.
583 Pärt verwendete – mit Ausnahme des *Miserere* – alle Texte nur einmal und in ihrer Ganzheit. Vgl. Conen 20062, S. 78.
584 Später ergänzt er zwei *Allelujaverse* zum Weihnachtsfest.
585 Violine I und II, Viola, Violoncello, Kontrabass.

Die Notation ist durchweg traditionell. Es gibt keine improvisatorischen Freiheiten, allerdings nur wenige dynamische oder tempomäßige Festlegungen. Dies ist im weiteren Sinn dem Interpreten überlassen. Häufige Taktwechsel befördern den „Fließeindruck" der Musik, der auch durch das Singen „auf dem Atem" verstärkt wird.

Bezüglich der Tonarten lässt sich meist eine eindeutige Zuordnung vornehmen. Das Mollgeschlecht dominiert bezüglich der Häufigkeit (*Kyrie* und *Gloria* in g-Moll, *Zweiter Allelujavers* und *Veni Sancte Spiritus* in e-Moll, *Sanctus* in cis-Moll, *Agnus Dei*-Beginn in cis-Moll). Die zahlenmäßig geringeren Durteile ragen jedoch in gewisser Weise heraus: Der erste *Allelujavers* strahlt in G-Dur, das *Credo* als Glaubensbekenntnis in E-Dur und schließlich das „*Dona nobis pacem*" am Schluss des *Agnus Dei* in E-Dur. Es ergibt sich für den Ablauf eine Tonartenfolge, bei der die jeweils neue Tonart sich immer tonal bezogen aus der vorherigen ableiten lässt. Nie gibt es dadurch große tonartliche Sprünge, immer aber eine nähere Verwandtschaftsbeziehung der Tonarten – z. B. Paralleltonart, Durvariante, Mediante.

Über den Formaufbau, die kompositorische Ausgestaltung der jeweiligen Kompositionsabschnitte und einige Besonderheiten möge die folgende Analyse in Stichworten Auskunft geben.

4.1. *Kyrie*

Das *Kyrie* vertont Pärt in der klassischen dreiteiligen Anlage (*Kyrie* I – *Christe* – *Kyrie* II), wobei der jeweilige „*Kyrie*"- oder „*Christe*"-Ruf jeweils zwei Mal gesungen wird. Die M-Stimme liegt – wie in der gesamten Messe – in Alt (Hauptstimme) und Bass (wird bei gleichzeitigem Auftreten im Sextabstand geführt), die T-Stimme in Sopran und Tenor. Die Instrumentalstimmen übernehmen wechselweise die jeweiligen Stimmen oder spielen Liegetöne (g), die den Bezug zur Tonart g-Moll deutlich hervortreten lassen.

Kurzanalyse der einzelnen Formabschnitte des **Kyrie**
Dauer des Satzes: 3:09 Minuten[586]

Ab-schnitt	Takt	Besetzung	Chor	Musikalisches Material	Besonderheiten/ Details
Kyrie I	1–4	tutti	Alt: „Kyrie"; Alt, Sopran: „eleison"	T-Stimme alternierend; absteigendes Viertonmotiv als Hauptmotiv (wird beibehalten); M-Stimme im Chor aufwärts	grundsätzlich: Instrumental-antwort in Takt 3 (Chor tacet); während Chor singt, meist tacet der Instrumente; Instrumentalantwort immer in Gegenbewegung (M-Stimme), Beginn/Ende/Übergänge immer mit Liegetönen
	5–7	tutti	Sopran, Alt, Tenor: „Kyrie"; Sopran, Alt, Tenor, Bass: „eleison"	M-Stimme im Chor aufwärts	während des Kyrie I Stimmen-zunahme; Streicherantwort in Takt 7 ohne Violine I
Christe	8–10	tutti	Sopran, Alt, Tenor, Bass: „Christe"; Sopran, Alt, Tenor: „eleison"	M-Stimme im Chor abwärts	
	11–13	Viola, Violoncello, Kontrabass	Sopran, Alt: „Christe"; So-pran: „eleison"	M-Stimme im Chor aufwärts	während des Christe Stimmen-abnahme; Streicherantwort in Takt 13 ohne Violine I und II
Kyrie II	14–16	tutti	Sopran: „Kyrie"; Sopran, Alt: „eleison"	M-Stimme im Chor abwärts	
	17–20	tutti	Sopran, Alt, Tenor: „Kyrie"; Sopran, Alt, Tenor, Bass: „eleison"	M-Stimme im Chor aufwärts	während des Kyrie II Stimmen-zunahme; Streicherantwort in Takt 19 ohne Violine I (vgl. Takt 7 und 13)

In einem Gespräch mit der Musikwissenschaftlerin Helga de la Motte-Haber hat Arvo Pärt selbst einen Teil des *Kyrie* analysiert und seine Kompositionsweise erklärt. Diese möge beispielhaft für das Kompositionsprinzip seiner Messe bezüglich der Wort-Ton-Beziehung stehen, die nicht mit der sonst üblichen Wort-Ton-Beziehung z. B. im Sinne einer linearen Abwärtsbewegung wie etwa bei „*descendit*" korreliert.[587]

Seine ersten Erläuterungen betreffen die Erfindung der rhythmischen Struktur:

> P: „,Kyrie' besteht aus drei Silben. Die Akzentsilbe hat zwei Töne, so wie bei „Elei-son". Die Akzentsilbe umfasst eine Viertel- und eine Halbenote mit Punkt. Dann

---

586 Die Angaben zur Aufführungsdauer der einzelnen Messteile beziehen sich auf Pärt Berliner Messe Aufnahme 1993.
587 de la Motte-Haber 1988.

> *folgt eine Viertelnote. Der letzte Ton ist eine punktierte Viertel. Das ist die ganze rhythmische Struktur. [...]"*[588]

> DLM: *„Sie sagen also: Der Text, den Sie vertonen möchten, hat schon quasi die rhythmische Struktur in sich, die Sie dann in der Musik nur ausarbeiten."*

> P: *„Ja, es ist überall so, dass die Musik in Viertelnoten fortschreitet, außer bei den Akzentsilben und natürlich den letzten Silben. Aber was ich an den Text übergeben habe, das betrifft nicht nur den Rhythmus, das betrifft auch die Intonation. Jeder Schritt ist textgezeugt. Das ist also kein Ergebnis sogenannter Inspiration, das ist fast etwas ‚Objektives'."*[589]

Auf die Frage, wie die melodisch-harmonische Struktur in Bezug zu Klang und Linie als Einheit aufgebaut sei, antwortete Pärt folgendermaßen:

> P: *„Also, wir nehmen einen Zentralton für dieses Werk, ein G, und beginnen mit der Altstimme. Das erste Wort nimmt seinen Anfang beim Zentralton und geht silbenweise nach unten: ‚Ky-ri-e' (genauer ‚Ky-y-ri-e'). Das zweite Wort hingegen kommt in vier Silben von oben zum Zentralton. Wenn es fünf Silben wären, dann müsste der Anfangston ein es" sein. Und so ist auch die zweite Reihe in der Altstimme gebaut. Also das ist eine Linie. Dann kommt eine zweite Linie im Sopran. Diese steht in einem bestimmten Zusammenhang mit der Alt-Linie. Das Tonmaterial in Takt 3 besteht nur aus Dreiklangstönen, ebenso das Tonmaterial der Sopran- und der Tenorstimme in Takt 5.*[590] *Aber die Anordnung der Dreiklangstöne ist nicht zufällig, sondern beruht auf einer Regel. Ich sehe hier eine Einheit von Alt- und Sopranstimme: Der erste Ton, d", von „Eleison" hat einen unteren Begleitton und zwar den G-Moll-Dreiklangston, der ihm am nächsten steht (b'). Der zweite Ton, c", hat einen oberen Begleitton aus dem Material des G-Moll-Dreiklangs (d"), der dritte wieder einen benachbarten unteren Begleitton usw."*

> DLM: *„Also muss man die Linie und den umgebenden Dreiklang als eine Einheit verstehen?"*

> P: *„Ja, das ist so. Es handelt sich nicht um Harmonie im herkömmlichen Sinne und es ist vielleicht auch keine richtige Polyphonie. Es ist etwas ganz Anderes. Das ist so, als ob man sagen würde 1 + 1 =1."*[591]

---

588 Ebd., S. 231. „P" steht für Arvo Pärt, „DLM" für Helga de la Motte-Haber. Die Silbenzahl sechs bei „Kyrie eleison" sowie sieben bei *Christe eleison* erzeugen somit die Grundstruktur.
589 Ebd., S. 232.
590 Üblicherweise als Tintinnabuli-Stimme bezeichnet.
591 Ebd., S. 233.

Beginn des Kyrie, Takt 1–4

Die Einheit zwischen T- und M-Stimme wird beispielsweise auch daran deutlich, dass zu einer Abwärtsbewegung der M-Stimme die Phrasierung der T-Stimme in Abwärtsrichtung vorgenommen ist und umgekehrt. Ein Detail, das zunächst gar nicht auffällt.

Helga de la Motte-Haber äußerte im Interview den Interpretationsansatz, dass im *Kyrie* eine Reduktion auf das Elementare eines g-Moll-Tonleiterausschnitts über die sich daraus ergebende Struktur hinaus Bedeutung haben könnte, die Struktur selbst eine Bedeutung im Sinne des *Kyrie* als etwas Elementarem habe. Pärt verneinte dies nicht, bejahte aber den Ansatz auch nicht direkt und fasste es in folgende Worte:

> „Es gibt eine Verbindung zwischen dem primitiven Bild einer musikalischen Phrase und einer sehr komplizierten anderen Welt, die wir in uns tragen und die eigentlich alles bestimmt; aber man kann dies nicht erklären."[592]

Demzufolge sollte man mit Überinterpretationen vorsichtig sein. Allerdings ist das *Kyrie* in einem gemäßigten, dem bittenden Charakter entsprechenden Tempo gehalten. Dabei ist jedoch zu bemerken, dass in der Partitur selbst keinerlei Tempovorschriften enthalten sind.

---

592 Ebd., S. 237.

Nichtsdestoweniger besticht das *Kyrie* durch eine klare musikalisch-formale Struktur.[593] Jeder Abschnitt beginnt mit einem Liegeton der Instrumente, auf den der unbegleitete Einsatz des Chores folgt. Diesem schließt sich wiederum eine Art instrumentales „Echo" an, das teilweise sehr sphärisch im Flageolett klingt. Diese instrumentale Antwort erfolgt – abgesehen von den Instrumenten, die den Liegeton spielen – immer in der Anzahl der zuvor singenden Stimmen und ist auch rhythmisch identisch mit ihnen, übernimmt also die Wortbetonung, Darin kann man auch eine Art Kommentar oder Bestätigung sehen.[594] Pärt greift damit die Tradition des Alternierens, wie sie etwa beim Vorsänger-Chor-Prinzip verwendet wird, in veränderter Weise auf. Der Klang der Instrumente erscheint als Kontrast, in dem durch die Übernahme der musikalischen Struktur das Ähnliche zu finden ist.

Der Alt beginnt mit dem Singen eines fallenden Viertonmotivs, welches als Grundmotiv der gesamten Messkomposition gelten darf.[595] Zunächst steigert sich die Stimmenanzahl im *Kyrie* I Schritt für Schritt bis zur Vierstimmigkeit. Im *Christe* folgt eine stufenweise Reduktion, an die sich wiederum eine stimmenweise Steigerung im *Kyrie* II bis zur Vierstimmigkeit anschließt. Auch die Richtung der M-Stimme wechselt von Abschnitt zu Abschnitt und wird in den Instrumenten jeweils in Gegenbewegung beantwortet, deren Bewegungsrichtung beim folgenden Vokaleinsatz wiederum aufgegriffen wird.

Es zeigt sich, dass sich ein Interpunktionszeichen innerhalb des Textes in dreifacher Weise musikalisch auswirken kann: als gliedernde Pause (im Chor), als instrumentales Zwischenspiel und als Signal für die Änderung der musikalischen Struktur.[596] Was für

---

593 Brauneiss geht sogar mit seiner Zahlen- und Proportionsanalyse weit über die hier vorliegende Analyse hinaus. Alleine zu Beginn seiner detaillierten Analyse schreibt er folgendes: „Welche Zahlen ergeben sich nun als Abbild dieser abgezirkelten musikalischen Prozesse? Zunächst einmal sind, wie auch bei einigen anderen Stücken Pärts, eine Zweier- und Dreierordnung miteinander verschränkt: Die textliche Vorlage ist formal dreiteilig, jeder dieser drei Teile hat zwei Anrufungen mit insgesamt vier Wörtern von der Ein- bis zur Vierstimmigkeit (3x2=6), die wiederum dreitaktig sind – auf die zwei vokalen Takte mit je einem Wort folgt ein instrumentaler Zusatztakt (6x3 ergibt 18 von Pärt mit Doppelstrichen markierte Abschnitte. Die zusätzlichen 2/4-Takte am Anfang und Ende runden die Gesamtsumme auf 20 auf (18+2=3^2x2+2=20) und verzerren die einfachen Proportionen: *Kyrie* I bzw. *Kyrie* II: *Christe* = 7 : 6 statt 6: 6 = 1 : 1, *Kyrie* I bzw. *Kyrie* II und *Christe* haben zusammen 13 Takte, eine Zahl, die sich noch verschiedentlich als bedeutsam herausstellen wird." Vgl. Brauneiss 1997, S. 12.
In der Folge legt Brauneiss ausführlich verschiedene Rechenbeispiele vor, die verdeutlichen, dass man die Struktur auf eine Fibonacci-Reihe zurückführen kann. Er schreibt allerdings einschränkend (S. 14): „Die Vorstellung liegt also nahe, daß die aufgezeigten Zahlenbezüge weder bloß zufällig noch in ihrer Gesamtheit bewußt von allem Anfang an als solche intendiert waren. Vielmehr wirft eine strenge Durchstrukturierung sozusagen einen Schatten aus Zahlen, der dann verschiedene zahlenmäßige Querbezüge und Proportionen erkennen läßt, von denen man im einzelnen schwer entscheiden kann, ob sie sich einem bewußten Eingriff des Komponisten nicht in den konkreten Ablauf der Musik, sondern in die Vorordnung nach bestimmten Prinzipien verdanken oder nicht."

594 Dadurch, dass Takt 4 mit einer Viertelpause über dem Liegeton wie das „*Kyrie*" in Takt 2 beginnt, dann in den oberen Streichern in Gegenbewegung das motivische Material des „*eleison*" aus Takt 3 aufgegriffen wird, ist Takt 4 eine Art Summe aus allen vorangegangenen Elementen.

595 Es scheint, als habe Pärt die eigentlich „richtige" Einsatzfolge Sopran-Alt-Tenor-Bass (wie sie dann auch im *Kyrie* II zum Tragen kommt) mit der Absicht durchbrochen, das Hauptmotiv im Alt akustisch entsprechend exponieren zu können.

596 Vgl. Brauneiss 2006, S. 149.

Pärts Musik allgemein gilt, zeigt sich im *Kyrie* in sehr deutlicher Ausprägung: Oberflächlich gesehen passiert sehr wenig, allerdings „existieren grundsätzliche Bewegungsarten und Satzmuster, die immer wieder neu auf die Stimmen verteilt werden und vor allem einen neuen Kontext erhalten."[597]

4.2. *Gloria*

Pärt strukturiert das *Gloria* kompositorisch durch unterschiedliche Besetzungsvarianten für jeweils einige Takte. Die volle Besetzung in Streichern und Chor[598] wird kontrastiert durch solistische Chorstellen, reine Instrumentaltakte und Abschnitte, in denen der Chor nur mit wenigen Instrumentaleinwürfen begleitet wird.

Die M-Stimme mit dem bereits aus dem Kyrie bekannten Viertonmotiv liegt im Alt und in Sextverdopplung im Bass. Sie hat als Zielton der linearen Bewegung immer den Ton *g*. Die melodische Gestalt richtet sich bei mehrsilbigen Wörtern immer nach der Silbenzahl, die Bewegungsrichtung wechselt meist bei jedem mehrsilbigen Wort. Bei einsilbigen Wörtern erfolgt eine Tonwiederholung. Die T-Stimmen gruppieren sich alternierend um die M-Stimmen, wobei diese bei Beginn jedes mehrsilbigen Wortes wieder neu ansetzen, einmal oberhalb, einmal unterhalb der M-Stimme. Die Instrumentalstimmen haben fast immer feste Zuordnungen: Kontrabass und Violoncello II verdoppeln recto die Altstimme. Violine I und Viola spielen die M-Stimme in Umkehrung zum Chor, ebenso Violine II und Violoncello I die T-Stimme, immer beginnend vom gleichen Anfangston wie die Chorstimmen. Das Prinzip ist ähnlich dem im *Kyrie* verwendeten, unterscheidet sich jedoch in der detaillierten Ausführung.

Das erste und letzte Wort einer Phrase wird durch eine verlängerte Note (Halbenote oder punktierte Halbenote) hervorgehoben. Dies entspricht in etwa dem Schema im *Kyrie*.

---

597 Goldberg 1996, S. 425.
598 Der Chor singt im *Gloria* ausschließlich vierstimmig.

Beginn des Gloria als Beispiel für die Kompositionsweise, Takt 1–4

Im Unterschied zum *Kyrie* ist das *Gloria* viel klarer in Abschnitte unterteilt, die sich durch ihre Besetzung, teilweise auch durch unterschiedliche Dynamik unterscheiden. Durch vollstimmige Besetzung erfahren einige Textstellen eine gewisse Hervorhebung (z. B. „*Jesu Christe*", was durchaus traditionell ist). Auffallend ist, dass sich ein fünfstimmiger Instrumentalsatz nur nach einem vorangegangenen A-cappella-Chorsatz anschließt. Die Instrumente greifen die Stimmen des Chorsatzes in Umkehrung auf (Kontrabass und Violoncello II recto), vertauschen aber die Notenwerte, so dass aus langen kurze Werte werden und umgekehrt.

Zum Ende des *Gloria* hin erfolgt eine Verdichtung, die einen Höhepunkt bei den Worten „*in gloria Dei Patris. Amen*" vorbereitet. Eine deutliche Steigerung durch höhere Lautstärke und eine Art auskomponiertes Ritardando durch Verdopplung der Notenwerte führen zu einer strahlenden Schlussapotheose.

Kurzanalyse der einzelnen Formabschnitte des Gloria
Dauer des Satzes: 3:42 Minuten

Abschnitt[599]	Takt	Besetzung	Chor	Musikalisches Material	Besonderheiten/ Details
„Gloria in excelsis Deo"	1–4	tutti (Violoncello divisi)	Sopran, Alt, Tenor, Bass	M-Stimme: Alt/ Bass; T-Stimme alternierend: Sopran/ Tenor; *f*	Streicher sind grundsätzlich zugeordnet: Violoncello II/ Kontrabass verdoppeln recto Alt; Violine I und Viola: invers M-Stimme; Violine II und Violoncello I: invers T-Stimme; Vollstimmigkeit
„Et in terra – voluntatis"	5–11		Chor A-cappella; Sopran, Alt, Tenor, Bass	*mf*	
	12	Instrumental-Solo (tutti, Violoncello divisi)		Streicherantwort fünfstimmig (Chor vorher nur vierstimmig)	Instrumente immer in Gegenbewegung zum Chor, aus langen werden kurze Notenwerte und umgekehrt (immer bei Instrumental-Solo)
„Laudamus te"	13–14		Chor A-cappella Sopran, Alt, Tenor, Bass	*f*	
„Benedicimus – glorificamus te"	15–20	Takt 15/16 und 19/20 nur Viola, Violoncello, Kontrabass; Takt 17/18: alle Streicher außer Kontrabass	Sopran, Alt, Tenor, Bass	*mp* (Instrumente)	Takt 17–18: Achtelnoten in Streichern → Diminution der T-Stimme; Instrumente mit Pausen;[600] dieser Abschnitt auch in dreimal zwei Takte teilbar (Doppelstriche)
„Gratias – tuam"	21–27		Chor A-capella Sopran, Alt, Tenor, Bass		
„Domine Deus"	28–29	tutti	Sopran, Alt, Tenor, Bass	*mf*	Vollstimmigkeit
„Rex caelestis"	30–31	Violine I und II	Sopran, Alt, Tenor, Bass		Achtelnoten in Streichern → Diminution der T-Stimme, Instrumente mit Pausen

---

599 Die Formanalyse wurde am Wechsel der Besetzung festgemacht, die meist deckungsgleich mit Pärts Setzung der Doppelstriche ist, die sich wiederum immer nach einer Viertelpause befinden. Wenige Male wechselt die Besetzung allerdings nicht an einem Doppelstrich. Diese Einheiten wurden von der Autorin dennoch zusammengefasst. Die Setzung der Abschnitte hätte demnach auch anders erfolgen können und wird in der Tabelle als Alternative genannt.

600 In Abschnitten, in denen die Instrumente nicht ständig präsent sind, beginnen sie während der Akzentsilbe eines mehrsilbigen Wortes. Vgl. Ross 1997, S. 21.

Abschnitt[599]	Takt	Besetzung	Chor	Musikalisches Material	Besonderheiten/ Details
„Deus pater omnipotens"	32–34		Chor A-capella Sopran, Alt, Tenor, Bass		
	35	Instrumental-Solo (tutti)		f	vgl. Takt 12, Rhythmus verändert
„Domine Fili unigenite"	36–38	tutti	Sopran, Alt, Tenor, Bass	mf	Instrumente mit Pausen
„Jesu Christe"	39–40	tutti	Sopran, Alt, Tenor, Bass	f	Vollstimmigkeit
„Domine Deus"	41–42		Chor A-capella Sopran, Alt, Tenor, Bass		identisch zu Takt 13–14 (zusätzlich mit einem Ton)
„Agnus Dei"	43–44	tutti	Sopran, Alt, Tenor, Bass		Vollstimmgkeit
„Filius Patris"	45–46		Chor A-capella Sopran, Alt, Tenor, Bass		vgl. Takt 41–42, T-Stimmen verändert
„qui – mundi"	47–50	tutti	Sopran, Alt, Tenor, Bass		Vollstimmigkeit
„Miserere nobis"	51–52		Chor A-capella Sopran, Alt, Tenor, Bass		
„qui – mundi"	53–56	teilweise tutti, teilweise nur obere Streicher	Sopran, Alt, Tenor, Bass	mf/p	Instrumente mit Pausen
„Suscipe – nostram"	57–59		Chor A-capella Sopran, Alt, Tenor, Bass		
	60	Instrumental-Solo (tutti)[601]		p	
„Qui – Patris"	61–65	teilweise tutti, teilweise nur obere Streicher	Sopran, Alt, Tenor, Bass	p	Instrumente mit Pausen
„Miserere nobis"	66–67		Chor A-capella Sopran, Alt, Tenor, Bass		
	68	Instrumental-Solo (tutti)		p	
„Quoniam – Dominus"	69–75		Chor A-capella Sopran, Alt, Tenor, Bass		dieser Abschnitt auch teilbar in Takt 69–72 und Takt 73–75 (Doppelstriche)
„Tu solus Altissimus"	77–78	durchbrochenes tutti	Sopran, Alt, Tenor, Bass	mf	Instrumente mit Pausen

Abschnitt[599]	Takt	Besetzung	Chor	Musikalisches Material	Besonderheiten/ Details
„Jesu Christe"	79–80	tutti	Sopran, Alt, Tenor, Bass	mf	Achtelnoten in oberen Streichern (Takt – Stimme) kombiniert mit „normalen" T- und M-Stimmen in Streichern; Vollstimmigkeit
„cum Sancto Spirito"	81–83	tutti	Sopran, Alt, Tenor, Bass	Takt 83: **f**	Vollstimmigkeit
„in gloria Dei Patris"	84–88	tutti	Sopran, Alt, Tenor, Bass	**f** (auch im Chor!), Takt 87 Instrumente: **ff**	Liegeton d in tiefen Streichern; in Chor und Streichern Verdopplung der Notenwerte bei sonst beibehaltener Struktur; Takt 88 rein instrumental (auch als eigener Abschnitt wegen Doppelstrich möglich)
„Amen"	89	tutti	Sopran, Alt, Tenor, Bass	**f**	Vollstimmigkeit
	90				Generalpause

4.3. Alleluiaverse

Neben den Ordinariumsteilen vertont Pärt – passend zum Anlass der Auftragskomposition – zwei *Alleluiaverse* zum Pfingstfest sowie das *Veni Sancte Spiritus*, die Pfingstsequenz. Alternativ bietet er in der späteren Fassung zwei *Alleluiaverse* für das Weihnachtsfest. Er fügt somit Propriumsteile in die Messkomposition ein, was, sieht man von der ganz frühen Messkomposition ab, eher ungewöhnlich ist.

Innerhalb der Liturgie wird der „*Alleluia*"-Ruf einmal vom Kantor vorgesungen, dann von der Gemeinde wiederholt. Danach singt der Kantor den Psalmvers, worauf die Gemeinde abschließend nochmals den „*Alleluia*"-Ruf aufgreift. Diese formale Anlage modifiziert Pärt, indem er alle „*Alleluia*"-Rufe vom Chor mit voller Instrumentalbegleitung singen lässt. Lediglich der Psalmvers wird solistisch unbegleitet ausgeführt.

Da die *Alleluiaverse* zum Pfingstfest die ursprünglich komponierten sind, werden diese ausführlich analysiert.[602]

---

601 Reine Instrumentalstellen finden sich ausschließlich nach Chor A-cappella.
602 Die Verse zum Weihnachtsfest werden aufgrund der sehr ähnlichen Struktur nicht eigens analysiert und dargestellt.

4.3.1. Erster Alleluiavers zum Pfingstfest[603]

„Alleluia. Alleluia.
Emitte Spiritum tuum,
    et creabuntur,
    et renovabis faciem terrae.
Alleluia."

„Alleluja. Alleluja.
Entsende deinen Geist,[604]
    und Geschöpfe werden entstehen,
    und du wirst das Antlitz der Erde erneuern.
Alleluja."

(Dauer des Satzes: 0'52 Minuten)

Der *erste Alleluiavers* steht in strahlendem G-Dur, beginnt in Forte und endet im Mezzoforte. Die M-Stimme liegt in Takt 1 und 2 wiederum in Alt und Bass im Sextabstand. Die M-Stimme beginnt wieder mit einem absteigenden Tetrachord; auffallend ist jedoch, dass der sich anschließende Ton wieder nach oben zum G geführt wird (im Alt) und nach drei Vierteln zwei punktierte Halbenoten den jeweiligen Ruf beenden.[605] Die T-Stimmen alternieren in Takt 1 und liegen in Takt 2 oberhalb der M-Stimmen. Beim abschließenden „*Alleluia*"-Ruf sind nicht nur M- und T-Stimmen den jeweils anderen Stimmen zugeordnet (M-Stimme jetzt in Sopran und Tenor), sondern treten auch in Umkehrung auf, beginnend beim gleichen Ton wie in der recto-Version. Die T-Stimmen alternieren wieder. Die instrumentale Begleitung der „*Alleluia*"-Rufe ist immer ein G-Dur-Akkord, erst in Grundstellung, in Takt 2 als Sektakkord, in Takt 3 als Quartsextakkord.

Der solistisch vom Tenor vorgetragene Psalmvers lehnt sich in der Art der Vertonung an den Gregorianischen Choral an,[606] wird jedoch konventionell in Viertel- und Halbenoten notiert. Das musikalische Hauptmaterial ist die recto- und invers-Version der M-Stimme mit ergänzenden Tönen.

---

603 Psalm 104:30 (Vulgata 103:30).
604 Die Übersetzung des lateinischen Textes ins Deutsche für die folgenden Texte wurde aus Pärt Berliner Messe Aufnahme 1993, Booklet, entnommen.
605 Am Ende des Rufs steht immer eine Viertelpause.
606 Bernhardt C. Ross bezieht die absteigende Tonfolge des „*Emitte*" auf die syllabische Vertonung im *Liber usualis*, die Pärt quasi reduziert habe auf das absteigende Viertonmotiv. Sieht man davon ab, dass dieses Viertonmotiv die Grundstruktur von Pärts Messkomposition ist, ist diese Deutung insofern nicht naheliegend, als die Weiterführung der gregorianischen Melodie völlig anders verläuft als die Melodiewendungen bei Pärt und eine solche Ähnlichkeit zwischen Pärts *Allelujavers* zum Weihnachtsfest und dem des *Liber usualis* nicht besteht. Vgl. Ross 1997, S. 33.

4.3.2. Zweiter Alleluiavers zum Pfingstfest[607]

„Alleluia, alleluia. Veni, Sancte Spiritus
reple tuorum corda fidelium,
et tui amoris in eis ignem accende.

Alleluia."

„Alleluja, alleluja. Komm, Heiliger Geist,
erfülle die Herzen deiner Gläubigen
Und entzünde in ihnen das Feuer deiner Liebe.

Alleluja."

(Dauer des Satzes: 1'10 Minuten)

Der *zweite Alleluiavers* steht in e-Moll,[608] beginnt im Mezzopiano und endet im Pianissimo, kontrastiert also deutlich zum ersten Vers. Im Vergleich sind jedoch viele Strukturen ähnlich (z. B. Akkordbegleitung und deren Umkehrung; solistischer Vers, allerdings hier im Bass; rhythmische Grundstruktur), die meisten jedoch quasi umstrukturiert: Die M-Stimme wird in den ersten beiden Takten von Sopran und Tenor gesungen, im letzten wieder in Alt und Bass. Die T-Stimmen liegen im zweiten Takt nicht oberhalb, sondern unterhalb der M-Stimme. Die M-Stimme ist zu Beginn zweimal aufsteigend, entsprechend dann im letzten Takt absteigend. Der Beginn des Verses ist in Anlehnung an die aufsteigende M-Stimme in Takt 1 ebenfalls aufsteigend. So führen kleinste Veränderungen zu völlig anderer Wirkung.

4.3.3. Veni Sancte Spiritus

Das *Veni, Sancte Spiritus*, die Pfingstsequenz, die Stephan Langton von Canterbury (13. Jahrhundert) zugeschrieben wird, ist eine der wenigen Sequenzen, die heute noch in der katholischen Liturgie zugelassen sind:[609]

1 Veni, Sancte Spiritus, et emitte caelitus lucis tuae radium.
2 Veni, pater pauperum, Veni, dator munerum, Veni, lumen cordium.
3 Consolator optime, dulcis hospes anime, dulce refrigerium.
4 In labore requies, in aestu temperies, in fletu solatium.
5 O lux beatissima, reple cordis intima tuorum fidelium.
6 Sine tuo numine, nihil est in homine, nihil est innoxium.
7 Lava, quod est sordium, riga, quod est aricum, sana, quod est saucium.
8 Flecte, quod est rigidum, fove, quod est frigidum, rege, quod est devium.
9 Da tuis fidelibus, in te confidentibus, sacrum septenarium.
10 Da virtutis meritum, da salutis exitum, da perenne gardium.
11 Amen. Alleluia.

---

607 *Alleluia*-Vers zum Hochfest Pfingsten (Am Tag).
608 E-Moll ist parallele Molltonart zu G-Dur, der Tonart des *ersten Allelujaverses*.
609 Die Nummerierung des Textes hat Pärt in der Partitur zur Nummerierung der Abschnitte übernommen. Diese entspricht auch die Nummerierung der tabellarischen Analyse.

1 Komm herab, Heiliger Geist, der die finstere Nacht zerreißt, strahle Licht in diese Welt.
2 Komm, der alle Armen liebt, komm, der gute Gaben gibt, komm, der jedes Herz erhellt.
3 Höchster Tröster in der Zeit, Gast, der Herz und Sinn erfreut, köstlich Labsal in der Not.
4 In der Unrast schenkst du Ruh, hauchst in Hitze Kühlung zu, spendest Trost in Leid und Tod.
5 Komm, o du glückselig Licht, fülle Herz und Angesicht, dring bis auf der Seele Grund.
6 Ohne dein lebendig Wehn kann im Menschen nichts bestehn, kann nichts heil sein noch gesund.
7 Was befleckt ist, wasche rein, Dürrem gieße Leben ein, heile du, wo Krankheit quält.
8 Wärme du, was kalt und hart, löse, was in sich erstarrt, lenke, was den Weg verfehlt.
9 Gib dem Volk, das dir vertraut, das auf deine Hilfe baut, deine Gaben zum Geleit.
10 Lass es in der Zeit bestehn, deines Heils Vollendung sehn, und der Freuden Ewigkeit.
11 Amen. Alleluja.

Kurzanalyse der einzelnen Formabschnitte von **Veni Sancte Spiritus**
Dauer des Satzes: 4:57 Minuten

Ab-schnitt	Takt	Besetzung	Chor	Musikalisches Material	Besonderheiten/ Details
1	1–13	tutti	Bass	jeweils 21 Töne der 22-tönigen Reihe; in Pausen der Singstimme zweitöniger Instrumentaleinwurf; jeweils im 13. Takt des Abschnitts zum Halteton der Stimme(n) Art instrumentales Nachspiel; **pp** bis **ppp**	Orgelpunkt *e* (konstant bis Ende!); Streicher con sordino
2	14–26	tutti, Violine II divisi	Sopran, **Bass**[610]		
3	27–39	Violine II divisi, Viola, Violoncello, Kontrabass	Alt		
4	40–52	tutti, Viola divisi	**Alt**, Tenor		
5	53–65	tutti, Violine I divisi, Viola divisi	**Sopran**, Bass		
6	66–78	tutti, Violine I divisi, Violine II divisi, Viola divisi	Sopran		Quint von e-Moll kommt bei Liegetönen hinzu (Takt 74, Violoncello I) und bleibt bis zum Schluss
7	79–91	wie Takt 6	Sopran, **Alt**		
8	92–104	wie Takt 6	**Bass**, Tenor		Terz von e-Moll kommt bei Liegetönen hinzu (Takt 92, Viola II) und bleibt bis Abschnitt 10

---

610 Die fett unterlegte Stimme ist die den Text sowie die Reihentöne durchgängig führende Hauptstimme. Wenn nur eine Stimme singt, ist diese natürlich die Hauptstimme.

Ab-schnitt	Takt	Besetzung	Chor	Musikalisches Material	Besonderheiten/ Details
9	105–117	Violine I divisi, Violine II, Viola, Violoncello, Kontrabass	Sopran, **Alt**, Tenor, Bass	Bass Umkehrung von Alt	Strophe, die die sieben Geistesgaben preist
10	118–130	tutti	Bass		
11	131–143	tutti, ab Takt 138 ohne Violoncello und Kontrabass	**Sopran, Alt, Tenor, Bass**	Ende G-Dur-Sextakkord	einige melismatische Vertonung; binärer Rhythmus, kein Trochäus mehr

Das *Veni, Sancte Spiritus* ist nicht nur das längste Stück innerhalb der Messvertonung und erhält schon alleine dadurch eine besondere Bedeutung, sondern es ist auch durchgängig sehr leise (Pianissimo bis dreifaches Pianissimo) und in e-Moll gehalten. Besonders auffallend ist, dass nur zwei der elf Abschnitte mit allen Chorstimmen besetzt sind, alle anderen Abschnitte jeweils nur mit einer oder zwei ausgewählten.

Die Vertonung der Pfingstsequenz ist ein Musterbeispiel für eine regelhafte Organisation des musikalischen Materials. Kleinste Abweichungen vom vorgegebenen Schema erhalten dadurch eine besondere Bedeutung.

Zehn Strophen der Sequenz vertont Pärt im trochäischen Sprachrhythmus.[611] Dies geschieht streng mit Ausnahme einer einzigen Stelle, bei der zwei Viertelnoten aufeinanderstoßen (Takt 61/62). Lediglich die abschließenden „Amen" und „Alleluia" werden melismatisch ausgestaltet und erhalten dadurch eine besondere Hervorhebung.

Jede Strophe wie auch das „Amen" besteht aus dreizehn Takten, das *Veni, Sancte Spiritus* insgesamt aus 143 Takten. Diese regelmäßige Anlage korrespondiert mit der regelmäßigen Textstruktur: Jede Strophe hat drei siebensilbige Zeilen, wodurch auch die Anzahl der Töne durch die syllabische Grundstruktur im trochäischen Rhythmus bis ins Kleinste festgelegt ist.[612] Interpunktionszeichen haben dabei jeweils eine Viertelpause zur Folge. Dadurch entstehen zwei sich überlagernde Strukturen:

> *„Die Pausensetzung, ein gleichwohl ebenfalls rhythmisches Phänomen, gehorcht einem prinzipiell anderen, das Satzgefüge nachvollziehenden Grundsatz als die rhythmische Gestaltung als solche, die den Versbau umsetzt. Diese Kopplung zweier verschiedener Grundregelungen versetzt das starre rhythmische Ostinato in einen metrischen Schwebezustand, der den ebenso einfachen wie vertrauten rhythmischen Wendungen eine Irritation hinzufügt und damit das Stück als eine Komposition des 20. Jhs. ausweist."*[613]

Besonders interessant ist die melodische Struktur der Pfingstsequenz, bei der Dreiklangs- und Tonleiterelemente in einer Stimme miteinander verschränkt werden und nicht mehr

---

611 Zu diesem Schema zählen auch Pausen.
612 Vgl. Brauneiss 1997, S. 14.
613 Ebd., S. 15.

streng in T- und M-Stimme getrennt sind. Der festgelegten Reihe liegt eine Folge von 22 Tönen zugrunde:[614]

Reihe von 21 Tönen für Veni sancte spiritus

Die 22 Töne sind in zweimal 11 Töne mit unterschiedlicher Struktur gegliedert. In der ersten Hälfte schließen sich an Quinte und Terz des e-Moll-Dreiklangs der jeweils nächste Ton der e-Moll-Tonleiter abwärts an, so dass neben der immer wieder auftretenden fallenden Terz *h-g* eine sozusagen addierte absteigende Tonleiter entsteht – die Verschränkung der T-Stimme mit der M-Stimme. Zwischen Ton 11 und 12 der Reihe ist eine Art Spiegelachse. In der zweiten Hälfte der Reihe bildet die untere Terz des e-Moll-Dreiklangs *e-g* die Basis, an die sich jeweils der nächste Ton einer aufsteigenden e-Moll-Leiter anschließt, ebenso alternierend wie im ersten Teil der Reihe. Interessanterweise ist das die Messe bis hierhin beherrschende Viertonmotiv in der Pfingstsequenz auch präsent, nur nicht so offensichtlich wie bisher.

Ähnlich wie bei der „Kopplung zweier verschiedener Grundregelungen"[615] bezüglich Rhythmus, Pausensetzung und Interpunktion geschieht dies auch im diastemischen Bereich: Eine Überlagerung der jeweils 21-silbigen (und damit 21-tönigen) Versstruktur mit der 22-tönigen Reihenstruktur führt zu einer nur winzigen Verschiebung, die dafür sorgt, dass keine Strophe wie die andere ist. Der zweite Vers beginnt daher nicht mit dem ersten Reihenton, sondern – darin verwandt mit den streng ausgelegten Regeln der Dodekaphonie – mit dem 22-sten Reihenton. Dadurch verschiebt sich das Reihenfeld im weiteren Verlauf immer weiter nach hinten. Das vordergründig Immer-Gleiche ist in Wirklichkeit nur ähnlich und nie identisch.

Neben diesen komplexen Regelsystemen gibt es noch einige musikalische Zusätze, die für kleine Unterschiede sorgen. Zum durchgängigen Liegeton *e* in den Instrumenten und den Singstimmen, die pro Strophe wechseln, treten jeweils bei den Viertelpausen der Singstimmen kurze zweitönige Instrumentaleinwürfe (T-Stimme, e-Moll). Zum Ende jeder Strophe (im jeweils 13. Takt) spielen die Instrumente eine Art Nachspiel mit Material der T-Stimme. Nach und nach treten immer mehr Liegetonstimmen hinzu, was mit einer langsamen, doch stetigen Verdichtung der Instrumentalstimmen korrespondiert.

Die neunte Strophe, die die sieben Gaben des Heiligen Geistes preist,[616] hebt Pärt durch die vierstimmig-chorische Vertonung besonders hervor, wobei Alt und Bass quasi spiegelbildlich geführt werden und Sopran und Tenor reine T-Stimmen ergänzen. Die Instrumente erreichen in dieser Strophe die höchste Stimmendichte. Neben dieser Strophe wird nur noch das „*Amen*" / „*Alleluja*" am Ende der Sequenz von allen Chorstim-

---

614 Vgl. Brauneiss 2006, S. 129 (Notenbeispiel).
615 Vgl. Brauneiss 1997, S. 15.
616 Vgl. Brauneiss 1997, S. 16.

men im Unisono gesungen. „*Amen*" und „*Alleluja*" sind die einzigen Worte, die mit einem siebentönigen Melisma vertont sind. Alles Vorherige wird so durch Worte („*Amen*" – „So sei es") und Musik besonders bestätigt.[617] Durch Aussetzen der trochäischen Vertonung, das Fehlen der tiefen Streicher bei der Begleitung des „*Alleluia*" sowie dem Schlussakord in G-Dur (Sextakkord) hebt Pärt das Ende der Sequenz besonders heraus.

4.4. *Credo*

Pärts *Credo* in E-Dur ist äußerst vielschichtig und dennoch klar strukturiert. Obwohl der komplette Text verwendet wird, ist dieser formal nicht strukturbildend,[618] sondern eine 23-tönige Reihe, die den M-Stimmen Bass und Alt zugeordnet ist. Die T-Stimmen in Tenor und Sopran liegen jeweils eine oder zwei Stufen oberhalb der M-Stimme.

Die 23-tönige Reihe ist unterschiedlich rhythmisiert und an wenigen und immer wieder wechselnden Stellen mit einzelnen T-Tönen durchsetzt, die aber weiter keine besondere Bedeutung zu haben scheinen. Die Grundreihe ist linear auf- und absteigend und nur mit wenigen Sprüngen versehen:

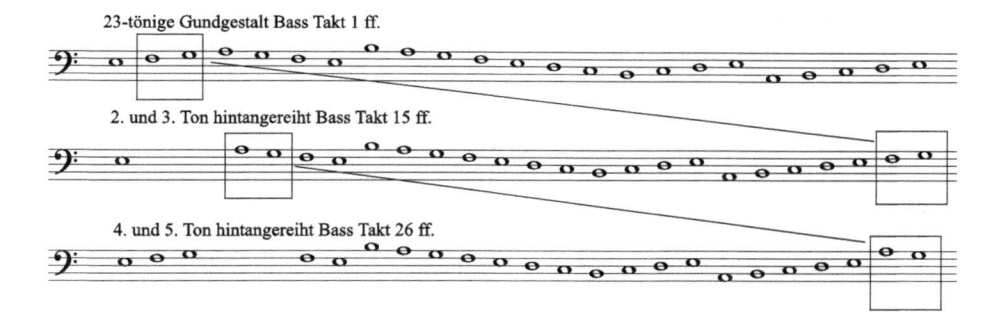

Reihe für das Credo

Sie wird zunächst innerhalb eines Abschnitts von einer der beiden M-Stimmen vorgestellt, von der jeweils anderen M-Stimme imitatorisch-kanonisch aufgegriffen und durchgeführt und von der zugehörigen T-Stimme begleitet. Bei jedem weiteren Auftreten der Reihe werden jeweils zwei Einzeltöne der Reihe an den Schluss derselben gestellt. Beispielsweise finden sich beim Kanon-Abschnitt 2 der zweite und dritte Reihenton ganz am Ende, so dass der vierte Reihenton an den ersten anschließt. In der darauf folgenden Reihe sind zweiter und dritter Ton wieder an ihrem ursprünglichen Platz, dafür finden sich der fünfte und sechste Ton an deren Ende. Dies wird so lange fortgesetzt, bis in Reihe

---

617 Möglicherweise hat Pärt die Siebentönigkeit des Melismas bewusst gewählt, um dadurch den Bezug zu den sieben Gaben des Heiligen Geistes herzustellen. Die Zahl sieben hat auch nochmals im *Credo* eine besondere Bedeutung. Andere Zahlenbezüge innerhalb dieses Messsatzes (13, 143, 11, 22) konnten allerdings nicht zugeordnet werden.

618 Dies zeigt sich beispielsweise auch daran, dass manche Stimmen mitten im Wort anfangen oder enden. Pärt setzt zwar textbezogen Doppelstriche in der Partitur, dies dient wahrscheinlich nur der besseren optischen Orientierung für die Ausführenden.

zwölf wieder die Grundgestalt erreicht ist. Das heißt: Es findet eine Art „partielle Rotation"[619] statt, die mit der im *Veni, Sancte Spiritus* zwar verwandt, aber keinesfalls identisch ist.

Die formale Anlage eines einzelnen Abschnitts (definiert nach der Verwendung einer bestimmten Reihe) folgt ebenfalls einer festen Grundstruktur:[620]

| **Sopran/Alt** | tacet | 16 Silben | 7 Silben | 7 Silben | 16 Silben | tacet |
| **Tenor/Bass** | 7 Silben | 16 Silben | tacet | tacet | 16 Silben | 7 Silben |

Wechselweise tritt die vorgegebenen Reihe zuerst im Unterstimmenpaar, dann im Oberstimmenpaar zuerst auf. Da ein Abschnitt nur mit einem Stimmenpaar beginnt, erklingt die Reihe zunächst nur mit einer Begleitstimme. Dieser zweistimmige Abschnitt hat immer sieben Silben. Danach läuft die Reihe im ersten Stimmenpaar weiter. Das zweite Stimmenpaar setzt aber nun ein und beginnt Reihe und Begleitstimme von vorn, in gewisser Weise also imitatorisch-kanonisch. Dieser vierstimmige Abschnitt hat immer sechzehn Silben. Danach ist die Reihe im ersten Stimmenpaar beendet und es setzt wieder aus, zum Teil sogar mitten im Wort. Das zweite Stimmenpaar führt seine Reihe mit Begleitung zu Ende, was wiederum sieben Silben andauert. So ergibt sich auch diesbezüglich eine ganz schematische Abfolge, die aber dadurch „verunklart" wird, dass sie nicht mit dem Text korreliert. Dies hat zur Folge, dass Worte von einer Stimme nicht zu Ende gesungen werden oder Stimmen mitten im Wort beginnen.

Auffallend bei dieser Grundstruktur ist der nochmalige Bezug zur Zahl sieben, die in christlicher Symbolik als Zahl der Vollkommenheit gilt, gleichermaßen aber auch für die sieben Gaben des Heiligen Geistes steht, die Pärt in seiner Messe besingt. Die 16 könnte als Summe aus sieben plus neun gerechnet werden, wobei die neun als potenzierte Trinität (dreimal drei) eine besondere Vollkommenheit erreicht. So stünden Heiliger Geist und die trinitarische Einheit in besonderer Beziehung.[621]

---

619 Vgl. Brauneiss 2006, S. 128.
620 Vgl. ebd., S. 119.
621 Ein Nachweis, ob Pärt dies zahlensymbolisch bewusst so angelegt hat, konnte nicht geführt werden. Auch Olivier Messiaen arbeitet in seiner *Pfingstmesse* symbolisch mit diesen und anderen Zahlenstrukturen.

Kurzanalyse der einzelnen Formabschnitte von **Credo**
Dauer des Satzes: 3:56 Minuten

Kanon-Abschnitt	Takt	Besetzung	Chor	Musikalisches Material	Besonderheiten/ Details
1	1–12	tutti Streicher, meist divisi; jeweils Chorstimmen ambitusbezogen zugeordnet	Sopran, Alt, Tenor, Bass, immer in Paaren geführt: Sopran und Alt, Tenor und B, teils zweistimmig, teils vierstimmig; Folge: Tenor/Bass – Sopran, Alt, Tenor, Bass – Sopran/Alt	M-Stimme in Bass und Alt, T-Stimmen jeweils einfach oder doppelt oberhalb in Tenor und Sopran; imitatorisch-kanonische Struktur auf der Grundlage einer 23-tönigen Reihe; *mf*	Stimmpaar beginnt siebensilbig, chorisch vierstimmiger Teil 16-silbig, Stimmpaar wiederum siebensilbig
2	13–23		Folge: Sopran/Alt –Sopran, Alt, Tenor, Bass – Tenor/Bass		Takt 15 und 23 Instrumente tacet
3	24–36		Folge: Tenor/Bass – Sopran, Alt, Tenor, Bass – Sopran/Alt		
4	37–49		Folge: Sopran/Alt –Sopran, Alt, Tenor, Bass – Tenor/Bass		Takt 39, 44 und 47 Instrumente tacet
5	49–61		Folge: Tenor/Bass – Sopran, Alt, Tenor, Bass – Sopran/Alt		Takt 57 Instrumente tacet
6	61–72		Folge: Sopran/Alt –Sopran, Alt, Tenor, Bass – Tenor/Bass		„Et resurrexit" in *f*; wird mit kleinsten Ausnahmen bis Ende beibehalten; Takt 65 und 69 Instrumente tacet
7	72–83		Folge: Tenor/Bass – Sopran, Alt, Tenor, Bass – Sopran/Alt		
8	84–94		Folge: Sopran/Alt – Sopran, Alt, Tenor, Bass – Tenor/Bass		
9	94–106		Folge: Tenor/Bass – Sopran, Alt, Tenor, Bass – Sopran/Alt		Takt 97 und 103 Instrumente tacet
10	106–117		Folge: Sopran/Alt – Sopran, Alt, Tenor, Bass – Tenor/Bass		Takt 108 Instrumente tacet
11	117–127		Folge: Tenor/Bass – Sopran, Alt, Tenor, Bass – Sopran/Alt		

Kanon-Abschnitt	Takt	Besetzung	Chor	Musikalisches Material	Besonderheiten/ Details
12	127–139		Sopran/Alt – Sopran, Alt, Tenor, Bass bis Ende	Reihe 12 entspricht Reihe 1	Sopran/Alt Liegetöne bis Ende
Coda	139–141	nur tiefe Streicher	Sopran, Alt, Tenor, Bass	Bass mit Anfangstönen von „Credo in unum Deum"	Sopran/Alt Liegetöne bis Ende

Das *Credo* wirkt deutlich strahlender als die vorherigen Sätze. Dies liegt einerseits daran, dass die Grundlautstärke auf Mezzoforte beziehungsweise Forte angehoben ist, andererseits am strahlend wirkenden E-Dur. Unterstützt wird dies dadurch, dass die Streicher[622] fast immer divisi zu spielen haben und so zu größerer Klangfülle beitragen. Die Instrumente sind meist den jeweiligen Stimmen zugeordnet,[623] spielen zum Teil Verdopplungen der Singstimmen, zum Teil die Gegenbewegung dazu oder ergänzende T-Stimmen. Zudem liegt der Aufnahme, die Pärt ja quasi autorisiert hat, ein recht lebhaftes Tempo zugrunde.

Erwähnenswert ist außerdem, dass Pärt musikalisch eine Art Bogenform anlegt, indem er zu Beginn und Ende des *Credo* die gleiche 23-tönige Grundreihe verwendet. Nie bricht er aus dieser Reihenform aus, nur die letzten drei Takte sind wie eine Art Coda angehängt. Während das Oberstimmenpaar nur Liegetöne aushält, greift der Bass nochmals die sieben Anfangstöne der Reihe auf.[624] Obwohl explizit das „*venturi saeculi. Amen.*" gesungen wird, erklingt mit den Tönen nochmals implizit das „*Credo in unum Deum*", was die Bogenform vollendet und die Glaubenssätze nochmals abschließend zu bestätigen scheint.

4.5. *Sanctus*

Stark kontrastierend zum *Credo* ist das *Sanctus* verhältnismäßig einfach strukturiert und durch Textabschnitte dominiert. Der Chor singt nur dreistimmig,[625] da der Sopran fehlt. Alt und Bass übernehmen wieder die M-Stimme (Sext-Abstand). Der Tenor singt alternierend zum Alt die T-Stimme und wird durch die Violine I darin unterstützt.

Die Streicher sind – im Gegensatz zum Chor – voll besetzt, allerdings spielt nur die zweite Violine divisi. Formal gibt es eine klare Rollenverteilung. Spielen die Instrumente, während der Chor singt, übernehmen diese typische Begleitaufgaben, wie man sie aus

---

622 Außer der Kontrabass.
623 Singt das Unterstimmenpaar, begleiten meist die tiefen Streicher; singt das Oberstimmenpaar, begleiten die hohen Streicher; singen alle, spielen alle Instrumente. Nur in wenigen Takten schweigen die Instrumente.
624 Auch an dieser Stelle wäre eine zahlensymbolische Deutung naheliegend. Wieder werden Trinität und die Gaben des Heiligen Geistes eng verknüpft. Ob die Wahl der Primzahl 23 als Anzahl der Grundreihe bewusst gewählt ist, muss offen bleiben. Bei Messiaen haben Primzahlen einen göttlichen Bedeutungshintergrund.
625 Eine zahlensymbolische Bedeutung der drei Stimmen bezüglich des dreimal „*Heilig*" und damit verbunden der Trinität liegt besonders nahe.

klassischen Werken kennt: Lediglich die erste Violine spielt die T-Stimme in Viertelnoten, die beiden tiefen Streicher spielen auf Schlag punktierte Achtelnoten,[626] zweite Violine und Viola nachschlagende Achtelnoten, eine Spielweise wie man sie beispielsweise von Mozart- oder Haydn-Werken kennt. Gelegentlich entstehen dadurch Personanzen als „punktuelle Farb- bzw. Spannungselemente".[627] In den chorfreien Abschnitten, durch die eine klare formale Gliederung nach wichtigen Textabschnitten entsteht, übernimmt das Orchester eine Art Antwortfunktion zum letzten Chortakt. Wie schon häufiger spielen die Streicher M- und T-Stimmen in Umkehrung mit verändertem Rhythmus, hier sogar im dreifachen Pianissimo. Es fehlen dabei die tiefen Streicher, was den Kontrast zum Chorabschnitt noch verstärkt, bei dem bekanntlich der Sopran fehlt.

Kurzanalyse der einzelnen Formabschnitte des Sanctus
Dauer des Satzes: 4:04 Minuten

Abschnitt[628]	Takt	Besetzung	Chor	Musikalisches Material	Besonderheiten/ Details
„Sanctus – Sabaoth"	1–7	tutti, letzter Takt des Abschnitts immer Instrumentalantwort (ohne Kontrabass und Violoncello)	Alt, Tenor, Bass, Takt 7 tacet	M-Stimme in Alt/ Bass (Sext-Abstand); T-Stimme in Tenor alternierend zu Alt; Instrumentalantwort: immer ***ppp***; M- und T-Stimmen in Umkehrung zum Chor	Violine I ergänzt T-Stimme; Violoncello und Kontrabass auf Schlag M-Stimme in Gegenbewegung zu Chor, Violine II und Viola nachschlagende Achtelnoten; Dynamik ***p*** bis ***mp***
„Pleni – tua"	8–15	tutti	Alt, Tenor, Bass, Takt 15 tacet		gelegentlich Tonwiederholungen in den Außenstimmen
„Hosanna in excelsis"	16–19	tutti	Alt, Tenor, Bass, Takt 19 tacet		
„Benedictus – Domini"	20–26	tutti	Alt, Tenor, Bass, Takt 26 tacet		
„Hosanna in excelsis"	27–30	tutti, Takt 30 tacet	Alt, Tenor, Bass, Takt 30 tacet		Takt 27 identisch mit Takt 16 (auch *Hosanna*): einziger identischer Takt in ganzer Messe; Takt 30: Generalpause!

Nur nach eingehender Analyse und weniger nach dem Höreindruck, ist besonders auffallend, dass im *Sanctus* ein Takt identisch wiederholt wird, nämlich der Beginn des *Hosannas*.[629] Dies ist der einzige Takt innerhalb der Messe, der exakt wiederholt wird.

---

626 M-Stimmen in Gegenbewegung zu den M-Stimmen im Chor.
627 Vgl. Goldberg 1996, S. 427.
628 Die Abschnittseinteilung orientiert sich an der musikalisch erkennbaren Struktur Text – Instrumentalantwort und setzt sich so über einige von Pärt gesetzte Doppelstriche in der Partitur hinweg.
629 Vgl. Goldberg 1996, S. 427; mit Ausnahme eines einzigen unwichtigeren Begleittons.

Durch die instrumentale Antwort nach jedem wichtigen Textabschnitt wird beim Hörer eine Erwartungshaltung geschaffen, die dazu führt, dass er auch nach dem letzten Textabschnitt einen Instrumentaltakt erwartet. Ganz am Ende des Satzes findet sich allerdings eine Generalpause, eine Art Steigerung der Stille, die durch reduzierte Besetzung, Spielweise und Dynamik im gesamten *Sanctus* angedeutet wird.

4.6. *Agnus Dei*

Das *Agnus Dei* gestaltet Pärt traditionell in drei musikalischen Abschnitten, die den Textbereichen entsprechen (jeweils *Agnus Dei* plus „*Miserere*" respektive „*Dona nobis*"). Die Tonalität schwankt zwischen cis-Moll und E-Dur.

T- und M-Stimme werden in einer Stimme kombiniert, wie auch schon im *Veni, Sancte Spiritus*. Je nach Kombination ergeben sich dadurch Stimmverläufe mit größeren oder kleineren Intervallsprüngen, was ein Charakteristikum des *Agnus Dei* innerhalb der Messkomposition ist. Charakteristisch ist auch die polyphone Stimmführung, die wohl indirekt dazu führt, dass es keine einheitlichen Taktstriche mehr gibt. Die ersten beiden *Agnus-Dei*-Abschnitte sind chorisch jeweils nur zweistimmig besetzt. Anfangs singen jeweils Sopran und Tenor, beim „*Miserere*" Alt und Bass. Das *Agnus Dei* II ist bezüglich der Singstimmen doppelter Kontrapunkt zum *Agnus Dei* I, allerdings verdichtet, da der Einsatzabstand von vier Vierteln (*Agnus Dei* I) auf zwei Viertel (*Agnus Dei* II) verkürzt wird. Die Begleitung ist äußerst sparsam mit Liegetönen und lang ausgehaltenen T-Stimmen gesetzt, zum Teil sogar nur mit der ersten Violine. Das *Agnus Dei* III erfährt in mehrfacher Hinsicht eine Steigerung: Der Chor singt vierstimmig. Sopran und Alt wie auch Tenor und Bass sind als Stimmenpaare einander zugeordnet und singen die M-Stimme jeweils in Gegenbewegung. Das Unterstimmenpaar folgt dem Oberstimmenpaar im Abstand von einem Viertel als Kanon im Einklang (oktavversetzt). Das „*qui tollis peccata mundi*" wird mit allen Instrumenten mittels Liegetönen begleitet, Anfang und Ende des letzten *Agnus-Dei*-Abschnittes allerdings nur mit einer Bordunquinte.

*Kurzanalyse der einzelnen Formabschnitte des **Agnus Dei***
Dauer des Satzes: 2:41 Minuten

Abschnitt	Takt	Besetzung	Chor	Musikalisches Material	Besonderheiten/ Details
Agnus Dei I	keine Taktzahlen, zum Teil stimmenweise unterschiedliche Taktstriche	Violine I, Violoncello, Kontrabass	Sopran, Tenor	M- und T-Stimme kombiniert (gesamtes *Agnus Dei*); Stimmen polyphon; *p-pp*	Einsatzfolge Sopran – Tenor, Einsatzabstand vier Viertel
„Miserere" I		Violine I	Alt, Bass		
Agnus Dei II (A)		Violine II, Viola	Sopran, Tenor	doppelter Kontrapunkt zu *Agnus Dei* I; *p*	Einsatzfolge Tenor – Sopran, Einsatzabstand zwei Viertel
„Miserere" II		Violine I und II	Alt, Bass		
Agnus Dei III (B)		zunächst Violoncello divisi, dann alle Streicher	Sopran, Alt, Tenor, Bass	M- und T-Stimme kombiniert, ähnliches Material wie *Agnus Dei* I; *p-pp*	Kanon, Einsatzfolge Sopran/Alt – Tenor/Bass (paarweise), Einsatzabstand ein Viertel; Bordunbegleitung
„Dona nobis"		Viola, Kontrabass	Sopran, Alt, Tenor, Bass		nur Liegeton *e* als Begleitung; Generalpause am Ende

Einerseits liegt im letzten Messteil eine Reduktion der Reduktion vor: Stimmenanzahl und Begleitung werden zum Teil bis auf ein Minimum herabgesetzt. Die Dynamik endet im dreifachen Pianissimo. Am Ende wird die Stille in der Generalpause vertont.[630]

Andererseits erfährt das *Agnus Dei* durch die besondere Satztechnik wiederum eine Verdichtung: Durch die Verwendung des doppelten Kontrapunkts, durch die Verringerung des Einsatzabstands und letztlich durch die Weiterführung in der kanonischen Struktur findet quasi gleichzeitig eine Steigerung statt, die ihren Höhepunkt in der Generalpause zu finden scheint. Schwankte das *Agnus Dei* tonal zwischen cis-Moll und E-Dur, endet es doch klar in der Durtonart, während der Friedensbitte schon denselben verheißend.

---

630 Ebenso im *Gloria* und im *Sanctus*.

5. Rezeption der *Berliner Messe*

Pärts *Berliner Messe* hat den Weg in Konzertsäle und Kirchen gefunden. Viele verkaufte CDs unterstreichen den Erfolg des Werks beim Publikum. Die Messe gehört damit zu den erfolgreichsten ihrer Art in der zweiten Hälfte des 20. Jahrhunderts und ergänzt den Erfolg der Werke Pärts. Auch die Uraufführung hatte entsprechend positive Berichte in der Presse zur Folge, die in der Gesamtheit besonders auf Aspekte wie Askese, Schlichtheit, Spiritualität und Innerlichkeit abheben.[631]

Dennoch löste sein Individualstil entweder grenzenlose Begeisterung oder rigorose Ablehnung aus. Äußerungen wie „mönchisch", „sphärisch", „göttlich" oder „meditativ" und „tonal" spalteten die Rezipienten; die einen konnotierten sie positiv, die anderen fast als Schimpfwort. In der Hauptsache haben dazu folgende Umstände geführt: Die kontemplative Wirkung der Musik sowie die Nähe zu alten Hörgewohnheiten führte bei den Hörern zu einer positiven Aufnahme, bei Kritikern und Musikwissenschaftlern verhinderten diese Aspekte eine grundlegende analytische Auseinandersetzung und führte zur vorschnellen Ablehnung. Provoziert wurde dies zusätzlich durch Pärts öffentliches Erscheinungsbild: seine Kleidung, sein Auftreten, seine Aphorismen, auch die Cover-Gestaltung seiner CDs[632] ließen Attribute wie „mönchisch", „sphärisch" und „göttlich" passend erscheinen und rückten seine Musik noch weiter in den Bereich „meditativer Musik". Dies provozierte zusätzlich diejenigen, die Religion und Glauben als etwas Rückständiges betrachten[633] oder eine vermeintliche „sakrale Vermarktungsstrategie" ablehnen. Constantin Gröhn schreibt dazu: „Pärt selbst reagierte auf die Vorhaltungen aus der Presse in einem Gespräch mit der Berliner Zeitung. Er sei kein religiöser Fanatiker und kein Heiliger, sondern ein ganz normaler Mensch. Mit religiösen Aussagen hielt er sich fortan stärker zurück, um dem Kult und Anti-Kult um seine Person entgegenzuwirken."[634] Eine ausführliche Biographie, die sich auch auf Informationen des Komponisten selbst stützen könnte, fehlt außerdem und erschwert die wissenschaftliche Einordnung.[635]

Nichtsdestotrotz erschienen in den letzten Jahren wichtige Veröffentlichungen, beispielsweise die erste ausführlich-fundierte Analyse des Tintinnabuli-Stils durch Hermann Conen, Leopold Brauneiss und Paul Hillier sowie Oliver Kautnys Rezeptionsgeschichte. Kautny fasst in seiner Forderung zum Umgang mit Pärts Musik die ganze Problematik der Rezeption kurz zusammen:

---

631 Vgl. Der Tagesspiegel 1990; Volksblatt Berlin 1990; Erlanger Nachrichten 1991.
632 Beispielsweise die Gestaltung des CD-Booklets zu Pärt Berliner Messe Aufnahme 1993 in schlichtem Schwarz-Weiß mit vielen Fotos in kirchlichem Raum und keinen Erläuterungen zur Musik. Auch Zeitangaben für die einzelnen Tracks wurden ausgespart.
633 Vgl. Gröhn 2006, S. 36.
634 Ebd., S. 62.
635 Selbst in der diesbezüglich verhältnismäßig ausführlichen Arbeit von Gröhn (2006), die einigen Aufschluss über Motivationen und Umstände gibt, stützt sich der Autor auf recht wenige persönliche Angaben von Nora Pärt.

„Es wäre einerseits eine analytische und hermeneutische Annäherung an Pärts Musik zu wünschen, die sich [...] nicht in ästhetischen Grabenkämpfen verliert: weder in kultisch-metaphorischer Überhöhung noch in polemischer Kulturkritik [...], weil beide Positionen das mehrdimensionale Wirkungspotential von Pärts Musik verkennen. Als Desiderat der Pärt-Forschung steht andererseits eine kritische Biographie aus, die nun anhand dieser Studie an den gesellschaftlich konstruierten Bildern des Künstlers und seiner Musik abgeglichen werden kann."[636]

6. Ergebnisse

Mit seiner *Berliner Messe* schuf Pärt eine individuelle Messkomposition, die den Weg in die Herzen der Zuhörer gefunden hat, trotz oder wahrscheinlich gerade wegen ihrer tonalen und doch überzeitlich wirkenden Musiksprache. Als Auftragswerk zum Kirchentag wurde die liturgische Aufführbarkeit im Gottesdienst gewünscht, wodurch sich die relative Kürze genauso erklären lässt wie auch die ausschließliche Verwendung liturgischer Texte (Messordinarium plus *Allelujaverse* und Pfingstsequenz). Pärt legt somit das „Hauptohrenmerk" auf den liturgischen Text in seiner vorgegebenen Form und – entgegen der meisten anderen artifiziellen Messvertonungen – nicht auf sozialpolitische, interreligiöse, gesellschaftskritische und persönliche Deutungen oder Bezugnahmen. Durch Verwendung seiner individuellen Musiksprache, die für Wohlklang, Tonalität in neuem Sinn, das Fließen der melodischen Linien auf dem Atem, Reduktion der musikalischen Mittel[637] in Verbindung mit höchster formal-kontrapunktischer Kunst steht, entsteht eine Art überpersönliche, objektive, fast überzeitliche Art, die Allgemeingültigkeit der alten Texte darzustellen.[638] Auf die Frage, ob seine Musik überkonfessionell sei, antwortet er: „So was verstehe ich überhaupt nicht: überkonfessionell [...]. Vielleicht sind Sie katholisch und ich bin orthodox, aber das spielt keine Rolle. Das stört nicht."[639] Dies zeigt, dass er sich keiner kirchlichen Institution verpflichtet fühlt, hingegen schon dem christlichen Glauben als solchem. Seine Musik lässt still werden und wirkt meditativ. Letzteres jedoch lehnt Pärt sogar ab, da Meditation leer mache, er aber wolle konzentrieren zu Christus hin.[640]

Interessanterweise vermeidet der Komponist bewusst jede Wortausdeutung, sondern legt der Musik den Sprachrhythmus als konstituierendes Moment zugrunde. Musik aus strukturellen Vorgaben zu entwickeln, begegnet uns bereits in der isorhythmischen Motette oder in Anton Weberns Werk. Pärt überträgt also Kompositionsprinzipien anderer Zeiten auf sein tonales Modell und stellt dadurch auch musikgeschichtlich gesehen überzeitliche Bezüge her.[641] Diese trans-stilistischen Bezüge gehen aber noch weiter:

---

636 Kautny 2002, S. 270.
637 Wohlklang und Reduktion sind natürlich auch Konstituenten der Minimal Music, die mit ähnlichen Mitteln wie Pärt arbeitet. Stilistisch beeinflusst wurde auch die Minimal Music durch religiöse Musik, allerdings aus anderen Kulturräumen (Hinduismus, Buddhismus).
638 In dieser Hinsicht ist diese Messkomposition verwandt mit den Kompositionen von Hermann Heiß oder Messiaen.
639 Arvo Pärt, zit. nach Gröhn 2006, S. 95.
640 Vgl. ebd., S. 143.
641 Vgl. ebd., S. 29.

Anklänge an Gregorianik, Renaissance-Vokalmusik und den Glockenklang der russischen Orthodoxie ermöglichen weitere Bezugsräume.

Kunstvoll komponiert er Musik, die sich vordergründig ganz einfach und für manche Hörer gar „redundant" oder immergleich anhört. In Wahrheit findet sich in jedem Messabschnitt eine andere kompositorische Kunstfertigkeit, die an serielle Techniken heranreicht, die Pärt aber auf keinen Fall überinterpretiert haben möchte. Während er im *Kyrie* die Hauptmotivik der gesamten Messe vorstellt und strukturell klar gegliedert verarbeitet, wird im *Gloria* die wechselnde Besetzung zum formal-konstituierenden Moment. Einzelne Stellen werden durch eine Verdichtung hervorgehoben. Diese wird allerdings mit ganz geringen Mitteln im reduzierten Stil herbeigeführt. In den *Allelujaversen* greift Pärt die Tradition der Alternatim-Praxis wieder auf. In nahezu jeder Hinsicht erscheint die Pfingstsequenz als Zentrum der Messe. Sie ist nicht nur der längste Kompositionsteil, sondern besticht vor allem durch die regelmäßige, fast seriell anmutende Organisation des musikalischen Materials: 13-taktige Abschnitte; grundsätzlich trochäischer Rhythmus; festgelegte 21-tönige Reihe, die in Kombination mit 22-silbigen Abschnitten zu immer wieder neuen Kombinationen führt; Durchdringung der T- und M-Stimmen im linearen Verlauf. Das Preisen der sieben Gaben des Heiligen Geistes erscheint als Kernaussage der Pfingstsequenz durch die singulär vierstimmige Vertonung der Chorstimmen in diesem Abschnitt und eine explizite Verwendung der Zahl sieben als Strukturelement. Dem *Credo* liegt eine 23-tönige Reihe zugrunde, die mittels „partieller Rotation" der Reihentöne immer ähnlich ist. Ergänzt wird die strenge Struktur durch einen festgelegten harmonisch-imitatorischen Wechsel der Ober- und Unterstimmenpaare. Das *Credo* ist somit in seiner Struktur mit dem *Veni, Sancte Spiritus* verwandt, in seiner Bedeutung ähnlich hervorgehoben. Das *Sanctus* hingegen ist strukturell sehr einfach und durch das Fehlen des Chorsoprans zusätzlich „zurückgenommen". Die Replik an klassische Messvertonungen durch Verwenden nachschlagender Achtelnoten in den Begleitstimmen hingegen bleibt singulär innerhalb der Komposition. Traditionell dreiteilig wird das *Agnus Dei* vertont. Das letzte *„Agnus Dei"* in Verbindung mit der Friedensbitte wird durch vierstimmige Chorvertonung herausgehoben, die ersten beiden waren lediglich zweistimmig angelegt. Durch die Verwendung des doppelten Kontrapunkts und der polyphonen Stimmführung setzt Pärt wiederum eine weitere Technik ein. Die Reduktion der Reduktion ist schließlich die Generalpause am Ende des Werks als Vertonung der Stille.

Arvo Pärt schuf eine Messkomposition, die viele Menschen durch ihre reduzierte, tonal geprägte Musiksprache spirituell anspricht. Sie bietet einen Gegenpart zur mit Sinnenreizen überfrachteten Lebenswelt. Dennoch ist Pärts Musik mehr als nur schön, verbirgt sie doch rationale Grundstrukturen mit einer musikimmanenten Überzeitlichkeit, die sich erst nach eingehender Analyse erschließt. Sie kann so durchaus mit der mittelalterlichen Engelsmusik verglichen werden. In Pärts *Berliner Messe* verbinden sich Wirkungs- und Strukturebene zu einer nicht konfessionell gebundenen, christlich geprägten, transzendenten Musica Sacra unserer Zeit.

VII.

Karl Jenkins

The Armed Man: A Mass For Peace

Oder:
Die Instrumentalisierung der Religionen zum Krieg

Karl Jenkins Messkomposition hat Anfang unseres Jahrhunderts Furore gemacht. Die CD-Einspielung stürmte die Klassikcharts. Die Komposition selbst wird von zahlreichen Kantoreien und leistungsfähigen Laienchören gesungen und hat damit schon nach wenigen Jahren Eingang in das Repertoire großer Chöre gefunden. Neben Pärts *Berliner Messe* ist sie wohl die einzige Messkomposition der zweiten Hälfte des 20. Jahrhunderts, die es zum Status eines Repertoirestückes ähnlich einer Mozart-Messe geschafft hat. Dies gelang Jenkins durch die Verbindung von Traditionellem mit Modernem, Christlichem mit Elementen anderer Religionen, alten Stilen mit neuen, weltlichen Texten mit liturgischen und einer emotional ergreifenden, insgesamt traditionellen Musiksprache. Er schafft dadurch sowohl musikalisch wie auch inhaltlich einen Crossover, den man gleichermaßen als genial wie eklektizistisch bezeichnen kann.

The Armed Man steht durch Titel und Zitat des altfranzösischen Liedes „L'homme-armé" in der etwa 500-jährigen Tradition der sogenannten „L'homme-armé"-Messen, die eine Art „Unterfamilie" in der Gattung der Messkomposition bilden. Mit dem „L'homme-armé"-Zitat gibt Jenkins dem Werk nicht nur einen musikalischen Rahmen, sondern auch einen thematischen Bezugspunkt. Indem er diesem sowie den originalen Ordinariumstexten dichterische Texte mit Kriegsbezug gegenüberstellt, schafft er eine Art Handlungsablauf vom Krieg zum Frieden. Dabei beleuchtet er insbesondere die ambivalente Rolle der Religion in Bezug auf Krieg und Gewalt. Dadurch steht Jenkins Werk zwar in der Tradition von Messen mit mehr oder weniger ausgeprägtem „Kriegsbezug",[642] geht aber über diese früheren Werke mit seinem Ansatz weit hinaus und thematisiert mit der Kompilation verschiedenster textlicher und musikalischer Elemente immer wieder aktuelle Phänomene.

1. Biographische Aspekte[643]

Karl Jenkins wurde am 17. Februar 1944 im walisischen Penclawdd geboren. Er studierte Musik an der University of Wales in Cardiff und an der Royal Academy of Music in London. Jenkins ist ein ausgewiesener Crossover-Musiker: Er begann als aktiver Jazzmusiker (Saxophon, Oboe, Keyboard) und spielte beispielsweise im berühmten Londoner *Ronnie Scott's Club*. Er war Mitglied der Formation *Nucleus* und gewann mit der Band 1970 den ersten Preis beim Montreux Jazz Festival. 1972 wechselte er zur Band *Soft Machine*,

---

642 Z. B. Joseph Haydns *Missa in tempore belli*, Ludwig van Beethovens *Agnus Dei* aus der *Missa solemnis*, Frank Martins *Missa „In terra pax"* oder Benjamin Brittens *War Requiem*. Eine frühe besondere Messe stellt die *Polní Mše* von Bohuslav Martinů dar. Sie wurde 1939 in Paris als Hommage an die tschechischen Soldaten in ihrem Kampf gegen das Dritte Reich vertont, aber erst 1946 in Prag uraufgeführt. Interessanterweise geht Martinů darin schon recht weit, da er nur das Kyrie und Teile des Agnus Dei vertont und weitere Texte kompiliert (Vater unser, Psalm, freie Dichtungen mit patriotischem Inhalt). Auch die Besetzung ist ungewöhnlich: Bariton, Männerchor, Bläser, Harmonium, Klavier, Schlagzeug. Das Schlagzeug verwendet er ähnlich wie Jenkins zur Herstellung des „Kriegsbezugs" und nutzt die „Messe" für seine Botschaft (ohne Bezug zu anderen Religionen). Vgl. Krieg 2013, S. 321.

643 Die biographischen Angaben zu Jenkins beruhen auf Website Jenkins Biografie, Website Boosey Jenkins Biografie sowie Wikipedia Jenkins. In einschlägigen musikwissenschaftlichen Lexika oder Veröffentlichungen finden sich derzeit keine Angaben zu Karl Jenkins. Lediglich ein Kurzportrait, das einige Werke vorstellt, diese aber eher kritisch eklektizistisch bewertet bietet Krawinkel 2007.

für die er auch etliche Stücke komponierte. Jenkins ließ sich außerdem von den Minimal-Music-Experimenten der Gruppe zu eigenen Werken inspirieren. In den 1980er-Jahren komponierte er sehr viel Musik für Werbung, beispielsweise Spots für Levi's, British Airways, Renault, Volvo, Pepsi und Delta Airlines. Er erhielt auch dafür zahlreiche Auszeichnungen wie etwa den Golden Lion beim Lions International Advertising Festival in Cannes oder den Clio Award.

Mit *Adiemus*, einer Kombination klassischer und ethnischer musikalischer Elemente, ethnischer Percussion und einer frei erfundenen Sprache stürmte er sowohl die Klassik- wie auch die Pop-Charts. Das Stück wurde in der halben Welt aufgeführt. Daran schloss sich der Erfolg von *The Armed Man: A Mass For Peace*[644] an, dessen CD-Einspielung Goldstatus in Großbritannien erreichte. Mehrere klassische Werke für großes Orchester folgten, ebenso die Vertonung seines *Requiems* (2004).

Karl Jenkins erhielt zahlreiche Auszeichnungen und Preise, darunter die Ehrendoktorwürde der University of Wales. Er ist Mitglied der Royal Academy of Music.

2. Entstehung von *The Armed Man: A Mass For Peace*[645]

The Armed Man: A Mass For Peace ist eine Auftragskomposition des Museum of Royal Armouries zur Jahrtausendwende. Der damalige Direktor des Museums Guy Wilson, der auch die freien Texte für das Werk auswählte, bemerkte zur Hauptthematik:

> „*The theme that ‚the armed man must be feared' which is the message of the song seemed to me painfully relevant to the 20th century and so the idea was born to commission a modern ‚Armed Man Mass'. What better way both to look back and reflect as we leave behind the most war-torn and destructive century in human history, and to look ahead with hope and commit ourselves to a new and more peaceful millennium.*"[646]

In Anlehnung an Benjamin Brittens *War Requiem* wählte Wilson Texte verschiedener Provenienzen aus und kombinierte sie mit Teilen des lateinischen Messordinariums. So sollen Texte aus Bibel, Koran und dem hinduistischen Mahàbharàta sowie Gedichte verschiedener Zeiten und Herkunft von Thomas Malory, John Dryden, Alfred Lord Tennyson, Rudyard Kipling, Jonathan Swift, Toge Sankichi und Guy Wilson selbst die Voraussetzungen und schrecklichen Konsequenzen des Krieges aufzeigen.

---

644 Jenkins Messe Chorpartitur.
645 Die Angaben zu den Entstehungsumständen des Werks basieren auf der Werkbeschreibung unter Website Jenkins Messe.
646 Zit. nach Website Jenkins Messe. Die deutsche Übersetzung der Autorin lautet: „Das Thema – der Mann in Waffen muss gefürchtet werden – worum es ja in diesem alten Lied geht, muss als schmerzvoll aktuell im zwanzigsten Jahrhundert betrachtet werden, und so entstand die Idee, einen Auftrag für eine zeitgemäße ‚L'homme-armé'-Messe zu vergeben. Welchen besseren Weg könnte es geben, als sowohl zurückzuschauen und darüber nachzudenken, was wir eigentlich mit diesem kriegsbeladenen und zerstörerischen Jahrhundert zurücklassen, wie auch nach vorn zu sehen in der Hoffnung und Verpflichtung zu einem neuen, friedvolleren Jahrhundert."

Von dieser Auswahl war Jenkins sehr ergriffen und inspiriert und griff in seiner musikalischen Umsetzung auf eine ähnlich breit gefächerte Auswahl musikalischer Stile und Quellen zurück. Hinzu kam noch ein ganz aktueller Bezug:

> „As I started composing ‚The Armed Man' the tragedy of Kosovo unfolded. I was reminded daily of the horror of such conflict and so I dedicate the work to the victims of Kosovo."[647]

Er widmete die Komposition damit Menschen, die von einem aus ethnischen, territorialen und religiösen Gründen geführten Krieg betroffen waren. Das Kosovo gehörte bis zum Ersten Weltkrieg zum Osmanischen Reich und erfuhr dadurch zum Teil eine türkisch-muslimische Prägung.

Die Uraufführung fand am 25. April 2000 in der Royal Albert Hall in London mit dem National Youth Choir sowie dem National Musicians Symphony Orchestra unter Grant Llewellyn statt und wurde zu einem fulminanten Erfolg. Der Aufführungsort der Premiere sowie die Gesamtgestalt des Werks legen nahe, dass es von vornherein für eine konzertante Aufführung gedacht war.[648]

3. Analyse von *The Armed Man: A Mass For Peace*

Jenkins verwendet in seiner „programmatischen" Messvertonung lediglich vier Ordinariumsteile in der Abfolge *Kyrie, Sanctus, Agnus Dei, Benedictus*. Damit verzichtet er nicht nur auf die textreichen Teile Gloria und Credo, sondern stellt auch die Reihenfolge um, indem er das *Benedictus* nach dem *Agnus Dei* platziert. Er kontrastiert die rituellen Texte mit Gedichten und Texten verschiedener Provenienz und schafft durch diese Kompilation eine Art Handlungsablauf von Kriegsvorbereitungen über Kriegshandlungen bis hin zum Friedensschluss. Durch die Integration von Texten und Gesängen verschiedener Religionen, Völker und Jahrhunderte entsteht ein Spektrum unterschiedlichster Betrachtungen zum Thema Krieg.

Auf der im Jahr 2004 erschienenen DVD[649] mit einer Aufführung des Werkes unter Leitung von Jenkins selbst wird auf einer Großleinwand hinter Chor und Orchester ein Video abgespielt, in dem verschiedene Bilder mit Kriegsbezug zu sehen sind. Die Videoeinspielung unterstreicht und ergänzt dabei die Aussage, die durch Text und Musik getroffen wird. Es werden beispielsweise Darstellungen von Aufrüstung, Militärparaden, Schlachten, Bilder der Zerstörung nach den Kämpfen, von Gräberfeldern und Menschen im Friedenstaumel jeweils aus verschiedenen Zeiten, Kontinenten und Religionen gezeigt. In der Partitur wird jedoch dazu kein Hinweis gegeben. Auch auf der von Jenkins auto-

---

647 Zit. nach Website Jenkins Messe. Die deutsche Übersetzung der Autorin lautet: „Als ich mit der Komposition von ‚The Armed Man' begann, trug sich die Tragödie im Kosovo zu. Täglich wurde ich an die Schrecken eines solchen Konflikts erinnert und so widmete ich das Werk den Opfern des Kosovokrieges."
648 Weitere Dokumente zur Uraufführung liegen mir nicht vor.
649 Jenkins Messe Aufnahme 2004. Darauf sind allerdings nicht alle Videoeinspielungen zu erkennen, da die Kameraführung auch andere Details wie etwa einzelne Musiker berücksichtigt.

risierten CD-Einspielung[650] gibt es kleinere hörbare Ergänzungen zur Partitur, beispielsweise den vernehmbaren „Gleichschritt" einer Gruppe von Menschen zu Beginn des Werks. Beides scheint eine indirekte Aufforderung des Komponisten an die Musiker zu sein, eigene Interpretationen außermusikalischer Art in die Aufführung einzubinden. 2007 erschien der Film *The Armed Boy*, der speziell als filmisches Kunstwerk zu Aufführungen der Komposition konzipiert wurde.[651]

Notation und Besetzung der Messe hingegen sind traditionell: Piccoloflöte, zwei Flöten, zwei Oboen, Englisch-Horn, zwei B-Klarinetten sowie eine Bassklarinette, zwei Fagotte und ein Kontra-Fagott bilden die Gruppe der Holzbläser. Dabei wird insbesondere die Piccoloflöte als typisches „Militärinstrument" eingesetzt. Die Gruppe der Blechbläser ist mit vier Hörnern und je drei Trompeten und Posaunen sowie einer Tuba umfangreich besetzt. Pauken, zwei Snare-Drums, Field-Drum, Bass-Drum, Tenor-Drum, Floor-Drum, Tom-Tom, Congas, Becken, Wind-Chimes, Tambourin, Mark-Tree, Taiko, Surdo, Bell, Chekere, Kit und Tam-Tams müssen zeitweise von drei Percussionisten gespielt werden. Die gegenüber einem „klassischen" Werk überdurchschnittlich große Besetzung und die häufige Verwendung des Schlagwerks erklärt sich aus der zum Teil ursprünglichen Verwendung dieser Instrumente bei kriegerischen Einsätzen. Streicher und ein- bis sechsstimmig besetzter gemischter Chor mit kleineren Solopartien vervollständigen die modern oratorische Besetzung des Werks. Alternativ gibt es eine reduzierte Besetzungsvariante, die es kleineren oder weniger finanzkräftigen Kantoreien erlaubt, eine ebenso vom Komponisten autorisierte Fassung aufzuführen:

> „In performance, either the full orchestral version or the reduced version may be used. The reduced version is scored for optional flute (doubling piccolo), 2 or 3 trumpets, 2 or 3 percussion, organ or synthesizer, and strings; piano and optional solo cello may be used instead of strings."[652]

Gerade die reduzierte Besetzung unterstreicht nochmals die Wichtigkeit von Piccoloflöte und Schlagwerk als „kriegstypische" Instrumente.

Über den Formaufbau, die kompositorische Ausgestaltung der jeweiligen Kompositionsabschnitte und einige Besonderheiten möge die folgende Analyse in Stichworten Auskunft geben, wobei die Version mit voller Besetzung Grundlage derselben ist.

---

650 Jenkins Messe Aufnahme 2001.
651 Der Film erhielt im Januar 2008 den *Piece Award at the Ninth Annual World Sabbath of Religious Reconciliation*. Da der Film als eigenständiges Kunstwerk gelten kann, soll er bei der Analyse der Jenkins-Messe keine Berücksichtigung finden.
652 Jenkins Messe Klavierauszug.

3.1. The Armed Man

„L'homme armé
Doit on douter.
On a fait partout crier,
que chacun se viegne armer
d'un haubregon de fer."

„Den bewaffneten Mann
Muss man fürchten.
Man hat überall ausrufen lassen,
dass ein jeder sich wappnen soll
mit einem Panzerhemd aus Eisen."

Hauptbezugspunkt und Namensgeber der Komposition sowie Cantus firmus des Eingangsstückes ist eine Melodie, die vermutlich aus der Mitte des 15. Jahrhunderts und zum Teil mit der Textunterlegung „L'homme armé" überliefert wurde:[653]

Melodie L'homme armé

Diese Melodie diente im späten 15. und frühen 16. Jahrhundert als Cantus firmus für zahlreiche Kompositionen, insbesondere für Ordinariumszyklen vieler namhafter Komponisten. Die Herkunft der Melodie ist nicht restlos geklärt. Sicher jedoch ist, dass sie sich für eine kontrapunktische Bearbeitung in besonderer Weise eignet und durch die schlichte Dreiteiligkeit sowie die einfache rhythmische Gestalt relativ eingängig ist. Die beiden Quintfalleinwürfe im ersten Teil könnten schon spätere Zutat sein und werden von einigen Bearbeitern nicht verwendet – beispielsweise von Giovanni Pierluigi da Palestrina (1524–1594). Die meisten sogenannten „L'homme-armé"-Messen verarbeiten den Cantus firmus meist nur in Teilen, häufig den Anfang, dies jedoch in jedem Ordinariumsteil von neuem. Hier unterscheidet sich Jenkins von seinen Vorgängern: Er verarbeitet den gesamten Cantus firmus sogar mit dem gesamten originalen Text, jedoch nur im ersten und letzten Kompositionsteil. Im *Christe*-Teil hingegen zitiert er den entsprechenden Teil aus Palestrinas fünfstimmiger *Missa L'homme armé* wörtlich.[654]

---

653 Zur Herkunft und Überlieferung der Melodie vgl. MGG L'homme armé sowie Haaß 1984, S. 7–27.
654 Vgl. Palestrina Missa Partitur, S. 8–10, Takt 27–54 mit Abschnitt. Weitere mir bekannte neuere Verarbeitungen sind: Peter Maxwell Davies: *Missa super l'homme armé* für Sprecher, Sänger und Ensemble (1968, revidiert 1971); vgl. Website Boosey Maxwell Davies sowie Jan Malek: *Requiem super „L'homme armé"* (1997); vgl. Thissen 2011, S. 98 ff.

Die Interpretation des mittelalterlichen Textes lässt mehrere Möglichkeiten zu: „Eine Deutung als Antikriegslied ist verschiedentlich versucht worden, doch scheint es plausibler, den kargen Inhalt als <Ruf zu den Waffen> […] aufzufassen." Der Text wird auch „mit der späten Kreuzzugsbewegung in Verbindung gebracht."[655] In einer Version wird das Lied mit einem synchron gesungenen zweiten Gedicht in Verbindung gebracht, in dem ein „*doubté turcq*" genannt wird. In diesem Fall wird das Lied in eine deutliche Beziehung zur „türkischen Gefahr" gesetzt, die Europa im 15. Jahrhundert bedrohte.[656] Gerade in Anbetracht dessen, dass Jenkins nach dem Einleitungsteil den islamischen Gebetsruf singen lässt, liegt für das zeitgenössische Werk diese Beziehungsvariante besonders nahe, zumal auch die gegenwärtigen gesellschaftlich-interreligiösen Konflikte in diese Richtung deuten.

Kurzanalyse der einzelnen Formabschnitte von **The Armed Man**
Dauer des Satzes: 6:25 Minuten[657]

Abschnitt	Takt	Besetzung	Chor	Musikalisches Material	Besonderheiten/ Details
0	1–15	Snare-Drum, Field-Drum, Piccoloflöte, Flöte		Snare-Drum und Field-Drum rhythmisches Ostinato durchgängig	Flöten Cantus firmus ab Takt 5; **pp-p**
A	16–26	Snare-Drum, Field-Drum,	einstimmig Cantus firmus		**p-mp**
B	27–32	Snare-Drum, Field-Drum, Trompete		Trompetensignal, Beginn aus viertem Cantus-firmus-Motiv abgeleitet	
C	33–45	Snare-Drum, Field-Drum, Bassklarinette, Fagott, Kontra-Fagott, Violoncello, Double Bass, Pauke, Tom-Tom	zweistimmig: Sopran und Tenor sowie Alt und Bass einander zugeordnet	ab hier kontinuierliche Verdichtung mit immer mehr „Füll"-Motiven	ab Takt 40 Malagena-Bass bzw. punktierte Viertel auf G; ab Takt 42 Pauke, Tom-Tom; **mp-mf**
D	46–54	Bassklarinette, Fagott, Kontra-Fagott,			Steigerung von Abschnitt B
E	55–63	Bassklarinette, Fagott, Kontra-Fagott, Snare-Drum, Field-Drum, Surdo, Tom-Tom, Violoncello, Db.; ab Takt 58 plus alle Holzbläser	vierstimmig		**mf-f**; Verschränkung der Abschnitte E und F

---

655 MGG L'homme armé, Sp. 1111.
656 Vgl. Haaß 1984, S. 23 sowie weitere Details dazu bei MGG L'homme armé, Sp. 1112–1113.
657 Die Angaben zur Dauer beziehen sich auf Jenkins Messe Aufnahme 2001.

Ab-schnitt	Takt	Besetzung	Chor	Musikalisches Material	Besonderheiten/ Details
F	64–82	tutti bis Takt 73 sowie ab Takt 79	Takt 73–78 Chor A-cappella, polyphon		Takt 73–78: Snare-Drum und Field-Drum tacet! Chor: **ff**, danach wieder tutti
G	83–95	tutti	vierstimmig	musikalische Verdichtung	Steigerung durch mehrfache Erweiterung des Schlusses

Musikalisch geprägt wird der Einleitungsabschnitt durch verschiedene Motive und Instrumente mit militärisch-kriegerischem Bezug: Snare-Drum und Field-Drum spielen fast durchgängig ein rhythmisches Ostinato.

Tap wood of piano to simulate drum rhythm.

Rhythmisches Ostinato, The armed man, Takt 1

Die „L'homme-armé"-Melodie wird zunächst durch die Flöten vorgestellt, wobei der Klanglichkeit der Piccoloflöte eine besondere Bedeutung zukommt, da dieses Instrument seine Ursprünge in der Militärmusik hat. In der Folge wird der Cantus firmus vom Chor übernommen. Dazu kommen zunächst in den chorfreien Abschnitten fanfarenartige Trompetenmotive, die im späteren Verlauf auch in die chorischen Abschnitte integriert werden.

Trompetenfanfaren, The armed man, Takt 46–47

The Armed Man ist als großangelegte Steigerung konzipiert. Der Satz beginnt lediglich mit den beiden Trommeln. Nach und nach kommen immer mehr Instrumente hinzu womit auch eine kontinuierliche Zunahme der Lautstärke vom Pianissimo bis zum dreifachen Forte verbunden ist. Des Weiteren beginnt der Chor einstimmig und wird über die Zwei- bis zur Vierstimmigkeit geführt, wobei lediglich ein kurzes „retardierendes Moment" (A-cappella, polyphon, Takt 73 bis 78) eingebunden wird, welches traditionell anmutet. Die Steigerung wirkt wie das Herannahen eines Heeres. Bei der CD-Aufnahme kann man vor Einsatz der Trommel Schritte marschierender Menschen hören. Dies passt zu den Filmeinspielungen der DVD: Bewaffnete Männer verschiedener Völker und Zeiten ziehen durch die Länder und verbreiten Furcht: „L'homme armé doit on douter."

3.2. Call to Prayers (Adhaan)

An zweiter Stelle der eigentlich christlichen Messkomposition steht unerwartet der islamische Gebetsruf „*Adhaan*",[658] was bei einigen Aufführungen, insbesondere in Deutschland, zu Kontroversen geführt hat.[659] Dies unterstreicht allerdings die Problematik, auf die die Gesamtkonzeption des Werkes hinzuweisen scheint: Kein Friede zwischen den Nationen ohne Frieden zwischen den Religionen (frei nach Hans Küng).[660]

Der Islam hat seit Beginn seiner Geschichte ein problematisches Verhältnis zur Musik.[661] Da es im Koran als wesentlicher Quelle keine eindeutigen Aussagen zu diesem Themenbereich gibt, nehmen islamische Gelehrte individuelle Auslegungen mit verschiedenen Begründungen und Gewichtungen vor und gelangen so zu völlig unterschiedlichen Bewertungen der Musik an sich. Diese reichen von völliger Ablehnung (Musik als Sünde) bis zur ausdrücklichen Erlaubnis. Dennoch hat die Musik einen festen Platz in vielen islamischen Ritualen: in den Koranlesungen mit einer Art „Rezitation", die im weiten Sinne mit dem Singen des Gregorianischen Chorals verwandt ist, bei Gebeten (auch dem „*Adhaan*"), bei Liedern zu festen religiösen Anlässen wie z. B. zur Pilgerfahrt und zum Geburtstag des Propheten sowie bei Lobgesängen für Allah oder den Propheten.

Das Gebet gehört zu den täglichen Pflichten des Muslims und ist eine der fünf Säulen des Islam. Zu den fünf vorgeschriebenen Gebeten ruft der Muezzin auf, früher vom Minarett, heute häufig durch Lautsprecher oder über Funk und Fernsehen. Der Ruf zum Gebet ist vermutlich so alt wie der Islam: Mohammed selbst soll den ersten Muezzin noch mit diesem Amt beauftragt haben. Fest vorgeschrieben ist dabei der Text des Gebetsrufs, die musikalische Ausgestaltung in Art und Qualität hängt allein vom Können des Muezzins ab. Dabei werden jedoch bestimmte Floskeln – ähnlich wie beim Psalmodieren – immer wieder aufgegriffen. Es handelt sich beispielsweise um offene oder geschlossene Formeln, die je nach Textstelle verwendet werden. Besonders wichtige Worte (z. B. „*Allah*" oder „*Gebet*") werden meist durch melismatische Melodiegestaltung hervorgehoben, was eine gewisse Parallele zum Gregorianischen Choral darstellt. Außerdem verwenden die Muezzine je nach Gegend besondere Modi – wiederum in gewisser Weise vergleichbar mit den Kirchentonarten. Diese sind nicht in der ganzen Welt gleich, weisen aber häufig eine übermäßige Sekunde auf, die somit auch als typisch „arabisch" empfunden wird. Die zwölfteilige Textstruktur spiegelt sich in zwölf musikalischen Phrasen.

---

658 Für den islamischen Gebetsruf sind verschiedene Schreibweisen gebräuchlich, z. B. auch „*Adan*".
659 Vgl. den Abschnitt *Rezeption*.
660 Vgl. Küng 2010.
661 Die Ausführungen zu Musik und Islam sowie zum Aufbau des islamischen Gebetsrufs beruhen auf El-Mallah 2002 sowie MGG Islam.

Allahu Akbar, Allahu Akbar (2x)	Allah ist der Größte (2x).
Ashadu An La Illa-L-Lah (2x)	Ich bezeuge, dass es keine Gottheit außer Gott gibt. (2x)
Ashadu Anna Muhammadan Rasulu-I-Iah (2x)	Ich bezeuge, dass Mohammed der Gesandte Gottes ist. (2x)
Hayya Ala-s-salah (2x)	Auf zum Gebet! (2x)
Hayya Ala-l-Falah (2x)	Auf zum Heil! (2x)
Allahu Akbar (2x)	Allah ist der Größte. (2x)
La Illaha il la-lah	Es gibt einzig und allein Gott.

In Jenkins Partitur ist lediglich der Text abgedruckt. Das heißt, er überlässt die musikalische Gestaltung dem jeweiligen Muezzin, so wie es auch der Islam selbst vorschreibt. In der Videoeinspielung der Aufführung legt der Muezzin erkennbar die Hände an die Ohren, eine Tradition, die auch schon seit Mohammed überliefert sein soll: Bereits der erste Muezzin soll die Finger in die Ohren gesteckt haben, um seine Stimme damit besser produzieren zu können. Professionelle, musikalisch ausgebildete Muezzine haben bis heute diese Praxis übernommen.

Der künstlerisch unveränderte Gesang des islamischen Gebetsrufs wurde bei Aufführungen in deutschen Kirchen (z. B. im Berliner Dom im Jahr 2007) als sehr problematisch empfunden, da der Islam als missionierende Religion mit Absolutheitsanspruch agiert, dem man nur oberflächliche Toleranz nachsagt.[662] Zudem stellt der Text im Gegensatz zum nachfolgenden „Kyrie eleison", das als Bitte um Erbarmen vor den Folgen des Krieges gedeutet werden kann, eine Art islamisches Glaubensbekenntnis dar. Jenkins milderte diese Problematik in seiner Aufführung[663] insofern ab, als er während des Gebetsrufs auf der Videowand hinter den ausführenden Musikern Filmmaterial einspielen lässt, das betende Menschen unterschiedlicher Weltreligionen zeigt. Neben Muslimen sieht man Juden an der Klagemauer, Buddhisten sowie einen russisch-orthodoxen Priester. Das Schlussbild für diese Szene ist ein Minarett mit einem Kreuz im Vordergrund. Durch diese Bilderfolge nimmt Jenkins die musikalisch-textliche Dominanz des Islam in diesem Kompositionsabschnitt etwas zurück.

3.3. Kyrie

Im *Kyrie* verwendet Jenkins den Ordinariumstext in traditionell dreiteiliger Anlage: *Kyrie* I und *Kyrie* II rahmen das stilistisch andersartige „Christe eleison", das ein Zitat der fünfstimmigen *Missa L'homme armé* von Palestrina, dem Altmeister der Kirchenmusik, ist. Das *Kyrie* steht in diesem Zusammenhang als Bitte um Erbarmen vor Krieg und Gewalt

---

662 Vgl. dazu den Abschnitt Rezeption.
663 Jenkins Messe Aufnahme 2004.

Kurzanalyse der einzelnen Formabschnitte des Kyrie
Dauer des Satzes: 8:12 Minuten

Ab-schnitt	Takt	Besetzung	Chor	Musikalisches Material	Besonderheiten
Vorspiel	1–25	Fagott, Kontra-Fagott, Violoncello, Double Bass, Piccoloflöte, Flöte, Klarinette		ruhige Melodie mit vielen Sprüngen	beginnt mit tiefen Instrumenten, ab Takt 18 Holzbläser; *p*
Kyrie I A	26–41	Streicher	Sopran oder Solo-Sopran	16-taktige *Kyrie*-Melodie (zweimal acht), beginnend mit aufsteigender Quinte	Streicherbegleitung mit musikalischem Material, das später im vierstimmigen Chorsatz verwendet wird; *mp*
B	42–48	Streicher, Fagott	Sopran und Alt unisono	siebentaktige *Kyrie*-Melodie	Streicherbegleitung mit musikalischem Material, das später im vierstimmigen Chorsatz verwendet wird; *mf*
C	49–56	Streicher	Sopran oder Solo-Sopran	achttaktige *Kyrie*-Melodie; Variante von A	*mp*
D	57–63	Streicher, Fagott	Chor vierstimmig	siebentaktige *Kyrie*-Melodie; vgl. B	*mf*
E	64–75	Streicher	Chor vierstimmig, polyphon	vgl. A	*mp*; am Ende Generalpause
Christe F	76–104	Holzbläser, Pauke, Blechbläser und Horn (ab Takt 94)	Chor fünfstimmig (geteilter Tenor)	Ausschnitt aus Palestrinas fünfstimmiger *Missa l'homme-armé*	Duplizierung der Singstimmen in Instrumenten; Cantus-firmus-Ausschnitt in Tenor II; am Ende Generalpause; *mf*
Kyrie II G	105–120	Streicher, Surdo, Tom-Tom, Triangel, Chimes, Congas	Chor vierstimmig, späterer Basseinsatz (Takt 113)	vgl. A (mit mehr Instrumenten)	*mp*
H	121–127	tutti	Chor vierstimmig	vgl. B (mit mehr Instrumenten)	*mf*
I	128–135	reduziertes tutti	Chor vierstimmig	vgl. C	*mp*
J	136–142	tutti	Chor vierstimmig	vgl. D	*mf*
K	143–154	reduziertes tutti	Chor vierstimmig	vgl. E	*mp*

Die kurze, mit *Pietoso* (Fromm) überschriebene Instrumentaleinleitung beginnt düster mit tiefen Instrumenten. Daraus erhebt sich zunächst als Bitte eines Einzelnen die periodisch strukturierte und melodiös gestaltete *Kyrie*-Melodie, die danach von allen Chorsängern aufgegriffen wird.

Melodie im Sopran, Kyrie, Takt 26–33

In der Weiterführung spielt Jenkins mit verschiedenen Besetzungen, unterschiedlicher Dynamik und kleineren Variationen des musikalischen Materials. Das *Kyrie* II entspricht formal und analytisch dem *Kyrie* I, wird allerdings bezüglich der Instrumentierung deutlich gesteigert. So ergibt sich die formale Anlage A – B – A'.

Eine Besonderheit ist das wortgetreue Zitat des *Christe*-Teils aus Palestrinas fünfstimmiger *Missa L'homme armé* (gedruckt 1570).[664] Jenkins versieht das Original lediglich mit dynamischen Anweisungen, Tempoangabe und einer moderaten Instrumentierung, die die Chorstimmen dupliziert. Der Cantus firmus ist somit sowohl in den Vorimitationen der polyphon einsetzenden kontrapunktischen Stimmen wie auch in langen Noten im Tenor II (Ausschnitt) mit dem parodierten Ordinariumstext präsent. Das „Christe eleison" ist damit in besonderer Weise durch den Renaissance-Stil herausgehoben, was auch durch die Szenen der Videoeinspielung unterstrichen wird: Nur in diesem Abschnitt werden keine kriegerischen Handlungen gezeigt, sondern ausschließlich Bilder von Kirchen. Während des ersten *Kyrie*-Teils stehen die Rüstungs- und Stahlproduktion, Kriegsvorbereitungen und Propagandafilme verschiedener Völker im Mittelpunkt der Darstellung. Im abschließenden *Kyrie*-Teil ziehen Soldaten aller Heerteile in den Krieg und verabschieden sich von ihren Angehörigen. So steht der *Christe*-Teil als eine Art „Insel" in musikalischer und thematischer Hinsicht inmitten des Leids.

3.4. *Save Me from Bloody Men*

Nach islamischem Gebetsruf und christlichem *Kyrie* schließt sich eine Textkompilation mit Teilen aus Psalm 56 (55) und 59 (58)[665] an, deren Schluss zum Titel des Kompositionsabschnitts gewählt wurde. Gott wird vom betenden Psalmisten direkt angesprochen. Wüsste man aber nicht, dass der Text der Bibel entnommen ist, könnte es auch ein Gebet eines Kriegers mit einem anderen religiösen Bekenntnis sein.

---

664 Vgl. Palestrina Missa Partitur, S. 8–10, Takt 27–54 mit Abschnitt F des *Kyrie* bei Jenkins. Diese Messe Palestrinas ist zu unterscheiden von der vierstimmigen *Missa L'homme armé* von 1582.
665 Die Zahlen in Klammern geben die Psalmzählung der Vulgata an.

„Be merciful unto me, O God:
For man would swallow me up.
He figthing daily oppresseth me.

Mine enemies would daily swallow me up:
For they be many that fight
against me. O thou most high.
Defend me from them that
rise up against me.
Deliver me from the workers of iniquity,
And save me from bloody men."

„Sei mir gnädig, Gott:
Denn Menschen stellen mir nach.
Meine Feinde bedrängen mich Tag für Tag.
Täglich stellen meine Gegner mir nach:
Es sind viele, die mich
bekämpfen, höchster Gott.[666]
Beschütze mich vor denen,
die gegen mich aufstehen.
Entreiße mich den Ungerechten,
und rette mich vor den blutgierigen Männern."

Die kompositorische Gestaltung stellt den Abschnitt[667] deutlich in die christliche Tradition des Gregorianischen Gesangs: „A cappella in the style of Gregorian Chant".[668] Zwar notiert Jenkins den einstimmigen Gesang der Männer in konventioneller Schreibweise mit genauen Tonhöhen und wechselnden Taktarten, lehnt sich jedoch an die Gestaltungsweise einer Psalmodie an, indem er im Modus C-Äolisch die Verse immer wieder mit einer aufsteigenden Quinte *c-g* wie eine Art Initium beginnen lässt. Eine Repercussa wird allenfalls mit dem vermehrten Auftreten des Tones G angedeutet. Die Worte „*oppresseth*", „*daily*" und „*rise up*" hebt er durch ein Melisma hervor. Die Anrufung „*O thou most high*" wird durch eine nach oben gerichtete Melodieführung unterstrichen. Kurz vor Ende erschüttert ein Fortissimo-Schlag verschiedener Percussionsinstrumente den A-cappella-Vortrag.

In der Videoeinspielung werden Zeichen und Mächtige unterschiedlicher Herkunft gezeigt wie etwa die Römer, das Hakenkreuz, Neville Chamberlain und Winston Churchill, Ronald Reagan, Margret Thatcher, Ayatollah Khomeini, Saddam Hussein und George Bush Senior. Implizit wird dadurch die im *Kyrie* noch neutral formulierte Bitte um Erbarmen in eine Bitte um Schutz vor dem Feind respektive um Schutz vor der Macht der Mächtigen dieser Welt konkretisiert.

3.5. Sanctus

Jenkins vertont ein auch im Gottesdienst verwendbares *Sanctus* mit dem üblichen Ordinariumstext. Allerdings nimmt er einige Wiederholungen vor, die eine Art Rahmenform ergeben: *Sanctus – Pleni – Pleni* und *Gloria – Hosanna – Zwischenspiel – Pleni* und *Gloria – Hosanna – Sanctus*.

Der Text an sich bietet keine Anknüpfungspunkte an kriegerische Szenarien und hat den Lobpreis Gottes zum Thema. Musikalisch allerdings ist der Krieg gegenwärtig: Der in d-Moll gehaltene Satz arbeitet mit einem deklamatorisch homophonen Satz, der auf

---

666 Der erste Abschnitt ist Psalm 56 entnommen, der folgende Teil stammt aus Psalm 59. Beide sind als Gebete Davids um Schutz vor dem Feind einzuordnen.
667 Die Dauer des Abschnitts liegt bei 1'42 Minuten.
668 Vgl. Jenkins Messe Klavierauszug, S. 28.

dem durchgängig beibehaltenen Rhythmusmodell der Schlaginstrumente aufbaut und eine Art stoisches Voranschreiten eines Heeres impliziert. Unterstrichen wird dies durch einen unterbrochenen Quasi-Orgelpunkt auf *d*.

Trompetensignale und ein dominant punktierter Rhythmus unterstreichen den militärischen Impetus. Der Lobpreis Gottes im *Sanctus* wird quasi militärisch instrumentalisiert, wie es in der Geschichte der Menschheit immer wieder vorgekommen ist (beispielsweise bei den Kreuzzügen oder beim Dschihad). Auch das Video unterstreicht diese Deutung nochmals mit Bildern beispielsweise von Adolf Hitler, Bücherverbrennungen, UN-Soldaten in muslimischen Ländern, Jassir Arafat, Wasserwerfern gegen Demonstranten und anderem.

*Kurzanalyse der einzelnen Formabschnitte des **Sanctus***
Dauer des Satzes: 7:00 Minuten

Abschnitt	Takt	Besetzung	Chor	Musikalisches Material	Besonderheiten
Vorspiel	1–4	Surdo, Tom-Tom, Chimes, Violoncello, Double Bass		ständig durchlaufendes Ryhthmusmodell	Rhythmusmodell im gesamten Stück beibehalten
A	5–14	Trompete, Surdo, Tom-Tom, Chimes, Violoncello, Double Bass, Horn	*Sanctus*; vierstimmig, homophonakkordisch	Trompeten-Fanfaren im Dialog mit Chor	jeweils Wiederholungen Takt 5–8 und 9–12, *p*
B	15–25	Surdo, Tom-Tom, Chimes, Streicher	*Pleni*; vierstimmig, homophon, Bass mit *Sanctus*		*p*
C	26–39	vgl. B	*Pleni*; vierstimmig, homophon, erweitertes *Gloria*		*mp*
D	40–49	Holz- und Blechbläser, Pauke, Surdo, Tom-Tom, Becken, Chimes, Streicher	*Hosanna*-Rufe	fanfarenartige Bläsermotivik; abschließende Fanfare mit allen Instrumenten	*f-ff*
E	50–60	Oboe, Englischhorn, Klarinette, Surdo Tom-Tom, Chimes, Streicher		*Pleni*-Motivik aus Chor in Holzbläsern und Streichern	rein instrumental; *p*
F	61–74	Surdo, Tom-Tom, Chimes, Streicher, Horn	*Pleni*	vgl. C	*mp*
G	75–84	Holz- und Blechbläser, Pauke, Surdo, Tom-Tom, Becken, Chimes, Streicher	*Hosanna*	vgl. D	Wiederholung Takt 75–82, *f-ff*

Ab-schnitt	Takt	Besetzung	Chor	Musikalisches Material	Besonderheiten
H	85–91	Bassklarinette, Fagott, Kontra-Fagott, Trompete, Surdo, Tom-Tom, Becken, Chimes, Viola, Violoncello, Double Bass	*Sanctus*; Bass antwortet	vgl. A modifiziert	Wiederholung Takt 85–88, *p*

3.6. Hymn before Action

Die *Hymn before action* ist ein sechsstrophiges Gedicht des englischen Literaturnobelpreisträgers Rudyard Kipling (1865–1936). Kipling wurde durch sein *Jungle Book* weltberühmt, hat aber auch viele Werke für Erwachsene geschrieben.[669] Jenkins verwendet nur die ersten beiden Strophen des Gedichts. Diese sollen denen, die in die Schlacht ziehen, Mut machen. Gott wird um Beistand angerufen.

„The earth is full of Anger,
The seas are dark with wrath,
The Nations in their harness
Go up against our path:
Ere yet we loose the legions
Ere yet we draw the blade,
Jehova of the Thunders,
Lord God of Battles, aid!
High lust and froward bearing,
proud heart rebellious brow,
Deaf ear and soul uncaring,
We seek Thy mercy now!
The sinner that forswore Thee,
The fool that passed Thee by,
Our times are known before Thee,
Lord grant us strength to die!"

„Die Erde ist voll Wut,
die Meere sind dunkel voll Zorn,
die Nationen in ihrem Pferdegeschirr
stellen sich uns in den Weg:
Noch bevor wir die Legionen loslassen
noch bevor wir die Klinge zücken,
Jehova, Herr der Donner,
Herr, Gott der Schlachten, hilf!
Großer Eifer und eigensinniges Verhalten,
stolzes Herz, rebellische Stirn,
Taubes Ohr und gefühllose Seele,
suchen wir Deine Gnade jetzt!
Der Sündige, der Dir abgeschworen hat,
Der Narr, der an Dir vorbeigegangen,
Unsere Zeiten sind Dir bekannt,
Herr, gewähre uns Kraft zu sterben!"

---

669 Vgl. Ousby 1988, S. 545–546.

Kurzanalyse der einzelnen Formabschnitte von **Hymn before Action**
Dauer des Satzes: 2:38 Minuten

Abschnitt	Takt	Besetzung	Chor	Musikalisches Material	Besonderheiten
Vorspiel	1–4	Holz- und Blechbläser, Pauke, Becken, Streicher		zweimalige instrumentale Vorwegnahme von Takt 5–6	
A	5–20	s. o.	Strophe 1, homophon, vierstimmig	melodiös, choralartig, wichtig: punktierter Rhythmus	zwei achttaktige Perioden
B	21–28	s. o.		Material verwandt A	rein instrumental
C	29–44	s. o.	Strophe 2, homophon vierstimmig		vgl. A
D	45–48	s. o.	s. o.		quasi zweimalige Wiederholung von Takt 43–44

Der hymnisch-homophone Chorsatz in As-Dur im romantischen Kompositionsstil stellt eine emphatische Einschwörung auf den Kampf dar. Choralartig scheinen sich die in den Kampf Ziehenden Mut zu machen, was durch die umfassende Instrumentierung und den immer wieder verwendeten punktierten Rhythmus unterstrichen wird. Im Video werden beispielsweise vor dem Krieg Fliehende und Fallschirmspringer gezeigt.

3.7. Charge!

Zur Darstellung der Angriffsszenerie und der dazugehörenden Kriegsgesänge verwendet Jenkins Textvorlagen zweier englischer Barock-Dichter: Ausschnitte aus John Drydens (1631–1700) „A Song for St. Cecilias Day" aus dem Jahr 1687 (Stanza 3)[670] thematisieren den Ruf zu den Waffen, der durch Trompete und Trommel musikalisch unterstützt wird. Der Beginn von Jonathan Swifts (1667–1745) „To the Earl of Oxford" aus dem Jahr 1716 (aus: *Horace*, Book III, Ode II)[671] hingegen steht als Segensgebet für die Männer, die für ihr Land kämpfen, zwischen den Dryden-Abschnitten. Zielpunkt ist der Ruf zum Angriff – „Charge".

---

670 Vgl. Ousby 1988, S. 294–296.
671 Vgl. ebd., S. 962–964.

Dryden:
> „The trumpets loud Clangor
> Excites us to Arms,
> With shrill notes of anger
> and mortal alarms."

> „Der laute Schall der Trompeten
> bewegt uns zu den Waffen zu greifen,
> mit schrillen Tönen der Wut
> und des tödlichen Alarms."

Swift:
> „How blest is he who
> For his country dies."

> „Gesegnet ist der,
> Der für sein Land stirbt."

Dryden:
> „The double double beat
> Of the thundering drum
> Cries Hark! The foes come.
> Charge, charge,
> its too late to retreat."

> „Der doppelte doppelte Schlag
> der donnernden Trommel
> Schreit. Hört, die Feinde kommen.
> Angriff! Vorwärts!
> Zu spät zum Rückzug."

Swift:
> „How blest is he who
> For his country dies.

> „Gesegnet ist der,
> Der für sein Land stirbt.

Dryden:
> „Charge, charge."

> „Angriff! Vorwärts!"

Kurzanalyse der einzelnen Formabschnitte von **Charge!**
Dauer des Satzes: 7:26 Minuten

Ab-schnitt	Takt	Besetzung	Chor	Musikalisches Material	Besonderheiten
0	1–18	Trompete, Posaune, Horn, Snare-Drum, Tom-Tom, Bass-Drum, Kit		Blechbläser-Fanfaren, Zusammenklang und melodische Führung häufig durch Quarten und Sekunden geprägt; rhythmisch prägnant; dazu Percussion	instrumental; als Steigerung angelegt, häufig personante Klänge
A	19–33	wie in 0 und Violoncello, Double Bass, Bassklarinette, Fagott, Kontra-Fagott, Pauke		Material wie 0, jedoch gesteigert	instrumental

Ab-schnitt	Takt	Besetzung	Chor	Musikalisches Material	Besonderheiten
B	34–57	wie A und alle Streicher und Holzbläser	vierstimmig	personant, Holzbläser und Streicher im Wesentlichen als Chorbegleitung, dazu Trompeten-Fanfaren und Percussion	Dryden; zweimal achttaktige Periode als Art Kampflied und achttaktiges instrumentales Zwischenspiel
C	58–71	zusätzlich Piccoloflöte	dreistimmiger Frauenchor	Begleitung vor allem rhythmisch geprägt zu choralartigem Gesang	Swift; als Steigerung angelegt
D	72–85			Material wie A	instrumental
E	86–101	Streicher, Blechbläser, Percussion wie bisher; nur tiefe Holzbläser	vierstimmig	Material wie B, etwas geänderte Rhythmisierung durch anderen Text	Dryden
F	102–115	wie C	dreistimmiger Frauenchor	wie C	Swift
G	116–131	wie G	vierstimmig	wie G	Dryden
H	132–146	größte bisherige Besetzung	vierstimmig	Takte rhythmisch identisch, nur harmonisch geändert; hinzugefügt zwei Takte nur Pauke A	„Charge"-Rufe
I	147–157	alle Holz- und Blechbläser, Streicher, Tom-Tom, Taiko, Bass-Drum, Suspended Cymbal	vierstimmig	Cluster in Haltetönen; geteilte Streicher: chromatische 16tel-Bewegung	freie Chorglissandi; „Convey horror!"; Steigerung von p bis fff in J
J	158		vierstimmig besetzt	Haltetoncluster, Fermate	fff
K	159				Generalpause; 30"silence
L	160–192	Trompete: „Either Bugle or off stage Trumpet"			nur Trompete: „The last post": Zapfenstreich
M	193–207	Streicher ohne Viola, Bassklarinette, Fagott, Kontra-Fagott, Trompete		Trompeten-Melodie weitergeführt; Haltetonbegleitung mit Harmoniewechseln	

Mittels schnellen Trompeten- und Posaunenfanfaren, die sowohl im Zusammenklang als auch in der melodischen Führung vor allem durch Quarten und Sekunden geprägt sind und durch entsprechende Schlagwerkbegleitung werden die Krieger – durchaus szenenartig ausgestaltet – zu den Waffen und zum Angriff gerufen. Immer mehr Instrumente treten hinzu und bereiten den Choreinsatz vor. In einer Art „Kriegslied" in eingängiger, achttaktiger Periodik scheinen sich die Soldaten gegenseitig Mut zum Kampf zuzusprechen. In der ersten Strophe mit Textausschnitten Drydens steht der Klang der Trompeten im Vordergrund. In der zweiten Strophe, die auch nochmals wiederholt wird, wird die Trommel Mittelpunkt des Geschehens. Dies greift Jenkins auch musikalisch auf, in dem er den „*Double Beat*" der Trommel, der im Text explizit genannt wird, auch musikalisch als „Double Beat" genau an der entsprechenden Textstelle einsetzt.[672]

Unterbrochen werden die Dryden-Strophen zweifach durch den sphärisch anmutenden dreistimmigen Frauenchorgesang auf den Text Swifts. „Gesegnet seien die Männer, die für ihr Land sterben" – damit ist der gedankliche Schritt zum Martyrium, zu den Kreuzzügen oder zum Dschihad nicht mehr weit. Auch wenn der Frauenchorklang choralartig in hoher Lage in einer anderen Sphäre angesiedelt scheint, bleibt die instrumentale Ausgestaltung doch sehr dem Kriegsgeschehen durch Schlagwerk, Trompetensignale und deutliche dynamische Steigerung verhaftet. In Abschnitt H mündet das Geschehen in Angriffsrufe („*Charge*"), die fast bis zum Unerträglichen gesteigert werden. Nach Generalpause und Paukenüberleitung bricht der Kampf aus, was sich musikalisch in Clustern der Instrumente und freien Glissandi des Chores manifestiert. Neben der reinen singtechnischen Anweisung für das Chor-Glissando gibt Jenkins dabei noch eine Art Regieanweisung: „Convey horror!" – „Vermittle Schrecken!". Nach der Steigerung bis zum dreifachen Forte ist der Kampf vorbei (Generalpause). Mit dem Trompetensignal aus dem Hintergrund werden die noch lebenden Kämpfer wieder zurückgerufen („*Last Post*" – „Zapfenstreich", eventuell mit Feldtrompete zu spielen!).

Bezüglich der Videoeinspielungen ist erwähnenswert, dass der Abschnitt mit der Abbildung der Friedenstaube beginnt. Danach werden dem Zuschauer Angriffs- und Verteidigungsszenen verschiedenartiger Kriege und Jahrhunderte in ungeordneter Reihenfolge gezeigt: z. B. Szenen aus Vietnam, Korea, Afghanistan, dem Irak, dem Zweiten Weltkrieg, Flakabwehr, Landser, Ritter, Infanterie, Marine, Flieger, Speere, MGs, Mittelstreckenraketen. Zum Geschrei des Abschnitts I werden die einstürzenden Twin-Tower New Yorks vom 11. September 2001 gezeigt, einem Geschehen, das erst nach der Komposition des Werkes Wirklichkeit wurde und somit die anhaltende Aktualität des Werkes unterstreicht.

3.8. *Angry Flames*

Auf ein Kriegsereignis und vor allem auf dessen Folgen legen Wilson und Jenkins durch die Textauswahl ein besonderes Augenmerk: auf die Geschehnisse beim Abwurf der ersten Atombombe auf Hiroshima. Der japanische Dichter Toge Sankichi (1917–1953) schrieb nach dem eigenen Erleben des Atombombenabwurfs das Gedicht „*Angry Flames*", welches in der englischen Übersetzung von Richard H. Minnear Eingang in Jenkins Werk fand.

---

672 Vgl. Takt 87–89, 91–93, 117–119, 121–123.

Das zweistrophige Gedicht beschreibt zunächst das Aussehen des Atompilzes und seine Auswirkungen in einer Sprache, bei der man als Unwissender zunächst an die Beschreibung eines schönen Naturereignisses denken könnte. Erst in der zweiten Strophe wird die todbringende Wirkung für die dort Lebenden in erschreckender Weise verdeutlicht:

„Pushing up through smoke	*„Nach oben drängend durch Rauch*
From a world half darkened	*Aus einer halbverdunkelten Welt*
By overhanging cloud,	*Durch eine überhängende Wolke,*
The shroud that mushroomed out	*Der Schleier, der sich pilzförmig ausbreitete*
And struck the dome of the sky,	*und durch das Himmelsgewölbe schlich,*
Black, Red, Blue,	*Schwarz, Rot, Blau,*
Dance in the air,	*Tanz in der Luft,*
Merge,	*Verschmelze,*
Scatter glittering sparks	*Sprühe glitzernde Funken*
already tower	*sie überragen schon*
over the whole city.	*die ganze Stadt.*
Quivering like seaweed	*Zitternd wie Seegras*
The mass of flames spurts forward.	*Die Masse der Flammen spritzt hervor.*
Popping up in the dense smoke,	*Auftauchend im dichten Rauch,*
Crawling out	*krabbeln heraus*
Wreathed in fire,	*sich windend im Feuer,*
Countless human beings on all fours	*unzählige menschliche Gestalten auf allen Vieren*
In a heap of embers	*In einem Haufen von Asche*
that erupt and subside,	*die aufflammt und wieder versinkt,*
Hair rent,	*mit zerrissenem Haar,*
rigid in death,	*todesstarr,*
There smoulders a curse."	*Dort glimmt ein Fluch."*

Kurzanalyse der einzelnen Formabschnitte von **Angry Flames**
Dauer des Satzes: 4:44 Minuten

Ab-schnitt	Takt	Besetzung	Chor	Musikalisches Material	Besonderheiten
Vorspiel	1–10	Violine I und II, Trompete, D-Bell, Mark-Tree, Wind-Chimes		*D*-Liegetöne in allen Instrumenten außer Trompeten, polyphone Melodik in Trompeten, d-Moll-Bezug	
A	11–22	Streicher, Trompete; Alt- und Sopran-Solo	ein Tutti-Akkord	Streicher nur *D*-Liegetöne; Solostimmen rezitativisch; Trompeten auf Solostimmen „antwortend"	Strophe 1, bis Zeile 8

Ab-schnitt	Takt	Besetzung	Chor	Musikalisches Material	Besonderheiten
B	23–27	Bass-Solo	ein Tutti-Einwurf, unisono	Material wie A	Strophe 1, Zeile 9–11; Strophe 2, Zeile 1–2
C	28–38	Sopran- und Tenor-Solo	ein Tutti-Einwurf, unisono	Material wie A	Strophe 2, Zeile 3–5
D	39–44	Sopran-, Alt-, Tenor- und Bass-Solo	ein Tutti-Akkord	Material wie A	Strophe 2, Zeile 6–10

Die Vertonung des Hiroshima-Gedichts zeichnet sich durch eine besondere Sparsamkeit der Mittel aus: Dominierend ist der Liegeton *D* in verschiedenen Lagen und Instrumenten, zu dem zunächst die Trompeten mit einer weichen d-Moll-Melodie hinzutreten. Ab Abschnitt A übernehmen Solisten verschiedener Lagen (auch Chorsolisten möglich) rezitativisch die Ausgestaltung des Textes und treten dabei immer wieder musikalisch in Dialog mit den Trompeten. Mittels weniger Choreinwürfe werden bestimmte Worte besonders hervorgehoben („*Merge*", „*over the whole city*", „*fours*", „*death*"). Auch in den solistischen Abschnitten erfahren einzelne Wortbedeutungen eine spezifische musikalische Umsetzung, z. B. der Hochton bei „*sky*" (Takt 17), die chromatisch nach unten geführte Melodie bei „*Crawling*" (Takt 33) sowie das „Aufflammen der Asche" – „*erupt*" durch ein aufsteigendes Trompetensignal (Takt 40).

Nach den Kriegshandlungen im letzten Abschnitt wird der Hörer nun mit den Folgen des Krieges konfrontiert. Die Kriegshandlungen scheinen beendet, was auch durch das Läuten der Glocken auf der CD-Einspielung unterstrichen wird. Dieses volle Glockengeläut findet sich nur sehr verkürzt in der Partitur wieder (als „Bell in D") und ist demnach eine von Jenkins autorisierte Ergänzung. Das im *Lagrimoso* fast erstarrte Stück wird ergänzt durch Videoeinspielungen zerbombter Städte, rauchender Ruinen sowie dem Atompilz über Hiroshima und dessen Folgen für die betroffenen Menschen.

3.9. *Torches*

Der mit dem letzten Wort des ausgewählten Gedichts betitelte Abschnitt verwendet einen ins Englische übersetzten Textausschnitt[673] des *Mahabharata*, dem größten indischen Volksepos. Dieses über mehrere Jahrhunderte entstandene Heldenepos gilt zugleich als religiöse wie auch philosophische Schrift hinduistischer Provenienz. Der verwendete Ausschnitt ist dem ersten von 18 Büchern entnommen und entstand etwa im sechsten Jahrhundert vor Christus.[674] Der Text thematisiert die Leiden verbrennender Tiere, die in ihrer Reaktionsweise auf das schreckliche Geschehen fast menschlich wirken:

---

673 Die Übersetzung lautet: Board of Trustees of the Armouries.
674 Vgl. Jenkins Messe Klavierauszug, S. 73.

„The animals scattered	„Die Tiere jagten in alle
in all directions,	Richtungen auseinander,
screaming terrible screams.	schreckliche Schreie schreiend.
Many were burning	Viele brannten,
others were burnt.	andere wurden verbrannt.
All were shattered and	Alle wurden zerschlagen und
scattered mindlessly,	liefen kopflos umher,
their eyes bulging.	Ihre Augen quollen hervor.
Some hugged their sons,	Einige umarmten ihre Söhne,
Others their fathers and mothers,	andere ihre Väter und Mütter,
unable to let them go,	unfähig sie loszulassen,
and so they died.	und so starben sie.
Others leapt up in their thousands,	Andere sprangen zu Tausenden auf,
faces disfigured	mit entstellten Gesichtern
and were consumed by the fire,	und wurden vom Feuer verzehrt,
Everywhere were bodies	überall waren Körper,
Squirming on the ground,	die sich auf dem Boden wanden,
wings, eyes and paws all burning.	Flügel, Augen und Pfoten brannten.
They breathed their last	Sie taten ihren letzten Atemzug
as living torches."	als lebende Fackeln."

Kurzanalyse der einzelnen Formabschnitte von **Torches**
Dauer des Satzes: 2:58 Minuten

Ab-schnitt	Takt	Besetzung	Chor	Musikalisches Material	Besonderheiten
Vorspiel	1–6	tutti mit Bass-Drum, Floor-Toms, Becken, Surdo, Taiko		Takt 1–4: Clusterakkorde (*Es* über *e*, *C* über *cis*), **ff**; Takt 5–6: a-Moll, synkopischer Begleitrhythmus, **p**	**fff**
A	7–14	Streicher, Englischhorn	vierstimmig, häufig nur eine Stimme rezitativisch auf einen Ton (oft *e*)	Streicher: wie Takt 5/6; Englischhorn auf Chor „antwortend"	Zeile 1–8; **mp**; ostinat synkopischer Begleitrhythmus (bis Ende)
B	15–26	wie A	wie A, Verdichtung	wie A, Verdichtung	Zeile 9–20 (ohne „torches"); **mp**
C	27–30	wie Vorspiel	unisono *h*		dreimal „Torches"; **ff**, diminuendo al niente

Attacca schließt sich an *Angry Flames* das vom Affekt her verwandte und mit *Angoscioso* – beklemmend, angstvoll oder auch quälend – überschriebene *Torches* an. Vier im dreifachen Forte gespielte Cluster eröffnen ein Schreckensszenario, das durch den ostinatsynkopierten Rhythmus der Streicher ab Takt 5 unausweichlich erscheint und trauermarschartige Züge erhält. Auf einem einzigen Ton (*e*) rezitieren zunächst Chor-Alt und

Chor-Sopran „eintönig" wie in einer Art Schockzustand den Text des Epos, immer wieder beantwortet durch andere Stimmen in unisono. Zielpunkt des Abschnitts sind die „lebenden Fackeln" – „*Torches*", welche Fortissimo und unisono auf *h* vom Chor förmlich herausgeschrien werden, bevor das Begleit-Ostinato im Nichts verebbt.

Der Zuhörer wird mit Bildern vieler Toter, Leichenverbrennungen, Krematorien und kriegsgeschädigter Kinder konfrontiert. Am Ende verweist das Bild des Sonnenuntergangs auf ein Ende, das vielleicht wieder einen neuen Morgen gebiert.

3.10. Agnus Dei

Nach den Schrecknissen von Krieg und Zerstörung schließt sich das *Agnus Dei* in der traditionellen Fassung als Bitte der Menschen um Erbarmen und Frieden an. Allerdings wird das *„miserere nobis"* lediglich einmal gesungen, das *„Agnus Dei"* sehr häufig wiederholt und mit dem sogar zweifach vorkommenden *„dona nobis pacem"* beendet. So ergibt sich nicht die für das *Agnus Dei* sonst übliche dreiteilige Anlage. Der Schwerpunkt der Aussage wird dadurch – passend zur Gesamtkonzeption des Werkes – auf die Bitte um Frieden gelegt.

Erschien der ostinat durchlaufende Rhythmus in *Torches* noch als bedrohlich, empfindet man die durchlaufend akkordische Begleitung in Viertelnoten im *Agnus Dei* eher als versöhnlich. Versöhnlich ist auch die Grundstimmung des Abschnitts, der durch melodische Schönheit und angenehme Harmoniefolgen besticht.

Melodie im Sopran, Agnus Dei, Takt 2–4

Die Weichheit der Streicher con sordino verbindet sich mit melodiös einstimmiger oder polyphoner Führung der Chorstimmen zur formalen Anlage O–A–B–A' (entspricht der Abschnittszählung O–A–B–C). Lediglich kurze, weiche, fanfarenartige Trompeteneinwürfe erinnern noch von Ferne an das Kriegsgeschehen, das nun wie weggewischt erscheint. Auch die Bilderfolge der Videoeinspielungen zeigen wieder Hoffnungsschimmer nach erlebtem Leid: Blumenwiesen, geordnete Gräberfelder und Mohnblumen führen bei der gesungenen Bitte um Frieden zu einer Darstellung eines Kreuzes mit der Sonne im Hintergrund – Symbol für ein wiedererwachendes Leben.

*Kurzanalyse der einzelnen Formabschnitte des **Agnus Dei***
Dauer des Satzes: 3:39 Minuten

Ab-schnitt	Takt	Besetzung	Chor	Musikalisches Material	Besonderheiten
0[675]	1–18	Horn, Posaune, Tuba, Streicher con sordino	Takt 1–8 nur Sopran, danach vierstimmig polyphon	Bläser mit in Vierteln durchlaufenden Akkorden, Streicher und Horn duplizieren Chorstimmen	*Agnus Dei* I; **pp-p**
A	19–26	wie 0 ohne Horn	Sopran und Tenor teilweise unisono, vierstimmig polyphon	Bläser mit in Vierteln durchlaufenden Akkorden, Streicher duplizieren Chorstimmen	nur „Agnus Dei"
B	27–44	wie 0	Chor unisono und polyhon	wie 0 = 0'	*Agnus Dei* III (mit *Dona*); Takt 28 und 32 Trompeten-Fanfare
C	45–52	wie A	Chor unisono, entspricht Takt 27–34	wie A = A'	*Agnus Dei* III (mit *Dona*); Takt 46 und 50 Trompeten-Fanfare

3.11. *Now the Guns Have Stopped*

Das Gedicht Guy Wilsons (*1950) rückt die Sicht der Überlebenden ins Blickfeld des Geschehens. Vorbei der Krieg, verloren der Freund, muss der Zurückgebliebene mit den Wunden des Krieges wieder leben lernen wie zuvor – eigentlich ein unmögliches Unterfangen. Der Einsamkeit des Überlebenden wird die Einsamkeit des Verstorbenen im Grab gegenübergestellt.

„Silent, so silent, now,	„Still, so still, jetzt,
Now the guns have stopped.	Nun haben die Waffen gestoppt.
I have survived all,	Ich habe alles überlebt,
I who knew I would not.	Ich, der dachte, ich würde es nicht.
But now you are not here.	Aber du bist nicht mehr hier.
I shall go home, alone;	Ich werde nach Hause gehen, alleine;
And must try to live life as before	Und muss versuchen mein Leben wie zuvor zu leben
And hide my grief.	und meine Trauer zu verbergen.
For you, my dearest friend,	Für dich, mein liebster Freund,
who should be with me now,	der jetzt bei mir sein sollte,
Not cold, too soon,	nicht kalt, zu früh,
And in your grave, Alone."	und in deinem Grab, alleine."

---

675 Da die Abschnittsbenennung A, B, C von der Partitur übernommen werden konnte, wurde der erste, unbenannte Abschnitt mit 0 bezeichnet.

Kurzanalyse der einzelnen Formabschnitte von **Now the Guns Have Stopped**
Dauer des Satzes: 3:25 Minuten

Ab-schnitt	Takt	Besetzung	Solo	Musikalisches Material	Besonderheiten
Vorspiel	1–10	Streicher ohne Kontrabass, con sordino		Quartettsatz; hohe Lage, Violine I und Viola unisono	instrumental
A	11–28	wie Vorspiel	Sopran- oder Alt-Solo; rezitativisch, Zentralton e	Haltetöne und motivisches Material aus Vorspiel in Streichern	a-Moll

Der tödlichen Ruhe nach dem Kampf und sicherlich auch der inneren Leere der Überlebenden entsprechend intonieren ausschließlich die Streicher in hoher Lage und con sordino einen langsamen Quartettsatz. Einsam setzt ein Frauensolo zunächst nur auf dem Ton *e* rezitierend über Haltetönen der Streicher ein und entwickelt sich in nur 28 Takten im Dialog mit den Instrumenten zu einem ergreifenden Trauergesang für den verstorbenen Freund. Leere Helme, verzweifelte Überlebende, Soldaten, die ihren Kameraden helfen wollen, unterstreichen auch bildlich die Aussage von Text und Musik.

3.12. *Benedictus*

„*Gepriesen, der kommt im Namen des Herrn*" – so wird der Einzug des Friedenskönigs in der Messe besungen – ein deutlicher Kontrast zum „*How blest is he who for his country dies*" aus *Charge*. Dieser Kontrast erklärt vermutlich auch den „falschen Ort" des vollständigen *Benedictus*-Textes innerhalb der Komposition, der traditionell nach dem *Sanctus* und vor dem *Agnus Dei* gesungen werden müsste.

Das *Benedictus* in freundlichem und warmem D-Dur[676] beginnt mit einem langen instrumentalen Einleitungsteil, in dem musikalisch *Benedictus* und *Hosanna* vorweggenommen werden. Die Rolle der Stimmen antipiziert dabei ein Solo-Violoncello, das über Liegetönen der anderen Streicher eine emotional ergreifende Melodie erstehen lässt. Dabei dominiert zunächst ein Motiv (später mit dem *Benedictus*-Text versehen), das aus auf- und absteigenden gebrochenen Akkorden besteht.

---

[676] Interessanterweise gilt D-Dur traditionell als Tonart, mit der Könige begrüßt werden, was auch im Falle Jesu und seinem Einzug nach Jerusalem so verstanden werden kann.

*Kurzanalyse der einzelnen Formabschnitte des **Benedictus***
Dauer des Satzes: 7:36 Minuten

Ab-schnitt	Takt	Besetzung	Chor	Musikalisches Material	Besonderheiten
0	1–18	Streicher, Violoncello solo		Violoncello solo Vorwegnahme *Benedictus*-Melodie (zwei gebrochene Akkorde auf- und absteigend als Hauptmotiv); Streicher akkordische Begleitung	instrumental
A	19–26	wie A plus Flöte, Oboe, Horn		Violoncello solo Vorwegnahme *Hosanna*-Melodie (Pendelmotiv mit offener oder schließender Endung); dazu *Benedictus*-Motiv in Holzbläsern	instrumental
B	27–38	wie 0			instrumental
C	39–54	wie 0	vierstimmiger Chor	Material wie 0	*Benedictus*; müsste formal eigentlich in Takt 37 beginnen
D	55–62	tutti, Schlagwerk: Tenor-Drum, Bass-Drum, Surdo, Tom-Tom, Becken	vier vierstimmige „Hosanna"-Rufe	Material wie A, akkordische Begleitung; Chorverdopplung in Holzbläsern; *Benedictus*-Motiv als Fanfare in Trompete und Posaune	*Hosanna*; Trompete und Posaune mit *Benedictus*-Motiv Takt 56, 58, 60
E	63–75	wie 0	vierstimmig	Material wie 0, C'; Chorstimmen im Dialog mit Violoncello solo (*Benedictus*-Motiv)	*Benedictus*, Stimmen und Violoncello solo im Dialog

Melodie, Sopran, Benedictus, Takt 39–40

Im A-Teil wird der *Hosanna*-Abschnitt musikalisch vorgestellt. Die pendelartig gestaltete *Hosanna*-Melodik verbleibt im Solo-Violoncello und wird dem *Benedictus*-Motiv,[677] das nun in den Holzbläsern auftritt, gegenübergestellt. Der rein instrumentale Teil endet mit dem *Benedictus*-Abschnitt, so dass eine Dreiteiligkeit entsteht, die in der Folge nochmals mit Chor quasi wiederholt wird. Die Melodik wird dabei zunächst den Chorstimmen übertragen, gegen Ende des Stücks entsteht jedoch ein reizvoller Dialog zwischen Chor und Solo-Violoncello.

---

677 Das *Benedictus*-Motiv und das dazugehörende musikalische Material verwendet Jenkins auch in *The Eternal Knot*.

Während beim Erklingen der *Benedictus*-Abschnitte noch viele „Nachwehen" des Krieges mittels Videoeinspielungen gezeigt werden (z. B. Flüchtlingstrecks, Gefangene und Verletzte in Lagern, Ausgebombte, eine KZ-Befreiung), steht während des *Hosannas* die Hoffnung und der Wiederaufbau im Vordergrund (Weltraumaufnahme des Erdballs, Wiederaufbau, Trümmerfrauen, Landschaft). So wird das *Benedictus* auch im Gesamtzusammenhang dieser Komposition zum Ausdruck der Hoffnung auf eine bessere Zeit und ein friedvolles Zusammenleben – wie auch schon der Einzug Jesu nach Jerusalem, der mit dem „*Benedictus*"-Ruf als neuer Messias gefeiert wurde.

3.13. *Better Is Peace*

Der letzte Abschnitt der Komposition ist textlich und musikalisch Zielpunkt und Zusammenfassung des Werks. Bereits der Titel *Better Is Peace* unterstreicht nochmals das Motto der gesamten Komposition: *A Mass For Peace*.

Wieder kombiniert Jenkins Texte verschiedenster Provenienz zu einer Einheit. Zu Beginn zitiert er aus Sir Thomas Malorys (um 1405–1471) „*Le Morte d'Arthur*" (aus *Book of King Arthur*), einem der größten mittelalterlichen Prosawerke über den Artus-Stoff.[678] Dabei fungieren Lancelot, einer der sagenhaften Ritter der Tafelrunde und Guinevere, die Gattin König Artus, die auch die Geliebte Lancelots gewesen sein soll, als „Sprecher", wobei dies weiter keine Bedeutung für Jenkins Werk zu haben scheint als die eines Zitats. Kontrastierend dazu erklingt nochmals der „*L'homme armé*"-Text, der ebenfalls dem Werk bei der Namensgebung Pate stand: *The Armed Man*. Der Glaube an den Frieden bricht sich Bahn in einer Art Freudengesang mit den Strophen zwei, sieben und acht aus Alfred Lord Tennysons (1809–1892) Gedicht „*Ring Out, Wild Bells*", das er nach dem frühen Tod eines Freundes verfasst hat.[679] Das Alte, Schreckliche, Krieg, Krankheit und Tod werden dem Vergessen anheim gegeben. Frieden, Freude und der neue Christus werden eingeläutet. Mehr tröstlicher als krönender Abschluss bildet Vers vier aus dem vorletzten Kapitel[680] der Offenbarung des Johannes, in dem dem Gläubigen das Trocknen aller Tränen, das Ende allen Leids sowie der Sieg über den Tod zugesagt wird. Das „*Praise the Lord*" wird ergänzt und erhält durch die achtmalige Wiederholung ein besonderes Gewicht.

<u>Malory</u>
Lancelot:
  „*Better is peace than always war,*"
Guinevere:
  „*And better is peace than evermore war.*"

Lancelot:
  „*Frieden ist besser als ständiger Krieg,*"
Guinevere:
  „*Und Frieden ist besser als immer wieder Krieg.*"

<u>Anonymus</u>
„*L'homme armé*

„*Den bewaffneten Mann*

---

678 Vgl. Ousby 1988, S. 629.
679 Vgl. ebd., S. 978–980.
680 Vgl. Off 21,4.

Doit on douter.	*Muss man fürchten.*
On a fait partout crier,	*Man hat überall ausrufen lassen,*
que chacun se viegne armer	*dass ein jeder sich wappnen soll*
d'un haubregon de fer."	*mit einem Panzerhemd aus Eisen."*

<u>Tennyson</u>

„*Ring out the thousand wars of old.*	„*Läutet die tausend alten Kriege aus,*
Ring in the thousand years of peace.	*läutet tausend Jahre Frieden ein.*
Ring out the old, ring in the new,	*Läutet das Alte aus, läutet das Neue ein,*
Ring happy bells across the snow.	*Läutet, fröhliche Glocken über dem Schnee.*
The year is going, let him go,	*Das Jahr geht, lasst es gehen.*
Ring out the false, ring in the true.	*Läutet das Falsche aus, läutet die Wahrheit ein.*
Ring out old shapes of foul disease.	*Läutet die alten Formen übler Krankheiten aus.*
Ring out the narrowing lust of gold;	*Läutet die beschränkende Gier nach Gold aus;*
Ring out the thousand wars of old,	*läutet die tausend alten Kriege aus,*
Ring in the thousand years of peace.	*läutet tausend Jahre Frieden ein.*
Ring in the valient man and free,	*Läutet den tapferen, freien Mann ein,*
The larger heart, the kindlier hand.	*Das großzügigere Herz, die gütigere Hand.*
Ring out the darkness of the land,	*Läutet die Dunkelheit des Landes aus,*
Ring in the Christ that is to be."	*Läutet den kommenden Christus ein."*

<u>Offenbarung</u>

„*God shall wipe away all tears*	„*Gott wird alle Tränen wegwischen,*
And there shall be no more death,	*der Tod wird nicht mehr sein,*
Neither sorrow nor crying,	*weder Schmerz, noch Weinen,*
Neither shall there be anymore pain.	*noch irgendein Leiden.*
Praise the Lord."	*Preist den Herrn."*

Kurzanalyse der einzelnen Formabschnitte von **Better Is Peace**
Dauer des Satzes: 9:33 Minuten

Abschnitt	Takt	Besetzung	Chor	Musikalisches Material	Besonderheiten
Vorspiel	1–15	Holzbläser, Tambourim, Tenor-Drum, Tambourine		vier Takt nur Percussion; Rhythmus-Ostinato vgl. Beginn des Werks; danach „*L'homme armé*"-Melodie in Dur in Holzbläsern	instrumental
A	16–26	Tom-Tom, Tenor-Drum, Snare-Drum, Tambourin	gruppenweise Frauen- und Männerstimmen unisono (Folge: Frauen-Männer-Frauen) SOLO	„*L'homme armé*"-Melodie in Dur mit *Better is peace*- Kontrafaktur	*Better is peace*; Rollen: Guinevere und Lancelot

Ab-schnitt	Takt	Besetzung	Chor	Musikalisches Material	Besonderheiten
B	27–41	wie Vorspiel, ab Takt 34 plus Basstuba	ab Takt 34 kanonisch „L'homme armé", Folge Sopran, Alt, Tenor, Bass bis unisono in Takt 40	Takt 27–33: zum Ostinato einstimmige Holzbläser (typische schnelle Spielfiguren); ab Takt 40 ohne Holzbläser	instrumental und „L'homme armé"
C	42–52	wie Vorspiel und Violoncello, Double-Bass	zweistimmiger Chor; Sopran und Tenor sowie Alt und Bass unisono	tiefe Instrumente ergänzen Bassstimme ab Takt 49 (Steigerung)	Better is peace
D	53–62	Holzbläser, Tom-Tom, Tenor-Drum, Snare-Drum, Tambourin, Viola, Violoncello, Double Bass		Material wie Takt 27–33	instrumental
E	63–75	Holzbläser, Trompete, Posaune, Tom-Tom, Tenor-Drum, Snare-Drum, Tambourin, Tub.B., Streicher	zwei- bzw. vierstimmiger Chor: bis Takt 70 Sopran und Tenor sowie Alt und Bass unisono und alternierend; danach vierstimmige Akkorde	Streicher und Blechbläser colla parte; andere Ostinato-Rhythmus auf *g*; Trompeten-Fanfaren ab Takt 72	„Ring, ring ..."
F	76–90	wie E	vierstimmig akkordisch-liedartig; einstimmig bei „The year"	8+5+2 Takte („Ring out" und „The year ..." und Zwischenspiel (vgl. Takt 27 ff.)	„Ring out the thousand wars of old ..."; Tonleitereinwürfe der hohen Holzbläser
G	91–105	wie E	wie F	8+4+3 Takte („Ring out" und entsprechend „The year" und „Ring in")	„Ring out old shapes of foul disease..."
H	106–113	wie D plus Violine		vgl. D	instrumental
I	114–128	wie E plus Pauke	wie F	8+4+3 Takte (G')	„Ring in the valient man and free..."
J	129–142	wie I	wie E	E' mit Schlusserweiterung	„Ring, ring ..."; letztes „Ring" kurz, nur Achtel im *ff*
K	143–161	ohne Instrumente	bis zur Sechsstimmigkeit erweitert	spätromantische Harmonik	„God shall wipe away all tears ..."; A-cappella

Der letzte Kompositionsteil beginnt wie der erste: mit dem militärisch wirkenden ostinaten Rhythmusmodell im Schlagwerk[681], das bis zum Schlusschoral fast kontinuierlich durchläuft. Darüber erhebt sich nach nur vier Takten die Melodie des „*L'homme armé*", auch dies in gesteigerter Form (kompletter Holzbläsersatz unisono)[682] sowie in der Dur-Variante. Spätestens beim Einsatz der Solostimmen im Teil A wird verständlich, warum die Melodie nun in Dur erscheinen muss: Mit dem Text „*Better is peace*"[683] wird deutlich, dass die Kriegshandlungen vorbei sind, dass die Menschen wieder aufatmen und sich auf eine bessere Zukunft freuen können. Diese Freude zeigt sich insbesondere in den instrumentalen Zwischenspielen (Abschnitt B teilweise, D und H) mit ihren überbordenden Holzbläser-Spielfiguren, die an einen Freudentanz erinnern.[684]

Spielfiguren in den Holzbläsern, Better is peace, Takt 53

So erfährt auch der ostinate Rhythmus eine Umdeutung: Aus dem militärisch-formierenden wird ein tänzerischer Gestus. Noch einmal erinnert der Chor mit seinem original gesungenen „*L'homme armé*" (kanonisch, Schluss Abschnitt B) an Vergangenes, um im folgenden Abschnitt C zweistimmig das „*Better is peace*" entgegenzusetzen. Wieder erklingt der instrumentale Freudentanz, bevor der Chor mit dem „*Ring*" in diesen einzustimmen scheint. Entsprechend dem Text werden dabei auch motivisch Glockenklänge (häufig Quintmotivik) nachgeahmt, die den Frieden einläuten. Das „*L'homme armé*" ist vergessen, liedartig besingt der Chor, dass Krankheit, Krieg und Tod ausgeläutet werden und damit Raum für Frieden und Freude ist. Mehrfach wechseln die letztgenannten Abschnitte in einer insgesamt großangelegten Steigerung ab, bevor der Freudengesang im Fortissimo mit einem letzten kurzen „*Ring*" in einer Generalpause endet.

Das Werk endet mit einem sphärisch anmutenden bis zur Sechsstimmigkeit erweiterten A-cappella-Schlusschoral. Stilistisch ist er durch spätromantisch geprägte Harmonik mit vielen Nebennoten Reger-Chorälen verwandt, lässt aber – nicht verwunderlich durch die Anlehnung an Max Reger – auch an Choralsätze Bachs denken, beispielsweise durch die wortausdeutenden Seufzermelodik im Alt beim Wort „*sorrow*" (Schmerz), aber auch als Schlusschoral eines größeren Werkes wie einer Passion oder Kantate. Der Sopran singt eine Art Cantus-firmus-Stimme, die von den anderen Stimmen kunstvoll kontrapunktiert wird. Der erste Teil (Takt 143 bis 150) behandelt dabei die ersten vier Textzeilen. Mehr Gewicht erhält der Lobpreis Gottes – „*Praise the Lord*" – am Ende des Werks durch achtmalige Wiederholung. Das Werk endet mit einer leeren Quinte, die zugleich Ohnmacht und Hoffnung der Menschen nach Frieden auszudrücken scheint.

Auch die Videoeinspielungen unterstreichen die zweiteilige Anlage des Schlussteils. Während des „Freudengesangs" kann man die Freude der Völker bei der Befreiung, der

---

681 Besetzung variiert und verstärkt.
682 Die Besetzung erinnert an Harmoniemusiken.
683 Zugleich auch Titel des Schlussteils.
684 Die Fanfaren aus dem ersten Kompositionsteil entfallen konsequenterweise.

Heimkehr von Familienmitgliedern, bei Friedensfeiern und -tänzen sehen. Menschen aller Kontinente werden dabei gezeigt. Während des Schlusschorals sieht man betende Menschen verschiedener Religionen wie z. B. Christen, Muslime, Juden, Orthodoxe, Buddhisten und Hindus. Die Videoeinspielung endet mit Bildern von Himmel, weitem Land, gleißendem Licht über dem Meer und schließlich der Friedenstaube.

4. Rezeption von *The Armed Man: A Mass For Peace*

Innerhalb nur weniger Jahre wurde *The Armed Man* zu einer der meistaufgeführten konzertanten Messkompositionen in zahlreichen Ländern der Welt. Jenkins gilt als der meistaufgeführte lebende Komponist, seine Messe das meistaufgeführte Werk aus seiner Feder.[685] Viele verkaufte CDs und DVDs belegen den enormen Erfolg und die Verbreitung des Werks.

Interessanterweise gab es aber bei einigen Aufführungen auch Debatten darüber, ob diese Messkomposition in ihrer besonderen Form innerhalb christlicher Kirchen überhaupt aufführbar ist.[686] So führten beispielsweise zwei geplante Konzertveranstaltungen für das Jahr 2007 im Berliner Dom und im niedersächsischen Rotenburg/Wümme – beides evangelische Gotteshäuser[687] – zu vielen Diskussionen im Vorfeld und im Nachhinein.

Sicherlich gibt es mehrere Gründe, warum es zu diesen Diskussionen kam. Hauptgrund war aber in allen Fällen der an zweiter Stelle der Komposition stehende islamische Gebetsruf. Das Domkirchenkollegium des Berliner Doms formulierte die Ablehnung der Aufführung im Kirchenraum nach seiner Sitzung am 11. Juli 2007 folgendermaßen:

> *„Zu Beginn des Oratoriums wird das Leitmotiv mit einem alten französischen Lied über Menschen, die auf Krieg vorbereitet sind, gesungen. Danach erklingt der Gebetsruf der Muezzine, der gleichzeitig das muslimische Glaubensbekenntnis ist, ohne künstlerische Verfremdung. Dem folgt das vertonte (christliche) Kyrie. Diese Abfolge unterstreicht die theologisch nicht akzeptable Ansprache des ‚einen Gottes'. Dies widerspricht sowohl unserem christlichen Glauben als auch dem Glauben des jüdischen Volkes und dem Glauben des Islam. […] unser Glaubensbekenntnis wird vom Islam verworfen."*[688]

> *„Das Glaubensbekenntnis des Islam, das wir nicht mittragen können, auch eingebettet in ein Kunstwerk in einer christlichen Kirche bekennen lassen, sei es durch*

---

685 Vgl. die Aufführungsdatenbank und die Hinweise zu Jenkins Biographie unter Website Boosey Jenkins Biografie und Website Boosey Jenkins Aufführungen.
686 Ob eine Aufführung innerhalb eines Gottesdienstes möglich wäre, stand nicht zur Debatte, da dies aufgrund der Struktur des Werkes erst gar nicht überlegt wurde.
687 Materialien zu den Aufführungen in Berlin und Rotenburg/Wümme wurden mir freundlicherweise von Domkantor Tobias Brommann sowie Superintendent Hans-Peter Daub zur Verfügung gestellt.
688 Dieses Statement des Domkirchenkollegiums des Berliner Doms wurde mir in einer E-Mail vom 25.12.2007 durch Tobias Brommann übermittelt.

einen Vorbeter oder vom Tonband, erschien der Mehrheit der Domkirchenräte nicht akzeptabel."[689]

Der Beschluss führte dazu, dass Jenkins Messe im Konzerthaus aufgeführt wurde, obwohl es auch andere Meinungen gab.

In Rotenburg/Wümme führten die Auseinandersetzungen dazu, dass das Werk nicht nur im Kirchenraum, sondern sogar zweimal hintereinander vor vollbesetzter Kirche erklang. Superintendent Hans-Peter Daub hat in einer Art Thesenpapier ausführlicher begründet, warum es möglich sein muss, die Jenkins-Messe in der Kirche aufzuführen. Im Konzertprogramm hat er seine Gedanken folgendermaßen zusammengefasst:

„*Passt dazu der Ruf des Muezzins? Ja, unbedingt. Wer immer in dieser vom Hass zerrissenen Welt nach Gott ruft und nach dem fragt und sucht, was Menschen von der Macht des Bösen erlöst […], trägt bei zu dem Frieden, nach dem sich die Welt sehnt. Nichts anderes ist die religiöse Aufgabe des Muezzins. Ist es aber der Gott der Gnade und des Erbarmens, den unsere und ihre Gebete erreichen, dann wenden sich alle Betenden – darauf vertrauen wir Christen – im Grunde und in Wahrheit an denselben Gott, den dreieinen, der sich der verlorenen Welt zuwendet und das Zertrennte und Zerrissene versöhnen will. (Rat der Ev. Kirche in Deutschland)*"[690]

Der Dialogbeauftragte der Türkisch-Islamischen Union in Köln, Rafet Öztürk, sah die Beteiligung des Muezzins an der Rotenburger Aufführung als Zeichen dafür an, „dass Religionen einen Dienst für den Frieden leisten". Seiner Meinung nach sei der Gebetsruf mit dem Läuten christlicher Glocken vergleichbar.[691]

In der wissenschaftlichen Fachliteratur wird Jenkins fast gar nicht behandelt. Lediglich ein kurzes Portrait von zwei Seiten, auf denen einige Werke sehr kurz umrissen werden, schließt der Autor mit folgenden Sätzen: „Seine Musik klingt jedoch mal ein bisschen nach Renaissance oder Barock, nach ungefilterter romantischer Emphase oder schnulziger Filmmusik. Nur wie Jenkins nun eigentlich selbst klingt, das bleibt immer noch die Frage."[692] Man ist versucht zu sagen: Na, eben so.

Die besondere Atmosphäre, die eine Aufführung von *The Armed Man* erzeugen kann, hat die Autorin selbst bei der Aufführung des Werkes mit ihrem MatthäusChor in Mannheim erlebt. Bei einer ersten Aufführung im Jahr 2008 konnten sie den Islamwissenschaftler Talat Kamran gewinnen, den „*Adhan*" zu singen. Aus dieser gemeinsamen Erfahrung entstand die Idee, das Werk nochmals in Mannheim aufzuführen, allerdings an einem neutralen Ort, also nicht in einer christlichen Kirche. Es sollte ein Konzert christlich-muslimischer Begegnungen werden. So erklang 2009 im Mannheimer Schloss nach der Messe im zweiten Konzertteil Sufi-Musik mit Derwisch-Tänzern. Durch die Kombination von Musik aus christlicher und muslimischer Sphäre gelang es, ein wirklich „durchmischtes" Publikum zu erreichen, wie es sonst nie der Fall ist. Christliche und

---

689 Tobias Brommann in einer E-Mail an die Autorin vom 25.12.2007.
690 Hans-Peter Daub in einer E-Mail an die Autorin vom 4.12.2007.
691 Vgl. Jenkins Messe Aufführung Rotenburg.
692 Vgl. Krawinkel 2007, S. 425.

muslimische Zuhörer setzen sich der jeweils anderen Musik offen aus. Faszination, Befremden und Staunen ergriff die Zuhörer gleichermaßen. Eine echte Begegnung konnte stattfinden. Ein Aufeinander-Zugehen, welches zumindest keiner der Mitwirkenden je vergessen wird.

5. Ergebnisse

Jenkins *The Armed Man: A Mass for Peace* ist ein ebenso individuelles Werk wie die meisten artifiziellen Messkompositionen nach dem Zweiten Weltkrieg. Jenkins legt den Schwerpunkt der inhaltlichen Aussage der Komposition dabei auf das Thema Krieg und Frieden im Spannungsfeld zur Religion. Inhaltlich wie musikalisch reflektiert er dabei die entsetzlichen Auswirkungen des Krieges auf die Menschen sowie die Instrumentalisierung der Religion durch Kirche und Machthaber für kriegerische Zwecke, aber auch den Aspekt des Trostes durch den Glauben.

Neben ausgewählten Ordinariumstexten[693] und dem islamischen Gebetsruf – sicher eine der ungewöhnlichsten Neuerungen in seiner Messvertonung – verwendet er Texte unterschiedlichster Provenienz aus insgesamt 2.600 Jahren Menschheitsgeschichte und spannt so einen Bogen vom altindischen Epos über barocke und romantische Dichtung bis zu zeitgenössischen Aussagen, von Texten christlicher, jüdischer, islamischer bis zu hinduistischer Herkunft. Spannungsreich werden diese außerliturgischen Texte zu den liturgischen in Beziehung gesetzt, so dass eine Art Handlungsablauf von Kriegsvorbereitungen über Kriegshandlungen bis zum Friedensschluss entsteht. Obwohl die verwendeten Texte aus verschiedensten Kulturen, Zeiten und Ländern kommen, ergibt sich eine gewisse Geschlossenheit im dramatischen Verlauf. Dies verdeutlicht, dass sich im Verhältnis Krieg, Religion und Mensch im Lauf mehrerer Jahrtausende Wesentliches leider nicht verändert hat. Im Gegenteil: Seit dem Ende des 20. Jahrhunderts hat sich der interreligiöse Konflikt – insbesondere zwischen Islam und Christentum – verschärft. Dies hat Jenkins durch die Verwendung des *„Call for prayers"* vor dem christlichen Kyrie deutlich gemacht. In ähnlicher Weise, jedoch nicht mit Handlungsablauf und lediglich mit Gedichten eines einzigen Dichters kombiniert, findet sich die Thematik Krieg und Religion auch in Brittens *War Requiem*, das mit großer Wahrscheinlichkeit als ein Vorbild für das Werk Jenkins gelten darf.

Im Vergleich zu Brittens Werk, in dem die inhaltlichen Gegensätze auch musikalisch deutlich kontrastiert werden, versucht Jenkins diese logisch in den Handlungsablauf zu integrieren und musikalisch zu kommentieren. So bekommt selbst das *Sanctus*, das man durchaus als reinen Lobgesang zur Ehre Gottes gestalten könnte, durch Rhythmus, Schlagzeugbesetzung und Trompeten einen militärischen Impetus. Dadurch wird deutlich, dass auch die „heiligsten Texte" für kriegerische Zwecke missbraucht wurden und werden. Musikalisch wird aber auch verständlich gemacht, dass es möglich ist, „Schwerter zu Pflugscharen" umzufunktionieren, indem beispielsweise der militärisch-ostinate Rhythmus, der sich durch große Teile des Werks zieht, zur rhythmischen Grundlage der

---

693 Jenkins verwendet genau die Ordinariumsteile, die auch im Requiem Verwendung finden. Auch in diesem Werk ist der Tod zumindest ein wichtiges Thema und eine Verbindung zum Requiem liegt nahe.

großen Friedenshymne verwandelt wird. Ebenso verhält es sich mit der „*L'homme armé*"-Melodie, die – im Schlussteil nach Dur verwandelt – den Text „*Better is peace*" und damit die Hauptaussage erhält. Das Werk steht damit nicht einfach nur in der Tradition der „*L'homme armé*"-Messen des 15. und 16. Jahrhunderts, deren Komponisten besonders ihre kontrapunktischen Fähigkeiten daran demonstrieren wollten. Jenkins geht weit darüber hinaus, in dem er den Text der alten Melodie zu Titel und Thema seiner Messkomposition macht.

Die Musiksprache ist meist traditionell und reicht vom exakten Palestrina-Zitat über „Gregorianik" und Militärmusik bis zu spätromantischen und filmmusikalischen Anklängen. Dabei wird das gesamte Spektrum vom A-cappella-Gesang über eine sehr reduzierte Besetzung bis zum vollen Orchester genutzt. Auch durch die musikalische Gestaltung entstehen „geschichtliche Räume". Die Gregorianik erinnert unwillkürlich an das Mittelalter. Palestrina kann man mit Reformation und Gegenreformation in Verbindung bringen, und das große romantische Orchester gemahnt an die „Kunstreligion" der Romantik. Auch dem modernen Menschen wird eine musikalische Verortung in filmmusikalischer Sprache angeboten. Sicherlich kann man Jenkins deswegen Eklektizismus, Populismus oder Effekthascherei[694] vorwerfen. Einerseits steht der Komponist damit aber in guter anglikanischer Kirchenmusiktradition, in dem in zeitgenössischen Werken durchaus der Schönklang dominiert (vgl. John Rutter, Bob Chilcott),[695] aber auch im Bezug zu seinen eigenen erfolgreichen Werbemusik-Kompositionen. Andererseits ginge der Vorwurf auch an der Absicht Jenkins vorbei, besonders viele Menschen der multireligiösen und multikulturellen Weltgemeinschaft mit seiner Botschaft „Frieden zwischen den Religionen" zu erreichen. Sicherlich spielte dabei auch die Aussicht auf pekuniären Erfolg eine gewisse Rolle.

Karl Jenkins schuf eine Messkomposition, die durch ihre emphatische Musiksprache und die hochaktuelle Thematik „Krieg und Religion" sowie „interreligiöse Konflikte" die Menschen nicht nur emotional anspricht, sondern auch eine Auseinandersetzung mit der Thematik geradezu herausfordert und quasi selbst im interreligiösen Konfliktfeld steht.[696] Dabei können unterschiedliche Meinungen durchaus stehen bleiben, sofern sie in gegenseitiger Toleranz geäußert werden und nicht zu Gewalt und Krieg führen. Was Hans Küng in seinem Projekt *Weltethos* gefordert hat, nämlich Frieden zwischen den Religionen als Voraussetzung für den Frieden auf der Welt, macht Jenkins in seinem Werk vor: Wandel von Krieg und Gewalt zu einem universalen Friedensgebet aller Menschen und Religionen. Hoffnung oder Utopie?

---

694 Auch Britten musste von der Musikkritik trotz oder gerade wegen des Publikumserfolgs seines Werks diese Kritik einstecken.

695 Passend zur anglikanischen Tradition ist sicher auch, dass dies eine Musik für den großen Raum und zumindest einen semiprofessionellen Chor ist. Indem er unchristliche Texte zu den Messtexten kombiniert, stellt er sich jedoch neben die anglikanische Tradition, die zwar freie Texte zulässt, aber nur solche aus dem *Book of Common Prayer* oder inhaltlich vergleichbare; vgl. Krieg 2007, S. 13–26.

696 Die bei früheren Kompositionen häufig anzutreffende Diskussion, ob ein Werk noch liturgisch ist und/oder nur für den Konzertsaal geeignet (z. B. aufgrund seiner Größe oder der verwendeten Texte), erweitert sich nun zu einer interreligiösen Angelegenheit.

VIII.

Dieter Schnebel

Die Messkompositionen

**Von der Entmythologisierung
zum Potenzial der Vergangenheit**

> „Es gibt in der Schöpfungsgeschichte gleich am Anfang eine sehr merkwürdige Passage: ‚Die Erde war wüst und leer – hebräisch heißt das «tohuwabohu» – die Erde war ein großes Durcheinander und der ruach Gottes schwebte über der Urflut'. – Was ist nun ‚ruach'? Das heißt einerseits ‚Atem': Der Atem Gottes ist da über dieser Urflut, und zum zweiten heißt ‚ruach' aber auch ‚Geist'. Wir haben den gleichen Doppelsinn im Griechischen: ‚Pneuma' bedeutet ‚Atem' und ‚Geist'. Musik als eine Kunst nun, die auf dem Atem beruht, das mag uns zu der Frage führen: Hat die Musik nicht ein zutiefst geistliches Wesen?"[697]

> „Einzig, wo der Dienst der geistlichen Musik zugleich zum Anstoß wird, ist er legitim. Sie vermöchte ihn etwa dadurch zu leisten, daß sie leer gewordene Worte musikalisch verfremdet, zu einem Ungewohnten macht, auf das man in neuer Weise achtet."[698]

> „Der Geist als Vorgang der Vergegenwärtigung verlangt nach neuer Ausdrucksform. Also ist geistliche Musik als neue Musik zu gestalten."[699]

1. Biographische Aspekte[700]

Dieter Schnebel wurde am 14. März 1930 in Lahr im Schwarzwald geboren. Er selbst beschreibt seine Herkunft, seine Ausbildung und frühen Berufsjahre folgendermaßen:

> „Die Vorfahren waren väterlicherseits Kleinbauern, mütterlicherseits Handwerker. Meine Mutter war kirchentreu und fromm, der Vater eher nicht: Ingenieur, also Techniker (und Nazi!). Auch in der Schule spielten entsprechend der damaligen Ideologie Kirche und Religion kaum eine Rolle. Ich selbst mochte unter solcher Beeinflussung das ‚Kirchliche' nicht – Gebete, Katechismus, Lieder; all das erschien mir rückständig, ja peinlich.

> Als Zwölfjähriger bekam ich einen Klavierlehrer (Wilhelm Sibler), der mich zum Musiker erweckte: Liebe zur klassischen Musik, Radio hören, auch erste kompositorische Versuche. Das Kriegsende 1945 bedeutete einen Schock, aber auch eine Befreiung: Abwendung von der Naziideologie. Entdeckung der bis dahin tabuierten Moderne in Kunst, Philosophie, Literatur und Musik. Ein Religionslehrer (Pfarrer E. Metzger) eröffnete das Verständnis für moderne Theologie. Albert Schweitzer wurde mir zu einem Idol. Gleichzeitig lernte ich, auch durch das Spielen entsprechender Literatur, moderne Musik kennen. Als ich 1949 das Abitur machte, stand ich vor der Frage, ob ich Musik oder Theologie studieren soll.

---

697 Schnebel 2003, S. 292.
698 Schnebel 19932, S. 250.
699 Ebd., S. 252.
700 Die Darstellung der für das Verständnis der Messkompositionen wichtigen biographischen Aspekte beziehen sich auf MGG Schnebel sowie Nauck 2001.

Ich entschied mich zunächst für die Musik – Studium in Freiburg.[701] Bei den Darmstädter Ferienkursen machte ich von 1950 an Bekanntschaft mit der musikalischen Avantgarde. 1952 begann ich aus dem Bedürfnis eines sozialen Berufes das Theologiestudium, trieb aber musikalische Studien weiter: Musikwissenschaft [1955 Promotion über Schönberg, außerdem Philosophiestudium], Beschäftigung mit der Musik Weberns und jener der Avantgarde [Stockhausen, Scherchen, Boulez, Nono, Cage, Varése]. 1956[702] ging ich in den Pfarrdienst, führte aber nebenbei die kompositorische Tätigkeit in der kärglichen Freizeit weiter. Als Theologe schloss ich mich der Bekennenden Kirche und der modernen Theologie an (Barth, Bultmann).[703] Als Komponist blieb ich bei der ‚Avantgarde', konzipierte ‚experimentelle Musik'. Nichtsdestoweniger ergab sich ein Zwiespalt, der zeitweise auch zu persönlichen Krisen führte: einerseits Kirchenmann, ‚Pfarrer' – Predigttätigkeit, Religionsunterricht, Seelsorge in einer stark traditionalistischen Institution –, andererseits Komponist extrem moderner Musik, theoretisch von Adorno geprägt. 1960 wechselte ich über in den Beruf des Religionslehrers an einem Gymnasium [in Frankfurt/Main], wo ich Theologie lehrte und führte nebenbei die kompositorische Tätigkeit weiter."[704]

Nach seiner Frankfurter Zeit arbeitete er von 1970 bis 1976 an einem Münchner Gymnasium als Religionslehrer. In einer schulischen Arbeitsgemeinschaft für Neue Musik führte er mehr und mehr zeitgenössische Musikwerke (z. B. von John Cage) mit seinen Schülern auf. 1976 bis 1996 war er Professor für Experimentelle Musik und Musikwissenschaft an der Hochschule der Künste in Berlin. 1991 wurde er Mitglied der Berliner Akademie der Wissenschaften und erhielt den Lahrer Kulturpreis, 1999 den Preis der Europäischen Kirchenmusik der Stadt Schwäbisch Gmünd, 2011 den Sigmund-Freud-Kulturpreis und 2015 schließlich das Bundesverdienstkreuz.

Er hat außerdem zahlreiche theoretische Schriften veröffentlicht. Im Band *Denkbare Musik* wurden viele seiner Aufsätze zusammengefasst und geben einen Überblick über sein Denken. Mit Clytus Gottwald, dem Leiter der Schola Cantorum Stuttgart, Gerd Zacher und vielen weiteren Vertretern der modernen (Kirchen- und Chor-)Musik verbinden ihn enge Freundschaften.

---

701 Dort lernte Schnebel seinen Studienkollegen und späteren Freund und Mitstreiter Heinz-Klaus Metzger kennen.
702 Im gleichen Jahr heiratete er Camilla Rieger, mit der er zwei Kinder hat. Sie nahm sich das Leben. In zweiter Ehe heiratete er Iris Kaschnitz.
703 Vgl. zu einzelnen Aspekten der theologischen Hintergründe Gröhn 2006.
704 Schnebel 2008, S. 89.

2. Exkurs: Schnebels Kompositionsstil

Schnebel komponiert im Lauf seines Schaffens viele einzelne Kompositionen, die er zu Werkreihen zusammenfasst. So gibt es z. B. die Werkreihen *Versuche*, *Abfälle I + II*, *Räume*,[705] *Re-Visionen*,[706] *Schulmusik*, *Modelle*[707] oder *Experimentelles Theater*.[708] Einige dieser Zyklen gelten als abgeschlossen. Andere sind noch immer offen, um weiter ergänzt zu werden. Daraus wird auch verständlich, dass bestimmte Werkreihen über die Grenzen der von Schnebel selbst bezeichneten Schaffensperioden hinausgehen. Der Komponist kategorisiert in seinem Aufsatz *Geistliche Musik – gestern und heute. Ein Werdegang* aus dem Jahr 2008 selbst seine die geistliche Musik betreffenden Schaffensphasen. Er erwähnt darin auch explizit seine drei „Messkompositionen" oder Teile daraus.

Die Kriterien seiner ersten Schaffensperiode „Avantgarde – Vor(aus)-Sicht"[709] der Jahre 1953 bis 1968 beschreibt er mit „fort-schrittliche [sic!] Erweiterungen des Materials und der Form – ohne Rücksicht auf das Publikum; Fortsetzung der Schönberg'schen Tradition (serielle Kompositionstechnik). Prägende Einflüsse von Stockhausen und Cage."[710]

Schnebel experimentiert mit der Stimme, was von Atemgeräuschen über Explosivlaute bis zum Gesang reicht; er zerlegt Sprache in Phoneme, arbeitet mit deren Elementen und verwendet sie beispielsweise geräuschhaft. Die Verarbeitung ist zum Teil seriell. Häufig bleiben den Ausführenden jedoch auch viele Freiheiten, die das Werk entsprechend verändern können. Ganz wichtig ist ihm die „Raumkomposition". Raum wird eigenständiges kompositorisches Material, was sich in Bewegungsverläufen der Mitwirkenden bis zu vorgeschriebenen Gesten derselben spiegelt. Dies bleibt nicht Mittel zum Zweck, sondern wird in die Gesamtaussage des Werks eingebunden und damit quasi szenisch. Dabei greift Schnebel immer wieder Anregungen von John Cage auf. Gisela Nauck stellt hierzu fest: „Den Kern der Schnebel'schen Cage-Erfahrungen bildete die Überzeugung: Musik ist nicht mehr nur gestalteter Klang, sondern gestaltete Zeit aller nur möglichen Materialien, vom Alltagsgeräusch über die Stille bis zu Gesten und Bewegungen."[711] Zu dieser Schaffensperiode zählt er alle Teile seiner „ersten Messe" *Für Stimmen (…missa est)*, also *dt 31,6*, *amn*, *!(madrasha II)* und *Choralvorspiele 1/2*.

Als Eckpunkt seiner zweiten Schaffensperiode „Tradition – Rück-Sicht"[712] der 1980er- und 1990er-Jahre nennt er den Bezug zur Tradition „im biblischen Sinn von Empfangen – Weitergeben, oder im Bloch'schen: Erschließen der utopischen Potenziale der Vergangenheit."[713] Dabei baut er auf der vorherigen seriell-avantgardistischen Phase auf,

---

705 Z. B. mit *KI-NO*, einer Nachtmusik für Projektoren und Hörer, bei der sich das Publikum die Musik über die Noten auf der Leinwand erschließen muss, sogenannte „sichtbare Musik".
706 Werke, die auf einzelne Komponisten Bezug nehmen, z. B. Gustav Mahler oder Wolfgang Amadeus Mozart.
707 Z. B. *Nostalgie*; hierbei sehen die Zuhörer nur Bewegungen des Dirigenten und müssen sich die Musik vorstellen.
708 Eine tabellarische Übersicht bietet Zorn 2012, S. 14.
709 Vgl. Schnebel 2008, S. 90.
710 Ebd.
711 Nauck 2005, S. 15.
712 Vgl. Schnebel 2008, S. 91–93.
713 Ebd., S. 91.

in der alles, was darin möglich war, auch in dieser Phase möglich ist. Neu ist der Einbezug des Früheren.

Zu dieser Schaffensperiode zählt Schnebel sowohl die 1984 bis 1987 entstandene *Missa–Dahlemer Messe* für Solostimmen, Chor, Orchester, Orgel als auch die im Jahr 2000 entstandene *Missa brevis* für Stimme und Schlagzeug. Alleine schon an der Titelgebung ist der Traditionsbezug ablesbar. Allerdings darf man nicht erwarten, dass auch die Klangerfahrung eine rein traditionelle wäre. In der *Missa* schuf er eine Art Missa solemnis, die auch bevorzugt in Kirchen aufgeführt werden sollte. Später komponierte er – auch mit der *Missa brevis* – Werke für den kirchlichen Gebrauch, „allerdings unter Verwendung von ‚modernen', ja experimentellen Elementen. Die Stücke haben teilweise auch pädagogischen Charakter, dienen der Einübung zeitgemäßen Komponierens in den kultischen Vollzug."[714]

In seiner dritten Schaffensperiode „Über-Sicht" zieht Schnebel die Summe seines Schaffens. Dies kündigte sich bereits in „universalistischen Werken wie MISSA"[715] an. Summarische Werke sind beispielsweise *Ekstasis* und Teile der *Sinfonie X*, laut Schnebel zugleich „Fortsetzung aber auch von Beethoven, Liszt, Skrjabin, Mahler: Botschaftsmusik wie da."[716] Das Summarische zeigt sich nicht nur im kompositorischen Material, sondern auch in der Verwendung geistlicher Texte bis hin zu großen Texte der Weltliteratur, die über den rein christlichen Rahmen hinausgehen: „Lebenszeit als Musik",[717] wie es Schnebel bezeichnet.

„1956-2005, dt 31,6 bis zum johannäischen Schluss von Sinfonie X,III, ein langer und nicht gerade gerader Weg des Erdenkens von geistlicher Musik, immer wieder anderes ausprobierend. Sicher werden da auch Zeitverhältnisse gespiegelt: die kirchenkritische Aufbruchsstimmung der fünfziger und sechziger Jahre, die der Konsolidierung in den mittleren siebziger bis neunziger Jahren und das Erwachen einer neuen Religiosität danach. Ob es in all diesen Stücken einen roten Faden gibt? Vielleicht im Roten, im Politischen, aber auch im Erotischen, das den meisten dieser Stücke innewohnt. Wie kann es weiter gehen? Was fehlt noch?"[718]

3. Entmythologisierung und Säkularisierung: *Für Stimmen (… missa est)*

Über einen Kompositionszeitraum von 14 Jahren entstand in mehreren Abschnitten und mit teilweise mehreren Überarbeitungen einzelner Teile Schnebels erste Messkomposition. Sie besteht aus fünf Teilen geistlicher Musik mit den Bezeichnungen

Teil 1: dt 31,6
Teil 2: amn
Teil 3: !(madrasha II)
Choralvorspiele 1/2.

---

714 Ebd., S. 93.
715 Ebd.
716 Ebd.
717 Ebd.
718 Ebd.

Als Titel des Gesamtzyklus wählte der Komponist die Bezeichnung *Für Stimmen (… missa est)*. Tatsächlich sind die ersten drei Teile des Zyklus für Stimmen gestaltet, in denen Schnebel Sprache und Musik dekomponiert und auf einer vorsprachlichen Ebene Neues entstehen lässt. In den *Choralvorspielen 1/2*, die als letzte Teile entstanden, werden ausschließlich Instrumente verwendet, teils in originaler Weise, teils verfremdet. Zacher stellt dazu fest: „Trotz der Bestimmung ‚für Stimmen' enthalten sie als reine Instrumentalsätze keine Stimmen; doch bleibt die Bestimmung gültig, da Choralvorspiele eine Vorbereitung für das Singen sind."[719] Lediglich Atemgeräusche geben noch einen Hinweis auf das Singen.

Der zweite Teil des Titels leitet sich von den Schlussworten der liturgischen Messe ab: „*Ite, missa est*", wörtlich übersetzt mit „Geht hin, es ist die Aussendung". Von dieser Bezeichnung stammt grundsätzlich die Bezeichnung „Messe" ab. In seiner Komposition verwendet Schnebel den liturgischen Messtext (Ordinarium) aber mit keiner Silbe. Schnebel selbst schreibt dazu: „Aber Messe bleibt's – statt daß die Messe endlich auflöge – So habe ich übrigens den Untertitel meiner Chorstücke gemeint: >missa est<, aus, vorbei."[720]

Seine Messe scheint Dekomposition und Neukomposition zugleich zu sein. Schnebel will weg von allzu starren Formen, will – im Sinne Friedrich Bonhoeffers – nicht an der Grenze des Christlichen haltmachen, seine geistliche Musik soll darüber hinaus für alle anderen da sein.[721]

Diese inhaltliche Bestimmung von geistlicher Musik hat formale Konsequenzen. Der Geist als Vorgang der Vergegenwärtigung verlangt nach neuer Ausdrucksform. Also ist geistliche Musik als neue Musik zu gestalten.[722] Seine „Lösung" für dieses Problem hat Schnebel in seiner ersten Messe konsequent umgesetzt: Ausgangsmaterial sind statt des Textzusammenhangs dessen Phoneme und sprachliches Material wird wie Musik und zu Musik zusammengefügt.[723]

Daraus entsteht ein völlig neuer und sehr ausdifferenzierter Umgang mit dem Material „Stimme": Vom Zischlaut bis zum gesungenen Ton gibt es fast unzählige darstellerische Möglichkeiten, die Schnebel auch ausführlich im Vorwort erläutert. Auch der Umgang mit den Instrumenten in den letzten beiden Messteilen zielt auf das Ungewöhnliche, die Verfremdung: Beispielsweise wird der Orgelmotor an- und ausgeschaltet. Zusätzlich bindet er den Raum als wichtigen kompositorischen Aspekt mit ein. Die ausführenden Sänger stehen nicht mehr frontal vor dem Publikum, sondern beispielsweise in Chorgruppen im gesamten Raum verteilt. Während der Aufführungen haben sie genaue Raumpläne zu befolgen, dass heißt, sich im Raum auf eine bestimmte Weise zu bewegen, in bestimmte Richtungen zu singen, beispielweise auch mit erhobenem oder gesenktem Kopf. Dies schafft „Situationen der Zuwendung und Abwendung, des Mit- und Gegeneinander, der Isolation und Vereinigung."[724] Es entsteht „autonome Musik"[725] ohne

---

719 Zacher 1980, S. 12–13.
720 Schnebel 19723, S. 370.
721 Vgl. Schnebel 19932, S. 251–252.
722 Ebd., S. 252.
723 Ebd., S. 253.
724 Vgl. Nauck 2001, S. 111.
725 Vgl. Schnebel 2008, S. 90.

Bindung an bekannte Satzweisen, keine „Kirchenmusik", aber Musik, die geistlich geprägt ist.

Aufschlussreich ist in diesem Zusammenhang auch die Genese der Titelgebung: Aus dem ursprünglichen *Geistlichen Lied* (erster Titel für *dt 31,6*) wurden *Drei Chorstücke*. Dann gab Schnebel die Bezeichnung *Deutsche Messe*, schließlich *für stimmen* und danach *Lehrstück >Für Stimmen< (Komposition von Musik aus Lautmaterialien von Sprache)*. Bei der Uraufführung der drei ersten Stücke 1968 wurde das Werk schließlich mit *für stimmen für (... missa est)* bezeichnet.[726] Das Geistliche tritt im Titel zurück, steckt aber quasi in der Negation desselben gerade erst recht drin – und fordert die Auseinandersetzung. Dies passt zu Bonhoeffers Denken: „Kirche findet nicht mehr nur auf die Institution bezogen statt, sondern inmitten des Lebens und erst recht außerhalb der Kirche."[727] Den endgültigen Titel *Für Stimmen (... missa est)* erhält der Zyklus erst nach Fertigstellung als fünfteiliges Werk kurz vor der Uraufführung, die am 16. April 1971 im Rahmen der *Vierten Woche für geistliche Musik der Gegenwart* in Kassel stattfand.[728]

3.1. *dt 31,6*

Der erste Teil des Zyklus, *dt 31,6*, ist in den Jahren 1956 bis 1958 entstanden.[729] Das Werk ist für zwölf Vokalgruppen[730] geschrieben und dauert fünf bis acht Minuten. In einem ausführlichen Vorwort zur Partitur gibt Schnebel genaue Anweisungen zur Aufführung der seriellen Komposition. Die zwölf Vokalgruppen werden demnach im Abstand von 28 Metern Länge und zwölf Metern Breite in ganz bestimmter Weise – auch mitten im Publikum – angeordnet. Sogar die Art und Weise, wie die in der Regel vier bis sechs Sänger einer Gruppe zueinander stehen und in welche Richtung sie singen sollen, wird vorgegeben. So ist der Raumklang als eigenständiger Parameter der Musik auskomponiert und hat nicht nur reine Raumklangwirkung, sondern auch eine Bedeutung im Sinn von aufeinander zusingen oder sich abwenden.

Das musikalische Material (Tonhöhe, Tempo, Zeitwerte, Lautstärke, Anzahl der Aufführenden) hat Schnebel als sogenannte „elastic music" gestaltet, wodurch jede Aufführung eine andere Variante der Komposition ergibt:

> *„Fixe Werte werden verzerrt – etwa bestimmte Tonhöhen nach oben oder unten gezogen [...]; bestimmte Tempi retardiert oder acceleriert; bestimmte Zeitwerte werden gleichzeitig verlängert oder verkürzt oder durch übergeordnete Tempi verzogen; überdies werden bestimmte Lautstärken gleichzeitig verändert oder sukzessiv."*[731]

---

726 Vgl. zur Genese der Titelgebung Nauck 2001, S. 84–85.
727 Ebd., S. 85.
728 Vgl. Zorn 2012, S. 32.
729 In dieser Zeit war Schnebel Pfarrer in verschiedenen Pfälzer Gemeinden. Den Zwiespalt zwischen avantgardistischem Komponisten und traditionell arbeitendem evangelischem Pfarrer empfand er als problematisch. Vgl. den Abschnitt *Biographische Aspekte* sowie Nauck 2001, S. 84.
730 1965 entstand eine weitere Fassung für großen Chor.
731 Schnebel 19724, S. 409.

Den titelgebenden Bibelvers aus dem Fünften Buch Mose gibt Schnebel im Vorwort zur Partitur in der Übersetzung Luthers wieder: „Seid getrost und unverzagt, fürchtet euch nicht und lasst euch nicht grauen. Denn der Herr, dein Gott, wird selber mit dir wandeln und wird die Hand nicht abtun noch dich verlassen."[732] Dieser Vers wird nicht als Ganzes vertont, sondern in seine Phoneme aufgelöst. Auch Übersetzungen des Textes ins Hebräische, Lateinische, Griechische, Deutsche, Englische, Französische und Russische bilden das sprachliche Rohmaterial.

> *„Die Phoneme wurden teils ihrem sprachlichen Zusammenhang entsprechend, teils aber auch musikalisch verselbständigt, teils halb sprachlich, halb musikalisch zusammengefügt; dies meist so, daß mehrere Übersetzungen gleichzeitig verwendet wurden. In solcher Komposition vermag Musik zu Sprache zusammenzuschießen, aber auch Sprache sich in Musik aufzulösen. So enthält der Beginn einer Phase (H) [Schnebel führt nun ein Beispiel an] leicht übereinander geschichtet zunächst frikative, dann plosive Konsonanten, endlich Vokale. Hört man sich ein, bilden sich sprachliche Übergänge: ‚s' mag sich mit ‚ai' verbinden zu ‚sei', ‚ä' mit ‚t' zum französischen ‚etes', ‚b' und ‚i' zum englischen ‚be'. Der anschließende Takt bringt eine Folge von Kombinationen verwandter Silben, in denen die Plosivlaute ‚k' und ‚t' mit Vokalen liiert werden: ‚gö' und ‚kwa', ‚tro' und ‚tra', ‚kij' und ‚ku', ‚ost' und ‚ait'. Das enthält das deutsche ‚getrost', das französische ‚tranquille', das englische ‚quiet'. Beide Takte ergeben somit in sprachlicher Polyphonie die Sätze: Sei(d) getrost, etes tranquilles, be quiet – und anderes."*[733]

„Der Text fungiert als Materialspender"[734] – und zwar in zweifacher Hinsicht: als Rohmaterial (zu Sinnzusammenhängen zusammengefügt oder nicht) und als Sinnmaterial, das in Musik verwandelt wird. So wird die thematische Grundidee des Textes, Verkündigung und Trost, „aus sich herausgehend, bewegend und umschließend"[735] vermittelt. Auch in musikalischen Gesten wird der Trost dargestellt, beispielsweise ein „armer, umhüllender" durch einen kurvigen Tonverlauf, ein „aufrüttelnder" durch „fetzige Gesten".[736] Die Textform mit ihrem Zentrum „Trost" hat auch die zyklische Anlage der Musik definiert:[737] Es kann mit jedem Abschnitt begonnen werden und endet mit dem jeweils davor befindlichen. In den ersten Manuskripten war diese zyklische Struktur sogar in der Partitur selbst sichtbar, weil Schnebel alles auf eine Rolle geschrieben hatte, die er am Anfang und Ende zusammengeklebt hatte.[738]

dt. 31,6 ist damit eine serielle „Elastic-Music"-Komposition, in der der Text als Materialebene in mehrfacher Hinsicht dient. Raum wirkt ebenso strukturgebend wie dekonstruierte Sprache. Dennoch ergibt sich „Sinn" aus neu entstandenen Sprachstrukturen und der grundsätzlichen Bedeutungsebene des zugrundeliegenden Bibelverses:

---

732 Schnebel dt 31,6 Vokalgruppen Partitur, Vorwort.
733 Ebd., S. 408. Vgl. das entsprechende Notenbeispiel in Nauck 2001, S. 104.
734 Schnebel 19724, S. 410.
735 Schnebel 19725, S. 416.
736 Vgl. Gröhn 2006, S. 121.
737 Vgl. Schnebel 19724, S. 410.
738 Vgl. Borio 1990, S. 40. Es existieren übrigens zwei verschiedene Partiturausgaben: eine in graphischer Notation, eine in konventioneller Notation. Letztere ist eher für Aufführungszwecke gedacht.

Trost. Es entsteht eine Musik, die bewusst keine traditionelle Anbindung zulässt, dadurch natürlich auch befremdend wirkt. Im Umkehrschluss ermöglicht diese Musik einen unvermittelten, durch keine musikalische Konvention vorgegebenen Zugang.

3.2. *amn*

Der zweite Teil des Zyklus, *amn*[739] für sieben Vokalgruppen (Sprechchor) mit jeweils mindestens zwei, teilweise drei Ausführenden pro Gruppe, entstand in den Jahren 1958 und 1966/67.[740] Er wurde am 31. März 1967 in Kassel uraufgeführt und hat eine Dauer von 14 bis 30 Minuten, je nach Ausweitung des Materials durch zusätzliche Ausführende.[741] Grundsätzlich wendet Schnebel die gleichen Kompositionsprinzipien wie im ersten Teil an,[742] legt aber zum Teil etwas andere Schwerpunkte.[743]

Folgendes Motto aus dem Neuen Testament hat er dem Stück vorangestellt: „Wir wissen nicht, was wir beten sollen, wie sich's gebührt; sondern der Geist selbst vertritt uns aufs Beste mit unaussprechlichem Seufzen."[744] Thema ist demnach das Gebet, „nun aber nicht in der Weise, daß Gebetstexte vertont und musikalisiert werden, sondern indem Beten selbst komponiert wird."[745]

Das Vaterunser hat in *amn* insofern eine zentrale Bedeutung als es über die Komposition verteilt immer wieder in verschiedenen Sprachen verwendet wird, zunächst nacheinander in Aramäisch, Griechisch, Gotisch, Mittelhochdeutsch und Neuhochdeutsch, dann nahezu zeitgleich in verschiedenen modernen europäischen Sprachen (Französisch, Englisch, Spanisch, Niederländisch, Schwedisch, außerdem Lateinisch als Universalsprache). Die Doxologie des Vaterunsers tritt dann zugleich in mindestens 17 verschiedenen Sprachen auf, unter denen sich auch außereuropäische befinden. Schnebel stellt damit dieses zentrale christliche Gebet in die ursprüngliche und geschichtliche Tradition, gibt ihm einen aktuellen Bezug mit der Verwendung moderner Sprachen aus dem christlich-europäischen Kulturkreis und weitet seine Bedeutung, indem er es sogar in außereuropäischen Sprachen sprechen lässt.[746]

Dem Vaterunser werden zahlreiche weitere Gebetsformen und -arten gegenübergestellt, die sich zu Beginn des Stücks erst einmal aus Atemvorgängen und Lautierversuchen heraus entwickeln müssen und auch immer wieder in Vorsprachliches wie „wim-

---

739 Unvokalisierte hebräische Schreibweise des Wortes „Amen", häufig als Gebetsschlusswort verwendet. In seiner Bedeutung „So sei es" als Bestätigung gedacht.
740 Bei der Fertigstellung des Werks war Schnebel Religionslehrer in Frankfurt/Main.
741 Vgl. Schnebel amn Partitur, S. XIII.
742 Vgl. Schnebel 19725, S. 416.
743 Beispielsweise ist *amn* durch eine mögliche Dehnung oder Straffung linearer miteinander zusammenhängender Prozesse durchaus variabel gestaltbar, nicht aber so offen wie *dt 31,6*. Die Tempi sind auch individuell realisierbar.
744 Röm 8,25.
745 Schnebel 197211, S. 455.
746 Vgl. die Vielsprachigkeit des *Credo* in der *Dahlemer Messe* und deren Bedeutung als „Einheit in der Vielheit". Vgl. Zorn 2012, S. 66.

mern und jammern", „stöhnen und schluchzen" zurückfallen oder in „Ratlosigkeit" münden. Hierzu gehören:[747]

- Anrufungen (Götternamen): Jahwe, Maria, Vishnu, Manitu
- Hilferufe/Ausrufe: help, bitte hören Sie doch, ich kann nimmer, quelle joie, yeh
- Flüche/Verfluchungen: verflixter Mist, mon Dieux, merde, Himmelherrgottsakra
- Beschwörungen: Abraxas, exorcitio te
- Stoßgebete: Gott sei Dank, ich gelobe, vergib uns, Jesus Maria
- Gebetslieder: O lux beata trinitas, Te deum laudamus, So nimm denn meine Hände, When Israel was in Egypt's land, Christ ist erstanden, Befiehl du deine Wege
- Heilige Wörter: materia, erde, meter, adama, mysterion, principium
- Bekenntnisse und Gelöbnisse: Widersagst du, Willst du deine Frau lieben und achten und ihr die Treue halten bis der Tod euch scheidet, Ich habe gesündigt durch…
- Bitten und Dank: für diesen Tag, für Speis und Trank, Gib, schenk, wir bitten dich
- Kindergebete: Ich bin klein, mein Herz ist rein, Lieber Gott, mach mich fromm
- Forderungen: Brot, Liebe, Kraft, Frieden
- Traditionelle Normgebete: Herr, erbarm dich, Der Herr ist mein Hirte, Ave maria
- Segnungen: lux aeterna, der Herr segne dich, absolvo te

Auffallend ist bereits bei dieser noch unvollständigen Aufzählung, dass Schnebel mit einigen Gebetsteilen oder Anrufungen nicht nur verschiedenste Sprachen, Sprachebenen (liturgisch oder umgangssprachlich) und Glaubensbereiche bis hin zum Aberglauben anspricht, sondern auch mit der Anrufung Vishnus oder Manitus bewusst den christlichen Bereich verlässt. Außerdem kann sich nahezu jeder Mensch in einer dieser „Gebets"-Äußerungen wiederfinden, da Schnebel für jedes Lebensalter, für jede Lebenslage Worte oder Emotionen findet. Am Ende des Stücks gehen die Choristen zu kurzen Ausrufen und ersterbendem Atmen zurück.[748]

Auch in *amn* ist, wie in *dt 31,6*, der Raum „komponiert":

„Die in einem langen Band aufgestellten Vokalisten des Sprechchors handeln – ob einzeln oder im Chor – stets für sich, drehen sich um sich selbst, reden vor sich hin oder nach oben. […] Wie sehr das Stück nach innen gerichtet ist und in sich geht, verdeutlicht die Lautstärken-Komposition; sie erschließt den Bereich zwischen piano und völliger Unhörbarkeit – stummes Gebet, das nur vereinzelt in kollektiven Aufschrei[749] ausbricht."[750]

Schnebel weist in seiner Partitureinleitung ausdrücklich darauf hin, dass gerade das Mehrfach-Piano exakt realisiert werden solle, da das reale Gebet häufig auch nur dem

---

747 Diese Auflistungen sind nicht vollständig, versuchen aber beispielhaft die Spannbreite der textlichen Ausführungen anzugeben.
748 Nauck (2001, S. 87) verweist auf den Selbstmordversuch von Schnebels erster Frau mit Schlaftabletten. Ihr röchelnder Atem hatte den Ehemann alarmiert. Seit dieser Erfahrung seien Atemvorgänge zum auffälligen Merkmal von Schnebels Stilistik geworden.
749 Ein solch kollektiver Aufschrei und damit einer der musikalischen Höhepunkte ist der urchristliche Gebetsruf „*Maranatha*", was so viel bedeutet wie „Unser Herr, komm" oder „Unser Herr ist da".
750 Schnebel/Zeller 1980, S. 121. Die Lautstärkenskala geht bis zum sechsfachen Piano!

Betenden selbst verständlich sei.[751] *amn* „ist kompositorisch veranstaltetes Gebet"[752] in dem „verschiedene Weisen des Für-sich-Sprechens, das ja für das Beten bezeichnend ist",[753] zentral sind.

amn wurde auch in einem der berühmten „informellen Gottesdienste" bei den Stuttgarter Kirchenmusiktagen Ende der 1960er-Jahre von Clytus Gottwald in Teilen aufgeführt. In diesen Gottesdiensten versuchte man, verkrustete Strukturen aufzubrechen (durch Texte, Musik, Einsatz technischer Geräte), auf Christus als zentralen Mittelpunkt zu verweisen und die Gottesdienstbesucher aufzurütteln. Dies gelang. Man wollte „hinaus aus dem üblichen Sakralen"[754] und traf damit einen Punkt, der in der evangelischen Theologie der Zeit durchaus Thema war,[755] in die übliche Gottesdienstpraxis aber wenig Eingang fand.

3.3. !(madrasha II)

Der dritte Teil des Zyklus erhielt einen Titel, der noch erklärungsbedürftiger ist als die beiden vorangegangenen: *!(madrasha II)* für drei Chorgruppen und Tonband ad libitum. Das altsyrische Wort „madrasha" bedeutet „Hymnus"[756] und ist nur eine Erläuterung für das unaussprechliche Zeichen „!", das als „wortloser Ausbruch" und „Exklamation" gemeint ist.[757] Dem in den Jahren 1958/64 und 1967/68 entstandenen und 1968 anlässlich der *Pro Musica Nova* von Radio Bremen durch Gottwald und seine Schola Cantorum Stuttgart uraufgeführten Werk, hat Schnebel als Motto einen Psalmvers vorangestellt: „Alles, was Odem hat, lobe den Herrn."[758] So ergänzt er – logisch auf den Psalmvers bezogen – auch Tierstimmen,[759] die über ein Tonband eingespielt werden. Der Lobpreis Gottes, den man als Thema des Stücks ansehen kann, braucht wohl keine Worte: „Das Stück ist eine Komposition von Lauterzeugungsvorgängen: nicht wird von vorgegebenen Lauten ausgegangen, sondern von Prozessen ihrer Hervorbringung."[760] Daher erläutert er im Vorwort zur Partitur ausführlich die aus der Sprachwissenschaft bekannten Lautschriftzeichen, die sich aber in diesem Fall nur sehr selten[761] auf Worte oder Silben zurückführen lassen wie z. B. noch in *dt 31,6*.

---

751 Vgl. Schnebel amn Partitur, S. X.
752 Ebd.
753 Ebd., S. XI.
754 Dieter Schnebel, zit. nach Röhring 2002, S. 18.
755 Vgl. Gröhn 2006, S. 81–82.
756 Schnebel 1972b, S. 418.
757 Vgl. ebd.
758 Ps 150,6
759 Die Tierstimmen wurden in der ersten Fassung vom Tonband eingespielt, in der zweiten von den Sängern erzeugt (vgl. Gottwald 1998, S. 212). Zu den Tierstimmen zählen beispielsweise Kröte, Elefant, Krähe, Grillen, Wölfe, Truthahn, Affen, Kamel, Schnake, Hund und Katze. Vgl. hierzu auch das *Sanctus* der *Dahlemer Messe*, in welchem auch Tierstimmen verwendet werden.
760 Schnebel !(madrasha II) Partitur, Vorwort.
761 Wenn sie sich auf Worte zurückführen lassen, versteht man sie nicht, sie sind aber in der Partitur erkennbar (z. B. *„Jesus"*, *„ben David"*). In der Urfassung des Werks wurde an einer Stelle der *„Ho-tschi-minh-Ruf"* verbalisiert. Dadurch entstand ein aktueller Zeitbezug. Vgl. Gottwald 1998, S. 32–33.

Die stimmliche Äußerung des Menschen ist auch in diesem Teil der Messkomposition zentral. Zunächst betitelte Schnebel das Stück mit *Melodram für Wolfsohnsche Stimmen*, „also für Stimmen, die aufgrund einer psychisch gesteuerten Technik im Stimmumfang sehr groß und in der Klanggestaltung flexibel sind."[762] Die Stimmen sollen möglichst unkonventionell verwendet werden. Schnebel ist es darüber hinaus sehr wichtig, dass bei jeder stimmlichen Äußerung ein „möglichst großes Quantum Energie"[763] ausgestrahlt wird.

Die Noten zu *!(madrasha II)* bestehen aus 24 losen Blättern, die als „Material-Partitur" gedacht sind. Sie dienen als komponierte Fassung auf serieller Grundlage als Material für viele mögliche Versionen.

> „madrasha II ist aus vielerlei Prozessen komponiert; sie reichen von gänzlich geschlossenen Musik-Stücken bis hin zu sehr offenen musikalischen Vorgängen, die sich kaum zeitlich begrenzen lassen. [...] Die Bildung des Gesamtablaufs obliegt den Interpreten. [...] Im übrigen lassen sich alle Formverläufe mischen. Falls möglich, können bis zu vier Verläufe gleichzeitig realisiert werden."[764]

Wiederum legt Schnebel das Stück als „Raumkomposition" an. Die Sänger stehen nicht still, sondern folgen einer je eigenen Choreographie, die die Beweglichkeit der Musik auch visuell darstellen soll. Schnebel bezeichnet dies als „räumliche Melodien".[765] Selbst der Dirigent erhält eine besondere Rolle: In der eigenen „Dirigierstimme" gibt es etwa Anweisungen zum Dirigat (wie etwa „nun wenige wild ekstatische Ausbrüche" oder „Nun stark theatralisches Dirigieren: ausladende feierliche Gesten (wie segnend)") sowie Angaben zu Lautiervorgängen, die vom Dirigenten umzusetzen sind. Die Möglichkeit zu Improvisationen aller Ausführenden wurde bewusst angelegt; die große Flexibilität äußert sich auch in der Angabe der Dauer: mindestens neun Minuten – diese kann aber durchaus fast bis zum Doppelten ausgedehnt werden.

So gelingt Schnebel die Darstellung des Aus-Sich-Herausgehens, des „Ausbruchs", des von innen nach außen Strebenden, sowohl stimmlich als auch räumlich. Dies zeigt sich in der Urform von Sprache, ohne Sinnbezug, im Urlautlichen, in der „Musik aller Stimmen"[766] – auch der tierischen, die sich zum universell verstehbaren Lob Gottes zusammenschließen – befremdend und ursprünglich zugleich.

---

762 Nauck 2001, S. 85.
763 Schnebel !(madrasha II) Partitur, Vorwort.
764 Vgl. ebd.
765 Vgl. Schnebel/Zeller 1980, S. 121.
766 Vgl. Schnebel 1972b, S. 418.

3.4. Choralvorspiele 1/2

Die in den Jahren 1966 und 1968/69 entstandenen und am 29. Mai 1970 durch Radio Bremen uraufgeführten *Choralvorspiele 1/2* ergänzen die nur für Stimmen geschriebenen ersten drei Teile der Messkomposition zu einem Ganzen.[767] Einem Ganzen, das nun auch die Instrumente (Orgel, Nebeninstrumente, Tonband) und deren teilweise unkonventionelle Verwendung einbindet, einem Ganzen, das nicht nur Welt in die Kirche hineinträgt (etwa über Geräusche vom Tonband), sondern auch Kirche in die Welt aussendet. Diese instrumentalen Teile sind Zielpunkt der gesamten Komposition, verkörpern sie doch das „missa est" – „ihr seid gesendet" auf ganz praktische Art und Weise dadurch, dass am Ende tatsächlich einige Musiker spielend die Kirche verlassen und Choralteile in die „Welt" tragen.

Kirchliches und Weltliches mischen sich auf besondere Weise in den beiden *Choralvorspielen*. Schnebel verwendet das Kircheninstrument Orgel ganz dominant, allerdings vor allem verfremdet. Er schöpft die Möglichkeiten der Registrierung genauso aus wie jene, mit wechselnden Winddruck zu spielen, in dem der Motor während des Spiels an- und ausgeschaltet wird. Pfeifen werden aus ihrer Halterung genommen und mit dem Mund angeblasen. Das Gehäuse der Orgel wird als Schlaginstrument verwendet. Mehrere „Organisten"[768] sind mit dem verfremdenden „Bespielen" der Orgel (auch im Instrumenteninneren, teilweise durch Mikros verstärkt) beschäftigt, um ungewöhnliche Klänge zu erzeugen. Auch das Motorgeräusch selbst wird verstärkt. Schnebel ist es besonders wichtig, dass die Orgel als „Rauminstrument" zur Geltung kommt und beispielsweise Fernwerke oder Rückpositive entsprechend genutzt werden.[769] Damit knüpfte er an die „untypische Bespielung" der Orgel an, die es bereits bei *Interferenzen* von Bengt Hambraeus, *Improvisation ajoutée* von Mauricio Kagel und *Volumina* von György Ligeti gab.[770]

Vom Tonband erklingen „außerkirchliche" Geräusche, beispielsweise Motorengeräusch, Verkehrslärm, Bohrer, Fön, Kreissäge, Traktor oder Presslufthammer. Diese Geräusche bringen nicht nur Weltliches in die Kirche, sondern verweisen auch auf den „Maschinencharakter des Instruments" Orgel.[771] Menschliche Klänge vom Tonband, wie Atmen, Herzklopfen oder Schritte, „bilden humane Korrelate zum Schnaufen der Orgel, zu Geräuschen ihrer Kanäle und Ventile, zum Klappern ihrer Gestänge – überhaupt zum Funktionieren ihres komplizierten Mechanismus."[772] Mundharmonika, Kämme, Trillerpfeifen, Martinshorn oder die Tonerzeugung mittels Mundstücken von Blasinstrumenten bilden eine Ergänzung zur Entstehung von Orgeltönen durch Pfeifen. Neben etlichen Percussionsinstrumenten, die einen Gegenpart zum mechanischen Klappern der Orgel – etwa dem Pedalspiel oder dem Ziehen von Registern – bilden, schreibt Schnebel einen Posaunenchor und weitere Blasinstrumente vor, die zum Teil auch einzeln verwendet

---

767 Die *Choralvorspiele* sind allerdings auch einzeln aufführbar.
768 Idealerweise sollten sechs bis acht Organisten besetzt sein. Grundsätzlich ist die Zahl der Ausführenden nicht begrenzt, um polyphone Zeit- und Raumverläufe darstellen zu können. Vgl. Schnebel 197210, S. 443.
769 Vgl. ebd., S. 439.
770 Vgl. Gröhn 2006, S. 75.
771 Vgl. Schnebel 1972110, S. 439.
772 Ebd.

werden. Alle Instrumente sind unprofessionell zu spielen.[773] Letztlich beziehen sich alle erzeugten Geräusche oder Klänge auf die Orgel selbst, das zentrale Kircheninstrument: heilig und unheilig zugleich, menschliche und göttliche, kirchliche und weltliche Klänge und Geräusche erzeugend beziehungsweise die Möglichkeit dazu in sich tragend – wie alle anderen Instrumente. Kirchliches kann Weltliches assoziieren, Weltliches auch Kirchliches.[774]

Auch in diesem Stück bildet der Notentext den Ausgangspunkt für zahlreiche improvisatorische Ausführungen. *Choralvorspiele 1* beginnt „senza initio", quasi in die Vorbereitungen der Musiker hinein. Der „offizielle Beginn" wird ausgespart. Die Musik entsteht „mitten aus dem Leben" heraus. Von Anfang an ist das tiefe *Es* im Orgelpedal präsent, zunächst quasi aus dem Nichts aufsteigend: Erst bei gedrückter Pedaltaste wird der Motor der Orgel eingeschaltet, der Ton kommt dementsprechend untypisch aus dem Nichts. Der Ton soll aber während des gesamten Stückes präsent bleiben und erinnert an das Dauer-*Es* zu Beginn von Richard Wagners *Rheingold*-Ouvertüre.[775] Während des ersten Teils zielt die langsame „Verschmelzung der Materialien"[776] auf eine Verdichtung, die in Zitaten von Choralfragmenten mündet (Abschnitt Y1). Die mit vollem Werk gespielten Anfangszitate der Choräle „*Jesu, meine Freude*", „*O Traurigkeit*" und „*Nun ruhen alle Wälder*" stehen in den Tonarten F-Dur, g-Moll und A-Dur und bilden, laut Gerd Zacher, dem Organisten der Uraufführung, zusammen mit dem Ton *Es* eine Ganztonfolge, die den Choralanfang von „*Es ist genug*" ergibt. Daraus vermittelten sich die Emotionen Freude, Traurigkeit und Ruhe als „einkomponierte Widersprüche im Sinne der Offenheit".[777] Gisela Nauck sieht darin sogar eine tiefere private Schicht: Schnebel habe in dieser Anlage Hinweise auf die Bewältigung des Suizides seiner ersten Frau gegeben.[778]

Choralvorspiele 2 hingegen führt von einer anfangs dichten und festgelegten Struktur in eine „Zersetzung in Klangpunkte"[779] und endet offen, „senza fine". Klangen zunächst noch einige Choralfragmente von der Orgel (Abschnitt C2 und C3, z. B. „*Vater unser im...*", „*Nun freut euch, lieben...*", „*Tut mir auf die...*", „*O Heiliger...*", „*Aus tiefer...*") wie Fetzen einer anderen Zeit an die Ohren der Zuhörer, tragen nun die Mitglieder des Posaunenchors Fragmente von Choralmelodien aus der Kirche hinaus. Zugleich betreten einige Musiker das Orgelgehäuse und erzeugen Geräusche. Während der Orgelmotor ausgeschaltet wird und die Klänge und Geräusche dieses Kircheninstruments nach und nach verklingen, entnehmen die Assistenten Orgelpfeifen und gesellen sich, darauf pfeifend, zu den Mitgliedern des Posaunenchors. Von Ferne hören die im Kirchenraum Verbleibenden die Choralfragmente, die den Weg in die Welt nehmen. „[...] es ist ein Schlußstück mit der Bemerkung ‚senza fine', d. h. wenn es zu Ende ist, fängt es erst richtig an seine Wirkung zu entfalten, Gespräche auszulösen, Diskussionen zu entfachen [...], andere Musik zu ermöglichen [...]"[780] und ist damit typisch Neue Musik, deren

---

773 Vgl. ebd.
774 Vgl. Zacher 1980, S. 15 sowie auch S. 17.
775 Vgl. die Verwendung des Tones *Es* in Schnebels *Dahlemer Messe*.
776 Schnebel 197210, S. 441.
777 Zacher 1980, S. 15 Vgl. auch S. 14.
778 Vgl. Nauck 2001, S. 88.
779 Schnebel 197210, S. 441.
780 Zacher 1980, S. 17.

Komponist es beabsichtigt, dass man nachdenkt, sich daran stört und diskutiert und die Musik nicht einfach schön findet.

In den *Choralvorspielen 1/2* mischt sich Vertrautes mit Fremdem. Bekannte Fragmente, die dem Zuhörer eine Verortung ermöglichen, vermischen sich mit Irritierendem, z. B. dem verfremdeten Einsatz von Instrumenten. „Welt" betritt den Kirchenraum. Religiöses geht den Weg in die Welt, um diese zu verändern – ein eher untypischer Weg für die evangelische Kirche.

Schnebel komponiert seine erste Messe als eine Art Gegenentwurf zu bisherigen Messvertonungen, indem er sich von nahezu allem distanziert, was eine traditionelle Messkomposition ausmacht: kein Messtext, keine traditionelle Art der Vertonung, keine liturgische Verwendbarkeit, kein Ritus. Stattdessen schreibt er mit den ersten drei Teilen quasi ein „Lehrstück für Stimmen",[781] das von den „noch" textgebundeneren ersten beiden Teilen hin zu reinen Lautiervorgängen führt, zu einer Übung der „fortschreitenden Befreiung"[782] der Stimmen. Christliche Bedeutungen kommen nur durch vorangestellte Motti und deren ungewöhnlichen, sehr an den Emotionen der Menschen in Beziehung zu Gott orientierten musikalischen Ausführungen zum Ausdruck. Zentrale Themen sind Trost, veranstaltetes Gebet und Jubel mit ihren dazugehörenden Bewegungsweisen, die sich auch in der passenden Choreographie für die Ausführenden spiegeln.

Nach Schnebel kann Transzendenz auch nur in Kunst dargestellt und erlebbar werden:

> *„Bei Karl Barth heißt es in einer merkwürdigen Passage über die Engel: „Die ganze biblische Geschichte drängt – indem sie wirkliche Geschichte im Raum und in der Zeit sein will und ist – fortwährend hinüber in den Bereich, wo sie als solche nicht nach den bekannten Analogien des Weltgeschehens verifizierbar, sondern nur in der Auffassungsweise der Phantasie anschaulich und begreiflich, nur in der Gestalt der Dichtung darstellbar ist." Vielleicht dürfte man hinzufügen: auch in der Musik. Kunst als geistige Ergänzung – das bedeutete, daß Musik das auszuführen hätte, was Sprache aus sich nicht zu leisten vermag: akustische Figuration, Symbolisierung und also eine Art Sakramentalisierung: Das wäre bei Verkündigung, die ja zusprechen will, etwa dynamisierte Sprechgestikulation, welche zu Musik wird; beim Gebet eher die reduzierte, monoton musikalisierte Sprache, die zum Tönen schrumpft oder zum Ruf; beim Lobpreis, da Sprache nicht ausreicht, die Metamorphose in Musik."*[783]

Bis zum Ende der ersten drei Messteile ist es möglich, das Werk ohne jegliche Vorkenntnisse in Liturgie oder Musik zu hören. Es soll sich direkt vermitteln. Dies lässt aber auch keine Verortung der Hörer durch Bekanntes zu, gebiert mitunter Halt- und Orientierungslosigkeit, ermöglicht aber auch ein Nachdenken über und ein neues Sich-Einlassen auf das Konstrukt „Messe" in jeder Hinsicht.

Mit den beiden *Choralvorspielen* findet diese Messkomposition ihre Verortung nicht nur in der Tradition mittels des typischen Kircheninstruments Orgel und einigen

---

781 Schnebel/Zeller 1980, S. 121.
782 Ebd.
783 Schnebel 19932, S. 253.

Choralfragmenten (und natürlich weiterhin genügend „Fremdem"), sondern auch ihren eigentlichen Zielpunkt: Nicht nur tritt Weltliches in die Kirche hinein, die auch nicht mehr geschützt davor zu sein scheint. Auch Kirche tritt in die Welt und beginnt diese herauszufordern und zu verändern. Menschliches Verhalten verändert dieselbe und umgekehrt. „Senza initio" – ohne Beginn – mitten in der Welt, und „senza fine" – ohne Ende – mitten in die Welt.

4. Das Potenzial der Vergangenheit: *Missa* oder *Dahlemer Messe*[784]

Schon recht bald nach Beendigung seiner „ersten Messe" beschäftigte sich Schnebel mit einem weiteren Projekt „gottesdienstlicher" Musik: der Komposition *Litourgia*. In ihr sollte „eine ökumenische gottesdienstliche Handlung [… geschaffen werden], welche den Reichtum christlicher Liturgie zugleich entfaltet und zusammenfaßt."[785] Auch wenn das Gesamtkonzept in einigen Punkten von dem der *Dahlemer Messe* abweicht, existieren doch viele Gemeinsamkeiten – z. B. Grundformen des Gottesdienstes, Konkretes, Raumkonzeption –, die letztlich auch in die spätere Messkomposition mit eingegangen sind. Das Projekt *Litourgia* wurde nicht ausgeführt.[786]

Ideen daraus griff Schnebel wieder auf, als er im Jahr 1982 einen Kompositionsauftrag für den Steirischen Herbst 1983 erhielt. Das Werk konnte bis zum gewünschten Zeitpunkt nicht fertiggestellt werden. Ein Jahr später gab es beim Steirischen Herbst keine Möglichkeit mehr für eine Aufführung. Die Gesamtkonzeption und Skizzen für die fünf Messteile lagen aber schon vor. Kurz darauf bekam er einen Auftrag über ein geistliches Werk für die Berliner Festwochen zur 750-Jahrfeier der Stadt Berlin im Jahr 1987. Aus der geplanten *Grazer Messe* wurde eine Messe mit Berliner Bezug. Dies zeigt sich sowohl in der Widmung an die Protagonisten der Bekennenden Kirche – Martin Niemöller, Dietrich Bonhoeffer und Karl Barth – als auch durch den Uraufführungsort, der Dahlemer Jesus-Christus-Kirche, dem Zentrum des kirchlichen Widerstands in Berlin. Außerdem widmet Schnebel die einzelnen Kompositionsteile persönlichen Freunden aus Berlin. Doch auch diese im Untertitel mit *Dahlemer Messe* bezeichnete Komposition konnte aufgrund der ihr innewohnenden aufführungstechnischen Schwierigkeiten erst am 11. November 1988 uraufgeführt werden.[787]

---

784 Die folgende Einzelsatz-Analyse der *Missa* baut auf der monographischen Darstellung derselben von Magdalena Zorn (2012) auf. Obwohl in den vorangegangenen Kapiteln darauf geachtet wurde, dass die Darstellung über eine Komposition quasi „monographisch" gelesen werden kann, muss in Anbetracht der Fülle des Materials bei dieser Komposition ausdrücklich auf die übersichtlichen, teilweise graphischen Darstellungen bezüglich Textstruktur, Geräuschschicht, der Tempi und einiger Notenbeispiele von Zorn verwiesen werden. Auf eine ausführliche wiederholende Darstellung der von Zorn dargelegten Aspekte wird bewusst verzichtet, auf wichtige Ergebnisse jedoch verwiesen, die Ergebnisse einbezogen.
785 Handschriftliches Manuskript Schnebels, zit. nach Nauck 2001, S. 137.
786 Vgl. ebd.
787 Vgl. zu den Ausführungen dieses Absatzes Dieter Schnebels Einleitung in Schnebel Missa Aufnahme 1993, Booklet, S. 2–3.

Der Titel *Missa für vier Solostimmen, zwei gemischte Chöre, Orchester und Orgel* lässt viel Traditionelles vermuten. Nicht umsonst rechnet der Komponist das Werk zu seiner Reihe *Tradition*. Dieser Traditionsbezug wird von Schnebel ganz bewusst gewählt, auch wenn er dafür von so manchem avantgardistischen Kollegen ablehnende Reaktionen erhielt:

> „Unter den Vertretern der Neuen Musik gab es seit den 1950er Jahren gewisse, scheinbar unumstößliche Glaubensgrundsätze, und gegen diese hatte ich mit der MISSA, die stellenweise ziemlich tonal klingt, verstoßen. Als Theologe fand ich orthodoxe Anschauungen stets fatal und im Übrigen hatte ich schon immer ein positives Verhältnis zur Tradition. Ich war seit meiner Studienzeit Blochianer und glaubte an das zukunftsweisende Potential der Vergangenheit."[788]

Das Potential der Vergangenheit greift Schnebel beispielsweise in der Verwendung traditioneller Notation (mit klassischem Instrumentarium, Taktangaben, erkennbar „klassische" Motivik), der lateinischen Sprache und der Verwendung der fünf Ordinariumsteile auf. Dabei empfindet er die lateinische sakrale Universalsprache als Schatz,[789] die er wiederum in vielfältiger Weise ergänzt. Einerseits geht er zurück zu den Ursprüngen der Messtexte, in dem er sie auf die ihnen zugrundeliegenden Bibeltexte bezieht:

> „Die haben natürlich auch ihren griechischen Urtext, den ich überall verwandt habe. Es läßt sich von den meisten dieser Texte auch noch eine hebräische Vorform, also die Ur-Ur-Form, wenn man so will, rekonstruieren. Das Kyrie, z. B. kommt in der Bibel in der Regel in Heilungsgeschichten vor, wo ein Aussätziger oder Blinder zu Jesus kommt und sagt: Herr, erbarme dich! Das ist im Hebräischen der rachmanut-Ruf. Beim Sanctus ist es sowieso eine Jesaja-Stelle, die dem lateinischen Text zugrunde liegt, so daß man ganz leicht auf die hebräische Urform kommt. Beim Gloria und beim Agnus konnte ich sie mit einigen theologischwissenschaftlichen Hilfen rekonstruieren. Ich bin also einerseits zurückgegangen bis zu den Ursprüngen, zum Teil habe ich auch versucht, zu einer Art Urlauten, die noch dahinterstehen, zu kommen. Das Gloria ist im Grunde ja Exklamation, und dem Kyrie liegt das Stöhnen zugrunde, während das Sanctus eher das Erstaunen ausdrückt und das Gloria die Freude, das Lachen."[790]

Anderseits ergänzt Schnebel Teile des Messtextes in zeitgenössischen Sprachen des europäischen Kulturkreises sowie assoziative Begriffe im *Credo* (z. B. „*materia*") und lässt so einen weiteren Bezug zur Gegenwart der Menschen – neben Urlauten wie Stöhnen, Lallen oder Lachen – entstehen.[791] Auch Vorsprachliches wie Zischen oder Lautierung

---

788 Dieter Schnebel 2012 im Gespräch mit Magdalena Zorn, unveröffentlicht; zit. nach Zorn 2012, S. 43.
789 Vgl. Klaus Angermann: Aktualisierte Tradition. Klaus Angermann im Gespräch mit Dieter Schnebel über seine *Dahlemer Messe*, in: Schnebel Missa Aufnahme 1993, Booklet, S. 7.
790 Ebd., S. 8.
791 Diese Elemente verwendete er bereits in seiner ersten Messe, beispielsweise in *amn*, bei welcher Begriffe wie „*materia*", „*erde*" oder „*meter*" unter der Bezeichnung „Heilige Worte" oder auch als Uremotionen bereits vorkommen.

von Phonemen findet Verwendung. Die sprachliche Ebene setzt Schnebel sogar bis in die Instrumentalstimmen fort, indem er ihnen an einigen Stellen den Text unterlegt, der vom Instrumentalisten nachzuvollziehen und innerlich „mitzusprechen" ist.[792] Außerdem werden in den einzelnen Ordinariumsteilen zu ihnen passende nichtliturgische Bibelstellen in deutscher Sprache rezitiert. Zorn beschreibt dieses Vorgehen folgendermaßen: „Schnebel setzte seine profunden Bibelkenntnisse also ein, um ein textliches Beziehungsgefüge zu stiften, das zwischen Bibel und Liturgie, zwischen Altem und Neuem Testament, zwischen mystischer Gottesschau und dem Anblick realen, weltlichen Leids vermittelt."[793] Das welt- und zeitenumspannende Latein wird so zum Vermittler von biblischer Urtextsprache und zeitgenössischem menschlichem Ausdruck.[794]

Ein weiterer Bezug zur Tradition zeigt sich in der stilisierten Verarbeitung verschiedener christlicher Musik (Anklänge an Choral, Gregorianik, Ostkirchliches, barocke Koloraturen)[795] und Musik aus der Synagoge[796] (Tenor, der im Stil eines jüdischen Kantors singen soll). Insbesondere hierdurch soll sich auch der „ökumenische Charakter"[797] der Messe zeigen.

Die Besetzung der Messe ist sehr umfangreich und verwendet unter anderem die klassische Orchesterbesetzung mit Streichern, Holz- und Blechbläsern. Auffallend hierbei ist, dass die Streicher nur einfach besetzt sind, die Bläser jedoch wie üblich mehrfach, was zum Teil zu ungewöhnlichen Klangverhältnissen führt. Neben Orgel, Harfe und Becken wird ein sehr ausgedehnter Schlagapparat verlangt, der sich aus 54 Instrumenten zusammensetzt.[798] Chöre und Solisten singen weitestgehend klassisch bis zum Teil improvisierend. Ein eigener Bereich der sogenannten Geräuschemacher (G) verlangt nochmals 15 verschiedene Einheiten vom Schwirrholz über Wasser und Steinen bis zu Tierstimmen, Porzellan und Windmaschine.[799] Diese werden ergänzt durch sogenannte Geräuschvokalisten (GV), die für die Artikulation von Atmung, Stöhnen, Husten und ähnlichem vorgesehen sind:

> *„Die Geräuschschicht [...] ist für mich in diesem Fall auch so etwas wie eine musique concrète, und zwar in dem Sinne, daß Musik Konkretes aufnimmt oder auch auf Konkretes hinweist. Es ist eine Art Hereinholen des Weltlichen bzw. überhaupt des Realen in die Musik."*[800]

Somit stehen sich bereits durch die Auswahl der Kompositionskomponenten Tradition und Gegenwart, Welt und Kirche gegenüber und greifen ineinander.

---

792 Vgl. Angermann im Gespräch mit Schnebel, in: Schnebel Missa Aufnahme 1993, Booklet, S. 8.
793 Zorn 2012, S. 44.
794 Der vollständige Text findet sich beispielsweise in Schnebel Missa Aufnahme 1993, Booklet, S. 14–24 oder Zorn 2012, S. 89–92.
795 Vgl. Angermann im Gespräch mit Schnebel, in: Schnebel Missa Aufnahme 1993, Booklet, S. 10.
796 Dies sicherlich auch als Verweis auf die Wurzel des christlichen Glaubens.
797 Vgl. Angermann im Gespräch mit Schnebel, in: Schnebel Missa Aufnahme 1993, Booklet, S. 2.
798 Vgl. die detaillierte Aufstellung bei Zorn 2012, S. 93.
799 Eine übersichtliche tabellarische Darstellung zum Einsatz der Geräuschemacher findet sich bei ebd., S. 51.
800 Angermann im Gespräch mit Schnebel, in: Schnebel Missa Aufnahme 1993, Booklet, S. 10.

Schnebel schuf mit der *Dahlemer Messe* eine Raumkomposition mit fünf Gruppen, die in einer speziellen Anordnung in der Kirche aufgestellt werden sollten. Vorne bilden die Bläser mit dem Schlagzeug I eine Gruppe. Ihnen gegenüber im hinteren Bereich stehen die Geräuschemacher, das Becken, die Orgel und das Schlagzeug II. Von rechts erklingt Chor II. Gegenüber singt Chor I. In der Mitte sind Harfe, Streicher und die Gesangssolisten zu einer Klanggruppe vereint.[801] Die Zuhörer (die Gemeinde) sitzen inmitten der Musik und erleben diese auf ganz besondere Weise. Sicherlich nimmt Schnebel mit dieser Anordnung wiederum Bezug auf historische Vorbilder. Die vermutlich aus dem antiphonalen Gesang heraus entstandene venezianische Mehrchörigkeit des 16. Jahrhunderts (mit Coro-Spezzato-Technik und vielen weiteren Kompositionen, die darauf Bezug nehmen, z. B. von Wolfgang Amadeus Mozart oder Igor Strawinsky) ist wohl ebenso eingeflossen wie das Vorbild Karlheinz Stockhausens, der in seinem *Gesang der Jünglinge* auch mit fünf Lautsprechergruppen arbeitete und eine „Klangwanderung"[802] erfahrbar werden ließ. Bei Schnebel wird der Raum zum eigenständigen kompositorischen Prinzip.

In der *Dahlemer Messe* verbindet Schnebel unterschiedlichste Kompositionsstile, beispielsweise polyphone Strukturen, avantgardistische Sprachkomposition und Verfremdung mittels außermusikalischer Geräusche. Als übergeordnetes Strukturprinzip nennt Schnebel die Komposition mit einer drei- bis viertönigen Gruppe, die als Formel im Sinne Stockhausens verwendet wird:

> *„Es ist eine einfache Intervallfolge aus dem Wechsel von großer und kleiner Sekunde in verschiedener Kombination. Diese Intervallfolge läßt sich multiplizieren, zum Beispiel kleine Sekunde wird zu großer Sekunde, große Sekunde zu kleiner Terz. Mit dieser ersten Multiplikation komme ich in die Pentatonik. Die nächste Multiplikation wäre kleine Terz – große Terz, womit ich beim Dreiklang angelangt bin. Die wiederum nächste Kombination, also große Terz – Quart, bewegt sich ebenfalls noch im Dreiklang, weshalb ich diese Form als fast synonym benutzt habe. Die nächste aber, Quart – Tritonus, führt mich zu diesem schönen atonalen Akkord, der in der Musik des frühen Schönberg oder bei Berg und zumal bei Webern eine ganz dominierende Rolle spielt. Diese vier Erscheinungsformen habe ich den einzelnen Teilen der Messe zugrunde gelegt: die Sekund-Kombination im klagenden Kyrie, die Dreiklang-Kombination im Gloria, die Quart-Tritonus-Kombination im geheimnisvollen Sanctus und die Pentatonik im etwas kindlichen Agnus. Im Credo, das ja den Zentralteil bildet, sind alle vier Formen miteinander vereinigt."*[803]

Schnebel nutzt die den Intervallen inneliegende Bedeutung, um sie den Messteilen als Ausdruck zuzuordnen. Der Sekund-Seufzer passt ideal zum *Kyrie*, die klare Dreiklangsstruktur zum freudigen Inhalt des *Gloria*. Quart und Tritonus unterstreichen den sphärischen Charakter des *Sanctus* und die Pentatonik das etwas kindlich anmutende *Agnus Dei*. Die Konstruktionsidee verwendet Schnebel zum ersten Mal in der *Dahlemer Messe*

---

801 Eine visuelle Darstellung der vorgegebenen Aufstellung findet sich bei Zorn 2012, S. 52.
802 Vgl. ebd., S. 53.
803 Angermann im Gespräch mit Schnebel, in: Schnebel Missa Aufnahme 1993, Booklet, S. 9.

und geht im Vergleich zu Stockhausen relativ frei damit um. Interessant ist, dass er die Reihe auf eine sogenannte „Allintervallreihe" zurückführt, die er wiederum aus einem Gregorianischen Choral gewonnen hat.[804] Außerdem gewinnt er mittels des Prinzips der Skalierung aus einem einzigen achttönigen Akkord die Zeitwerte für „das abwechselnd wachsende und schrumpfende Tempogefüge der *MISSA*".[805] Darauf aufbauend leitet er auch den Lagen-Verlauf der Stimmen, Instrumentierung und Klangbild in serieller Manier ab.[806]

Die Struktur der nun folgenden tabellarischen Analyse der einzelnen Messteile nimmt Bezug auf die vom Komponisten selbst vorgegebene Gliederung. Schnebel bezeichnet die kompositorischen Unterabschnitte mit Buchstaben und Ziffern. Diese Abschnitte sind jeweils auch sehr gut zu hören. Bei der tabellarischen Analyse wird ein besonderer Schwerpunkt gerade auf höranalytische Aspekte gelegt. Sie kann und will nicht die Fülle der Ereignisse erfassen, sondern nur auf Wesentliches hinweisen und eine Hörhilfe auch ohne Noten geben.

4.1. *Kyrie*

Das *Kyrie* gestaltet Schnebel in klassischer Weise dreiteilig (*Kyrie – Christe – Kyrie*), wobei jeder dieser Teile nochmals in drei weitere Abschnitte unterteilt ist. Hierdurch ergibt sich eine für das *Kyrie* häufig verwendete neunteilige Form, die in ihrer Drei-mal-drei-Struktur auf die Trinität verweist. Der *Christe*-Teil wird – wie in vielen Messkompositionen üblich – nur von Stimmsolisten gestaltet, *Kyrie* I von Chorstimmen, *Kyrie* II von Chor und Solisten. Nur in den *Kyrie*-Abschnitten kommen Geräuschemacher und Geräuschvokalisten vor.[807] Als Teil der Überleitung von *Kyrie* zu *Christe* und wieder zu *Kyrie* fungiert der Solo-Tenor als Rezitator von nichtliturgischen Texten, zum Teil im Stil eines jüdischen Kantors. Die Texte setzen den Kyrie-Text in seinen ursprünglichen Bezug. Zunächst rezitiert der Tenor aus den Heilungsgeschichten Jesu,[808] dann den hebräischen „Adonai-rachmanut"-Ruf, der dem griechischen „Kyrie eleison" entspricht. Den Bezug zur heutigen Lebenswelt schafft Schnebel durch immer wieder auftretendes Stöhnen, Seufzen und Husten. Weitere außerkirchliche Elemente finden sich auch in den Geräuschen der Geräuschemacher, etwa im Steinereiben, Knirschen oder Rumoren.

Dem *Kyrie* hat Schnebel die Sekund als strukturbildendes melodisches Moment zugeordnet. Die dem Text innewohnende Klage ist bereits seit Jahrhunderten mit diesem Intervall verbunden. Lediglich im *Christe* verwenden die Instrumentalisten und Sänger weiter ausgreifende Intervalle. Zorn fasst die Anlage des Kyrie wie folgt zusammen:

„*Die Klagemotive im Kyrie werden abwechselnd chorisch und instrumental [polyphon] vorgetragen. Während in den Abschnitten mit Chor instrumentale*

---

804 Vgl. zu Stockhausen und der „Allintervallreihe" Schnebels die Darstellung bei Zorn 2012, S. 45–48.
805 Ebd., S. 55. Vgl. auch die tabellarische Darstellung auf S. 58.
806 Vgl. ebd., S. 55–56. Diese grundlegenden Strukturen sind vor allem in Schnebels Skizzenmaterial erkennbar.
807 Vgl. ebd., S. 59, Tabelle.
808 Mk 10,47.

Geräusche erklingen, sollen vokale Geräusche die instrumental hervorgebrachten Kyrie-Motive grundieren [...]. Diese Aufteilung in Gesang + instrumentale Geräuschstimme und Instrumentalmusik + menschliche Geräuschstimme verweist [...] auf das Prinzip der Komplementarität, mit dem Schnebel das Verhältnis von Mensch und Natur in der MISSA objektiviert."[809]

Zu Beginn des *Kyrie* erklingt im Kontrabass ein tiefes *Es* und wird einige Takte gehalten. Letztlich entwickelt sich aus diesem Ton alles. Dadurch steht die Komposition sowohl in Beziehung zu Wagners *Rheingold*-Vorspiel wie auch zu den *Choralvorspielen* 2 aus Schnebels erster Messkomposition *Für Stimmen (... missa est)*.[810] Ganz bewusst beginnen die Chorstimmen ihre Seufzermotive mit dem Ton *A*, denn „das ‚A' steht seit der Offenbarung des Johannes für das Anfangen. ‚Ich bin das A und das O, der Anfang und das Ende', ist im 22. Kapitel der Apokalypse zu lesen."[811] So entsteht bereits ganz am Anfang der Messkomposition der Tritonusraum, der die gesamte Messe prägt und im *Credo* als Chiffre für die Trinität steht.[812]

Verschiedene Entwicklungsstränge führen durch das *Kyrie*. Aus „dunkler Lage" und „halber Stimme" in „undeutlicher Aussprache" entwickeln sich die Stimmen zu „sehr sprechend, deutlich artikulieren".[813] Der Klangraum wird anfangs von der Tiefe ausgehend, dann mehr und mehr voll ausgenutzt. Ebenso kann man tendenziell eine Steigerung der Besetzung im Verlauf des *Kyrie* feststellen.[814] Es endet mit einem „großen Seufzer" der ausatmenden Geräuschvokalisten, einem „dunklen Rumoren" der Geräuschemacher und einem Flageolett-Ton der Violine.

---

809 Zorn 2012, S. 60.
810 Vgl. ebd., S. 56 und Schneider 1990, S. 133.
811 Dieter Schnebel in einem Gespräch mit Magdalena Zorn 2007, unveröffentlicht; zit. nach Zorn 2012, S. 56.
812 Vgl. ebd.
813 Vgl. Schneider 1990, S. 133.
814 Mannigfaltige satztechnische, teilweise serielle Strukturen (z. B. Spiegelungen, rückläufige Sätze) prägen den Satz. Vgl. ausführlich dazu Zorn 2012, S. 55–61.

Kurzanalyse der einzelnen Formabschnitte des Kyrie
Dauer des Satzes: 16:06 Minuten[815]

Abschnitt	Text/Phoneme/Laute	Stimmen/Instrumente	Musikalisches Material	Besonderheiten/Wirkung
Kyrie A1	„Kyrie eleison"	Männerstimmen geteilt aus Chor I beginnend auf a (stammelnd, hoquetusartig), tiefe Instrumente (vor allem Blech), tiefer Klang	Sekund als Material; polyphone Sekundmotivik A1–A3 ➔ Seufzen	*Es* in Kontrabass und gongartiger Klang zu Beginn; Steinereiben deutlich hörbar; instrumentale Überleitung mit einzelnen Blechbläsertönen der *Kyrie*-Motivik, dazu hohe Violinen-Ton und Geräuschvokalisten mit abgehacktem Stöhnen
A2	„Kyrie eleison"	Frauenstimmen aus Chor II; Holzbläser; hoher Klang als Kontrast zum Vorherigen	Sekundverbindungen legato, mehr legato auch bei Instrumenten	Holzbläser „antworten" Chorstimmen in ähnlicher Motivik; Geräuschvokalisten: „klangliches" Stöhnen
A3	„Kyrie eleison"	geteilte Alt- und Tenor-Stimmen aus Chor I und II; Holzbläser; Hinzutreten der Blechbläser	s. o.	auffallendes Stöhnen der Geräuschvokalisten mit stimmlosen Konsonanten; Verdichtung
Christe B1	„Christe eleison"	Solo-Sopran/Solo-Alt; vereinzelte „Antworten" der Bläser; Violinen mit vibratoartigem Klang	Solo-Sopran: Melodik mit weiten Intervallen (deutlich über die im *Kyrie* angelegten Sekundintervalle), vorweggenommen durch Holzbläser; Solo-Alt nur Vokalfarben mit engen Intervallen	Überleitung durch Solo-Tenor im Stil eines jüdischen Kantors; Text: *„Als er hörte, dass es Jesus von Nazareth sei, fing er an zu schreien: ‚Davidssohn Jesus', erbarme dich mein!"*[816]; Tempo im *Christe* etwas bewegter; „Glockenklang" als Überleitung, im gesamten B-Teil Geräuschvokalisten mit stimmhaften Konsonanten[817]
B2	„Christe eleison"	Solo-Tenor/Solo-Bass (ähnlich Sopran und Alt in B1), Streicher	mit Orgel (Choral in Pfundnoten als Art Cantus firmus[818])	Harfe (punktuelle Töne) und Flöte überleitend
B3	„Christe eleison"	alle Solostimmen, mehr Instrumente, mehr Schlagwerk	„irisierende" Violintöne zur Überleitung (quasi alleine verbleibend)	bewegter, verdichtet

---

815 Die Angaben zur Aufführungsdauer der einzelnen Kompositionsteile beziehen sich auf Schnebel Missa Aufnahme 1993.
816 Mk 10,47.
817 Vgl. Zorn 2012, S. 62.
818 Vgl. ebd., nach Schnebel Verweis auf Christus.

Ab-schnitt	Text/Phone-me/Laute	Stimmen/Instrumente	Musikalisches Material	Besonderheiten/Wirkung
Kyrie C1	„Kyrie eleison"	Chor summend; danach Aufnahme Sekundmotivik durch Choristen (polyphon); Sopran-Solo frei „wie ein großes Klagen"	Kontrast zwischen hohen Violinen und Frauenstimmen zu tiefen Orgel- und Streicherklängen	Solo-Tenor: hebräischer „*Adonai, rachmanut*"-Ruf an Überleitung; langsamer, häufig Geräuschvokalisten
C2	„Kyrie eleison"	Chor I und II, Solo-Alt; Flageolett in hohen Streichern	s. o.	weitere Verdichtung
C3	„Kyrie eleison"	Chor I und II, Solo-Bass; Hinzutreten der Blechbläser (Glissandi, häufig Tritonusraum), Orgel mit Sekundmotivik deutlich; tutti	wieder „Antwort"-Struktur zwischen Instrumenten und Stimmen (polyphon)	„Glockenklang" als Überleitung; quasi „ausgehaucht" mit großem Seufzer der Geräuschvokalisten

Bereits im *Kyrie* erschließt Schnebel das „Potenzial der Vergangenheit" durch die Seufzermotivik, die hörbare dreiteilige Form sowie durch polyphone und antiphonale Strukturen. Diese bekannten Elemente geben dem traditionell geprägten Hörer bereits beim ersten Hören die Möglichkeit „sich hörend zu verorten". Darüber hinaus verweist Schnebel in gemäßigt avantgardistischer Weise, etwa durch Atemgeräusche, auf die reale Lebenswelt und bringt beide Ebenen – Vergangenheit und Gegenwart – in der Musik zusammen.

4.2. *Gloria*

Dem Beginn des *Gloria* liegt die Hirtenszene aus dem Lukas-Evangelium[819] zugrunde, in der die himmlischen Heerscharen den Menschen Frieden auf Erden verkünden. Entsprechend der frohen Botschaft ändert sich der Charakter der Musik im Vergleich zum *Kyrie* deutlich. Freudig und zugleich feierlich beginnen Marimbaphon und Vibraphon, Holz- und Blechbläser mit einem bewegten Instrumentalvorspiel, das durch seine unterschiedlichen Klangbereiche (hoch, tief, mittel) durchaus auf die Botschaft aus dem Himmel für die Erde und deren „Verbindung" hinweist. Diese freudige Grundstimmung schlägt erst bei den Wir-Lobpreisungen in eine etwas nachdenklichere um, die sich in reduzierter Besetzung, langsamerem Tempo und lyrischen Episoden zeigt.

Das *Gloria* ist durch den Wechsel von rein instrumentalen Teilen (Einleitung, Schluss, „Zwischenspielen") und solchen mit Singstimmen (nur Chor oder Chor mit Solostimmen, nur hier mit Streichern) geprägt. Darüber hinaus gibt es in den einzelnen Abschnit-

---

[819] Lk 2.

ten sehr viele alternierende Anordnungen (Chor-Soli, Instrumente – Chor und so weiter). Diese sind als traditionelles kompositorisches und auch liturgisch verwendetes Element hörend sehr gut erkennbar.

Eine bestimmte rhythmisch auffallende Akkordfolge verwendet Schnebel oft als Übergang von einem Abschnitt zum anderen. Sie dient ihm bereits als „Initialgeber" am Beginn des *Gloria* und wird von Marimbaphon und Vibraphon vorgestellt. Sie wird im Verlauf des Stücks immer wieder verändert, bleibt aber dennoch ein gut erkennbares formbildendes Element.[820] Schnebel arbeitet auch im *Gloria* mit seriellen Wachstumsprozessen im Bereich der rhythmischen Bildungen. Diese „moderne" Struktur lässt sich analytisch belegen,[821] hörend aber nicht erfassen, wodurch das *Gloria* noch traditioneller wirkt, als es kompositionstechnisch – durch permutative Verläufe, Spiegelungen und die Verwendung von Motiven original und invers – tatsächlich ist.

Das intervallische Strukturelement des *Gloria* ist die Terz (klein und groß). Diese manifestiert sich sowohl in melodischen als auch akkordischen Ausprägungen. Folglich entstehen viele Dreiklangspassagen und unterstreichen den fröhlichen Grundcharakter des Messteils.

Die Engelsbotschaft wird in hebräischem und griechischem Urtext durch den Chor vorgetragen. Dann setzt ein Solo-Tenor ein, der als eine Art rezitierender Evangelist den Text *„Auf einmal waren bei dem Engel die himmlischen Heerscharen und lobten Gott"*[822] *initiiert (Abschnitt B). Die Chorstimmen setzen dabei polyphon auf- und absteigend so ein, dass eine Art klangliche „Welle" in Terzen entsteht, die den sphärischen Gesang der Engel symbolisieren könnte. Ein instrumentales Zwischenspiel trennt diesen Abschnitt von der Wiederholung der Botschaft in lateinischer Sprache (Abschnitt D). Auffallend ist, dass Schnebel das „in excelsis Deo" zunächst mit hohen, das „et in terra pax" mit tiefen Stimmen und Instrumenten vertont* – einem seit Jahrhunderten gebräuchlichen rhetorischen Mittel. Beide Bereiche fügt er im Anschluss zusammen und stellt eine klangliche Verbindung der beiden „Sphären" her.

Auch durch die verwendeten Sprachen spannt er einen Bogen vom Urtext bis zu neuzeitlicher Sprache, vom Ursprung der Botschaft bis in unsere Zeit. Das direkte emotionale „Erleben" findet seinen Ausdruck beispielsweise im Lachen („*hahahaha*") der Chorstimmen (Abschnitt D) sowie in „freudiger Exklamation" von Vokalen durch die Solisten (Abschnitt G). Eine fast szenische Verdeutlichung der Hirtenepisode als Ursprung des Gloria-Textes ergibt sich durch die häufige Verwendung von Herdenglocken, Vogelpfeifen und Tierstimmen (Schaf, Kuh). Interessant ist, dass Schnebel bereits in *!(madrasha II)* Tiere in den Lobpreis Gottes mit einstimmen ließ.[823] Die Herdenglocken erhalten in den „lyrischeren" Abschnitten F bis I zusätzlich einen Verweischarakter auf das Jenseitige, was durchaus mit ihrer Verwendungsweise bei Gustav Mahler vergleichbar ist.[824]

---

820 In der „instrumentalen Einleitung" wird das durch Xylophon und Glockenspiel bzw. Schlagwerk aufgegriffen. Es erscheint in der Folge in verschiedenen Instrumenten (z. B. auch der Orgel) mitten in einzelnen Abschnitten, häufig auch zu Beginn oder am Ende eines Abschnitts. Ab Abschnitt F tritt es besonders deutlich als Harfenmotiv hervor.
821 Vgl. hierzu die Ausführungen in Zorn 2012, S. 63–64.
822 Lk 2,13.
823 Vgl. Zorn 2012, S. 62.
824 Vgl. ebd., S. 64.

Kurzanalyse der einzelnen Formabschnitte des **Gloria**
Dauer des Satzes: 12:58 Minuten

Abschnitt	Text/Phoneme/ Laute	Stimmen/ Instrumente	Musikalisches Material	Besonderheiten/ Wirkung
A „instrumentale Einleitung"		Marimbaphon, Vibraphon, Holzbläser, Trompete sehr deutlich	Terz (melodisch, akkordisch) als Material; Marimbaphon und Vibraphon geben rhythmische Struktur vor, die formbildend wird (im A-Teil bereits von Xylophon und Glockenspiel sowie Schlagzeug übernommen), daraus auch „Unterabschnitte" hörbar, die verschiedene Klangbereiche (hoch, tief, gemischt) abdecken	instrumental; „sehr bewegt"; keine Streicher
B	„Doxa en hypsostois" (griechischer und hebräischer Urtext von „Ehre sei Gott in der Höhe") im Chor	Tenor-Solo, Chor I und II; Orgel, Becken, Holz- und Blechbläser	Chor setzt jeweils polyphon ein, Einsatzfolge häufig auf- und absteigend oder umgekehrt, wodurch eine „wellenartige" Klangfolge in Terzen entsteht (auch im Notenbild gut sichtbar); strahlende Blechbläsereinwürfe	Tenor als Rezitator: *„Auf einmal waren bei dem Engel die himmlischen Heerscharen und lobten Gott"*[825] (im Dialog mit ihm improvisiert Viola); Herdenglocken und Tierstimmen (Schaf, Kuh)
C „instrumentales Zwischenspiel"		Posaune, Becken, Schlagzeug, Amboss, Orgel, Geräuschmacher	Orgel dominant	instrumental, keine Streicher; quasi kammermusikalische Besetzung
D	„Gloria in excelsis" und Lachen	Solo-Sopran und Solo-Bass; Chor I/II; Messglöckchen, Holz- und Blechbläser, Schlagzeug (mit Vibraphon), Harfe, Becken, Orgel, Geräuschmacher	„in excelsis Deo" zunächst mit hohen Stimmen und Instrumenten, „et in terra pax" mit tiefen Stimmen und Instrumenten	Lachen („hahahaha") immer wieder in Chorstimmen; Herdenglocken und Tierstimmen (Schaf, Kuh)
E		Orgel dominant; Holz- und Blechbläser; Schlagzeug (mit Marimbaphon und Woodblocks)	Wechsel zwischen melodiehaftem (besonders in der Trompete) und akkordischem Material	instrumental, keine Streicher; als Überleitung Herdenglocken und Vogelpfeifen

---

825 Lk 2,13.

Abschnitt	Text/Phoneme/ Laute	Stimmen/ Instrumente	Musikalisches Material	Besonderheiten/ Wirkung
F	„Laudamus te"-Stellen usw., Vokale in Solostimmen	Chor I und II, alle Solostimmen; Harfe, Streicher; Wind-Chimes	Harfe „übernimmt" rhythmische Struktur als Überleitung zu F und G	zurückgenommen durch Besetzung und Tempo „ruhig fließend", fast lyrisch; Solostimmen nur Vokale „freudige Exklamation"; Solostimmen und Chor meist alternierend
G	„Domine Deus"	Chor I und II, Harfe, Streicher, Schüttelinstrumente	flüsternd, Explosivlaute	„rascher dahingehend", Instrumente und Chor blockhaft alternierend (keine Solostimmen!); Streicher *ponticello*
H	„Agnus dei filii patris" (Männerstimmen singend, Frauen mit Lauten)	Chor I und II, Harfe, Streicher, vereinzelt Holzbläser; Waldteufel (knarrend)	Harfe gibt rhythmische Struktur als Überleitung; Gesang und Streicher legato; Chorstimmen eher tief	„langsam und geheimnisvoll": „lyrisch", ruhig, legato, eher tiefe Stimmen; Streicher und Chor meist alternierend, Holzbläser „verbindend" (keine Solostimmen!)
I	„Tu solus sanctus bis patris" (ohne „Amen")	wieder Solostimmen; Chor I und II; Harfe, Streicher, Orgel, Becken, Geräuschmacher (z. B. Gläser, Porzellan)	Harfe gibt rhythmische Struktur, Solostimmen mit bewegter Melodie, dazu Art akkordischer „Kommentar" des Chores zusammen mit Streichern	„wieder ruhig fließend", Schwirrholz und Vogelpfeifen am Ende
K „instrumentales Nachspiel"		wieder Marimbaphon und Vibraphon (!); Orgel; Blech- und Holzbläser, Becken	Orgel und kleine Trommel mit ryhthmischer Struktur (nun deutlich punktiert)	instrumental, „stark bewegt", laut; im Prinzip tutti ohne Streicher, allerdings strukturiert eingesetzt → Steigerung bis Ende
L		s. o. (ohne Marimbaphon und Vibraphon)	Horn mit rhythmischer Struktur	instrumental
M		s. o. plus Harfe und Xylophon	Horn und Orgel mit rhythmischer Struktur	instrumental, starke Verdichtung

Vor den Ohren der Zuhörer entsteht im *Gloria* ein musikalisches und textliches Kaleidoskop aus Vergangenheit und Gegenwart. Traditionelle kompositorische Elemente begegnen zeitgenössischen. Erstere überwiegen jedoch deutlich beim rein hörenden Erfassen. Himmel und Erde, Gott und Menschen scheinen sich – wie in der Weihnachtsgeschichte

– zu begegnen: mittels Verwendung verschiedener Instrumente wie der Harfe als „himmlisches Instrument" oder der Orgel als Kircheninstrument, Engelschor und Tierstimmen oder Urtext und emotionalem Ausdruck.

4.3. Credo

Das *Credo* ist der „kommentarreichste" Abschnitt von Schnebels Messkomposition. Dem Credo-Text (zu Beginn in Griechisch, dann in Lateinisch, dann vielsprachig) stellt Schnebel sogenannte *Hymnen* gegenüber, in denen die einzelnen Credo-Teile mit freien Texten kommentiert werden. Die Glaubensartikel werden dabei in der Hauptsache durch die Solisten dargestellt (Abschnitt A, C, E), die *Hymnen* im Wesentlichen durch die Chöre (Abschnitt B, D, F). Hieraus ergibt sich eine sechsteilige Grundform, wobei der Abschnitt F eine Art Summa darstellt.[826]

Das Schlüsselwort für Schnebels *Credo* ist „Vereinigung". Auf das Thema „Vereinigung" zielen verschiedene kompositorische Strukturen und Textzusammenstellungen ab; es wird vielschichtig abgebildet. So weist Schnebel dem *Credo* kein bestimmtes Intervall zu, sondern arbeitet mit allen Intervallen. Er selbst formuliert es folgendermaßen: „Im Credo, das ja den Zentralteil bildet, sind alle vier Formen miteinander vereinigt."[827] Der Beginn des ersten Abschnitts (A1, griechischer Text) wird unisono auf *Es* deklamiert. Nach einer Generalpause folgt unisono *A* und schließlich der Zusammenklang der beiden Töne als Tritonus.[828] Dazu Schnebel: „Zum tiefen Es, das für die Trinität steht, treten das hohe Es als Symbol der *sofia* und schließlich das A, das die Oktave teilt und Jesus Christus als die Mitte Gottes ausweist."[829] Mit „sofia" (griechisch für Weisheit) bezieht sich der Komponist auf die griechische Glaubensformel aus dem ostkirchlichen Ritus, die anstelle des „pneumas" die „sofia" als lebensspendendes Prinzip nennt. In der Lehre der „sofia", die als weiblich angesehen wurde,[830] wird alles Irdische als Offenbarung göttlicher Weisheit definiert, als geheimes Wissen von der Einheit alles Seienden, als mystische Verbindung zwischen Gott und Mensch.[831]

Ein weiterer intervallisch-theologischer Bezug bildet die Melodie der Alt-Solostimme am Beginn des lateinischen *Credo* (A2), die auf Gregorianik basiert. Diese dient Schnebel als „Allintervallreihe", die als „principe unificateur"[832] „Einheit in der Vielheit"[833] stiften soll.

---

826 Vgl. hierzu auch die kurze tabellarische Darstellung mit gut erkennbarer Zuordnung der *Credo*-Teile (Solostimmen, Geräuschemacher) und Hymnen (Chor, Geräuschvokalisten) in Zorn 2012, S. 67 sowie die Ausführungen in Schneider 1990, S. 135.
827 Angermann im Gespräch mit Schnebel, in: Schnebel Missa Aufnahme 1993, Booklet, S. 9.
828 Durch das recht abgehackte Singen könnte man den Beginn – ähnlich wie bei Bernstein – wie das „mechanische Einhämmern" absoluter, unverrückbarer Wahrheit interpretieren. Diese Deutung verbietet sich aber durch das Folgende bei Schnebel.
829 Dieter Schnebel in einem Gespräch mit Magdalena Zorn am 6. Dezember 2007 in München (unveröffentlicht); zit. nach Zorn 2012, S. 65–66.
830 Schnebel störte wohl die rein männlich geprägte Trinitätslehre der lateinischen Kirche. Vgl. ebd.
831 Vgl. ebd.
832 Dieter Schnebel in einem Gespräch mit Magdalena Zorn am 6. Dezember 2007 in München (unveröffentlicht); zit. nach ebd., S. 66.
833 Ebd., S. 66.

Auf den ersten *Credo*-Abschnitt, der mit „*per quem omnia facta sunt*" („der alles geschaffen hat") endet, zählt Schnebel im *Hymnus* I vieles von Gott Geschaffene auf: Aus Murmellauten entwickelt, dann ausgehend von „*manna*", der göttlichen Nahrung, nennt er „*mater*", „*mare*", „*terra*", „*Himmel*", „*Erde*", verschiedene Himmelskörper, Kontinente, chemische Elemente, Steine, Erden und endet mit dem Wort „*materia*" im Solo-Sopran als einer ersten Zusammenfassung (B1). Es folgen Aufzählungen niederer und höherer Pflanzen und solcher von Insekten und Reptilien (B2 bis B4). Diese ergänzenden Wörter werden in allen *Hymnen* von einigen Choristen gesprochen, teils auch geflüstert, während die anderen Choristen Phoneme oder Silben als eine Art pulsierenden, personanten Klangteppich singen. Zielpunkt dieses Abschnitts sind die von den Solisten vorgetragenen Worte „*omnis, omnio, omnia, amen*", die noch einmal die Einheit alles Seienden verdeutlichen sollen.

Der zweite *Credo*-Abschnitt (C1 bis C2) beschäftigt sich mit Jesus Menschwerdung, seinem Leiden, seiner Auferstehung, dem letzten Gericht und seiner ewigen Herrschaft. Der paraphrasierende *Hymnus* dazu (D1 bis D4) ruft die Seelen der Menschen auf, sich für diese Botschaft zu öffnen. Es werden verschiedene Namen von Personen aus dem Neuen Testament erwähnt. Die Seligpreisungen aus der Bergpredigt und einige Wunder Jesus werden aufgezählt. Schließlich für das menschliche Leben existenzielle Wortpaare wie „*suchen – finden*", „*richten – vergeben*" mit einem ersten „Zielwort" „*homo*" wiedergegeben. Eine Beschreibung von Jesus Leiden am Kreuz mündet in die Worte „*unus, unio, unitas*" des Solo-Soprans. Danach folgt eine sprachliche Permutierung[834] von „*domine, doname, monade, madonna, domina, amen*", die bezogen auf „Christus Jesus" ist. Man könnte diesen hymnischen Kommentar so deuten, dass sich die Seele des Menschen für Jesu Botschaft öffnen solle, um eins mit Gott und sich selbst werden zu können und zu einem mit den Menschen verbundenen Menschen.

Im dritten *Credo*-Abschnitt (E1 bis E3) wird der Glaube an den Heiligen Geist, die Kirche, die Taufe und die Auferstehung der Toten thematisiert. Der folgende *Hymnus* (F1 bis F4) nimmt allerdings keinen direkten Bezug mehr zum Vorherigen, sondern wiederholt in vielen Sprachen den *Credo*-Text. Neben den traditionellen Sprachen Griechisch und Lateinisch finden sich viele moderne Sprachen und verweisen damit auf die Aktualität des *Credo*.[835] Es entsteht eine Sprachenvielfalt, die an das Pfingstereignis denken lässt und auf dem Geist – „*pneuma*"[836] – basiert. Dies mit „Atem" zu übersetzen und damit in die Nähe von Atemgeräuschen und den vom Chor hervorgebrachten „Urlauten" oder „Murmellauten" in Beziehung zu setzen,[837] liegt nahe. Schnebel äußerte sich zur Sprachenvielfalt in seiner Komposition folgendermaßen: „Ich glaube nicht, dass das Pfingstereignis bedeutet, daß da alle eine Sprache sprechen. Die Menschen sprechen in verschiedenen Sprachen, aber sie verstehen einander."[838] Auffallend, auch durch die fast „liebliche" und orgelbetonte Musik innerhalb dieses nochmaligen Glaubensbekenntnisses sind die auf die Kirche bezogenen Worte: „*Eine heilige allgemeine*", „*una sancta katho-*

---

834 Vgl. ebd., S. 70.
835 Vgl. die Vielsprachigkeit des Vaterunsers in *amn*.
836 Das Wort „*pneuma*" wird von den Solisten in diesem Abschnitt gesungen.
837 Vgl. auch Zorn 2012, S. 45.
838 Angermann im Gespräch mit Schnebel, in: Schnebel Missa Aufnahme 1993, Booklet, S. 7.

lica",⁸³⁹ *„ökumenika"* und *„universale"*. Sie zeigen ein weitgefasstes Spektrum von Kirche und schließen mindestens alle christlichen Ausprägungen derselben, eventuell noch mehr, ein. Der Abschnitt endet dazu passend mit den Worten *„communis, communio, communitas"* und betont damit nochmals die Zusammengehörigkeit als wichtigsten Aspekt (F3). Am Ende des *Hymnus* mündet alles in der Nennung der drei theologischen Tugenden Glaube, Liebe und Hoffnung. Sie werden in den drei Sprachen Lateinisch, Griechisch und Deutsch vorgetragen.

Innerhalb des *Credo* erhält „Jesus Christus" durch verschiedene Aspekte eine herausgehobene Bedeutung. Auffällig ist in den auf Christus bezogenen Abschnitten A3, C1 und E2 eine sehr ähnliche und besondere Instrumentierung mit Englisch-Horn, Bassklarinette, Trompete und jeweils weiteren unterschiedlichen Instrumenten, zuweilen mit besonders auffälliger Geräuschschicht (Wasser). Es entsteht eine Art besonderer „Christus"-Klang.⁸⁴⁰ Am Ende von Abschnitt D4 lässt Schnebel die Worte *„Christus Jesus"* A-cappella (!), choralartig langsam singen und hebt die Worte dadurch – wie dies auch in vielen traditionellen Messen der Fall ist – besonders heraus. Ähnlich traditionell ist die Verwendung der rhetorischen Figuren Katabasis (*„descendit"*, *„et sepultus est"*) und Anabasis (*„et ascendit"*, *„et resurrexit"*). Selbst innerhalb der seriellen Skalierungsprozesse der verwendeten vorsprachlichen Lautprozesse der Chöre kehren diese im zweiten *Hymnus* immer wieder auf „den Vokal ə, als Symbol für Christus"⁸⁴¹ zurück.

---

839 Sicherlich im ursprünglichen Sinne als „allumfassend" gemeint.
840 Vgl. z. B. auch Johann Sebastian Bachs *Matthäuspassion*.
841 Zorn 2012, S. 68. Zorn stellt hier die Entwicklung serieller Lautprozesse ausführlich dar (S. 67–70).

*Kurzanalyse der einzelnen Formabschnitte des **Credo***
Dauer des Satzes: 21:03 Minuten

Abschnitt	Text/Phoneme/ Laute	Stimmen/ Instrumente	Musikalisches Material	Besonderheiten/ Wirkung
A1 Ostkirchliches **Credo**	griechisch im ostkirchlichen Ritus („Wir glauben einen Gott, Jesus Christus, einen Vater, Sohn, die Weisheit, einen Allmächtigen, Retter, Lebensschaffenden"[842])	alle Solostimmen, Chor I und II, Holz- und Blechbläser, Pauke, Streicher, Harfe, Große Trommel, Orgel	alle Intervalle als Material; Beginn unisono *Es* und homoryhthmisch, nach Generalpause unisono *A* (ab „*eis hena patera*"), dann (an „*eis hena pantokratora*") Tritonus *A-Es* (vgl. Beginn Kyrie), quasi tutti	sehr markant deklamiert, fast „gehämmertes" Bekenntnis; „gemessen"; ***ppp***, Wirkung fast beschwörend
A2 Lateinisches **Credo**	„Credo in unum…"	Solo-Alt und Solo-Bass (einzeln singend), Chor I und II (blockhaft heftig atmend, nicht singend); Holz- und Blechbläser, Orgel, Xylophon, Ambos, Geräuschemacher (Steine, Wasser, Papier)	reine Oktav- und Quintklänge (Art „Urbezug") wechselnd mit anderen; viele Liegetöne; „lyrisch"	„ziemlich bewegt"; Alt-Solo „*Credo in unum Deum*" gregorianische Melodie (wird als Allintervallreihe von Schnebel verwendet, aus der sich alles entwickelt); Wasser- und Knistergeräusche; Steinreiben; Überleitung: Orgelton
A3	„et in Jesum Christum filium dei unigenitum…"	alle Solostimmen; Englisch-Horn, Bassklarinette, Trompete, Streicher, Harfe	melodische und motivische „Wendungen"; Abschnitt „*deum de deum*" bewegter	alle Solostimmen „sehr beredt, wie miteinander sprechend" (auch Instrumente); teilweise „Antwortstruktur", „schwebend"
B1 **Hymnus** I	„*Halleluja*", dazu Murmellaute wie „*mo*"; „*Manna*", „*mater*", „*mare*", „*terra*", „*himmel*", „*erde*", danach verschiedene Himmelskörper, Kontinente, chemische Elemente, Steine; Erden, endend mit „*materia*"	Chor I und II; Solo-Sopran; Holz- und Blechbläser (nur tiefe), Orgel	Eindruck eines durchlaufenden Pulses auf „Silben" wie „*momomo*" (Art „personanter Klangteppich"); dazu gesprochene Worte; lang angelegte Steigerung und Verdichtung	Chor singend mit Tenor und Bass beginnend (vorsprachliche Murmellaute, vgl. tiefe Instrumente); sprechend wenige Sopran und Alt; Solo-Sopran nur „*materia*" am Ende des Abschnitts („deutlich")

---

842 Wörtliche Übersetzung aus Schnebel Missa Aufnahme 1993, Booklet, S. 16.

Abschnitt	Text/Phoneme/ Laute	Stimmen/ Instrumente	Musikalisches Material	Besonderheiten/ Wirkung
B2	Nennung niederer und höherer Pflanzen, Bäume, Blumen, essbar und nicht essbar; beginnend mit *„piltse"*	Chor I und II, alle Solostimmen; volle Holz- und Blechbläser, Streicher, Harfe	weiter durchlaufender Puls (etwas im Hintergrund); gesprochene Worte	Chor Laute singend, Chor-Bass Worte sprechend; alle Solostimmen: einmal *„deus"*, dann Lautgebungen, die teilweise Sinn ergeben wie *„oui, you"*; Überleitung: sphärischer Streicherklang
B3	*„Ha", „he", „hae", „ho", „hu"* und ähnliches	Chor I und II; Holztrommel, Orgel		sehr kurzer Abschnitt „etwas langsamer beginnend, Temposteigerung"
B4	*„Mo", „mu", „nu", „mu"* und ähnliches, einzelne Worte wie *„amfibia"* (Bereich Reptilien, Insekten); *„Namen, omen, numina", „allelujia, amen", „omnis, omnio, omnia, amen"*	Chor I und II, Geräuschvokalisten, alle Solostimmen; Becken, Schlagzeug, Streicher, Orgel	durchlaufender Puls, gesprochene Worte	„ruhiger"; Sopran-Solo hervortretend mit *„omnis..."*
C1 Lateinisches **Credo**	*„et in Jesum Christum qui propter nos homines..."*	alle Solostimmen; Englisch-Horn, Bassklarinette, Trompete, Streicher, Schlagzeug, Harfe, Becken, Orgel	*„passus"* geflüstert; *„descendit"* und *„et sepultus est"* absteigend als rhetorische Figur in Gesang und Begleitinstrument Kontrabass; *„et incarnatus"* Wasserplätschern sehr auffällig	„getragen – bewegter"; dezent und durchsichtig instrumentiert; vgl. Besetzung A3
C2	*„et resurrexit..."*	wie C1 (ohne Trompete, mit Geräuschemacher)	*„et ascendit"* und *„et resurrexit"* nach Gesang in Instrumenten deutliche Aufwärtsbewegung, sehr rasch; *„et iterum"* choralartig; *„cuius regni non erit finis"* – stehender Klang	„sehr langsam, rasch, ziemlich bewegt, getragen, etwas rasch, feierlich" – häufige Tempowechsel; Instrumente „solistischer" eingesetzt; Knister- und Regengeräusche

Abschnitt	Text/Phoneme/ Laute	Stimmen/ Instrumente	Musikalisches Material	Besonderheiten/ Wirkung
D1 **Hymnus** II	„Halleluja"; „hefata" (aramäisch „Tu dich auf"); verschiedene Namen von Personen aus dem Neuen Testament (z. B. Jünger Jesu); „tut Buße, kommt, folget"; „anima" (lateinisch für Seele)	Chor I und II, Geräuschvokalisten, Holzbläser, Vibraphon, Schlagzeug, später Streicher, Harfe, dann Blechbläser, Orgel, alle Solostimmen	Chor pulsierend mit Lauten; Geräuschvokalisten flüstert die Worte	„sehr rasch"; alle Solostimmen nur am Ende unisono in **fff**: „anima" (und „Donnergetöse" in Schlagzeug)
D2	„Talita kumi" (aramäisch „Mädchen, steh' auf!");[845] „makarioi" (griechisch), „selig", Folge aus Seligpreisungen (Bergpredigt, Mt 5); „blinde sehend..." aus Mt 11,5; „bitten – geben", „suchen – finden", „liebe", „verlieren – gewinnen", „richten – vergeben"; „homo"	Chor I und II; Holz- und Blechbläser, Schlagzeug, Orgel, alle Solostimmen	Chor Laute; Geräuschvokalisten sprechen Worte	„langsamer, rasend"; alle Solostimmen nur am Ende **fff** hervortretend: „homo"
D3	„eli lama sabactani";[846] „verraten, verlassen, gefangen... Rabbuni"; „Unus, unio, unitas"	Chor I und II; Holz- und Blechbläser, Schlagzeug, Streicher, Harfe, Becken, Orgel, Solo-Sopran	kurz vor Ende des Abschnitts bleibt nur ein tiefer Ton mit Atemgeräuschen übrig, darauf entwickelt sich Ende des Abschnitts mit Solo-Sopran	„sehr rasch, langsam"; tiefe Klänge; Solo-Sopran nur am Ende: „unus, unio, unitas"
D4	„domine, doname, monade,[847] madonna, domina, amen" – „Christus Jesus"	Chor I und II, alle Solostimmen; Holz- und Blechbläser, Schlagzeug, vereinzelt Streicher, Becken, Orgel	Chor Zischlaute, Vokale, Solostimmen anfangs Tritoni, Verdichtung der Murmellaute (fast marschartig) führt zu richtigen Worten und beruhigtem musikalischem Verlauf	„sehr rasch", am Ende A-cappella (!) Chor: „Christus Jesus" choralartig, personant, langsam ➔ Zielpunkt
E1 Lateinisches **Credo**	„et in spiritum sanctum..."	alle Solostimmen; Holz- und Blechbläser, Windmaschine, Streicher, Orgel, Geräuschemacher	Knister- und Plätschergeräusche; Liegetöne	„ziemlich bewegt"; personant, sphärisch
E2	„qui ex patre filioque..."	Solostimmen (Sopran, Alt, Tenor); Englisch-Horn, Bassklarinette, Trompete, Streicher, Geräuschemacher	Solostimmen immer einzeln singend; Steine reiben, Wasser gießen, Streicher relativ dominant	„bewegter, sehr bewegt", vgl. Besetzung A3, C1

Abschnitt	Text/Phoneme/ Laute	Stimmen/ Instrumente	Musikalisches Material	Besonderheiten/ Wirkung
E3	„Et exspecto resurrectionem…"	Solo-Alt und Solo-Tenor; Holzbläser, Trompete, Wind-Chimes, Streicher, Harfe, Becken, Orgel, Geräuschemacher	Solostimmen zweistimmig singend; Geräuschschicht, wie Glockengeläut	„bewegt"
F1 **Hymnus** III	„Ich glaub' an Gott…", Fassungen, Übersetzungen des Credo in Griechisch, Altslavisch und diverse romanische Sprachen; „pneuma"	Chor I und II, alle Solostimmen; tutti, jedoch differenziert eingesetzt	kurze Motive der einzelnen Stimmen, polyphon; Glockenspiel; markante Blechbläsereinwürfe, viele Dreiklangsbrechungen	Steigerung bis zum Ende des Abschnitts
F2	„Et in Jesum Christum…", verschiedene Sprachen	Chor I und II, alle Solostimmen; tutti, jedoch differenziert eingesetzt	polyphon, Streicher homophon, gegen Ende des Abschnitts terzengeprägt; auch Atmen	Steigerung bis zum Ende des Abschnitts
F3	„ecclesia…, halleluja…", verschiedene Sprachen, „amen", „communis, communio, communitas"	Chor I und II, alle Solostimmen, tutti, jedoch differenziert eingesetzt; keine Geräuschemacher	polyphon melodisches mit „Antworten"; Orgel dominant (passt zu „ecclesia"); „communis…" homorhythmisch	stetige Tempozunahme; „et vita venturi saeculi" besonders lebendig; Steigerung, Verdichtung bis zum Ende des Abschnitts, dann Generalpause!
F4	Griechisch, Lateinisch, Deutsch: „wir vertrauen, wir bekennen, wir warten; wir haben, wir sind, wir werden; Glaube, Liebe, Hoffnung"	tutti; keine Geräuschemacher	ähnliche Deklamation *marcato* wie in A1, jedoch mehrstimmig und clusterartig (auch als Symbol für die Vielstimmigkeit)	„gemessen", quasi Rahmenbildung, da wie A1

Schlüsselworte am Ende jedes *Hymnus* (z. B. „*omnis*", „*unus*", „*communis*") geben die entscheidenden Hinweise auf Schnebels Kernthema: die Vereinigung aller, die sich auch musikalisch in der Verwendung aller Intervalle und vieler Sprachen zeigt. Vereinigung von Vergangenheit und Gegenwart (sprachlich, musikalisch), Vereinigung der christlichen Kirchen (oder auch mit anderen Religionen), „Vereinigung aller in Gemeinschaft" als „Quintessenz seiner sozialen Utopie",[843] in der sich alle finden können. Dazu Schnebel selbst: „Ich wollte mit dem Anwachsen der Sprachen im Credo eine Art Wesensgeschichte der Kirche darstellen, in der Vielfalt eine Einheit hat."[844]

---

843 Schneider 1990, S. 135.
844 Angermann im Gespräch mit Schnebel, Schnebel Missa Aufnahme 1993, Booklet, S. 7.
845 Diese Stelle ist ein Zitat aus Mk 5,41. Hier geht es um die Auferstehung der Tochter des Jairus, die Jesus mit diesen Worten wieder erweckt hat.
846 Vgl. Mt 27,46.
847 Griechisch für „Einheit".

4.4. Sanctus

Wie bereits in vielen Messkompositionen verschiedener Jahrhunderte steht auch in Schnebels *Dahlemer Messe* das sphärisch gestaltete Mysterium der Heiligkeit Gottes im Vordergrund der Sanctus-Vertonung. Diese basiert auf der Gottesvision Jesajas,[848] dem das belebtere Hosanna folgt, welches auf den Einzug Jesu in Jerusalem zurückgeht.[849] Zum Visionären passt das Ungreifbare des Tritonus, der nicht nur die Oktave (also ein Symbol für der Vollkommenheit) teilt, sondern auch keinem tonalen Ruhepunkt zuzuordnen ist. Zum Visionären passt auch die Quarte, die speziell in ihren harmonischen Schichtungen Endlosigkeit evoziert. So verwundert es nicht, dass Schnebel genau diese Intervalle im *Sanctus* verwendet hat.

Das *Sanctus* ist formal zweigeteilt und entspricht damit auch der klassischen Anlage. In den ersten Abschnitten (A bis C) dominieren die Stimmen (vermutlich angelehnt an die „Engelsstimmen" der biblischen Geschichte), die A-cappella oder nahezu ohne instrumentale Begleitung einen langsamen, „zeit- und entwicklungslos[en]"[850] *Sanctus*-Gesang darbieten. Eine rein instrumentale Überleitung (D) nimmt bereits die Bewegung vorweg, durch die das *Benedictus* (E bis G) seine pulsierende Lebendigkeit mit stetig steigender Besetzung erhält. Insgesamt ist der komplette Messteil siebenteilig, der *Sanctus*-Teil dreiteilig, der *Benedictus*-Teil wiederum dreiteilig. Alle sieben Abschnitte sind nochmals in sich jeweils dreiteilig angelegt. Die sieben gilt als heilige Zahl und Zahl der Vollkommenheit, die drei steht als Symbol für die Trinität. So spiegelt sich bereits im formalen Aufbau eine tiefere Bedeutung.[851]

Im Abschnitt A singen nur die Choristen auf Singsilben wie „*pm*" oder „*hu*" und bleiben damit in der Vorsprachlichkeit. Zunächst beginnen tiefe Männerstimmen sehr langsam mit fast „stehenden" Zusammenklängen.[852] Dazu treten abschnittsweise Atem- und Zischgeräusche der Frauen; diese erinnern an bereits bekannte Bezüge zum „*pneuma*" in all seinen Schattierungen.[853] In zweiten Abschnitt (A2) kehrt sich dies um, eine andere Sphäre scheint sich zu öffnen: Die Frauen singen, die Männer erzeugen Atemgeräusche. Dazu schreibt Schnebel Klänge eines Schwirrholzes vor. Diesen Klängen hat der Komponist eine bestimmte Bedeutung zugeschrieben:

> „*Was ist Musik ursprünglich? Stimme – auch instrumentale Stimme. Die archaischen Instrumente, zum Beispiel Tamtam, Glocken, auch etwa Schwirrholz, sind selbst Stimmen, beschwören Geister/Götter, gelten selbst oft als ihre Lautwerdung, und also geschieht Geisterbeschwörung. Dies aber auch kraft der Stimme selbst. Gott, Götter reden, tönen, und so wird die Stimme selbst zum Numinosum – zu einem Wunder.*"[854]

---

848 Jes 6,1–3.
849 Mt 20,17.
850 Zorn 2012, S. 70.
851 Vgl. ebd., vor allem die exzellente tabellarische Darstellung auf S. 71 mit genauer metrischer Analyse.
852 Diese erinnern an die russische Männerchortradition und gewissermaßen auch an das orthodoxe Christentum.
853 Vgl. Zorn 2012, S. 70.
854 Schnebel 2002, S. 174.

Im dritten Abschnitt des an sich instrumentenlosen A-Teils werden die Klangebenen vermischt und durch schnelle Repetitionen von Explosivae durch die Geräuschvokalisten ergänzt. Wie bereits aus *Kyrie* und *Gloria* bekannt, leitet der Solo-Tenor rezitativisch mit dem Bibelzitat „*Ich sah den Herrn auf einem hohen, erhabenen Thron sitzen und seine Säume füllten den Tempel. Seraphe standen über ihm, und einer rief dem anderen zu:*" aus der Gottesvision Jesajas zum B-Teil über. Dieser stellt eine Steigerung insofern dar, als nun die Solostimmen den hebräischen Text „*Kadosh, adonai*" zu den eher stehenden Chorklängen einwerfen. Außerdem bringen Knistergeräusche (Papier, Feuer, Zweige) und Schläge eine Erweiterung des Klangspektrums. „Variation sollen die chorischen Klangflächen des B-Teils erfahren, indem die Sänger durch präzise Ausführung notierter Vokalfolgen unterschiedliche Obertöne erzeugen."[855]

Die Verwendung des *Sanctus*-Textes im Chor, bewegte Vokalimprovisationen der Solostimmen sowie der Einsatz von Wind-Chimes geben dem Abschnitt C eine eigene Prägung. Wieder leitet der Solo-Tenor als Rezitator in den nächsten Abschnitt über: „*Und Jesus zog hinauf gen Jerusalem*".[856] Dem sphärischen *Sanctus*-Teil folgt eine Art „wild bewegter" melodischer Aufstieg „gen Jerusalem". Pulsierende Klänge von Orgel und Becken werden durch unregelmäßige „Schläge" der Pauke ergänzt. Eine gänzlich andere musikalische Welt prägt das *Benedictus*: starke Bewegung, immer weiter sich steigernde Besetzung, eher akkordisch gesetzt, der *Benedictus*-Text in Hebräisch und Lateinisch, dazu vorsprachliche Laute. Die reale Welt durchdringt die Musik mit Sirenengeheul, Eselsgeschrei (Jesus ritt auf einem Esel) und Löwengebrüll.[857] Gröhn deutet dies so, dass der Einzug Jesu in Jerusalem als revolutionär-politischer Akt dargestellt wurde.[858] Freudig--ekstatisch endet das *Benedictus*.

---

855 Zorn 2012, S. 72. Nach Schnebel ist dies eine „68er-Geschichte" (ebd.), da sich in dieser Zeit etliche europäische Komponisten mit asiatischem Obertongesang beschäftigt haben. Prominentestes Beispiel ist Karlheinz Stockhausen, der das Obertonsingen als „Flugschiff zum Kosmischen und Göttlichen" bezeichnet hat (zit. nach ebd.).
856 Mth 20,17.
857 Vgl. die Verwendung von Tierstimmen in *!(madrasha II)*.
858 Vgl. Gröhn 2006, S. 198.

Kurzanalyse der einzelnen Formabschnitte des Sanctus
Dauer des Satzes: 19:29 Minuten

Ab-schnitt	Text/Phone-me/ Laute	Stimmen/ Instrumente	Musikalisches Material	Besonderheiten/ Wirkung
Sanctus A1	„pm", „pn"	Chor I und II	Tritonus und Quarte als Intervallmaterial; Männerstimmen, tiefe Lage, lange Töne (erinnert an russische Männerchöre); in Abständen immer wieder Blas- und Zischlaute der Frauen (fünf Abschnitte)	„sehr langsam"; A-cappella! Tritonus deutlich als Intervall und Zusammenklang
A2	„hu", „hy"; Explosivlaute	Chor I und II; Geräuschemacher	Frauenstimmen, höhere Lage, lange Töne; in Abständen immer wieder Zisch- und Atemlaute der Männer (fünf Abschnitte)	„etwas bewegter"; A-cappella! und Schwirrholz; Tritonus deutlich; Geräuschvokalisten mit schnellen Tonhöhenwechseln oder Tonrepetitionen
A3	Vokale; Explosivlaute	Chor I und II; Geräuschvokalisten; in Überleitung: plus Violoncello, Kontrabass	Chor: Mischung der Klanghöhe, langsame Vokalwechsel; dazwischen sehr schnelle Repetition von Explosivae (Geräuschvokalisten); Überleitung: Violoncello und Kontrabass; Improvisation und Atemgeräusche Chor	„wieder sehr langsam, stets leise und verhalten"; Überleitung *senza tempo*, Solo-Tenor als Rezitator: *„Ich sah den Herrn auf einem hohen, erhabenen Thron sitzen und seine Säume füllten den Tempel. Seraphe standen über ihm, und einer rief dem anderen zu:"*[859]
B1	„lu", „lo", „la", „le" (alle Vokale); „Kadosh" (hebräisch für „heilig")	Chor I und II; Solo-Sopran, Solo-Bass; Geräuschemacher	eher stehende Chorklänge mit Vokalwechseln; Solostimmen: „Kadosh"-Einwürfe Geräuschemacher: Knistergeräusche (Papier, Feuer, Zweige)	*quasi senza tempo*; Chor I und II im Wechsel (Raumklang)
B2	„lu", „lo", „la", „le" (alle Vokale); „Kadosh, Adonai" (hebräisch für „Heilig, Herr")	Chor I und II; Solo-Alt, Solo-Tenor, Solo-Bass; Geräuschemacher	wieder „stehende" Chorklänge mit Vokalwechseln und „Lagenwanderung" (tief beginnend bis sehr hohe Lage, endet im Tritonus); Solostimmen: „Kadosh, Adonai"-Einwürfe; Geräuschemacher: Knistergeräusche	„fließend und ziemlich regelmäßig", „wieder unregelmäßig und langsam"; Chor I und II im Wechsel (Raumklang); zum ersten Mal Sanctus-Bedeutung („Kadosh")

---

859 Jes 6,1–2.
860 Mt 21,1.

Ab-schnitt	Text/Phoneme/ Laute	Stimmen/ Instrumente	Musikalisches Material	Besonderheiten/ Wirkung
B3	alle Vokale; „Adonai tsebaoth" (hebräisch für „Herr der Heerscharen")	Chor I und II; alle Solostimmen; Geräuschemacher	Chor: „stehende" Klänge mit Vokalwechseln, tief beginnend, hoch endend, in „Atemgeräusche" übergehend; Solostimmen: mehrstimmig „Adonai tsebaoth"-Einwurf; Geräuschemacher: Knistergeräusche, polternder Schlag	„ziemlich regelmäßig"
C1	„Sanctus", Vokale, stimmhafte Konsonanten	Chor I und II; Solo-Alt, Solo-Tenor, Solo-Bass; Wind-Chimes	Chor: „Sanctus" Liegetöne, auch Vokalisen auf „m" und „n"; Solostimmen: Vokale, improvisatorisch frei, bewegt als Gegensatz zu Liegetönen; häufig Tritonus (Zusammenklang, Intervall)	„feierlich", A-cappella! (mit Wind-Chimes) ➔ vgl. Glöckchenläuten der Ministranten im katholischen Gottesdienst; zum ersten Mal *Sanctus*-Text
C2	„Dominus sabaoth"; Vokale, stimmhafte Konsonanten	Chor I und II, Solo-Sopran, Solo-Tenor, Solo-Bass; Wind-Chimes	s. o., häufig polyphone Vernetzungen	*molto espressivo*; quasi A-cappella (mit Wind-Chimes); starke dynamische Schwankungen
C3	*„Pleni sunt coeli et gloria tua"*	Chor I und II, alle Solostimmen; Geräuschemacher	Chor *„Pleni sunt"* absteigende Einsatzfolge, Liegetöne, dann Solostimmen bewegter (starkes Vibrato); alle teils Vokale, teils Text; Beruhigung bei *„Amen"*	„noch langsamer" *misterioso*, „plötzlich bewegt und aus aller Kraft (fast verzweifelt) (ab gloria)", „wieder sehr langsam und *misterioso*"; Überleitung: Stimmen sehr leise übergehend in Atmen, dazutretend: Geräuschemacher (Knistergeräusche Papier), Kontrabass; Solo-Tenor als Rezitator: *„Und Jesus zog hinauf gen Jerusalem"*[860]
D		Becken, Pauke, Orgel	sehr pulsierende Musik, dazu „unregelmäßig" wirkende Schläge der Pauke	„wild bewegt"; rein instrumental! melodischer Aufstieg (vgl. *„hinauf gen Jerusalem"*)

Ab-schnitt	Text/Phoneme/ Laute	Stimmen/ Instrumente	Musikalisches Material	Besonderheiten/ Wirkung
E Benedictus	„Ja", „ho", „na" und ähnliches; „baruc habah ba shem adonai hoshiana" (hebräisch für „Gesegnet sei, der kommt im Namen des Herrn")	Chor I und II; alle Solostimmen; Holz- und Blechbläser, Schlagzeug (mit Schellen, Becken), Geräuschvokalisten, Sirene	Text-Rufe beliebig auch durch Organist und Beckenspieler	„marschartig"; starke Bewegung, Eselsschrei (vgl. Jesu Ritt auf dem Esel); unregelmäßiger Einsatz der Sirene; bislang größte Besetzung innerhalb des *Sanctus* (Gegensatz zu sphärischem Klang in *Sanctus*-Teil)
F	weitere Teile des hebräischen Textes; dazu das Gleiche in Griechisch: „eulogemenos ho erchomenos en onomati kyriou" und Latein: „benedictus qui venit in nomine domini"	Chor I und II; alle Solostimmen; Holz- und Blechbläser, Schlagzeug, Streicher, Harfe, Becken, Orgel, Geräuschemacher (Schwirrholz!)	Sänger fast immer homophon und freie Einwürfe der Solostimmen; Instrumente: sehr viel Bewegung, laut, energisch, fast chaotisch	„federnd"; weitere Steigerung in Besetzung und Dichte (z. B. plus Streicher, Sirene!), Löwengebrüll (Königssymbol?)
G	„Hosianna"	Chor I und II; alle Solostimmen; Holz- und Blechbläser, Schlagzeug, Streicher, Harfe, Becken, Orgel, Geräuschemacher (Windmaschine)	„Hosianna"-Rufe und Silben daraus; ständige Triller in Streichern, pulsierende Bewegung	„In tanzender Bewegung"; nochmalige Steigerung; abruptes Ende mit einem Schlag

In besonderer Weise kontrastiert Schnebel im *Sanctus* den mystisch-sphärischen ersten Teil mit dem pulsierend bewegten *Hosianna*-Abschnitt. Während Schnebel in seiner ersten Messkomposition keinen mystischen Bezug herstellen wollte, beschreibt er in einem Aufsatz den *Sanctus*-Teil seiner *Dahlemer Messe* diesbezüglich sogar als beispielhaft. Darin bezeichnet er die Abschnitte A bis C als „Ekstasen der Stille", den Obertongesang als „Medium des Mystischen"[861] und kann damit dem Zuhörer nicht nur traditionelle, sondern auch emotionale Anknüpfungspunkte bieten.

---

861 Dieter Schnebel: Musik – Mystik – Ekstase, in: Brixner Initiative für Musik und Kirche (Hg.): *Mystik und Ekstase*, Brixen 1998, S. 28; zit. nach Zorn 2012, S. 72.

4.5. Agnus Dei

Für das *Agnus Dei* wählt Schnebel als intervallische Grundlage die Pentatonik und bezeichnet es selbst als „etwas kindlich".[862] Tatsächlich umstrahlt den Hörer zu Beginn (A1) ein freundlicher Klang, der zunächst nichts von der sonst üblichen flehentlichen oder verzweifelten Vertonungsweise ahnen lässt. Pentatonik, hohes Klangbild und vor allem die Verwendung des Glockenspiels lassen eine unbeschwerte Atmosphäre entstehen, die sich aber nach und nach eintrübt: Zunächst geschieht dies nur geringfügig durch ein dunkleres Klangbild und „stets wie stöhnende" Sänger in Abschnitt A2; dann nach der Solo-Tenor- Rezitation des „*Siehe, das ist das Lamm Gottes, das der Welt Sünde hinwegnimmt*"[863] aber schon sehr viel deutlicher. Mit Tierstimmen, Wasserplätschern (Überleitung zu B1 und B2), Guiro (B1 und B3), dem An- und Ausschalten des Orgelmotors und starken Beckenschlägen (B3) sowie vor allem Stöhnen und Schreien der Sänger scheint die gelebte Realität des Leidens in die Komposition einzubrechen. Dies geschieht sicher im Sinn des Leidens Christi, ist aber ebenso transformiert in das Leiden der heute lebenden Menschen.[864] Dies zeigt sich beispielsweise in der Verwendung des Wortes „*agnus*" in vielen verschiedenen Sprachen, auch neuzeitlichen (B2). Das Ganze führt zu einem ersten Höhepunkt (B3), in welchem die Verzweiflung durch Schreien und Seufzen in Gesang und Instrumenten[865] erschreckend und bedrohlich dargestellt wird. Das „*miserere*" steht im Mittelpunkt von Abschnitt C. Dieser ist besonders geprägt durch den zurückgenommenen Einsatz der Stimmen (weich, leise, teils geflüstert, summend, atmend) und der Windmaschine, deutlichem Papierknistern, Wassergeräuschen und Steinereiben.

An zwei Stellen (Überleitung zu C und D1) setzt Schnebel das Leiden Christi in Bezug zu den prophetischen Aussagen Jesajas und zieht eine Parallele zum Alten Testament, die traditionell auch im Karfreitagsgottesdienst immer wieder Verwendung findet. Im Abschnitt D2 bahnt sich dann der Höhepunkt der Verzweiflung an: Im ersten Teil schluchzen und lallen die Sänger. Die Instrumentierung ist zurückgenommen. Die Streicher spielen übertrieben Vibrato. Das Tempo ist langsam. Nach einer Generalpause bricht das Leid umso deutlicher durch: Tutti und in dreifachem Forte bricht es aus allen Beteiligten heraus.

Nach einer weiteren Generalpause beginnt eine nun sehr reduzierte Besetzung wieder mit freundlicheren Klängen. Auch wenn im letzten Abschnitt (E) das Leiden nicht ausgespart wird (z. B. Schrei der Sänger nach Frieden in dreifachem Fortissimo im Abschnitt E3), zielt Schnebel auf die Darstellung und Erlangung des Friedens ganz am Ende des Werks ab. Auch diese Worte werden wieder – wie alle zentralen Worte – in verschiedenen, auch modernen Sprachen, gesungen. Sie werden mit vielen außermusikalischen Geräuschen wie Steinereiben, Wasserplätschern und Papierknistern umrahmt. Schnebel verlässt am Ende des Werks die Pentatonik und endet mit einem Cluster, der aber auch den werkbildenden und zentralen Tritonus *Es-A* enthält. Die Bitte nach Frie-

---

862 Angermann im Gespräch mit Schnebel, in: Schnebel Missa Aufnahme 1993, Booklet, S. 9.
863 Zorn (2012, S. 73) verweist darauf, dass in der Tradition Friedrich Bonhoeffers das „Lamm" auch mit „Knecht" übersetzt werden kann.
864 Vgl. ebd., S. 72 und Schneider 1990, S. 135.
865 Die Instrumente verwenden entsprechende Motivik, die Instrumentalisten sprechen zum Teil den Text mit.

den scheint auch zu solchem zu führen. Leise verklingen Instrumente und Stimmen, letztere mit Atemgeräuschen. Hierdurch wird nochmals auf das *„pneuma"* im mehrdeutigen Sinn verwiesen.

Im *Agnus Dei* setzt sich Schnebel über die traditionell formal dreiteilige Vertonungsweise hinweg, behält jedoch die abschließende „Friedensbitte" als Zielpunkt bei.

*Kurzanalyse der einzelnen Formabschnitte des **Agnus Dei***
Dauer des Satzes: 13:32 Minuten

Abschnitt	Text/Phoneme/ Laute	Stimmen/ Instrumente	Musikalisches Material	Besonderheiten/ Wirkung
Agnus A1	„Christe agnus dei"; Laute	Chor I/II (Sopran und Alt); Solo-Sopran, Solo-Alt; Holzbläser, Glockenspiel, Triangel, Trompete	Pentatonik als Grundmaterial; Motivik der Sänger teilweise von Instrumenten übernommen (dort Text unterlegt, zu deklamieren)	„mäßig bewegt"; hohe Frauenstimmen, dazu Glockenspiel und Triangel, ergibt sehr obertonreiches Klangbild; freundlich-unbeschwerte Grundwirkung; dynamisch sehr ausdifferenziert (klein geschriebene Noten sind leiser zu spielen)
A2	*„qui tollis peccata mundi"*; Laute	Chor I/II (Tenor und Bass); Solo-Tenor, Solo-Bass; Violoncello, Kontrabass, Schlagzeug, Harfe, Becken, Orgel	Stimmen „stets wie stöhnend"; Solostimmen teilweise starke Tonschwankungen (bis Vierteltön)	„langsam und schwer"; tiefe Männerstimmen, dazu tiefe Streicher, ergibt dunkles Klangbild
A3	„Christe, agnus dei, qui tollis peccata mundi"; Vokale	Chor I und II; Solostimmen (Alt, Tenor, Bass); Holz- und Blechbläser, Glockenspiel, Streicher (nur im zweiten Teil), Becken, Harfe, Orgel	Chor dominierend, Solostimmen nur kurze Einwürfe im ersten Teil; im zweiten Teil kurze Motivik mit Vokalen (Glissandi), sehr durchbrochen; gesamt durchbrochen instrumentiert (Instrumente „mitsprechend")	„flüssig"; Überleitung: Solo-Tenor als Rezitator senza tempo: „Am folgenden Tag sieht Johannes Jesus auf sich zukommen und sagt: ‚Siehe, das ist das Lamm Gottes, das der Welt Sünde hinwegnimmt.'" Joh 1,29. (plus Kontrabass, Tierstimmen, Plätschern, Wildlocker)
B1	Laute	alle Solostimmen; Holzbläser, Marimbaphon, Violine, Viola, Orgel, Geräuschemacher (Guiro)	kurze „Tonseufzer" der Solostimmen: „jeweils aufstöhnend! Bass stets aufschreiend!", Holzbläser und Orgel Liegetöne	„langsam"; ohne Text!

---

866 Vgl. Jes 53. Paraphrase von Vers 3–7.

Ab-schnitt	Text/Phoneme/Laute	Stimmen/Instrumente	Musikalisches Material	Besonderheiten/Wirkung
B2	„Agnus" – Lamm in verschiedenen Sprachen: „amnos", „agnece", „agnello", „agneau", „oveja", „schaf", „lamb"	Chor I/II; alle Solostimmen; Streicher, Geräuschemacher (Wasser)	Streicher **fff** und viel Bogen; Chor blockhaft homophon (Cluster), Solostimmen kurze Motive z. B. auf „pa", „stets stöhnend"	
B3	Silben, Vokale	Chor I/II; alle Solostimmen; Holz- und Blechbläser, Becken, Streicher, Orgel, Geräuschemacher (Guiro)	starke dynamische Schwankungen im Sinn von Schreien und Seufzern bei Stimmen; kurze Blechbläsereinwürfe mit starkem *cresc.*; Orgelmotor wird an- und abgestellt (dominant); Beckenschläge	„molto rubato"; erster dramatischer Höhepunkt (Schreien, Seufzen); Überleitung: Solo-Tenor als Rezitator: „Er ward mißhandelt und beugte sich, und tat seinen Mund nicht auf, wie ein Lamm, das zur Schlachtbank geführt wird und wie ein Schaf, das vor seinen Scherern verstummt." Jes 53,7. (Streicher Liegetöne, Geräuschemacher: Steine reiben, Papierknistern)
C1	„miserere"	Chor I (Tenor und Bass); Bassklarinette, Fagott, Horn, Posaune, Bongos, Violine, Becken, Orgel	Chor sehr weich, undeutliche Artikulation; deutlich Bongos durchgängig	„ziemlich rasch und beschwingt"; tiefes Klangbild, Überleitung: Geräuschvokalisten (Atmen), Geräuschemacher (Wasser, Steine)
C2	„Miserere nobis"	Chor II (Sopran und Alt); Flöte, Englisch-Horn, Conga, Orgel	Chor leise, fast geflüstert, deutliche Artikulation; alle sehr legato	„mäßig bewegt"; hohes Klangbild; Überleitung: Geräuschvokalisten (keuchendes Atmen), Geräuschemacher (Windmaschine, Papierknistern)
C3	Silben, „Texte nach Gutdünken", verschiedene Sprachen, „miserere"	Chor I/II (Alt und Tenor), Solo-Sopran; Streichquartett, Harfe, Geräuschemacher (Wasser, Windmaschine)	Solo summend	„rascher"

Ab-schnitt	Text/Phoneme/Laute	Stimmen/Instrumente	Musikalisches Material	Besonderheiten/Wirkung
D1	Silben und Sprechtext	Chor I und II; alle Solostimmen; fast alle Instrumente, aber sehr durchbrochen instrumentiert (ohne Harfe, Becken)	Chor nur Silben, Solostimmen sprechen Text, teilweise auch Gesang auf Silben (Schmerzenslaute); sehr durchbrochene Instrumentierung fast aller Instrumente; auffallend: Große Trommel	„ziemlich langsam"; in Abständen von Solo-Tenor gesprochener Text: *„Siehe der Knecht des Herrn! Ebed Jahwe* [hebräisch]. *Verachtet, verlassen, er trug unsere Krankheit, lud auf sich unsere Schmerzen, gestraft von Gott, geschlagen und geplagt, durchbohrt um unserer Sünde willen, zerschlagen um unserer Verschuldungen willen, die Strafe lag auf ihm zu unserem Heil."*[866]
D2	vor Generalpause: Vokale, Laute; nach Generalpause: *„agnus dei"*	vor Generalpause: alle Solostimmen; Streicher, Harfe, Geräuschemacher; nach Generalpause: quasi tutti, Sistrum	vor Generalpause: Solostimmen: Schluchzen, Lallen, Streicher vibrato, Knarrvorgänge; Zweige brechen, Tierlaute; nach Generalpause: **fff**, Chor: Text; Solostimmen: Vokale mit Trillern (auch Instrumente mit Trompete), Sekunden	„noch langsamer"; vor Generalpause: sehr zurückgenommen, bedrückend; nach Generalpause: *pesante*; Ausbruch, große Verzweiflung (absoluter Höhepunkt!)
E1	*„Christe, agnus dei, miserere nobis, qui tollis peccata mundi"*	Chor I und II; Wind-Chimes, Geräuschemacher (Zweige brechen)	Chor: polyphon vernetzt, Liegetöne	„rasch (munter)"; Glöckchen: wieder freundlicher; sehr differenzierte Dynamik (kleine Noten leise)
E2	*„dona nobis pacem"* (nur gedacht!)	Holz- und Blechbläser, Schlagzeug, wenige Streicher, Orgel, Geräuschemacher (Reiben und Brechen von Zweigen), Glas	polyphon, kurze Motive	„sehr rasch"; ohne Sänger! Text wird nur von Instrumenten mitgedacht (durch Wiederholung der zuvor mit Text verwendeten Motive denkt der Hörer den Text doch unmittelbar mit)
E3	*„dona nobis pacem"*	quasi tutti (differenziert eingesetzt)	Ende **fff**: Sänger „geschrieen"; deutliche Trompeten-Einwürfe	„etwas langsamer"; große dynamische Steigerung von **pp** bis **fff**
E4	*„nobis pacem"*, *„pax"*, *„peace"*, *„irene"*, *„mir"*, *„shalom"*	quasi tutti (differenziert eingesetzt); Geräuschemacher (Wasser, Windmaschine, Papierknistern, Steine)	viele Liegetöne	„sehr langsam"; Beruhigung, „Frieden" am Ende gleichzeitig in verschiedenen Sprachen

Nochmal schlägt Dieter Schnebel im *Agnus Dei* einen Bogen vom Alten Testament bis in die Gegenwart der Menschen. Wieder bricht heutige Realität in altehrwürdige rituelle Wahrheiten ein. Auch ganz am Ende seiner großen Messvertonung steht sein „Credo": die Vereinigung aller im Frieden.

Schnebel verankert in seiner *Dahlemer Messe* Elemente der Tradition neu. Hat er sich noch in seiner ersten Messvertonung bewusst gegen traditionelle Strukturen gewandt, greift er sie in dieser Komposition bewusst auf, konfrontiert sie aber immer mit Ursprung und Gegenwart. Das lateinische Ordinarium wird verankert durch die Nennung ihrer biblischen Quellen in den Ursprachen des Christentums ebenso wie in ursprünglichen, menschlichen Urlauten wie Stöhnen oder Lachen. Welt bricht in die Kirche ein mit Tierlauten, Sirene, Stöhnen und Wasserplätschern (in seiner ersten Messe ging hingegen Kirche in die Welt hinaus). Serielle Kompositionstechniken finden ihre Ergänzung in traditioneller Formanlage, lautmalerischen Elementen und traditioneller Notation. Das in der Messkomposition ablaufende Drama findet sein Gegenüber in weitergefassten Kommentaren, die eine theologische und menschliche Deutung zulassen. Sie gipfelt im Wort „*Communio*" – „Vereinigung" mit vielerlei Konnotationen. Schnebel selbst ordnete sein Werk in Fortführung traditioneller Messvertonungen von Guillaume de Machaut bis Igor Strawinsky als universale Festmusik ein.[867]

5. Kurzform und Extrakt: *Missa brevis*

Schnebels dritte Messkomposition ist seine als Auftragskomposition des Klaus-Martin-Ziegler-Preises in den Jahren 2000 bis 2002 entstandene *Missa brevis*. Schnebel selbst rechnet sie (wie die *Dahlemer Messe*) zu seiner zweiten avantgardistisch-traditionellen Schaffensperiode und bezeichnet sie als funktionale Kirchenmusik,[868] wodurch sie sich von den beiden früheren Messvertonungen essentiell unterscheidet. Die Auftragskomposition war gedacht für die ökumenischen Stundengebete und Gottesdienste im Christus-Pavillon auf der Expo in Hannover und wurde dort, noch ohne *Credo*, am 14. Oktober 2000 uraufgeführt.[869] Die Uraufführung des kompletten Werks fand am 3. November 2002 in der Martinskirche in Kassel statt.

Schnebels *Missa brevis* ist eine echte Brevis-Messe. Neben einer kurzen, in einen Gottesdienst hervorragend integrierbaren Aufführungsdauer von circa 16 Minuten weist sie eine kleine Besetzung auf, die auch für finanziell nicht so gut ausgestattete Pfarreien finanzierbar bleibt. Selbst die Besetzung ist bis zu einem gewissen Grad flexibel: Im Umschlagblatt der Partitur bezeichnet Schnebel sie als „für Solostimme (Schlagzeug und Summchor)",[870] differenziert aber auf dem Folgeblatt mehrere Möglichkeiten:

---

867 Vgl. Schnebel 2008, S. 91.
868 Vgl. ebd., S. 92.
869 Vgl. Röhring 20022, S. 154.
870 Schnebel Missa brevis Partitur, Umschlagblatt.

- Solostimme, wobei nur die Vokalpartien auszuführen sind,
- Solostimme mit Schlagzeug: Hierbei gibt es wiederum zwei Möglichkeiten; der Schlagzeuger spielt Töne der Stimme mit oder die Schlagzeugpartie wird vom Stimmsolisten gespielt,
- Solostimme mit Summchor (bzw. Orgel) und Schlagzeug; hierbei übernimmt der weiter weg positionierte Chor die untere Teilstimme der Solostimme als Summchor.

Offen bleibt die Stimmlage des Solisten. Das Schlagzeug ist recht umfangreich besetzt mit Vibraphon, Sandblocks, Triangel, Chinesischem Becken, Röhrenglocke, Crotales, Tempel- oder Woodblock, Tom-Tom oder Kleiner Trommel, Rainmaker und Schwirrholz oder Mundsirene. Das Vibraphon nimmt unter den Schlaginstrumenten eine besondere Stellung ein, da es fast durchgängig die Haupttöne der Stimme nachklingend mitzuspielen hat.

Auf die Frage, warum er – im Vergleich zur *Dahlemer Messe* – die kleine Form gewählt habe und welche Bedeutung der Kirchenraum dabei spiele, hat sich Schnebel folgendermaßen geäußert:

> „Die Missa brevis ist noch in höherem Maß als Kirchenstück gedacht. Einmal schon, weil die Solostimme den kirchlichen Hall braucht. [...]. Was die beiden Messen noch verbindet, sind das Material und die Formeln, die ich in der großen Messe verwendet habe, z. B. die Intervallkonfigurationen in den einzelnen Sätzen. Diese sind auch in der kleinen Messe vorhanden. Freilich in einer ganz konzentrierten Form. Diese kleine Messe soll auch im Gottesdienst Verwendung finden können."[871]

In der Tat stellt die kleine Messe bezüglich bestimmter kompositorischer Gestaltungen und theologischer Aussagen eine Essenz der großen Messe dar, weicht in einigen Punkten aber aufgrund der Kürze und der kleinen Besetzung auch davon ab.

Parallelen sind beispielsweise in der Erschließung des „Potentials der Vergangenheit" zu sehen. Auch in der *Missa brevis* verwendet Schnebel den Ordinariumstext und stellt ihn in Bezug zu ursprünglichen Sprachen und Textstellen der Bibel. Beispielsweise verwendet er hebräische und griechische Texte als Wiederholung oder Vorausnahme des lateinischen Messtextes oder rezitiert die dem Ordinariumstext zugeordnete Bibelstelle (z. B. im *Kyrie* die Bitte der beiden Blinden um Erbarmen[872] oder im *Sanctus* der Bericht vom Einzug Jesu in Jerusalem[873]). Ebenso findet man Vorsprachliches wie Atmen und Zischen beispielsweise im *Sanctus*. Auch durch Lautierungen auf Vokalen im *Kyrie*, die den emotionalen Zustand eines um Erbarmen Flehenden wiedergeben, wird – neben der deutschen Sprache[874] – Gegenwärtiges in die altehrwürdigen Texte mit hineingenommen.

Die Zuordnungen einzelner Intervalle als strukturgebend für einzelne Ordinariumsteile aus der großen Messe mit der dazugehörenden Bedeutungsebene[875] behält Schnebel zu großen Teilen bei, wenn auch nicht streng und durchgängig. Das *Kyrie* ist vor allem

---

871 Dieter Schnebel, zit. nach Röhring 20022, S. 20.
872 Mt 11,27.
873 Mt. 21.
874 Schnebel verwendet in der *Missa brevis* nicht so viele Sprachen wie in der *Dahlemer Messe*, lediglich beim Wort „Frieden" am Ende des *Agnus Dei* weitet er die Sprachenvielfalt etwas aus.
875 Vgl. ausführlich in den Erläuterungen zur *Dahlemer Messe*, S. 295.

durch die Sekunde dominiert. Zum freudigen *Gloria* passt die Terz. Das *Credo* ist offen für alle Intervalle. Das *Sanctus* weist besonders viele Quarten und einige Tritoni auf. Lediglich beim *Agnus Dei* weicht Schnebel von der „Vorgabe" aus der großen Messe ab. Das „Hereinbrechen der Welt" als konkrete Musik und Geräuschschicht wird in der *Missa brevis* durch Elemente wie Steine reiben, Papierknistern, Wasserplätschern oder die Verwendung der Mundsirene gewährleistet.

Auch diese Komposition ist in ihrer Struktur seriell angelegt.[876] Nicht vorhanden sind hingegen serielle Wortpermutationen oder die Anreicherung des Messtextes mit Wortassoziationsfeldern. Dies ist mit Sicherheit auch der kleinen Form geschuldet. Neu ist die einkomponierte Echowirkung des Kirchenraums, die eine Aufführung außerhalb desselben verbietet.[877]

5.1. Kurzanalyse

Das etwa zweieinhalbminütige *Kyrie* beginnt „etwas langsam" mit einem kleinen Melisma der Singstimme auf einer Art „Urvokal". Da die Singstimme in sich zuweilen dialogisch angelegt ist (dass heißt, sie hat zwei Ebenen im Notenbild, im *Kyrie* sogar durchgängig), beantwortet sie die jeweiligen Vokalmelismen selbst mit Melismen auf „*m*", zum Teil „heulend". Die Haupttöne der Stimme werden dabei vom Vibraphon unterstützt. Dazu erklingen Rainmaker und Sandblocks. Erst nach dieser vorsprachlichen Ebene verwendet die Stimme den Kyrie-eleison-Text als eine Art Steigerung und Verdichtung aus dem Beginn heraus. Am Ende dieses ersten Kyrieabschnitts spricht der Solist den Text: „*Es folgten Jesus zwei Blinde, die schrien und sprachen: Ach, du Sohn Davids, erbarme dich unser*" und stellt so den Bezug zur Bibelstelle her. Die Triangel läutet den *Christe*-Teil ein und bleibt diesem Abschnitt vorbehalten. Die Singstimme ist durch weite Intervalle strukturiert und kehrt erst wieder im folgenden *Kyrie*-Teil zur Sekundintervallik zurück. Hier „begleiten" wieder Sandblocks und Rainmaker, so dass die dreiteilige klassische Form auch gut hörbar wird. Die Stimme reduziert am Ende des *Kyrie*-Teils die Worte zunächst auf Vokale, dann auf „*n*" und verklingt ähnlich wie sie begonnen hat.

Im nur unwesentlich länger dauernden *Gloria* übernimmt Schnebel die freudige Terzintervallik aus der *Dahlemer* Messe in „sehr raschem" Tempo. Er verwendet, neben dem fast allgegenwärtigen Vibraphon, als Hauptbegleitinstrument das Chinesische Becken. Die Stimme trägt die Engelsbotschaft „*Gloria in excelsis Deo…*" in arpeggierten Dreiklängen jeder Art (Dur, Moll, vermindert, übermäßig) auf- und abwärts vor.[878] Sie wird immer wieder von ihren eigenen „Summtönen" unterbrochen. Dann spricht der Solist „rasch" den Bibeltext: „*Und alsbald war da bei dem Engel die Menge der himmlischen Heerscharen, die lobten Gott und sprachen.*"[879] Die Engelsbotschaft in deutscher Sprache schließt sich ähnlich gestaltet wie der lateinische Abschnitt an. Lediglich das Chinesische Becken markiert nun nicht mehr den Beginn der sprachlichen Äußerung der Singstimme, sondern den Beginn der gesummten Abschnitte.

---

876 Vgl. hierzu Schnebels eigene Einordnung des Werks (2008, S. 92).
877 Vgl. ebd.
878 Es ist damit Teilen des Gloria der großen Messe ähnlich.
879 Lk 2,13.

In der Folge verwendet Schnebel nur noch deutschen Text (ab „*Wir loben dich*") „Möglichst rasch gesprochen (geflüstert)" und ist damit im Jetzt.[880] Bis zum Ende des *Gloria* wechseln Abschnitte mit schnell gesungenen Vokalen und dazwischen gesprochenen Texten mit ruhiger gesungenen Abschnitten ab. Interessant zu erwähnen ist sowohl der bei „*Allerhöchster*" erreichte Hochton der Singstimme als traditionelles Element als auch das dreimalig rein A-cappella gesungene „*Heilig*", dem die Mundsirene folgt. Dies erinnert an ähnliche Strukturen in der großen Messe. Das *Gloria* endet mit einem dreimaligen, intervallisch immer weiter ausgreifenden „*Amen*".

Das *Credo* ist allein schon aufgrund seines Textes mit über fünf Minuten Aufführungsdauer der längste Teil der *Missa brevis*. Schnebel verwendet ausschließlich den deutschen Text des Glaubensbekenntnisses und ergänzt diesen einleitend und formal gliedernd als Zwischenteile lediglich mit „*Halleluja*"-Rufen. Hierdurch ergibt sich eine gut hörbare siebenteilige formale Struktur:

A) Einleitung mit Röhrenglocke, Chinesischem Becken, Steinereiben, dazu Solo „*ja, ja, ja, m, m, m*" als „Vorform" des „*Halleluja*"-Rufes (?) oder einer Art Bestätigung im Vorhinein (?)
B) *Credo*-Beginn von der Solostimme „scharf geflüstert", dazu Orgel (oder alternativ Summchor), Tomtom oder kleine Trommel mit unregelmäßigen Schlägen
C) „*Halleluja*" der Solostimme auf mehrfach wiederholter siebentöniger Folge mit weiten Intervallsprüngen (melismatisch), dazu Orgel, Röhrenglocken, Chinesisches Becken; am Ende knisternde Papiergeräusche
D) Glaubensartikel Christus betreffend, „gesprochen" von der Solostimme, dazu Orgel, Crotales, ab der Darstellung der Leidensgeschichte Jesu auch Chinesisches Becken zur Verdeutlichung der „Schläge", Aufwärts-Glissando der Orgel bei „aufgefahren in den Himmel", Verdichtung zum Ende des Abschnitts
E) „*Halleluja*" der Solostimme auf mehrfach wiederholter, sechstöniger Folge mit weiten Intervallsprüngen (melismatisch), dazu Orgel, Röhrenglocken, am Ende Plätschergeräusche von Wasser
F) Glaubensartikel den Heiligen Geist betreffend, von der Solostimme „mezza voce" mit „rauchiger Stimme" gesprochen, dazu Orgel, Tempelblocks, ab „*Vergebung der Sünden*" Tom-Tom; Verdichtung zum Ende des Abschnitts; Überleitung mit Schwirrholz[881]
G) „*Amen*" der Solostimme anfangs auf mehrfach wiederholte sechstönige Folge mit engerer Intervallik (melismatisch), danach Absenken des Tonraums bis zum Ende, dazu Orgel, Röhrenglocken, am Ende Rainmaker

Wie der Kurzanalyse zu entnehmen ist, sind den jeweiligen Glaubensartikeln bestimmte Schlaginstrumente charakterisierend zugewiesen. In diesen Teilen wird der deutsche *Credo*-Text auf verschiedene Art meist leise gesprochen. Im „rhythmisierten Sprech-

---

[880] Vgl. Röhring 20022, S. 157.
[881] Interessant erscheint die Verwendung des Schwirrholzes nach den Worten „*das ewige Leben*". Vgl. die Äußerung Schnebels zum Schwirrholz in Schnebel 2002, S. 174 (zit. im Kapitel über das *Sanctus* der *Dahlemer Messe*, S. 311).

gesang" findet Schnebels Vorliebe zum Rap einen gewissen Ausdruck.[882] Die „*Halleluja*"- („*Amen*")-Teile sind hingegen durch melismatische, laut jubelnde Melodik geprägt und enden mit jeweils eigenen Geräuschen. Orgel oder Summchor geben dem gesamten *Credo* durch Liegeklänge eine ganz eigene klangliche Ebene und weisen diesen Messteil zusätzlich als den bedeutendsten aus.

Das etwa zweieinhalbminütige *Sanctus* stellt in einigen Punkten die Kurzform des *Sanctus* aus der *Dahlemer Messe* dar. Hauptintervalle sind auch in der kleinen Messe der sphärisch wirkende Tritonus und die Quarte,[883] wenn auch nicht ganz so ausgeprägt. Auch das Tempo ist „sehr langsam". Im *Sanctus*-Abschnitt werden die einzelnen Rufe („*Kadosh*", „*Sanctus*", „*Heilig*") nicht nur in den verschiedenen Sprachen der christlich-jüdischen Tradition vorgetragen, sondern auch – wie in der großen Messe – von Blasgeräuschen unterbrochen. Auch hier denke man an den Geist Gottes – „pneuma". Nach dem quartengeprägten „*Alle Lande sind deiner Ehre voll*" leiten Schwirrholz und Mundsirene mit ihren geheimnisvollen Geräuschen über zum *Benedictus*-Teil. Dieser wird mit einem dreimaligen „*Hosianna in der Höh'*" (Tritoni) eingeleitet. Über den Geräuschen von Sandblock und Rainmaker spricht die Solostimme folgenden Text aus der Matthäusevangelium als Paraphrase: „*Und da sie nahe an Jerusalem kamen, führten sie das Eselsfüllen zu Jesu und legten ihre Kleider darauf und er setzte sich darauf und die vorher vorgingen und die hernach folgten, schrien und sprachen:*",[884] worauf das *Benedictus* einsetzt. Mit der Rückbindung auf den zum Messtext gehörenden Bibeltext greift Schnebel wieder ein Verfahren aus der *Dahlemer Messe* auf und gestaltet es an dieser Stelle sogar ausführlicher. Nun schließt sich der *Benedictus*-Text in Hebräisch, Griechisch, Lateinisch und Deutsch an (vgl. E-Teil der großen Messe!), immer deklamiert auf einem Ton und durch die Klänge einer Ratsche unterbrochen. *Senza tempo* folgt eine Art kurzes Echo desselben. Ein dreimaliges „*Hosianna*" wird wiederum in drei Sprachen mit „*in der Höhe*" beantwortet. Zum Ende des *Sanctus* singt die Solostimme auf der Silbe „*a*" dreimal den Ton *b*" über den Geräuschen des Schwirrholzes. Dies ist ein weiterer Hinweis auf die Unaussprechlichkeit von Gottes Heiligkeit.

Das etwa zweieinhalbminütige *Agnus Dei* ist traditionell dreiteilig aufgebaut. Erster und dritter Teil sind in lateinischer Sprache. Der zweite Abschnitt wird deutsch gesungen. Es ähnelt dem ebenso dreiteiligen *Kyrie* insofern, dass die gesungenen Worte auch im *Agnus Dei* häufig mit einem Summton auf „*m*" beantwortet und „reflektiert" werden. Begleitet wird die Stimme durch den knarrenden Waldteufel und das Vibraphon. Auffallend ist die rasche melismatische Tonfolge beim „*Dona nobis*" im dritten Teil, die in den mehrfachen, mehrsprachigen Friedensruf mündet. Indem Schnebel das Wort Frieden in Latein, Griechisch, Englisch, Russisch, Deutsch und Hebräisch singen lässt, gestaltet er die Friedensbitte überzeitlich und völkerübergreifend – trotz der kleinen Messform ähnlich ausladend wie in der großen Messe. Dies unterstreicht zusätzlich die Wichtigkeit dieser Aussage. Der „*Shalom*"-Ruf verklingt langsam mit dem Schlag des Chinesischen Beckens. Eine Mundsirene „wie leiser Wind" und Wassergeräusche führen die Friedensbitte in andere Sphären.

---

882 Vgl. Gröhn 2006, S. 127.
883 Z. B. bei „*Alle Lande sind seiner Ehre voll*".
884 Mt 21,1–9.

Aus der Analyse wird deutlich, dass die *Missa brevis* quasi ein liturgisch einsetzbarer Extrakt der *Dahlemer Messe* ist. Viele Gestaltungselemente und Strukturen wurden in „Kleinform" übernommen, angereichert mit den in der großen Messe angelegten Bedeutungs- und Sinnstrukturen. In der Brevis-Messe wird die Bedeutung der Stimme nochmals unterstrichen. Außerdem wird die deutsche Sprache zentraler im Vergleich zu anderen Sprachen. So ist die kleine Messe durchaus als Einzelwerk erfassbar. Ihre volle Bedeutung erschließt sich jedoch leichter mit Kenntnis der großen Messe.

6. Rezeption der Messkompositionen Dieter Schnebels

Dieter Schnebel ist als Komponist und Theologe davon überzeugt, „daß gesellschaftliche Prozesse den kompositorischen Prozeß in vielfältiger Weise beeinflussen, und daß die Musik oft geradezu ein Abbild gesellschaftlicher Situationen ist."[885] Noch in den 1950er- und 1960er-Jahren waren in Deutschland viele Strukturen in Gesellschaft und Kirche traditionell sehr festgefügt. Alles, was Schnebel in dieser Zeit komponierte, hatte als Neue Musik „etwas Sektiererisches" und bewegte „sich in einem so eng umgrenzten Kommunikationssystem, daß der Kreis der Interessenten nie sehr groß gewesen sein konnte,"[886] was Schnebel sehr bewusst war. Mit seiner Musik, die auf eine andere, unvoreingenommene Art des Zuhörens angelegt war (man folge dem Produktionsvorgang, nicht dem Reproduktionsvorgang, man höre nicht integrierend, sondern dissoziierend, auf Einzelheiten, nicht auf Zusammenhänge achtend),[887] suchte er sein potentielles Publikum vor allem unter den jungen Menschen[888] und fand es, nach eigenem Bericht, auch wohl genau unter diesen:

> *„Zum Beispiel: vor ein paar Jahren wurde in Hannover mein Chorstück >dt 31,6< aus der Messe aufgeführt. Auf dem Programmzettel war die Textkomposition ein klein wenig erläutert worden; dem hatten die älteren Hörer entnommen, daß es sich offenbar um geistliche Musik handle, und nun wußten sie nicht aus noch ein, waren höchst erregt und fanden das ganz lästerlich, geradezu blasphemisch. Die Jungen dagegen kümmerten sich überhaupt nicht um den geistlichen Bezug; die hatten einfach ihren Spaß an den vielen Zisch- und Plosivlauten und hörten das im übrigen wie eine Nummer von den Rolling Stones.[[889] ...] Offenbar bereitet solche Klangproduktion Spaß, und dieser Spaß überträgt sich."*[890]

Zugleich war seine unkonventionelle Art „Kirchenmusik" zu komponieren auch Ausdruck seiner Kritik an Theologie und Gesellschaft und forderte Reaktionen wie den Vor-

---

885 Schnebel 1972, S. 362. So würden z. B. Tonika und Dominante auch soziale Herrschaftsverhältnisse abbilden.
886 Ebd., S. 363.
887 Vgl. ebd., S. 364.
888 Vgl. ebd., S. 365.
889 Bei einer Aufführung am Stuttgarter Kirchentag 1969 schnalzten und zischten die Interpreten sogar in der Pause weiter und einige Zuhörer setzten dies nach der Aufführung selbst fort. Vgl. ebd., S. 367.
890 Ebd., S. 365.

wurf von Blasphemie und Gotteslästerung und damit Provokation und nicht selten blanke Ablehnung heraus. Clytus Gottwald, der die Uraufführungen leitete, erinnerte sich, dass beim abstrakteren ersten verkündigenden Messteil *dt 31,6* das Publikum eher ratlos war, *amn* durch seine existenziellen Züge eher Eindruck gemacht habe, hingegen *!(madrasha II)* ein „schwerer Brocken" für die Gemeinde gewesen sei.[891]

Festzustellen ist allerdings auch, dass sich das Provokationspotential von *Für Stimmen (… missa est)* gegen Ende des Jahrhunderts deutlich abgeschwächt hatte, da sich das Publikum an besondere Aktionen längst gewöhnt hatte – und sie hinnahm. Dies konnte die Autorin selbst während eines Vortrags über Schnebels Messkompositionen in der Erwachsenenbildung vor sehr interessiertem Publikum erleben. Man war deutlich weniger provoziert als irritiert. Die Zuhörer nannten „Haltlosigkeit beim Hören" und keine Anknüpfungsmöglichkeiten an traditionelle Hörschemata; es war den Menschen nicht möglich, das, was sie hörten, in irgendeiner Form zu verorten, weder liturgisch, noch textlich, noch musikalisch. Das empfand man als problematisch, obwohl man bereit war, sich auseinanderzusetzen, zu reiben, den Sinn zu suchen und zu finden.

Deutlich wohler fühlten sich die Hörer dann bei der *Dahlemer Messe*, die zwar auch viele neue Elemente enthält, aber eben auch traditionelle Anknüpfungspunkte bietet. Man war bereit, sich mit beiden Bereichen auseinanderzusetzen, konnte sich aber auch unmittelbar ergreifen lassen, was bei *Für Stimmen* nicht gelang. Allerdings muss man auch bedenken, dass dies keine Live-Aufführung war, was mit Sicherheit ein deutlicher Nachteil war.

Schnebels Reaktion auf die Wandlungen in der Kirche wird deutlich in einem Mehr an Traditionsbezug bei der großen Messe, ohne jedoch seine avantgardistischen Errungenschaften aus *Für Stimmen* und anderen Werken zu negieren. Die Reaktionen auf die wegen des beträchtlichen Aufwands recht seltenen Aufführungen blieben in der Fachliteratur entsprechend sachlich. Man beschrieb die Messe als „polyglott und ökumenisch", empfahl sie weiter für die Aufführung bei speziellen Festivals,[892] bezeichnete sie als „Verschmelzung von Religiösem und Weltlichem" und bemerkt Schnebels „politisches Denken" in der Gesamtanlage des Werks.[893] Lediglich Dieter David Scholz beschrieb die Messe zwar als „interkonfessionell und ganzheitlich", bemängelte aber, dass das politische Postulat aus der Titelgebung nicht eingelöst worden sei.[894] Dem kann man nur entgegnen, dass es wohl nicht wahrgenommen wurde, wohl aber im Werk immanent ist.

Ähnlich wirkt Schnebels „liturgischer Extrakt" aus der *Dahlemer Messe*: seine *Missa brevis*. Sie ermöglicht es, in konzentrierter Form Schnebels geistiges, theologisches und musikalisches Vermächtnis in kleiner Form direkt im Gottesdienst zu erleben.

---

891 Vgl. Gröhn 2006, S. 28. Dennoch verlor Gottwald wohl 1965 wegen zahlreicher Aufführungen neuer avantgardistischer Kirchenmusik seine Kirchenmusikerstelle in Stuttgart. Vgl. ebd., S. 27.
892 Oehlschlägel 1989, S. 118.
893 Nauck 1995 S. 490
894 Scholz 1989, S. 29.

7. Ergebnisse

Die Messkompositionen des avantgardistischen Komponisten-Theologen Dieter Schnebel stellen seine Hörer vor Herausforderungen, Herausforderungen, die sich musikalisch, sprachlich und theologisch stellen. Eine Aussage Theodor W. Adornos erschließt einen wichtigen Zugang:

> „Gegenüber der meinenden Sprache ist Musik eine von ganz anderem Typus. In ihm liegt ihr theologischer Aspekt. Was sie sagt, ist als Erscheinendes bestimmt und zugleich verborgen. Ihre Idee ist die Gestalt des göttlichen Namens. Sie ist entmythologisiertes Gebet, befreit von der Magie des Einwirkens; der wie immer auch vergebliche Versuch, den Namen selber zu nennen, nicht Bedeutungen mitzuteilen."[895]

So gehen Theologie und Musik eine Verbindung ein, bei der die Musik zum Hilfsmittel wird, durch welche der Mensch das Unfassliche doch noch erfahren kann. Borio folgert daraus richtig, dass „Schnebels Umgang mit Sprache [...] nicht nur eine Verarbeitung der Sprachelemente in ihren Fragmenten [ist], sondern [direkt zu seinen] philosophische[n] Überlegungen" gehört.[896] Prägend war für Schnebel die Theologie der Bekennenden Kirche (Dietrich Bonhoeffer, Martin Niemöller, Karl Barth und andere), deren Schlagwörter „Entmythologisierung" und „Säkularisierung" für ihn „stilbildend" waren:[897] Kirche sollte die Welt hineinlassen und zugleich in die Welt hinausgehen, sollte weg von nicht mehr zu verstehenden alten Strukturen hin zu einem lebendigen Erneuerungsprozess. So war für Schnebel klar, dass sich dieses Postulat nur in wirklich neuer Musik äußern könne.

Die Abwendung von Altem geschah in seiner ersten Messkomposition *Für Stimmen (... missa est)* in der Tat radikal. Weder Text noch liturgische Verwendbarkeit, noch Anklänge an musikalische Traditionen[898] lassen das Werk als Messkomposition erkennen. Lediglich der Hinweis im Titel, wohlgemerkt in Klammern und negierend gemeint, stellen es in Bezug zu dieser Gattung. Dennoch sind den ersten drei ausschließlich für Stimmen komponierten Stücken nicht Themen, sondern Erlebnisfelder zugeordnet, die sich in Sprache und deren Dekomposition, Gesten, Tönen und Raumdramaturgie erschließen, immer auch „Unkirchliches" mit eingeschlossen: Trost in *dt 31,6*, Gebet in *amn* und Lobpreis in *!(madrasha II)*.

Ganz bewusst nimmt er Vorsprachliches und weltlich-profane Klänge (Geräusche) mit in die Kompositionen hinein und bezieht sich sogar auf eine Entwicklung in der Musikgeschichte ab dem 19. Jahrhundert, in der immer mehr das Schlagzeug mit in die geistliche Musik hineingenommen wurde.[899] Sakrale Klangbilder seien ja festgelegt. In seiner ersten Messkomposition „findet ein Hinaus aus dem üblichen Sakralen statt. Theologisch ist ja die Heiligung des Weltlichen etwas ganz Wichtiges. [...]. Freilich eine Heiligung, die einfach dadurch stattfindet, dass man dieses Weltliche annimmt und in geist-

---

895 Theodor W. Adorno: Fragment über Musik und Sprache; zit nach Borio 1990, S. 39.
896 Vgl. ebd.
897 Vgl. Nauck 2001, S. 169.
898 Sieht man von den wenigen Choralzitaten in *Choralvorspiele 1/2* ab.
899 Vgl. Röhring 20021, S. 18.

liche Musik einbezieht."⁹⁰⁰ Diese „Heiligung des Weltlichen" gipfelt in den beiden letzten, rein instrumentalen Teilen der ersten Messe: *Choralvorspiele 1/2*. Sie sind im Hineinnehmen des Weltlichen in die Kirche und im Hinaustragen des Kirchlichen in die Welt Sinn- und Zielpunkt des Zyklus. Besonders interessant sind zudem das „senza initio" und „senza fine" dieser *Choralvorspiele*:

> *„Die Idee ist, dass die Welt draußen mit solchen geistlichen Elementen infiltriert wird. Und umgekehrt, dadurch, dass die Kirchentüren geöffnet werden, auch der sakrale Raum sich für die musique concrète des Alltags öffnet. Nach dieser Konzeption eines offenen Endes lag es nahe, auch den Anfang zu öffnen und das Stück in einer Art nirgendwo bzw. irgendwann beginnen zu lassen."*⁹⁰¹

Das an sich a-liturgische, sehr mit dem Menschen und seinem Glaubenserleben verbundene Werk ist somit nicht wirklich a-kirchlich – es bleibt auf die Kirche bezogen – wie auch immer. Es gibt bei Schnebel immer noch eine „Welt draußen". Dennoch zielt das Ganze eher auf die Negierung der Tradition, was sich auch in Schnebels Äußerung zu Musik und Kirche deutlich zeigt: „Die Abschaffung der Musik und der Kirche (des Kults) kann beider Befreiung bedeuten."⁹⁰²

Die *Dahlemer Messe*, die zu Beginn bis in die Mitte der 1980er-Jahre entstand, reagiert auf die Veränderungen in der Kirche. Tradition wird nicht mehr so sehr als Last empfunden, vielmehr glaubt Schnebel, man könne zu viel davon verlieren. Er sah, dass sich, ausgelöst durch die 1968er-Bewegung, die Kirche tatsächlich für neuere Strömungen zu öffnen begann (beispielsweise dem Neuen Geistlichen Lied mit Anlehnungen an die Popkultur, Gitarre statt Orgel),⁹⁰³ damit aber auch eine Banalisierung und „Anbiederung" einherging. Seine Reaktion war, eine Festmesse, eine Art biblisches Drama mit Kommentaren und deutlichen traditionellen Bezügen zu schaffen: Dies zeigt sich in der Verwendung des lateinischen Messtexts (dazu Urtext, neuzeitliche Sprachen, Bezug der Ordinariumstexte zum ursprünglichen Bibelzitat), im Notenbild, im verwendeten nahezu „klassischen" Instrumentarium, in der Anlehnung an typische Kompositionstraditionen, sowie Rezitationen im Synagogalstil.

> *„Bloch hat in seiner utopischen Philosophie immer wieder darauf hingewiesen, dass die Vergangenheit etwas Unabgeschlossenes ist, dass in der Vergangenheit ein riesiges Reservoir von unerfüllten Möglichkeiten steckt und man auch als Künstler die Verpflichtung hat, die unentdeckten Möglichkeiten herauszuholen und zur Entfaltung zu bringen. Meine Messe sollte diese Linie der großen Messen fortsetzen. […] In der Übernahme dieser Form habe ich auch den lateinischen Messtext gebraucht, der freilich ergänzt wird durch andere Texte und Paraphrasierungen, zumal mehrsprachige."*⁹⁰⁴

---

900 Dieter Schnebel, zit. nach ebd.
901 Dieter Schnebel, zit. nach ebd., S. 20.
902 Schnebel 19729, S. 437.
903 Vgl. Nauck 2001, S. 172.
904 Dietel Schnebel, zit. nach Röhring 20011, S. 20.

Er stellt seine Komposition damit bewusst in die große Traditionslinie, nutzt das „Potential der Vergangenheit", verleugnet aber mitnichten die Errungenschaften seiner ersten Messkomposition, sondern bindet diese ein und lässt Neues wirken: Dies zeigt sich in Dekomposition und Komposition von Sprache (Phoneme, Atemgeräusche, aber auch Vielsprachigkeit, Rezitation), in strenger Serialität bezüglich bestimmter Elemente, in einem ausgeprägten Schlagzeugapparat, Naturgeräuschen, in Raumkomposition (Publikum inmitten des Geschehens). Es zeigt sich aber auch in Verbindung mit seinem theologischen Denken, das über christlich-ökumenische Gedanken hinausweist auf andere Religionen, Raum lässt für allzu Menschliches. Menschliches, das sich auch in den ehrwürdigen Ordinariumsteilen durch Seufzen und Stöhnen (*Kyrie*), Lachen (*Gloria*), erstauntes Atmen (*Sanctus*) oder Schluchzen (*Agnus Dei*) zeigt und in vielsprachigem Ruf nach Frieden mündet – auch in Sprachen miteinander verfeindeter Völker.

So wird deutlich, dass in beiden Messen „die eigenwillige musikalische Reaktion auf den Zustand von Kirche Ausdruck eines theologischen Denkens [ist], das sich in der Barthschen Tradition des ‚homo politicus' als gesellschaftlich eingreifendes Handeln versteht."[905] Schließlich endet die große Messe im bewusst politische Systeme überschreitenden vielsprachigen Ruf nach Frieden. Schnebels Credo, auch das in der *Dahlemer Messe,* ist die „Vielfalt in der Einheit", gespiegelt in sprachlicher Vielfalt, eingebunden in Erde und Weltall, alles („omnis") vereinigt („unitas") in Gemeinschaft („communio"): ein ebenso religiöser wie weltumspannender und menschlicher Begriff. So entstand eine Messe zwischen „angewandtem" Kult und „autonomem" Konzert,[906] zwischen kultischer Autonomie und konzertanter Missionierung.

In seiner Anfang des neuen Jahrtausends entstandenen *Missa brevis* gelingt es Schnebel, sein in den beiden früheren Messen aufgebautes „theologisch-musikalisches Weltgebäude" (Tradition, Avantgarde, überkonfessionelle Religion) in einer liturgisch-kurzen Messvertonung mit kleiner Besetzung zu bündeln. Letztlich findet dadurch eine Art Rückführung in den Kirchenraum, in den Gottesdienst statt, aber mit allen Zweifeln, Anreicherungen, Modernisierungen, die Schnebel in der Entwicklung seiner Messkompositionen durchgemacht hat. Wirklich neue Musik noch immer,[907] aber mit dem Potential der Vergangenheit, neu angefüllt mit Sinn, Emotion, Glaube, Zweifel, Welt, Staunen, Leben. Auch diese Messe endet mit „leisem Wind" („pneuma"), der weht, wo er will.

So schließt sich der Kreis. Die Reduzierung oder Rückbesinnnung alles Menschlichen auf den Atem, die Grundlage der Musik ist zugleich die Schnittstelle zur Transzendenz in Schnebels Messvertonungen:

„Was ist nun ‚ruach'? Das heißt einerseits ‚Atem': Der Atem Gottes ist da über dieser Urflut, und zum zweiten heißt ‚ruach' aber auch ‚Geist'. Wir haben den glei-

---

905 Nauck 2001, S. 172.
906 Vgl. Schneider 1990, S. 139.
907 Schnebel wehrt sich gegen die Einordnung als Komponist in die sogenannte Postmoderne, da dies dann eine abgeschlossene Art der Komposition sei. Er schreibe immer noch Neues, lehne aber ebenso eine „verfestigte Avantgarde-Ästhetik" ab. Vgl. Gröhn 2006, S. 107–110.

chen Doppelsinn im Griechischen: ‚Pneuma' bedeutet ‚Atem' und ‚Geist'. Musik als eine Kunst nun, die auf dem Atem beruht, das mag uns zu der Frage führen: Hat die Musik nicht ein zutiefst geistliches Wesen?[908]

„Also ist Musik eine schillernde Kunst: sie ist anschmiegsam, schleicht sich ins Ohr, vermag, indes auch zu schrecken durch die donnernde Gewalt ihrer Schwingungen. Jedenfalls hat sie wie der Geist, den wir spiritus sanctus nennen, mit dem Heiligen zu tun, das auch schrecklich erscheinen mag. Das Heilige aber ist eben das Andere, als solches ein Hinweis auf Gott – quasi der Vorhang, der ihn verbirgt und somit selbst das Nichtverfügbare, Unfassliche. Das gilt auch von der Musik […]. Als vergänglichste der Künste, die in den Augenblicken ihrer Klänge auch stets sofort verschwindet, in Raum und Zeit verhallt, bleibt sie doch im fernsten, längst unhörbaren Echo erhalten – als Mysterium. In diesem aber vereinigt sie sich nochmals mit dem Geist."[909]

---

908 Schnebel 2003, S. 292.
909 Schnebel 2002, S. 175.

IX.

Conclusio

> „Man braucht einen Zugang, der über die Faszination gehen muss. Man kann nicht als Nicht-Faszinierter, als nicht in irgendeiner Weise Ergriffener mit diesen Dingen umgehen. Es sind keine Rezepturen da."[910]

Was Wolfgang Rihm auf seine Werke bezieht, in denen er immer wieder neue Wege geht und von den Rezipienten ein anderes Hören erwartet, kann man auch mit Komposition und Rezeption artifizieller Messkompositionen aus der zweiten Hälfte des 20. Jahrhunderts in Verbindung bringen.

Der Komponist muss eine besondere Faszination spüren, um sich überhaupt mit dieser Gattung oder dem, was davon übrig geblieben ist, auseinanderzusetzen. Eine Gattung, deren Zenit längst überschritten ist – oder war? Eine Gattung, mit deren Vertonung sich ein Komponist im 20. Jahrhundert mitnichten grundsätzlich Anerkennung erwirbt, sondern eher Verwunderung hervorruft, dass er sich damit beschäftigt. Eine Gattung jedoch, die eine so starke „Schablone" bietet, dass sie auch den größten Auflösungstendenzen noch standzuhalten scheint. Und auch der Hörer dieser Werke hört dieselben in der Regel nicht, wenn er nicht einen Zugang zur Thematik „Messe" überhaupt hat, ob ablehnend, zustimmend, distanziert, kritisch oder wie auch immer.

Die Gattung „Messe" als liturgische ist meist nur noch im Rahmen der sogenannten „Gebrauchsmessen" existent, mit all ihren Vorteilen und Einschränkungen. Die Messe als artifizielle Gattung im engen Sinn gibt es nicht mehr. Sie verbleibt nach dem Zweiten Weltkrieg lediglich als Begriffsschablone, mit der die Komponisten auf zum Teil gänzlich unterschiedliche Art „spielen". Was bereits im 19. Jahrhundert mit der Einbeziehung außerliturgischer Bezüge, einem Erweitern der engen Gattungsgrenzen der Messe und dem Weg in die Konzertaufführung begann, wurde im Bereich des Requiems in einer deutlichen und anhaltenden Entwicklung bis zu einer völlig säkularisierten Variante weitergeführt. Bei der Messe an sich brach diese Entwicklung aber nahezu ab. Nur wenige Kompositionen aus der ersten Hälfte des 20. Jahrhunderts hielten eine Tradition aufrecht, die als kontinuierliche Entwicklung eigentlich nicht mehr existent war. Sie fristete in dieser Zeit ein Schattendasein, in einer Phase, in der sich die Entwicklungen in der Musikgeschichte förmlich überschlugen. Erst allmählich und häufig in sehr freier Form trat die Messkomposition nach dem Zweiten Weltkrieg wieder aus dem Schatten heraus. Freilich in anderer Form, gelegentlich auch liturgisch verwendbar, häufig aber mit Bedeutungsebenen versehen, die weit außerhalb der an sich engen Grenzen des vorgegebenen Textes oder der Gattung liegen, in einer Musiksprache, die sich nicht nach vorgegebenen Normen richtet und aus dem ganzen Feld des „Neuen" schöpft. Jeder Personalstil war möglich wie auch in der übrigen E-Musik. Freie Texte wurden kompiliert, neue, andere Sinnbezüge hergestellt: aktueller Lebensbezug, Zweifel, Sozialkritik, Dialog zwischen den Religionen, Frieden in der Welt wurden Thema. Aber auch die Transzendenz fand Raum. Passend zur Liturgie oder nicht, so wie der Komponist es für „richtig" hielt. Die Messkomposition wurde gänzlich persönliches Bekenntnis.

Lange Zeit galt die Neue Musik des 20. Jahrhunderts als „a-religiös". Viele Komponisten wandten sich unter dem Prozess der fortschreitenden Säkularisierung ab von christlichen Bezügen hin zu Werken abstrakter Konstruktion – vor allem nach dem Zweiten Weltkrieg möglichst alles negierend, was vorher war. Dennoch spielen Transzendenz-

---

910 Wolfgang Rihm, zit. nach Fricke 2002, S. 53.

vorstellungen eine größere Rolle in der Musik des 20. Jahrhunderts als man lange Zeit wahrhaben wollte und wurden ab etwa Ende der 1960er-Jahre immer interessanter für die Komponisten.[911] Helga de la Motte-Haber stellt dazu fest: „Sie haben jedoch völlig gewandelte Bedeutungen erhalten. Sowohl die Orte, wo das Transzendente zu suchen sei, als auch die Richtungen der Grenzüberschreitungen haben sich verändert."[912] Auch wenn es häufig nicht offensichtlich ist, kann die Musik mit einem über das rein Diesseitige hinausweisenden Anspruch versehen sein, doch lässt sich keine allgemeingültige „übergreifende Metaphysik mehr ausmachen".[913] Stil und Ausdrucksart der Komponisten wurden so individuell, dass auch der Hörer kaum mehr auf einen gemeinsamen Nenner zurückgreifen kann. Dies alles trifft natürlich auch auf die artifiziellen Messkompositionen der Zeit zu.

Die in der vorliegenden Arbeit besprochenen Werke „ragen auf mannigfache Weise aus der neueren Kirchenmusikgeschichte hervor und spiegeln beispielhaft die Bandbreite künstlerisch autonomer und gesellschaftspolitisch diversifizierter Herangehensweisen",[914] wie Fredrik Schwenk es nennt. Sie zeigen damit auch das typische Erscheinungsbild der E-Musik des 20. Jahrhunderts: Sie sind keiner Richtung zuzuordnen, individuell und besonders. Dennoch sind sie allesamt Auseinandersetzungen mit der Messe auf der Basis teils sehr individueller Erfahrungshorizonte. Dadurch erhalten sie auch den Bezug zum „Anderen",[915] zur Transzendenz, jedoch auf ganz spezielle Weise, nämlich in Bezug zur christlichen Messe. Und das ist das Besondere. Und besonders ist auch ihre jeweilige Ausgestaltung und Zielrichtung, besonders der eigens geschaffene „Raum", besonders oft auch die inhaltliche Aussage.

Olivier Messiaen schreibt mit seiner *Messe de la Pentecôte* (1951) einen rein instrumentalen Lobpreis auf den Heiligen Geist und sein Wirken für Orgel. Den ausschließlich vertonten Propriumsteilen hat er beschreibende Texte vorangestellt, die sich auf das Wirken der dritten göttlichen Person beziehen. Hierzu gehören bekannte Symbole und Themen wie Feuerzungen, Vögel, Wasser, die sieben Gaben des Heiligen Geistes, die Begegnung der sichtbaren und unsichtbaren Dinge und weitere. Vieles davon wird hörbar mittels bekannter musikalisch-rhetorischer Mittel, jedoch transferiert in Messiaens individuelle Tonsprache. Weitere kompositorische Schichten wie die Verwendung griechischer und indischer Rhythmusmodelle, satzübergreifende Motive, serielle Strukturen

---

911 Allein der Blick auf das Inhaltsverzeichnis zum Kapitel *Individuelle Mythologien und die Wahrheit des Materials. Mediative Musikformen* in de la Motte-Haber 2000 (S. 6–7) zeigt ein durchaus breites Spektrum (die Belegung mit Buchstaben zur Gliederung stammt von mir und ist nicht original): a) Meditative Musikformen im Spannungsverhältnis zur Autonomie- und Werkästhetik; b) „Technicians of the Sacred" Minimal Music als frühe Form meditativer Musik; c) Die Idee der Reduktion als gattungsübergreifende Fragestellung; d) Das meditative Gesamtkunstwerk von La Monte Young; e) „Das schnelle Flugschiff zum Kosmischen und Göttlichen": Karlheinz Stockhausen; f) „Une forme de prière répétitive": Karel Goeyvaerts; g) Pauline Oliveros: „Music a welcome by-product"; h) Peter Michael Hamel: „Durch Musik zum Selbst"; i) Arvo Pärt: Reduktion durch Tintinnabuli; j) Giacinto Scelsis Erfahrung des Unbekannten; k) Morton Feldman: Reduktion jenseits von Klangontologie; l) Jo Kondo: „Vom Hören zum Komponieren".
912 de la Motte-Haber 2000, S. 219.
913 Ebd., S. 217.
914 Was Schwenk (2014, S. 76) hier auf drei Requiemkompositionen bezieht, die er im Folgenden analysiert, kann wörtlich auch für die Messkompositionen übernommen werden.
915 Vgl. zur Herausarbeitung der Bedeutung des „Anderen" Eggebrecht 1986, S. 135.

und Zahlensymbolik erschließen sich erst bei eingehender Analyse. Das ist aber von Messiaen gewollt, der der Überzeugung ist, dass sich „Glaube" nur rational und emotional zugleich erfassen lässt. Messiaen schreibt eine liturgisch verwendbare Messe christlich-katholischer Prägung, bezieht aber musikalische Elemente verschiedenster Provenienzen ein (griechisch, indisch, buddhistisch), denen er explizit transzendente Wirkung zuschreibt. Er vertont eine auf Transzendenz gerichtete „Theologiae gloriae" und bekennt damit seinen Glauben. Dennoch versucht er die Herzen aller Menschen zu erreichen: „Mein Werk wendet sich an alle, die glauben – und auch an alle anderen."[916]

Hermann Heiß legte mit seiner *Missa 1964* die erste elektronische Messvertonung für Tonband und Chor vor. Sie entstand als Auftragskomposition in einer Zeit, in der elektronische Musik als (liturgische) Musik in der katholischen Kirche weder erlaubt noch selbstverständlich war. Nur durch persönlichen Einsatz des Auftraggebers Monsignore Mauer wurde die Komposition als liturgische anerkannt und sogar im Rundfunk gesendet. Heiß hielt sich abgesehen von wenigen, wohl unabsichtlichen Textauslassungen streng an liturgische Vorgaben, griff nur wenige Vertonungstraditionen auf und sah ganz bewusst von einer interpretierenden musikalischen Ausführung des Textes ab. Dennoch erfuhr die Messe allein aufgrund ihrer elektronischen Aufführung vernichtende Kritik. Sie bleibt ein gewagtes zeitgebundenes Experiment. Ein Vorstoß, der zwar keine direkten Nachfolger fand, aber sicher „Türen aufstieß", die offen blieben.

Leonard Bernsteins *MASS. A Theatre Piece for Singers, Players and Dancers* zeigt bereits im Titel eine völlig andere Ausrichtung. Bernstein schreibt ein musikalisches Bühnenstück über die Messe, das einem Musical nahe kommt. Dabei stehen lateinische Textteile der vorkonziliaren katholischen Liturgie (Ordinarium, Proprium, weitere liturgische Formeln) freien englischen Texten von Stephen Schwartz und Bernstein selbst gegenüber. Die zeitgenössischen Texte beschreiben dabei die aktuellen Probleme der Menschen wie Sinnsuche, Klage, Orientierungslosigkeit, Glaube und Zweifel, Entfremdung von Gott und den Menschen. Die Musiksprache ist polystilistisch. Die liturgischen Texte werden in der Regel der E-Musik, dem Chor und dem Zelebranten zugeordnet. Zeitgenössische Texte werden in populärer Musiksprache von Pop bis Gospel mit Streetband und Streetchorus vertont. Die liturgischen Texte werden von Beginn an mit musikalischen Idiomen versehen, die als unangenehm empfunden werden und die Entfremdung des Menschen von traditionellen Glaubensinhalten aufzeigen. Diese „Glaubenskrise"[917] setzt Bernstein gleich mit der „Krise der Tonalität",[918] was auch analytisch nachweisbar wird. Mehr und mehr bricht Chaos in der Musik aus. Erst als die Tonalität gegen Ende des Werks wieder gefunden wird, finden Zelebrant und Gläubige auch wieder „the divine element in herself".[919] So schreibt Bernstein ein Werk, das Glaube und Zweifel genauso thematisiert wie die aktuellen gesellschaftlichen und politischen Themen der Entstehungszeit. Zugleich ist es eine Komposition über die Krise der Musik im 20. Jahrhundert, die er in der Krise der Tonalität zu erkennen glaubte. Seine inhaltliche Ausrichtung bleibt diesseitig: Zielpunkt ist die Liebe zum Menschen. Bernstein fasste seine Komposition folgendermaßen zusammen: „Mass ist eine ökumenische Messe, die für alle Reli-

---

916 Olivier Messiaen, zit. nach Rößler 1984, S. 52.
917 Bernstein 1984, S. 15.
918 Ebd.
919 High Fidelity Bernstein, S. 69.

gionen und für jeden unter uns eine Aussage enthält."⁹²⁰ Und: „Wenn man nicht an den Menschen glaubt, kann man nicht an Gott glauben. Das ist die letzte Aussage meiner Mass."⁹²¹

Dietert Salbert wiederum wollte in seiner *Theatralischen Messe* dem Hörer einerseits ein „charismatisches Gotteserlebnis" ermöglichen, andererseits aber auch seinem „Politikum" für ein Für- und Miteinander unter den Menschen Ausdruck verleihen. Äußere theatralische Elemente sind Schreitbewegungen des Chores, Bildprojektionen und vor allem der kultische Tanz. Zu den inneren theatralischen Elementen rechnet Salbert das Spannungsverhältnis zwischen Gesang und freiem Singen, Rezitation und reinem Predigtwort,⁹²² zwischen alter Liturgie und moderner geistlicher Lyrik, mit der auch der Zweifel ein Sprachrohr findet. Die Entwicklung vom tonalen zum aleatorischen Stil entspricht bei Salbert der Entwicklung vom vorformulierten zum individuellen Glaubensbekenntnis.⁹²³ Er verwendet verschiedene musikalische Stile von der Synthesizermusik über das Gemeindelied im Stil des Neuen Geistlichen Liedes bis zu aleatorischen Elementen. Zielpunkt der Messvertonung ist das Agnus Dei als Ausdruck der Hoffnung auf Frieden. Dies bleibt aber nicht alleine die Angelegenheit des Komponisten und der Musiker, sondern wird mittels des Singens des Gemeindeliedes mit allen Anwesenden auch zum Tun aller, das aus der Kirche in die Welt getragen wird.⁹²⁴

Arvo Pärt schreibt seine *Berliner Messe* in der überzeitlich wirkenden Musiksprache des tonalen Tintinnabuli-Stils. Als Auftragswerk zum Berliner Katholikentag verwendet er nur den Ordinariumstext, der durch weitere liturgische Texte zum Pfingstfest ergänzt wird. Pärt vermeidet in seiner Messe jede Wortausdeutung und legt seiner Musik den Sprachrhythmus als konstituierendes Element zugrunde. Die kompositorische Ausführung ist – entgegen der „einfachen" Wirkung der Musik – kontrapunktisch komplex gearbeitet und reicht an serielle Kompositionsstrukturen heran. In seinem sehr reduzierten Stil werden kleinste Veränderungen zum Ereignis. Zentrum des Werks ist die Pfingstsequenz.⁹²⁵ Die sieben Gaben des Heiligen Geistes werden durch die Verwendung der Zahl sieben als kompositorisches Strukturelement Mittelpunkt der Komposition. Pärts Musik ist nicht nur schön, verbindet sie doch rationale Grundstrukturen mit einer musikimmanenten Überzeitlichkeit, die sich erst nach eingehender Analyse erschließt. Wirkungs- und Strukturebene vereinen sich zu einer christlich geprägten Musica sacra.

Karl Jenkins legt den Schwerpunkt der inhaltlichen Aussage von *The Armed Man: A Mass for Peace* auf das Thema Krieg und Frieden im Spannungsfeld der Religionen. Neben ausgewählten Ordinariumstexten und dem islamischen Gebetsruf kompiliert er Texte unterschiedlichster Provenienz (z. B. altindisch, barock, hinduistisch, romantisch, christlich, jüdisch, auf Hiroshima bezogen). Die außerliturgischen Texte aus über 2000

---

920 Leonard Bernstein im Programmheft zur Aufführung von *Mass* am 9. August 1997 in Erfurt; zit. nach Scheibler 2001, S. 233.
921 Ebd., S. 236.
922 Der Predigttext, Teil der Messe, ist bezüglich Thematik und Länge dem jeweiligen Prediger überlassen. Dadurch sind aktuelle und immer wieder neue Bezüge möglich!
923 Also genau gegensätzlich zur Komposition von Bernstein!
924 Hier ergibt sich eine Nähe zu Schnebel, der Kirche und Welt sowie Welt und Kirche miteinander zu verbinden sucht.
925 Durch die Pfingstthematik und die transzendente Ausrichtung sind Pärt und Messiaen vergleichbar.

Jahren Menschheitsgeschichte bilden mit den liturgischen Texten eine Art Handlungsablauf von Kriegsvorbereitungen über Kriegshandlungen bis zum Friedensschluss.[926] Die Musiksprache ist eher traditionell und reicht von Anklängen an die Gregorianik über das exakte Palestrina-Zitat bis zu spätromantischen und filmmusikalischen Anklängen. Sie spielt ganz bewusst auch mit dem „Schönklang", der die Emotionen der Hörer direkt anspricht. Durch die Verwendung der „*L'homme-armé*"-Melodie gelingt Jenkins die Anbindung an eine Vertonungstradition der frühen Neuzeit, die er aber in seinem Sinn umdeutet. Wird die Melodie in Verbindung mit Schlagzeug und Trompeten im Einleitungsteil als Aufruf und Hinwendung zum Krieg verwendet, wird sie – nach Dur umgedeutet – am Ende des Werks Teil des großen Friedensjubels. Durch seine emphatische Musiksprache und die hochaktuelle Thematik gehört Jenkins „oratorische" Messkomposition mittlerweile zu den meistaufgeführten Werken weltweit.

Die Messkompositionen des Komponisten-Theologen Dieter Schnebel gehen zunächst von den Schlagworten „Entmythologisierung" und „Säkularisierung" aus. Kirche sollte in die Welt hinausgehen und zugleich Welt in die Kirche hineinlassen, auch in der Musik. Dieses theologische Postulat konnte sich für ihn nur in neuer Musik realisieren lassen. Radikal geschieht dies in seiner über mehrere Jahre entstandenen ersten Messkomposition, dem aus fünf Teilen bestehenden *Für Stimmen (… missa est)*. Alles Traditionelle wird negiert (Text, liturgische Verwendbarkeit, musikalische Traditionen). Erlebnisfelder wie Trost und Lobpreis werden mittels Dekomposition von Sprache, Raumdramaturgie, Gesten, Geräuschen und Tönen erfahrbar. Das Werk ist alleine durch die Benennung des Komponisten als Messe erkennbar. Traditionelle Anklänge gibt es nicht. In seiner als Auftragswerk entstandenen *Dahlemer Messe* reagiert Schnebel auf Veränderungen in der Kirche. Tradition wird nicht mehr so sehr als Last empfunden, im Gegenteil: Schnebel schätzt das „Potential der Vergangenheit" (Ernst Bloch) und verwendet wieder den lateinischen Messtext. Er kompiliert dazu den biblischen Urtext und neuzeitliche Sprachen und schafft so eine Verbindung zu den Ursprüngen und zur Gegenwart. Dies zeigt sich auch in der Komposition: Traditionelles wie klassisches Instrumentarium und Notenbild, typische Kompositionstraditionen, Rezitationen im Synagogalstil stehen neben Dekomposition von Sprache, strenger Serialität, Raumkomposition, Naturgeräuschen und menschlichen Äußerungen wie Lachen, Atmen oder Stöhnen. Die bedeutenden Wortfelder „omnis", „unitas" und „communio" weisen auf den zentralen Begriff der „Vielfalt in der Einheit" hin, den Schnebel ebenso religiös wie weltumspannend und allgemeinmenschlich verstanden wissen will. Die Messe endet im vielsprachigen Ruf nach Frieden. Mit seiner *Missa brevis* gelingt es Schnebel, sein in den beiden früheren Werken aufgebautes theologisch-musikalisches Weltgebäude in einer liturgisch kurzen Form zu bündeln. So kehrt die Messe wieder in den Kirchenraum zurück – verändert, doch auf der Tradition aufbauend, neu und doch transzendent.

Normal ist also, dass nichts mehr normal ist. Die Avantgarde bricht die Grenzen auf. Die Säkularisierung leistet das Übrige. Andere Kunstrichtungen dringen in die Musik ein. Die Individualisierung ist nicht mehr aufzuhalten. Die Kompositionen sind singulär, persönlich, einzigartig. Und dennoch schreiben die Komponisten Messen, werden

---

926 Inhaltlich geht es auch um die Trauer, um durch Krieg und Terror verstorbene Menschen. Dadurch steht das Werk auch dem Requiem nahe, ohne allerdings typische Requiemtexte zu vertonen.

belächelt, verachtet, bestaunt und verehrt. Die Gefahr, im „Abseits" zu stehen, ist allerdings größer als die, verehrt zu werden.

Bei den untersuchten Werken lassen sich Entwicklungen nachzeichnen, die auch gesamtgesellschaftliche Prozesse widerspiegeln. Die Theodizée bleibt nach den Gräueln des Zweiten Weltkriegs als offene Frage stehen. Zweifel an tradierten Glaubensinhalten kommen auf, mehr und mehr konfrontieren die Menschen ihre Lebenswirklichkeit mit den überlieferten Dogmen. Rituale und Lehre sind nicht mehr so wichtig. Welt und Kirche werden als Gegensatz empfunden, der jedoch auf anderer Ebene wieder geschlossen werden soll. Einer „transzendenz- und traditionsarmen Zeit" (Schnebel in Frühwerk),[927] folgt die Rückwendung zu beidem.[928] Radikal wie bei Pärt, beide Richtungen verbindend wie bei Bernstein, Salbert, Schnebel und Jenkins. Andere Religionen und Weltanschauungen werden miteinbezogen wie bei Messiaen, Bernstein, Schnebel und Jenkins. Letzterer formuliert eine Art populäre Ausgestaltung der Messe inklusive politischer Aussage und emotional-transzendenter Wirkung – und erreicht Millionen.

Was ist heute also noch eine Messkomposition? In den vergangenen Jahrhunderten gab es normative Richtlinien für die Messkomposition, die nach und nach verloren gingen oder bewusst negiert wurden. Was hat sie ersetzt?

Überträgt man die Definition von „Geistlicher Musik", die Hans Heinrich Eggebrecht vorgenommen hat, auf die Messe, ergibt sich folgendes:

> „Musik wird zur [... Messe] dort, wo ihr An-und-für-sich durch einen besonderen Akt von außen her auf [... die Messe] bezogen wird [...]: Durch Text, Beischrift, Gebrauch, Transport, Assoziation, Idiom und Zitat kann sie [... Messe] werden. Was die Musik an und für sich, also unabhängig von den Aktionen der Bezugsetzung [durch den Komponisten], [... zu einer Messe] macht, ist nicht eine Eigenschaft, sondern eine Auffassung der Musik."[929]

Dies ist aber noch nicht der letzte Schritt:

> „Ob mich eine Musik als Musik an und für sich als [... Messe] berührt [– mit all ihren Bezügen, Traditionen, Ablehnungen, Funktionen –], entdeckt nicht der Komponist, da er ihr Geistlichkeit nicht einverleiben kann, und entscheidet nicht die Musik, da sie an und für sich nicht geistlich sein kann, und entscheidet auch nicht eine Instanz, die der Musik Eigenschaften nicht oder nur irrtümlich gibt. Die Entscheidung ist dem einzelnen aufgetragen, dem Subjekt, mir [...]."[930]

Das Subjekt, Komponist oder Hörer gleichermaßen, wird entscheidende Instanz. Beide übernehmen die Verantwortung, nicht mehr die vorgegebene Struktur der Gattung. Sie verliert ihre Allgemeingültigkeit, um sie in veränderter Form wieder zu erhalten – oder auch nicht und bleibt damit persönlich. Und doch scheint der Begriff „Messe" so stark

---

[927] Sehr deutlich bei Schnebels *Für Stimmen*. Diese Traditionsarmut führte bisweilen auch zu einer Überforderung der Hörer.
[928] *Dahlemer Messe* und *Missa brevis*.
[929] Eggebrecht 1997, S. 141.
[930] Ebd., S. 141–142.

zu sein, dass er diese Strukturlosigkeit verkraftet und als Folie für eine individuelle und in verschiedenste Richtungen ausgestaltete Auseinandersetzung genügt. Solcherart Kompositionen sind häufig sehr weit von einer traditionellen und/oder liturgischen Messvertonung entfernt, können aber vom Rezipienten nur als „Messe" verstanden werden, wenn der Hörer auch den Begriff und seine immanenten Bedeutungsmöglichkeiten verorten kann – in seiner Weise.

Die Messvertonung bleibt also Synonym für die Auseinandersetzung mit einer im Begriff „Messe" mitschwingenden Thematik, in Relevanz zur Gattungstradition und zugleich in kritischer Distanz, das Überzeitliche der Messe nutzbar machend. So ist die artifizielle Messkomposition der zweiten Hälfte des 20. Jahrhunderts der kompositorisch-textliche Ausdruck der Verarbeitung des Begriffes „Messe" mit verschiedenen möglichen Konnotationen durch einen individuellen Künstler.

Erfüllte Leere ist der Titel eines Buches,[931] in dem spirituelle Impulse in essayistischer Form zum Kirchen- und Kunst-Raum St. Peter in Köln zusammengestellt wurden. Die fast entleerte Kirche wird immer wieder neu mit zeitgenössischer Kunst und Musik gefüllt, Glaube und Zweifel, Kirche und Welt kommen in unkonventioneller Art miteinander in Berührung. „Die Kunst-Station ist Dialog zwischen Kirche und Kunst. Der Sakralraum der Kirche, der etwas von der Unverfügbarkeit Gottes verkörpert, öffnet sich der Kunst und der Musik, die ihrerseits nur in kreativer Freiheit sie selbst sein können und ebenso unverfügbar und nicht instrumentierbar sind gegeneinander: Dialog auf Augenhöhe."[932]

So ist es auch mit der artifiziellen Messkomposition in der zweiten Hälfte des 20. Jahrhunderts: Die traditionelle Form der Messe, die etwas von der Unverfügbarkeit Gottes verkörpert, wurde „entleert", die verbleibende „Schablone" mit Musik und (neuem) Sinn gefüllt: Dialog auf Augenhöhe – Erfüllte Leere.

---

931 Holter/Poeplau-Wahle 2015.
932 Ebd., S. 273.

X. Literaturverzeichnis

1. Allgemeines

Altenburg 2013: Altenburg, Detlef: Franz Liszt (1811–1886), in: Wolfgang Hochstein / Christoph Krummacher (Hg.): *Das 19. und frühe 20. Jahrhundert. Historisches Bewusstsein und neue Aufbrüche* (= Geschichte der Kirchenmusik 3), Laaber 2013: Laaber, S. 197–200

Bahr 2013: Bahr, Reinhard: Traditionelle Satztechniken und neue musikalische Idiome, in: Wolfgang Hochstein / Christoph Krummacher (Hg.): *Das 19. und frühe 20. Jahrhundert. Historisches Bewusstsein und neue Aufbrüche* (= Geschichte der Kirchenmusik 3), Laaber 2013: Laaber, S. 266–286

Bischof 2013: Bischof, Franz Xaver: Politische, geistes- und kirchengeschichtliche Entwicklungen, in: Wolfgang Hochstein / Christoph Krummacher (Hg.): *Das 19. und frühe 20. Jahrhundert. Historisches Bewusstsein und neue Aufbrüche* (= Geschichte der Kirchenmusik 3), Laaber 2013: Laaber, S. 11–15

Brettschneider/Krummacher 2013: Brettschneider, Wolfgang / Krummacher, Christoph: Aufbrüche im frühen 20. Jahrhundert, in: Wolfgang Hochstein / Christoph Krummacher (Hg.): *Das 19. und frühe 20. Jahrhundert. Historisches Bewusstsein und neue Aufbrüche* (= Geschichte der Kirchenmusik 3), Laaber 2013: Laaber, S. 219–230

Eggebrecht 1997: Eggebrecht, Hans Heinrich: *Die Musik und das Schöne*, München 1997: Piper; bes. „Geistliche Musik – was ist das?", S. 130–143

Fellerer 1976: Fellerer, Karl Gustav (Hg.): *Geschichte der katholischen Kirchenmusik*, Bd. 2, Kassel u. a. 1976: Bärenreiter

von Fischer 1994: von Fischer, Kurt: Missa solemnis D-Dur op. 123, in: Albrecht Riethmüller u. a. (Hg.): *Beethoven. Interpretationen seiner Werke*, Bd. 2, Laaber 1994: Laaber, S. 235–248

Fricke 2002: Fricke, Stefan: Musik ist nie bei sich. Wolfgang Rihm im Gespräch, *Neue Zeitschrift für Musik* 2/2002, S. 52–56

Gadsch 1976: Gadsch, Herbert: Kirchenmusik zwischen Experiment, Sacro-Pop und Nostalgie, *Musik und Kirche* 46, S. 69–73

Harenberg Chormusikführer: Gebhard, Hans (Hg.): *Harenberg Chormusikführer*, Dortmund 1999: Harenberg

Hiemke 2013: Hiemke, Sven: Zeit der Umbrüche und „Begegnungen", in: Hochstein, Wolfgang / Krummacher, Christoph (Hg.): *Das 19. und frühe 20. Jahrhundert. Historisches Bewusstsein und neue Aufbrüche* (= Geschichte der Kirchenmusik 3), Laaber 2013: Laaber, S. 231–245

Hochradner 1998: Hochradner, Thomas: Das 20. Jahrhundert, in: Horst Leuchtmann / Siegfried Mauser (Hg.): *Messe und Motette* (= Handbuch der musikalischen Gattungen 9), Laaber 1998: Laaber, S. 333–371

Hochstein 20131: Hochstein, Wolfgang: Zwischen Fortschritt und Rückwendung. Stilfragen im 19. Jahrhundert, in: Wolfgang Hochstein / Christoph Krummacher (Hg.): *Das 19. und frühe 20. Jahrhundert. Historisches Bewusstsein und neue Aufbrüche* (= Geschichte der Kirchenmusik 3), Laaber 2013: Laaber, S. 79–86

Hochstein 20132: Hochstein, Wolfgang: Franz Schubert, in: Wolfgang Hochstein / Christoph Krummacher (Hg.): *Das 19. und frühe 20. Jahrhundert. Historisches Bewusstsein und neue Aufbrüche* (= Geschichte der Kirchenmusik 3), Laaber 2013: Laaber, S. 191–193

Hochstein 20133: Hochstein, Wolfgang: Die Messe, in: Wolfgang Hochstein / Christoph Krummacher (Hg.): *Das 19. und frühe 20. Jahrhundert. Historisches Bewusstsein und neue Aufbrüche* (= Geschichte der Kirchenmusik 3), Laaber 2013: Laaber, S. 87–116

Hochstein/Krummacher 2013: Hochstein, Wolfgang / Krummacher, Christoph (Hg.): *Das 19. und frühe 20. Jahrhundert. Historisches Bewusstsein und neue Aufbrüche* (= Geschichte der Kirchenmusik 3), Laaber 2013: Laaber

Hochstein/Krummacher 2014: Hochstein, Wolfgang / Krummacher, Christoph (Hg.): *Die zweite Hälfte des 20. Jahrhunderts und die Herausforderungen der Gegenwart* (= Geschichte der Kirchenmusik 4), Laaber 2014: Laaber

Holter/Poeplau-Wahle 2015: Holter SJ, Werner / Poeplau-Wahle, Barbara (Hg.): *Erfüllte Leere. Sankt Peter Köln*, Annweiler 2015: Ploeger

Jahrmärker 1997: Jahrmärker, Manuela: Von der liturgischen Funktion zum persönlichen Bekenntnis. Die Kirchenmusik, in: Walther Dürr / Andreas Krause (Hg.): *Schubert-Handbuch*, Kassel 1997: Bärenreiter, S. 345–378

Jaschinski 2014: Jaschinski, Eckhard: Liturgische und kirchenmusikalische Aufbrüche nach 1960, in: Hochstein, Wolfgang / Krummacher, Christoph (Hg.): *Die zweite Hälfte des 20. Jahrhunderts und die Herausforderungen der Gegenwart* (= Geschichte der Kirchenmusik 4), Laaber 2014: Laaber, S. 17–36

Kirsch 2013: Kirsch, Winfried: Kirchenmusikreform, Cäcilianismus und Palestrina-Renaissance, in: Wolfgang Hochstein / Christoph Krummacher (Hg.): *Das 19. und frühe 20. Jahrhundert. Historisches Bewusstsein und neue Aufbrüche* (= Geschichte der Kirchenmusik 3), Laaber 2013: Laaber, S. 56–71

Kläckner 2013: Kläckner, Stefan: Die Weiterentwicklung des gregorianischen Repertoires bis zum Ende des 20. Jahrhunderts, in: Wolfgang Hochstein / Christoph Krummacher (Hg.): *Das 19. und frühe 20. Jahrhundert. Historisches Bewusstsein und neue Aufbrüche* (= Geschichte der Kirchenmusik 3), Laaber 2013: Laaber, S. 31–42

Krieg 2007: Krieg, Gustav A.: *Einführung in die anglikanische Kirchenmusik*, Köln 2007: Dohr

Krieg 2013: Krieg, Gustav A.: Lateinische und landessprachliche Kirchenmusik, in: Wolfgang Hochstein / Christoph Krummacher (Hg.): *Das 19. und frühe 20. Jahrhundert. Historisches Bewusstsein und neue Aufbrüche* (= Geschichte der Kirchenmusik 3), Laaber 2013: Laaber, S. 307–334

Krummacher 2013: Krummacher, Friedhelm: Geistliche Musik als ästhetisches Problem, in: Wolfgang Hochstein / Christoph Krummacher (Hg.): *Das 19. und frühe 20. Jahrhundert. Historisches Bewusstsein und neue Aufbrüche* (= Geschichte der Kirchenmusik 3), Laaber 2013: Laaber, S. 16–23

Kurtz 2001: Kurtz, Michael: *Sofia Gubaidulina. Eine Biografie*, Stuttgart 2001: Urachhaus

Liebrand 2003: Liebrand, Robert: *Die Entwicklung der katholischen Kirchenmusik in der zweiten Hälfte des 20. Jahrhunderts. Die liturgischen Vokalkompositionen Heino Schuberts* (= Diskordanzen. Studien zur neueren Musikgeschichte 13), Hildesheim u. a. 2003: Georg Olms

Lübbes Strawinsky Lexikon: Lindlar, Heinrich: *Lübbes Strawinsky Lexikon*, Bergisch-Gladbach 1982: Lübbe, S. 113–117

Lindlar 1991: Lindlar, Heinrich: Strawinskys geistliche Werke. Eine Entelechie, *Kirchenmusikalisches Jahrbuch* 75, S. 79–92

Lexikon der Kirchenmusik: Massenkeil, Günther / Zywietz, Michael (Hg.): *Lexikon der Kirchenmusik*, Laaber 2013: Laaber

Meyer/Pacik 1981: Meyer, Hans Bernhard / Pacik, Rudolf (Hg.): Dokumente zur Kirchenmusik unter besonderer Berücksichtigung des deutschen Sprachgebietes, Regensburg 1981: Friedrich Pustet

MGG Messe: Ackermann, Peter u. a.: Artikel „Messe", in: *MGG – Die Musik in Geschichte und Gegenwart2*, Sachteil, Bd. 6, Sp. 174–228

de la Motte-Haber 19951: de la Motte-Haber, Helga (Hg.): *Musik und Religion*, Laaber 1995: Laaber

de la Motte-Haber 19952: de la Motte-Haber, Helga: Grenzüberschreitung als Sinngebung in der Musik des 20. Jahrhunderts, in: dies. (Hg.): *Musik und Religion*, Laaber 1995: Laaber, S. 215–249

de la Motte-Haber 2000: de la Motte-Haber, Helga (Hg.): *Geschichte der Musik im 20. Jahrhundert: 1975–2000, mit Künstler-Biographien* (= Handbuch der Musik im 20. Jahrhundert 4), Laaber 2000: Laaber

New Grove Mass: Arnold, Denis / Harper, John: Artikel „Mass", Abschnitt III: „1600–2000", in: *The New Grove Dictionary2*, Bd. 16, S. 77–85; bes. S. 83–84

Nohl 1996: Nohl, Paul-Gerhard: *Lateinische Kirchenmusiktexte. Geschichte – Übersetzung – Kommentar*, Kassel u. a. 1996: Bärenreiter

Reich 2005: Reich, Wieland: Ausdruck und Innenschau zwischen Engagement und Bekenntnis, in: Hanns-Werner Heister (Hg.): *Geschichte der Musik im 20. Jahrhundert: 1945–1975* (= Handbuch der Musik im 20. Jahrhundert 3), Laaber 2005: Laaber, S. 345–352

Rienäcker 20051: Rienäcker, Gerd: Radikalität und Mainstream. Zwischen Hindemith und Strawinsky – Komponieren im Zeichen gemäßigter Moderne?, in: Hanns-Werner Heister (Hg.): *Geschichte der Musik im 20. Jahrhundert: 1945–1975* (= Handbuch der Musik im 20. Jahrhundert 3), Laaber 2005: Laaber, S. 106–113

Rienäcker 20052: Rienäcker, Gerd: Igor Strawinsky. Mass for Mixed Chorus and Double Wind Quintet (1944/1948), in: Hanns-Werner Heister (Hg.): *Geschichte der Musik im 20. Jahrhundert: 1945–1975* (= Handbuch der Musik im 20. Jahrhundert 3), Laaber 2005: Laaber, S. 113–118

Rössler 1985: Rössler, Franz-Georg: *Paul Hindemith Messe (1963)* (= Meisterwerke der Musik 41), München 1985: Wilhelm Fink

Schellert/Schellert 1999: Schellert, Peter / Schellert, Verena: *Die Messe in der Musik*, 3 Bde., Arlesheim 1999: J. Butz

Schmierer 2013: Schmierer, Elisabeth: Das Oratorium, in: Wolfgang Hochstein / Christoph Krummacher (Hg.): *Das 19. und frühe 20. Jahrhundert. Historisches Bewusst-

sein und neue Aufbrüche (= Geschichte der Kirchenmusik 3), Laaber 2013: Laaber, S. 146–168

Schwenk 2014: Schwenk, Fredrik: Musikalische Satztechniken seit 1945, in: Wolfgang Hochstein / Christoph Krummacher (Hg.): *Die zweite Hälfte des 20. Jahrhunderts und die Herausforderungen der Gegenwart* (= Geschichte der Kirchenmusik 4), Laaber 2014: Laaber, S. 53–121

Thissen 1999: Thissen, Paul: Neue Musik in der Liturgie, in: *Musica sacra* 119/3, S. 162–164

Thissen 2009: Thissen, Paul: *Das Requiem im 20. Jahrhundert. Teil 1: Vertonungen der Missa pro defunctis*, Sinzig 2009: Studio

Thissen 2011: Thissen, Paul: *Das Requiem im 20. Jahrhundert, Teil 2: Nichtliturgische Requien*, Sinzig 2011: Studio

Vogt 1982: Vogt, Hans: *Neue Musik seit 1945*, Stuttgart 1982: Reclam

Weber 2013: Weber, Dagny: Das Requiem, in: Wolfgang Hochstein / Christoph Krummacher (Hg.): *Das 19. und frühe 20. Jahrhundert. Historisches Bewusstsein und neue Aufbrüche* (= Geschichte der Kirchenmusik 3), Laaber 2013: Laaber, S. 119–122

White 1979: White, Eric Walter: *Stravinsky. The Composer and His Work*, London und Boston 1979

Wilson 1995: Wilson, Peter Niklas: Sakrale Sehnsüchte. Über den „unstillbaren ontologischen Durst" in der Musik der Gegenwart, in: Helga de la Motte-Haber (Hg.): *Musik und Religion*, Laaber 1995: Laaber, S. 251–266

2. Olivier Messiaen – *Messe de la Pentecôte*

2.1. Quellen

Messiaen 1951: Messiaen, Olivier: *Messe de la Pentecôte*, Paris 1951: Leduc

Messiaen 19661: Messiaen, Olivier: *Technik meiner musikalischen Sprache*, Bd. 1: Text, Paris 1966: Leduc

Messiaen 19662: Messiaen, Olivier: *Technik meiner musikalischen Sprache*, Bd. 2: Musikalische Beispiele, Paris 1966: Leduc

Messiaen 1995: Messiaen, Olivier: *L'Ascension, Messe de la Pentecôte*, Interpret: Naji Hakim, Audio-CD, Mailand 1995: Jade

Messiaen 1997: Messiaen, Olivier: *Traité de rythme, de couloer, et d'ornithologie (1949-1992) en Sept Tomes*, Tome IV, Paris 1997: Leduc, S. 83–124

Messiaen 2008: Messiaen, Olivier: Einführungstext zur Pfingstmesse, ins Deutsche übersetzt von Michael Heinemann, in: Hermann J. Busch / Michael Heinemann (Hg.): *Zur Orgelmusik Olivier Messiaens*, Teil 2: Von der Messe de la Pentecôte bis zum Livre du Saint Sacrement (= Studien zur Orgelmusik 3), Bonn 2008: J. Butz, S. 195–201

2.2. Literatur

Ahrens et al. 1976: Ahrens, Sieglinde et al.: *Das Orgelwerk Messiaens*, Duisburg 1976: Gilles & Francke

Antes 1989: Antes, Peter: Textbezüge in den Orgelwerken Olivier Messiaens – Interpretation aus der Sicht eines Religionswissenschaftlers, in: *Zeitschrift für Musikpädagogik* 50 (Mai 1989), S. 9–15

Berger 1969: Berger, Rupert: *Kleines liturgisches Wörterbuch*, Freiburg im Breisgau u. a. 1969: Herder

Böhmig 2008: Böhmig, Reimund: „Le choses visibles et invisibles". Gedanken zur Messe de la Pentecôte, in: Hermann J. Busch / Michael Heinemann (Hg.): *Zur Orgelmusik Olivier Messiaens*, Teil 2: Von der Messe de la Pentecôte bis zum Livre du Saint Sacrement (= Studien zur Orgelmusik 3), Bonn 2008: J. Butz, S. 77–88

Bruhn 2008: Bruhn, Siglind: *Messiaens „Summa theologica"*, Waldkirch 2008: Edition Gorz

Busch/Heinemann 2008: Busch, Hermann J. / Heinemann, Michael (Hg.): *Zur Orgelmusik Olivier Messiaens*, Teil 2: Von der Messe de la Pentecôte bis zum Livre du Saint Sacrement (= Studien zur Orgelmusik 3), Bonn 2008: J. Butz

Buwen 2001: Buwen, Dieter: Gregorianik im Werk Olivier Messiaens, *Musik & Kirche* 71/6, S. 349–355

Ernst 1980: Ernst, Karin: *Der Beitrag Olivier Messiaens zur Orgelmusik des 20. Jahrhunderts* (= Hochschulsammlung Musikwissenschaft 1), Freiburg 1980: Hochschulverlag

Fleinghaus 1988: Fleinghaus, Helmut: Zwischen Sternen und Atomen. Zum Widerspruch in der Musik Olivier Messiaens, *Musik und Gottesdienst* 42/4, S. 194–200

Forster 1976: Forster, Max: *Technik modaler Komposition bei Olivier Messiaen* (= Tübinger Beiträge zur Musikwissenschaft 4), Neuhausen und Stuttgart 1976: Hänssler

Hastetter 20081: Hastetter, Michaela Christine (Hg.): *Musik des Unsichtbaren. Der Komponist Olivier Messiaen (1908-1992) am Schnittpunkt von Theologie und Musik*, St. Ottilien 2008: eos

Hastetter 20082: Hastetter, Michaela Christine: Klingende Pneumatologie, in: Michaela Christine Hastetter (Hg.): *Musik des Unsichtbaren. Der Komponist Olivier Messiaen (1908-1992) am Schnittpunkt von Theologie und Musik*, St. Ottilien 2008: eos, S. 13–28

Heinemann 2008: Heinemann, Michael (Hg.): *Zur Orgelmusik Olivier Messiaens*, Teil 1: Von Le Banquet céleste bis Les Corps glorieux (= Studien zur Orgelmusik 2), St. Augustin 2008: J. Butz

Hill/Simeone 2007: Hill, Peter / Simeone, Nigel: *Messiaen*, Mainz 2007: Schott

Hirsbrunner 1999: Hirsbrunner, Theo: *Olivier Messiaen. Leben und Werk*, Laaber 1999: Laaber

Hohlfeld-Ufer 1978: Hohlfeld-Ufer, Ingrid: *Die musikalische Sprache Olivier Messiaens dargestellt an dem Orgelzyklus „Die Pfingstmesse"*, Duisburg 1978: Gilles & Francke

Kars 1998: Kars, Jean-Rodolphe: Das Werk Olivier Messiaens und die katholische Liturgie, in: Thomas Daniel Schlee / Dietrich Kämper (Hg.): *Olivier Messiaen. La Cité céleste – Das himmlische Jerusalem. Über das Leben und Werk des französischen Komponisten*, Köln 1998: Wienand, S. 12–20

Kemmelmeyer 1974: Kemmelmeyer, Karl-Jürgen: *Die gedruckten Orgelwerke Olivier Messiaens bis zum „Verset pour la fête de la Dédicace"*, 2 Bde., Regensburg 1974: Gustav Bosse

Kemmelmeyer 1989: Kemmelmeyer, Karl-Jürgen: Komponieren zwischen Mystik und Rationalität – Anmerkungen zur Ästhetik des französischen Komponisten Olivier Messiaen, in: *Zeitschrift für Musikpädagogik* 50, S. 16–20

Keym 2004: Keym, Stefan: Zum Zusammenhang zwischen Farben und Dreiklangskomponenten der „speziellen Akkorde" Olivier Messiaens, *Musiktheorie* 19/3, S. 249–256

Metzger/Riehn 1982: Metzger, Heinz-Klaus / Riehn, Rainer (Hg.): *Olivier Messiaen* (= Musik-Konzepte 28), München 1982: Edition Text + Kritik

MGG Messiaen: Keym, Stefan: Artikel „Messiaen, Olivier", in: *Die Musik in Geschichte und Gegenwart*, Personenteil, Bd. 12, Stuttgart 2004, Sp. 64–81

Michaely 1982: Michaely, Aloyse: L'Abîme. Das Bild des Abgrunds bei Messiaen, in: Heinz-Klaus Metzger / Rainer Riehn (Hg.): *Olivier Messiaen* (= Musik-Konzepte 28), München 1982: Edition Text + Kritik, S. 7–55

Michaely 1987: Michaely, Aloyse: *Die Musik Olivier Messiaens. Untersuchungen zum Gesamtschaffens*, Hamburg 1987: Karl Dieter Wagner

Rößler 1984: Rößler, Almut: *Beiträge zur geistigen Welt Olivier Messiaens*, Duisburg 1984: Gilles & Francke

Rößler 1992: Rößler, Almut: Über die Universalität der Musik Olivier Messiaen's, in: Kulturamt der Stadt Braunschweig (Hg.): *Die Messen Bachs und Werke Messiaens*, Braunschweig 1992: Schiemann, S. 19–29

Schlee 2002: Schlee, Thomas Daniel: Olivier Messiaen – Musiker der Verkündigung, *Stimmen der Zeit* 220/11, S. 723–742

Schlee/Kämper 1998: Schlee, Thomas Daniel / Kämper, Dietrich (Hg.): *Olivier Messiaen. La Cité céleste – Das himmlische Jerusalem. Über Leben und Werk des französischen Komponisten*, Köln 1998: Wienand

Thissen 1996: Thissen, Paul: Zahlensymbolik im Orgelwerk von Olivier Messiaen, *Kirchenmusikalisches Jahrbuch* 80 (1996), S. 115–131

Widmann 2005: Widmann, Jörg: *Messe für großes Orchester*, Werkbeschreibung, Schott Music Online, Mai 2005, URL: www.schott-music.com/shop/9/show,215960.html (letzter Zugriff: 22.11.2015)

3. Hermann Heiß – *Missa 1964*

3.1. Quellen

Heiß Brief Karlberger: Heiß, Hermann: *Brief an den Österreichischen Rundfunk, Abteilung Kirchenfunk, Herrn Karlberger vom 19.5.1965*, unveröffentlicht, Darmstadt: Universitäts- und Landesbibliothek

Heiß Brief Mauer: Heiß, Hermann: *Brief an Monsignore Mauer vom 12.6.1964*, unveröffentlicht, Darmstadt: Universitäts- und Landesbibliothek

Heiß Brief Preinfalk: Heiß, Hermann: *Brief an Prof. Gottfried Preinfalk vom 9.10.1964*, unveröffentlicht, Darmstadt: Universitäts- und Landesbibliothek

Heiß Brief Ruths: Ruths, Heiner (Internationales Kunstzentrum e.V. Erlenbach/Main): *Brief an Hermann Heiß vom 9.1.1964*, unveröffentlicht, Darmstadt: Universitäts- und Landesbibliothek

Heiß Missa Aufnahme: Heiß, Hermann: Audioaufnahme der *MISS. 1964*, unveröffentlicht, Karlsruhe: Zentrum für Kunst und Medientechnologie, Mediathek

Heiß Missa Partitur: Heiß, Hermann: *MISS. 1964*, Partitur, unveröffentlicht, Karlsruhe: Zentrum für Kunst und Medientechnologie, Mediathek

Heiß 1947: Heiß, Hermann: *Requiem*, Leipzig 1947: Breitkopf & Härtel

3.2. Literatur

Borio/Danuser 1997: Borio, Gianmario / Danuser, Hermann: *Im Zenit der Moderne. Die Internationalen Ferienkurse für Neue Musik in Darmstadt 1946-1966. Geschichte und Dokumentation in vier Bänden*, Freiburg im Breisgau 1997: Rombach

Decime 1991: Deutsche Sektion der Internationalen Gesellschaft für elektroakustische Musik (Hsrg.): *Die Analyse elektroakustischer Musik – eine Herausforderung an die Musikwissenschaft? Wissenschaftliches Kolloquium im Rahmen der 4. Werkstatt Elektroakustischer Musik vom 26. bis 28. April 1991 in Berlin*, Saarbrücken 1997: Pfau

Eimert/Humpert 1973: Eimert, Herbert / Humpert, Hans Ulrich: *Das Lexikon der elektronischen Musik*, Regensburg 1973: Gustav Bosse

Henck 2009: Henck, Herbert: *Hermann Heiß: 1897–1966. Nachträge einer Biographie*, Deinstedt 2009: Kompost

Henius 1996: Henius, Carla: Genie-Blitze in der Wasch-Küche. Erinnerung an Hermann Heiß, in: Internationales Musikinstitut Darmstadt (Hg.): *Von Kranichstein zur Gegenwart. 50 Jahre Darmstädter Ferienkurse*, Darmstadt 1996: Daco, S. 44–48

Humpert 1987: Humpert, Hans Ulrich: *Elektronische Musik. Geschichte – Technik – Kompositionen*, Mainz 1987: Schott

KdG Heiß: Kreysing, Helmuth: Artikel „Hermann Heiß", in: Hanns-Werner Heister / Walter-Wolfgang Sparrer (Hg.): *Komponisten der Gegenwart*, München o. J.: Edition Text + Kritik

KdG Henry: Möller, Torsten: Artikel „Pierre Henry", in: in: Hanns-Werner Heister / Walter-Wolfgang Sparrer (Hg.): *Komponisten der Gegenwart*, München o. J.: Edition Text + Kritik

Kranichsteiner Musikinstitut 1952: Kranichsteiner Musikinstitut (Hg.): *Sieben Jahre internationale Ferienkurse für neue Musik. Programm der öffentlichen Veranstaltungen. Darmstadt 12. bis 14. Juli 1952*, Darmstadt 1952: Eigenverlag, o. S. (enthält eine Liste mit in den ersten sieben Jahren aufgeführten Werken)

Kurtz 1988: Kurtz, Michael: *Stockhausen. Eine Biographie*, Kassel u. a. 1988: Bärenreiter

von Lewinski 1964: von Lewinski, Wolf-Eberhard: Eine Messe mit elektronischen Mitteln, *Melos* 31, S. 173–175

Mauer et al. 1965: Mauer, Otto et al.: Elektronenmesse von Hermann Heiß, *Singende Kirche* 12, S. 133–135

Meyer/Pacik 1981: Meyer, Hans Bernhard / Pacik, Rudolf (Hg.): *Dokumente zur Kirchenmusik. Unter besonderer Berücksichtigung des deutschen Sprachgebietes*, Regensburg 1981: Friedrich Pustet

MGG Heiß: Henck, Herbert / Supper, Martin: Artikel „Hermann Heiß", in: *Die Musik in Geschichte und Gegenwart*, Personenteil, Bd. 8, Stuttgart 2002, Sp. 1225–1228

Nauck 1996: Nauck, Gisela: Elektronische Musik: die ersten Jahre, in: Internationales Musikinstitut Darmstadt (Hg.): *Von Kranichstein zur Gegenwart. 50 Jahre Darmstädter Ferienkurse*, Darmstadt 1996: Daco, S. 265–271

Borio/Danuser 1997: Zwölftonmusik im Prozeß ihrer Rezeption, in: Gianmario Borio / Hermann Danuser (Hg.): *Im Zenit der Moderne. Die Internationalen Ferienkurse für Neue Musik Darmstadt 1946–1966*, Bd. 1, Freiburg im Breisgau 1997: Rombach, S. 171–189

Reichenbach 1975: Reichenbach, Barbara: *Hermann Heiß* (= Darmstädter Beiträge zur Neuen Musik 15), Mainz 1975: Schott

ZKM Heiß: Jörg, Hartmut: *Das historische Studio für elektronische Komposition Hermann Heiß 1957–1966*, Karlsruhe: Zentrum für Kunst und Medientechnologie, URL: http://biblio.zkm.de/heiss/ (letzter Zugriff: 20.9.2015)

4. Leonard Bernstein – *MASS. A Theatre Piece for Singers, Players and Dancers*

4.1. Quellen

Bernstein Mass Aufnahme 1971: Bernstein, Leonard: *MASS*, Interpreten: Alan Titus, Norman Scribner Choir, Berkshire Boy Choir, Leonard Bernstein, Audio-CD, 1971: Sony Classical

Bernstein Mass Aufnahme 2004: Bernstein, Leonard: *MASS*, Interpreten: Jerry Hadley, Pacific Mozart Ensemble, Rundfunkchor Berlin, Staats- und Domchor Berlin, Deutsches Symphony-Orchester Berlin, Kent Nagano, Audio-CD, 2004: harmonia mundi

Bernstein Mass DVD: Bernstein, Leonard, *The Musical MASS at the Vatican City (2000)*, Video-DVD, 2004: Kultur Video

Bernstein Mass Klavierauszug: Bernstein, Leonard: *MASS. A Theatre Peace for Singers, Players and Dancers*, Vocal Score, 1971, 19892: Boosey & Hawkes

Bernstein Mass Partitur: Bernstein, Leonard: *MASS. A Theatre Peace for Singers, Players and Dancers*, Full Score, 1971, 19892: Boosey & Hawkes

Bernstein Symphony No. 1 Aufnahme 1990: Bernstein, Leonard: *Symphony No. 1 „Jeremiah", 3 Meditations from „Mass", On The Waterfront*, Interpreten: Christa Ludwig, Mstislav Rostropovich, Israel Philharmonic Orchestra, Leonard Bernstein, Audio-CD, 1990: Deutsche Grammophon

Bernstein 1985: Bernstein, Leonard: *Musik – Die offene Frage. Vorlesungen an der Havard-Universität*, München 1985: Goldmann

Bernstein 1984: Bernstein, Leonard: *Von der unendlichen Vielfalt der Musik* (neubearbeitet 1983), München 1984: Goldmann

4.2. Literatur

Bösing 2003: Bösing, Ralph M.: *Leonard Bernstein als religiöser Humanist, Dirigent, Komponist und Musikpädagoge: Studien zu Fächer übergreifenden Aspekten des Musikunterrichts*, Zürich 2003: Peter Lang

Burton 1994: Burton, Humphrey: *Leonard Bernstein. Die Biographie*, München 1994: Knaus

Castiglione 1993: Castiglione, Enrico: *Leonard Bernstein. Ein Leben für die Musik. Gespräche mit Leonard Bernstein*, Berlin 1993: Henschel

Cottle 1980: Cottle, William Andrew: *Social Commentary in the Twentieth Century as Evidenced by Leonard Bernstein's "Mass"*, Ph.D., University of Northern Colorado 1978, Ann Arbor/MI und London 1980: University Microfilms International

Eggebrecht 1986: Eggebrecht, Hans Heinrich: *Die Musik Gustav Mahlers*, München und Mainz 1986: Noetzel

Eggebrecht 1991: Eggebrecht, Hans Heinrich: *Musik im Abendland*, München 1991: Piper

Gesangbuch 1975: Bischöfe Deutschlands und Österreichs und der Bistümer Bozen-Brixen und Lüttich (Hg.): *Gotteslob. Katholisches Gebet- und Gesangbuch*, Stuttgart und Speyer 1975

Gottwald 1976: Gottwald, Clytus: Leonard Bernstein oder die Konstruktion der Blasphemie, *Melos/Neue Zeitschrift für Musik* 43/137,2, S. 281–284

Gradenwitz 1990: Gradenwitz, Peter: *Leonard Bernstein. Eine Biographie*, Zürich 1990: Atlantis

High Fidelity Bernstein: o. A.: Leonard Bernstein Discusses His Mass with High Fidelity, *High Fidelity/Musical America* 22/2, S. 68–70

Jaensch 2003: Jaensch, Andreas: *Leonard Bernsteins Musiktheater. Auf dem Weg zu einer amerikanischen Oper*, Kassel 2003: Bärenreiter

KdG Bernstein: Borchert, Georg: Artikel „Leonard Bernstein", in: Hanns-Werner Heister / Walter-Wolfgang Sparrer (Hg.): *Komponisten der Gegenwart*, München o. J.: Edition Text + Kritik

Loos 1989: Loos, Helmut: Leonard Bernsteins geistliche Musik: „Chichester Psalms" und „Mass", in: Dusella, Reinhold (Hg.): *Leonard Bernstein: der Komponist*, Bonn 1989: Boosey & Hawkes, S. 129–140

Messbuch 1963: Benediktiner der Erzabtei Beuron (Hg.): *Das vollständige Römische Messbuch lateinisch und deutsch*, Freiburg im Breisgau 1963: Herder, S. 435–482

MGG Bernstein: Hamm, Charles: Artikel „Leonard Bernstein", in: *Die Musik in Geschichte und Gegenwart*, Personenteil, Bd. 2, Kassel u. a. 1999, Sp. 1417–1422

MGG Musical: Schubert, Gisela: Artikel „Musical", in: *Die Musik in Geschichte und Gegenwart*, Sachteil, Bd. 6, Stuttgart 1997, Sp. 688–710

MGG Sacred Sining: Hoffmann, Bernd: Artikel „Sacred Singing", in: *Die Musik in Geschichte und Gegenwart*, Sachteil, Bd. 8, Stuttgart 1998, Sp. 793–830

Minear 1987: Minear, Paul S.: Leonard Bernstein, Mass: A Cry for Peace, in: Paul S. Minear: *Death Set to Music. Masterworks by Bach, Brahms, Penderecki, Bernstein*, Atlanta 1987: John Knox Press, S. 145–160

Rathert 2011: Rathert, Wolfgang: „Popular" or „genteel" – Leonard Bernsteins *Mass* im Licht der Antinomien der nordamerikanischen Musik, in: Friedrich Geiger / Frank Hentschel (Hg.): *Zwischen „U" und „E". Grenzüberschreitungen in der Musik nach 1950* (= Hamburger Jahrbuch für Musikwissenschaft 27), Frankfurt/Main 2011: Peter Lang, S. 35–48

Reichert 1972: Reichert, Manfred: Ich muss alles teilen. Ein Gespräch mit Leonard Bernstein, *Neue Zeitschrift für Musik* 133/11, S. 634–636

Scheibler 2001: Scheibler, Alexandra: *Ich glaube an den Menschen. Leonard Bernsteins religiöse Haltung im Spiegel seiner Werke*, Hildesheim u. a. 2001: Olms

Schreieck 2004: Schreieck, Corinna: Der Abschied bei Schostakowitsch und Mahler, in: *Musikgeschichte in Mittel- und Osteuropa. Mitteilungen der internationalen Arbeitsgemeinschaft an der Universität Leipzig*, Heft 9, Leipzig 2004, S. 162–187

de Sesa 1985: de Sesa, Gary: *A Comparison between a Descriptive Analysis of Leonard Bernstein's* Mass *and the Musical Implications of the Critical Evaluations thereof*, Ph.D., New York University 1984, Ann Arbor/MI 1985: University Microfilms International

5. Dieters Salbert – *Theatralische Messe*

5.1. Quellen

Bielefelder Tageblatt 19871: Eine beeindruckende Aufführung, *Bielefelder Tageblatt* vom 25.2.1987, o. S.

Bielefelder Tageblatt 19872: Theatralische Messe als Form des Gottesdienstes. Eine beeindruckende Aufführung, *Bielefelder Tageblatt* vom 27.2.1987, o. S.

Braunschweiger Zeitung 1977: Ein kirchliches Werk mit Opercharakter, *Braunschweiger Zeitung* vom 28.5.1977, o. S.

Braunschweiger Zeitung 1978: Dieter Salberts Glaubens- und Zweifelsbekenntnis, *Braunschweiger Zeitung* vom Juli 1978, o. S.

Braunschweiger Zeitung 1991: Glanzlicht bei sachsen-anhaltischem Musikfestival, *Braunschweiger Zeitung* vom 8.10.1991, o. S.

Braunschweiger Zeitung 1992: Schmidt, Rainer: Einheit von Ausdruck und Gefühl, *Braunschweiger Zeitung* von 20.3.1992, S. 32
Desleal : Desleal, Alvaro Menen: *Fragen*, Wuppertal o.J.: Hammer
Evangelische Zeitung 1977: Eine religiöse Anrede, *Evangelische Zeitung* vom 5.6.1977, o. S.
Hamburger Morgenpost 1977: Tempeltänzerin vor dem Altar, *Hamburger Morgenpost* vom 8.6.1977, o. S.
Marti 1976: Marti, Kurt: *Leichenreden*, Darmstadt 1976: Luchterhand
Nürnberger Nachrichten 1978: Schleicher, Fritz: Liturgie auf neuen Wegen, *Nürnberger Nachrichten* vom 11.7.1978, o. S.
Preißler 1973: Preißler, Helmut: *Gedichte 1957/1972*, Berlin 1973: Volk und Welt
Salbert Artikel 1978: Salbert, Dieter: Talarverbot für beamtete Christen, *Nürnberger Abendzeitung* vom Juli 1978, Feuilleton, o. S.
Salbert Messe Aufnahme 1996: Salbert, Dieter: *Theatralische Messe*, Interpreten: Alrun Zahoransky, Rainer Kretschmann, Kammerchor „Venti voci" Braunschweig, Sine-Nomine-Chor Braunschweig, Agnes Kauer, Audio-CD, Braunschweig 1996: RAM
Salbert Messe Partitur: Salbert, Dieter: *Theatralische Messe*, Partitur, Wolfenbüttel und Zürich 1979: Möseler
Salbert Messe Prospekt: Salbert, Dieter: *Theatralische Messe*, Werbe- und Informationsprospekt, o. J.
Salbert Mitschnitt 1990: Salbert, Dieter: *Theatralische Messe*, privater Videomitschnitt der Aufführung vom 10.11.1990 in der St. Magnikirche Braunschweig, unveröffentlicht
Salbert Edition: Ohne Autor: *Über den Komponisten Dieter Salbert*, Musikverlag Zahoransky, URL: www.musikverlag-zahoransky.de/dieter-salbert/ (letzter Zugriff: 18.11.2015)
Salbert 1984: Salbert, Dieter: *Die Bedeutung der automatischen Musikinstrumente für die ästhetische Erziehung unter besonderer Berücksichtigung der audiovisuellen Kommunikation und Musikdidaktik*, Diss., Hamburg 1984
Westfalen-Blatt 1987: Die Vision eines „neuen Landes", *Westfalen-Blatt* von 1987, o. S.
Westfälische Rundschau 1981: Gottesdienst mit Chor von Philippinen, *Westfälische Rundschau* vom 10.8.1981, o. S.
Wiesbadener Tageszeitung 1977: Nackte Eva tanzt in der Kirche, *Wiesbadener Tageszeitung* vom Mai 1977, o. S.
Zeller 1975: Zeller, Eva: *Fliehkraft*, Stuttgart 1975: DVA

5.2. Literatur

Bronnenmeyer 1978: Bronnenmeyer, Walter: Multimediales Glaubens- und Zweifelsbekenntnis, *Das Orchester* 10/1978, S. 771–772
Herresthal 2013: Herresthal, Harald: Skandinavische Kirchen- und Orgelmusik, in: Wolfgang Hochstein / Christoph Krummacher (Hg.): *Das 19. und frühe*

20. *Jahrhundert. Historisches Bewusstsein und neue Aufbrüche* (= Geschichte der Kirchenmusik 3), Laaber 2013: Laaber, S. 294–306

Kranz 1978: Kranz, Gisbert: *Lexikon der christlichen Weltliteratur*, Freiburg im Breisgau 1978: Herder

Krieger 2002: Krieger, Irene: Der Komponist Dieter Salbert wird siebzig Jahre alt, *Rohrblatt* 17/2, S. 87–88

Lovisa 1996: Lovisa, Fabian R.: *Minimal-Music. Entwicklung. Komponisten. Werke*, Darmstadt 1996: Wissenschaftliche Buchgesellschaft

Mauch 1991: Mauch, Christof (Hg.): *Kurt Marti. Texte, Daten, Bilder*, Frankfurt/Main 1991: Luchterhand

Mauch 1992: Mauch, Christof: *Poesie – Theologie – Politik. Studien zu Kurt Marti*, Tübingen 1992: Niemeyer

Thalheim et al. 1977: Thalheim, Hans-Günther et al. (Hg.): *Geschichte der deutschen Literatur. Literatur der deutschen demokratischen Republik*, Bd. 11, Berlin 1977: Volk und Wissen

Wilpert 1988: Wilpert, Gero von: Artikel „Kirsch, Rainer", in: *Deutsches Dichterlexikon. Biographisch-bibliographisches Handwörterbuch zur deutschen Literaturgeschichte*, Stuttgart 1988: Kröner, S. 428–429

6. Arvo Pärt – *Berliner Messe*

6.1. Quellen

Der Tagesspiegel 1990: Wilkening, Martin: Askese als Stil, *Der Tagesspiegel* vom 27.5.1990, o. S.

Erlanger Nachrichten 1991: Bejubelte Uraufführung, *Erlanger Nachrichten* vom 20.12.1991, o. S.

Pärt Berliner Messe Aufnahme 1993: Pärt, Arvo: *Te Deum, Silouans Song, Magnificat, Berliner Messe*, Interpreten: Estonian Philharmonic Chamber Choir, Tallinn Chamber Orchestra, Tonu Kaljuste, Audio-CD, München 1993: ECM

Pärt Berliner Messe Partitur: Pärt, Arvo: *Berliner Messe für Chor (SATB) und Streichorchester*, Partitur, Wien u. a. 2004: Universal Edition

Pärt Missa syllabica Partitur: Pärt, Arvo: *Missa syllabica für vier Stimmen oder gemischten Chor (SATB) und Orgel*, Partitur, Wien u. a. 1997: Universal Edition

Volksblatt Berlin 1990: Eindrucksvoll schlicht – Mahlers 8., atemlos, *Volksblatt Berlin* vom 26.5.1990, o. S.

6.2. Literatur

Benner 1998: Benner, Thomas: Gesungenes Dogma. Orthodoxe Kirchenmusik und Liturgie, *Musik und Kirche* 78/6, S. 364–370

Brauneiss 1997: Brauneiss, Leopold: Die Rationalität des Heiligen Geistes. Analytische

Annäherungen an Arvo Pärt, in: Leopold Brauneiss (Hg.): *Zahlen zwischen Struktur und Bedeutung. Zehn analytische Studien zu Kompositionen von Josquin bis Ligeti und Pärt*, Frankfurt/Main 1997: Peter Lang, S. 9–30

Brauneiss 2006: Brauneiss, Leopold: Pärts einfache kleine Regeln. Die Kompositionstechnik des Tintinnabuli-Stils in systematischer Darstellung, in: Hermann Conen (Hg.): *Arvo Pärt. Die Musik des Tintinnabuli-Stils*, Köln 2006: Dohr S. 103–162

Brauneiss/Conen 2006: Brauneiss, Leopold / Conen, Hermann: Kurzgefasste Grundlagen der Satztechnik, in: Hermann Conen (Hg.): *Arvo Pärt. Die Musik des Tintinnabuli-Stils*, Köln 2006: Dohr, S. 99–102

Conen 2006[1]: Conen, Hermann (Hg.): *Arvo Pärt. Die Musik des Tintinnabuli-Stils*, Köln 2006: Dohr

Conen 2006[2]: Conen, Hermann: Annäherung an den Kern der Musik – Systematische Anmerkungen zur Poetik Arvo Pärts, in: Hermann Conen (Hg.): *Arvo Pärt. Die Musik des Tintinnabuli-Stils*, Köln 2006: Dohr, S. 19–97

Goldberg 1996: Goldberg, Clemens: Text und Liturgie bei Arvo Pärt, *International Journal of Musicology* 5, S. 419–436

Graduale Romanum 1983: Mönche der Abtei Gerleve (Hg.): *Graduale Romanum. Lateinisch-deutsche Textausgabe*, Billerbeck 1983: Billerbeck

Gröhn 2006: Gröhn, Constantin: *Dieter Schnebel und Arvo Pärt: Komponisten als „Theologen"* (= Ästhetik – Theologie – Liturgik 44), Berlin 2006: Lit

Hillier 1997: Hillier, Paul: *Arvo Pärt* (= Oxford Studies of Composers), Oxford und New York 1997: Oxford University Press

Hillier 2006: Hillier, Paul: Bemerkungen zur Aufführungspraxis der Chorwerke Arvo Pärts, in: Hermann Conen (Hg.): *Arvo Pärt. Die Musik des Tintinnabuli-Stils*, Köln 2006: Dohr, S. 163–169

Kautny 2001: Kautny, Oliver (Hg.): *Arvo Pärt. Rezeption und Wirkung seiner Musik. Vorträge des Wuppertaler Symposiums 1999* (= Osnabrücker Beiträge zur Musik und Musikerziehung 2), Osnabrück 2001: epos Music

Kautny 2002: Kautny, Oliver: *Arvo Pärt zwischen Ost und West. Rezeptionsgeschichte.* Stuttgart und Weimar 2002: Metzler

Lovisa 1996: Lovisa, Fabian R.: *Minimal-Music. Entwicklung, Komponisten, Werke*, Darmstadt 1996: Wissenschaftliche Buchgesellschaft

Mattner 1985: Mattner, Lothar: Arvo Pärt. Tabula rasa, *Melos* 47/2, S. 82–99

MGG Orthodoxe Kirchenmusik: Hannick, Christian et al.: Artikel „Orthodoxe Kirchenmusik", in: *Die Musik in Geschichte und Gegenwart*, Sachteil, Bd. 7, Stuttgart 1997, Sp. 1108–1156

MGG Pärt: Kautny, Oliver: Artikel „Arvo Pärt", in: *Die Musik in Geschichte und Gegenwart*, Personenteil, Bd. 13, Stuttgart 2002, Sp. 146–151

de la Motte-Haber 1988: de la Motte-Haber, Helga: Klang und Linie als Einheit. Helga de la Motte-Haber im Gespräch mit Arvo Pärt, in: Reinhard Kopiez / Wolfgang Auhagen (Hg.): *Controlling Creative Processes in Music* (= Schriften zur Musikpsychologie und Musikästhetik 12), Frankfurt/Main u. a. 1988: Peter Lang, S. 229–239

Ploskoň 2005: Ploskoň, Kazimierz: Music of Arvo Pärt and the „Minimal Music Conception", in: Nadja Hrčková (Hg.): *Von Perotin bis Steve Reich. Die Ideen des „Minimalen" in der Musikgeschichte und Gegenwart. Bericht über das internationale Symposium im Rahmen des 8. Jahrgangs des Festivals Melos – Étos, Bratislava 2005: AE Press, S. 112–122

Restagno et al. 2010: Restagno, Enzo et al.: *Arvo Pärt im Gespräch*, Wien 2010: Universal Edition

Ross 1997: Ross, Bernhardt C.: *The Interrelationships of Text, Musical Form, and Tinnitabuli Technique in Arvo Pärt's Berliner Messe and Litany and their Implications for Choral Rehearsal and Performance*, Michigan State University 1997, unveröffentlicht

Stenger 1996: Stenger, Alfred: Dur-Stellen innerhalb der geistlichen Musik von Arvo Pärt, in: Peter Ackermann et al. (Hg.): *Festschrift für Winfried Kirsch zum 65. Geburtstag*, Tutzing 1996: Hans Schneider

Tamcke 2004: Tamcke, Martin: *Das orthodoxe Christentum*, München 2004: C.H. Beck

7. Karl Jenkins – *The Armed Man: A Mass for Peace*

7.1. Quellen

Jenkins Messe Aufführung Rotenburg: Sell, Dieter: Wenn der Muezzin in der Kirche singt, Evangelisch-Lutherische Landeskirche Hannover am 1. November 2007, URL:https://www.landeskirche-hannovers.de/evlka-de/presse-und-medien/nachrichten/2007/11/01-7150 (letzter Zugriff: 22.11.2015)

Jenkins Messe Aufnahme 2001: Jenkins, Karl: *The Armed Man: A Mass for Peace*. Interpreten: Susie Parkes, Elizabeth Witts, Rachel Lloyd, Nicholas Merryweather, Philip Shakesby, Mohammed Gad, The National Youth Choir of Great Britain, London Philharmonic Orchestra, Karl Jenkins, Audio-CD, 2001: Virgin

Jenkins Messe Aufnahme 2004: Jenkins, Karl: *The Armed Man: A Mass for Peace*, Interpreten: Susie Parkes, Elizabeth Witts, Rachel Lloyd, Nicholas Merryweather, Philip Shakesby, Mohammed Gad, The National Youth Choir of Great Britain, London Philharmonic Orchestra, Karl Jenkins, DVD-Video, 2004: EMI (Mitschnitt vom 11.1.2004)

Jenkins Messe Chorpartitur: Jenkins, Karl: *The Armed Man: A Mass for Peace*, vollständige Chorpartitur, Berlin 1999: Boosey & Hawkes

Jenkins Messe Klavierauszug: Jenkins, Karl: *The Armed Man: A Mass for Peace*, Klavierauszug, Berlin 2003: Boosey & Hawkes

Palestrina Missa Partitur: Palestrina, Giovanni Pierluigi da: *Missa „L'homme armé"*, Partitur, Budapest 1975: Editio Musica

7.2. Literatur

El-Mallah 2002: El-Mallah, Issam: Musik im Islam, in: Annette Landau / Sandra Koch (Hg.): *Lieder jenseits der Menschen. Das Konfliktfeld Musik – Religion – Glaube*, Zürich 2002: Chronos, S. 51–64

Haaß 1984: Haaß, Walter: *Studien zu den „L'homme armé"-Messen des 15. und 16. Jahrhunderts* (= Kölner Beiträge zur Musikforschung 136), Regensburg 1984: Bosse

Halm 2000: Halm, Heinz: *Der Islam. Geschichte und Gegenwart*, München 2000: C.H. Beck

Krawinkel 2007: Krawinkel, Guido: Vom Deodorant zum „Dies Irae". Der Komponist Karl Jenkins, *Musik & Kirche* 77/6, S. 424–425

Krieg 2007: Krieg, Gustav A.: *Einführung in die Anglikanische Kirchenmusik*, Köln 2007: Dohr

Küng 2010: Küng, Hans: *Projekt Weltethos* München 2010: Piper

Landau/Koch 2002: Landau Annette / Koch, Sandra (Hg.): *Lieder jenseits der Menschen. Das Konfliktfeld Musik – Religion – Glaube*, Zürich 2002: Chronos

MGG Islam: Braune, Gabriele: Artikel „Islam", in: *Die Musik in Geschichte und Gegenwart*, Sachteil, Bd. 4, Stuttgart 1996, Sp. 1205–1211

MGG L'homme armé: Laubenthal, Annegrit: Artikel „L'homme armé", in: *Die Musik in Geschichte und Gegenwart*, Sachteil, Bd. 5, Stuttgart 1996, Sp. 1110–1116

Ousby 1988: Ousby, Ian (Hg.): *The Cambridge Guide To Literature in English*, Cambridge 1988: Cambrigde University Press

Spuler-Stegemann 2007: Spuler-Stegemann, Ursula: *Die 101 wichtigsten Fragen. Islam*, München 2007: C.H. Beck

Website Boosey Jenkins Biografie: Komponisten im Porträt: Karl Jenkins, Boosey & Hawkes Online, URL: http://www.boosey.com/pages/cr/composer/composer_main.asp?composerid=2764 (letzter Zugriff: 28.9.2015)

Website Boosey Jenkins Messe: *Jenkins Karl: The Armed Man: A Mass for Peace*, Werkeinführung, Boosey & Hawkes Online, URL: http://www.boosey.com/pages/cr/catalogue/cat_detail.asp?site-lang=en&musicid=3561&langid=1 (letzter Zugriff: 18.11.2015)

Website Boosey Jenkins Aufführungen: *Aufführungsdatenbank: Karl Jenkins*, Boosey & Hawkes Online, URL: http://www.boosey.com/pages/cr/calendar/perf_results.asp?composerid=2764 (letzter Zugriff: 15.6.2015)

Website Boosey Maxwell Davies: Komponisten im Porträt: Peter Maxwell Davies, Boosey & Hawkes Online, URL: http://www.boosey.com/pages/cr/composer/composer_main.asp?composerid=2695&ttype=SNAPSHOT&ttitle=Schlaglicht (letzter Zugriff: 25.4.2015)

Website Jenkins Biografie: *Biographie – Karl Jenkins*, Karljenkins.com, URL: http://www.karljenkins.com/biog (letzter Zugriff: 28.9.2015)

Wikipedia Jenkins: ohne Autor: Artikel „Karl Jenkins", Wikipedia Online Enzyklopädie, URL: http://de.wikipedia.org/wiki/Karl_Jenkins (letzter Zugriff: 28.9.2015)

8. Dieter Schnebel – Die Messkompositionen

8.1. Quellen

Schnebel amn Partitur: Schnebel, Dieter: *Für Stimmen (... missa est), Teil 2: amn für 7 Vokalgruppen*, Partitur, Mainz 1977: Schott

Schnebel Choralvorspiele Partitur: Schnebel, Dieter: *Für Stimmen (... missa est), Choralvorspiele I&II*, Partitur, Mainz 1971: Schott

Schnebel dt 31,6 Vokalgruppen Partitur Schnebel, Dieter: *Für Stimmen (... missa est), Teil 1: dt 31,6 für 12 Vokalgruppen*, Partitur, Mainz 1973: Schott

Schnebel dt 31,6 Chor Partitur Schnebel, Dieter: *Für Stimmen (... missa est), Teil 1: dt 31,6 Fassung für großen Chor*, Partitur, Mainz 1975: Schott

Schnebel !(madrasha II) Partitur: Schnebel, Dieter: *Für Stimmen (... missa est), Teil 3: !(madrasha II) für 3 Chorgruppen*, Partitur, Mainz 1973: Schott

Schnebel Missa Aufnahme 1993: Schnebel, Dieter: *Missa für vier Solostimmen, zwei Chöre, Orchester und Orgel*, Interpreten: Christine Whittlesey, Marga Schiml Bernhard Gärtner, Kurt Widmer, Zsigmond Szathmáry, RIAS-Kammerchor, Südfunk-Chor, SWF-Sinfonieorchester Baden-Baden, Zoltán Peskó, Audio-CD, 1993: Wergo

Schnebel Missa brevis Partitur: Schnebel, Dieter: *Missa brevis*, Partitur, Mainz 2006: Schott

Schnebel 19721: Schnebel, Dieter: *Denkbare Musik. Schriften 1952-1972*, Köln 1972: Du Mont Schauberg

Schnebel 19722: Schnebel, Dieter: dt 31,6, in ders.: *Denkbare Musik. Schriften 1952-1972*, Köln 1972: Du Mont Schauberg, S. 248

Schnebel 19723: Schnebel, Dieter: Für wen komponieren Sie eigentlich? Ein Interview mit Hansjörg Pauli, in ders.: *Denkbare Musik. Schriften 1952-1972*, Köln 1972: Du Mont Schauberg, S. 362–372

Schnebel 19724: Schnebel, Dieter: Sprache – hin und zurück (Neue Chormusik), in ders.: *Denkbare Musik. Schriften 1952-1972*, Köln 1972: Du Mont Schauberg, S. 402–415

Schnebel 19725: Schnebel, Dieter: amn, in ders.: *Denkbare Musik. Schriften 1952-1972*, Köln 1972: Du Mont Schauberg, S. 416–417

Schnebel 19726: Schnebel, Dieter: !(madrasha II), in ders.: *Denkbare Musik. Schriften 1952-1972*, Köln 1972: Du Mont Schauberg, S. 418–419

Schnebel 19727: Schnebel, Dieter: Geistliche Musik heute, in ders.: *Denkbare Musik. Schriften 1952-1972*, Köln 1972: Du Mont Schauberg, S. 420–430

Schnebel 19728: Schnebel, Dieter: Musica sacra?, in ders.: *Denkbare Musik. Schriften 1952-1972*, Köln 1972: Du Mont Schauberg, S. 431–436

Schnebel 19729: Schnebel, Dieter: Musik in der Kirche. Anmerkungen zur Situation und zur weiteren Entwicklung, in ders.: *Denkbare Musik. Schriften 1952-1972*, Köln 1972: Du Mont Schauberg, S. 437–438

Schnebel 197210: Schnebel, Dieter: Choralvorspiele, in ders.: *Denkbare Musik. Schriften 1952-1972*, Köln 1972: Du Mont Schauberg, S. 439–443

Schnebel 197211: Schnebel, Dieter: Sprech- und Gesangsschule. Neue Vokalpraktiken, in ders.: *Denkbare Musik. Schriften 1952-1972*, Köln 1972: Du Mont Schauberg, S. 444–457

Schnebel 1993¹: Schnebel, Dieter: *Anschläge – Ausschläge. Texte zur neuen Musik*, München und Wien 1993: Hanser

Schnebel 1993²: Schnebel, Dieter: Geistliche Musik heute, in: ders.: *Anschläge – Ausschläge. Texte zur neuen Musik*, München und Wien 1993: Hanser, S. 238–255

Schnebel 2002: Schnebel, Dieter: Heilig, heilig, heilig – schrecklich! Erwägungen zu sakraler Musik, in: Annette Landau / Sandra Koch (Hg.): *Lieder jenseits der Menschen. Das Konfliktfeld Musik – Religion – Glaube*, Zürich 2002: Chronos, S. 169–175

Schnebel 2003: Schnebel, Dieter: Stimme – Geschichte und Wesen, in: Institut für Musikerziehung in Darmstadt (Hg.): *Stimme. Stimmen – (Kon)Texte, Stimme – Sprache – Klang, Stimmen der Kulturen, Stimme und Medien, Stimme in (Inter) Aktion* (= Veröffentlichungen für Neue Musik und Musikerziehung Darmstadt 43), Mainz 2003: Schott

Schnebel 2008: Schnebel, Dieter: Geistliche Musik – gestern und heute. Ein Werdegang, in: Jörn Peter Hiekel (Hg.): *Sinnbildungen. Spirituelle Dimensionen in der Musik heute* (= Veröffentlichungen für Neue Musik und Musikerziehung Darmstadt 48), Mainz 2008: Schott, S. 89–93

8.2. Literatur

Borio 1990: Borio, Gianmario: Schnebels Weg vom seriellen Denken zur informellen Musik, in: Werner Grünzweig et al. (Hg.): *SchNeBeL 60*, Hofheim 1990: Wolke, S. 22–43

Gottwald 1998: Gottwald, Clytus: *„Hallelujah" und die Theorie des kommunikativen Handelns*, Stuttgart 1998: Klett-Cotta

Gottwald 2009: Gottwald, Clytus: *Hörgeschichte der Chormusik des 20. Jahrhunderts. 1950-2000.* Stuttgart 2009: Carus

Gröhn 2006: Gröhn, Constantin: *Dieter Schnebel und Arvo Pärt: Komponisten als „Theologen"*, (= Ästhetik – Theologie – Liturgik 44), Berlin 2006: Lit

Grünzweig 1990: Grünzweig, Werner et al. (Hg.): *SchNeBeL 60*, Hofheim 1990: Wolke

Metzger 1990: Metzger, Heinz-Klaus: Über Schnebels Choralvorspiele, in: Werner Grünzweig et al. (Hg.): *SchNeBeL 60*, Hofheim 1990: Wolke, S. 158–175

Metzger/Riehn 1980: Metzger, Heinz-Klaus / Riehn, Rainer (Hg.): *Dieter Schnebel* (= Musik-Konzepte 16), München 1980: Edition Text + Kritik

MGG Schnebel: Krause, Andreas: Artikel „Schnebel, Dieter", *Die Musik in Geschichte und Gegenwart*, Personenteil, Bd. 14, Stuttgart 2004, Sp. 1492–1497

Nauck 1995: Nauck, Gisela: Dieter Schnebel: Missa. Dahlemer Messe (1984/87). Österreichische Uraufführung am 1.7. in der Stiftskirche Wilten, Innsbruck, Österreichische Musikzeitschrift 50/7, S. 490–491

Nauck 2001: Nauck, Gisela: *Dieter Schnebel. Lesegänge durch Leben und Werk*, Mainz 2001: Schott

Nauck 2005: Nauck, Gisela: Dialektische Neusichtung der Gattung. Das Musiktheater Dieter Schnebels, *Neue Zeitschrift für Musik* 206/1, S. 14–19

Oehlschlägel 1989: Oehlschlägel, Reinhard: Polyglott und ökumenisch. Zur „Dahlemer Messe" von Dieter Schnebel, *Musik-Texte* 28/29, S. 118

Röhring 20021: Röhring, Klaus: Die Heiligung des Weltlichen. Dieter Schnebel im Gespräch mit Klaus Röhring über sein geistliches Werk, *Neue Zeitschrift für Musik* 203/5, S. 18–23

Röhring 20022: Röhring, Klaus: Neue Musik und Liturgie, in: Annette Landau / Sandra Koch (Hg.): *Lieder jenseits der Menschen. Das Konfliktfeld Musik – Religion – Glaube*, Zürich 2002: Chronos, S. 153–168

Schnebel/Zeller 1980: Schnebel, Dieter / Zeller, Hans Rudolf: Werkverzeichnis, in: Heinz-Klaus Metzger / Rainer Riehn (Hg.): *Dieter Schnebel* (= Musik-Konzepte 16), München 1980: Edition Text + Kritik, S. 119–132

Schneider 1990: Schneider, Frank: Missa impura. Anstößige Momente in Dieter Schnebels Dahlemer Messe, in: Werner Grünzweig et al. (Hg.): *SchNeBeL 60*, Hofheim 1990: Wolke, S. 131–139

Scholz 1989: Scholz, Dieter David: Interkonventionell und ganzheitlich. Schnebels „Dahlemer Messe" uraufgeführt, *Neue Zeitschrift für Musik* 150/2, S. 29

Zacher 1980: Zacher, Gerd: Materialsammlung. Zu Schnebels Choralvorspielen, in: Heinz-Klaus Metzger / Rainer Riehn (Hg.): *Dieter Schnebel* (= Musik-Konzepte 16), München 1980: Edition Text + Kritik, S. 12–22

Zorn 2012: Zorn, Magdalena: *Die MISSA (1984-87) von Dieter Schnebel. Das Experiment einer Versöhnung*, Hofheim 2012: Wolke